청소년 지도방법론

김영인 · 김민

창지사

머리말

청소년의 덕·체·지의 함양과 행복한 성장은 우리 사회의 중요한 과제 중 하나이다. 청소년의 인격 함양과 행복한 성장을 돕기 위해 가정, 학교, 사회와 국가는 다양한 지원과 노력을 하고 있다. 이러한 지원과 노력 중 한 분야가 청소년 지도이다. 청소년 지도를 통해 가정에서 부모는 자신의 분신인 청소년 자녀가 행복한 인격체로 성장하길 소망하고, 학교는 청소년의 역량이 충분히 개발되길 바란다. 사회와 국가는 청소년이 사회와 국가의 주역이 되어 역사를 발전시키기를 바란다. 청소년 지도는 이처럼 공적·사적 영역에 걸쳐 중요한 의의를 가지며 청소년 성장에 작동한다.

청소년 지도에 대한 본격적인 정책적·학문적 관심과 논의는 비교적 최근에야 이루어졌다. 국가는 다른 정책에 융합되어 다루어져 오거나 관행적으로 이루어져 왔던 청소년 지도를 독립적인 정책의 영역으로 삼아 청소년 지도 시설과 단체를 만들었고, 청소년지도사와 청소년상담사와 같은 전문 자격 제도를 정비하였다. 학계는 청소년 지도라는 개념을 최근에 정립하고, 청소년 관련 학회와 전문 학술지를 만들어 이 개념을 지속적으로 탐구하고 있다. 그렇지만 이러한 노력들이 청소년 지도의 중요성에 비추어 볼 때 아직 충분하다고 할 수 없다. 청소년 지도는 청소년의 성장과 역량을 강화하기 위한 직접적이며 교육적인 노력이기 때문에 앞으로 지속적으로 정책적 자원과 학문적 관심이 이 분야에 투입되어야 한다.

청소년 지도에서 핵심은 청소년 지도방법이다. 옛말에 '구슬이 서 말이라도 꿰어야 보배' 라는 말이 있듯이 아무리 좋은 청소년 지도의 이념과 목표, 그리고 내용이 있다고 하더라도 이를 청소년에게 효과적으로 드러내고 전달할 방법이 없으면 무용지물이 되기 때문이다. 특히 청소년 지도는 지식 내용의 전달을 중심으로 하는 학교교육과 달리, 도덕적 덕목과 신체적 기능 함양에 지적 활동이 더해진 전인격적인 발달을 목표로 하는 청소년 활동을 중심으로 이루어지기 때문에 청소년 지도가 곧 청소년 지도방법이라 해도 지나치지 않을 정도로 청소년 지도에 있어서 지도방법이 차지하는 비중은 대단히 크다.

청소년 지도방법론은 청소년의 고른 성장과 발달을 돕기 위한 방법을 체계적으로 탐구하고, 실천하는 학문적 영역이다. 따라서 청소년 지도를 통한 청소년의 성장과 역량 강화에 관심이 있는 사람은 청소년 지도방법론을 주의 깊게 학습해야 한다. 이러한 노력은 청소년지도자뿐만 아니라 청소년을 자녀로 둔 부모에게도 필요한 일이다. 이러한 필요성에 부응하여 청소년지도자와 청소년 자녀를 둔 부모의 청소년 지도와 방법에 대한 이론적·실천적 안목과 능력을 함양하는 데 조금이나마 도움이 될 수 있도록 이 책을 구성하였다. 이 책의 출간이 청소년 지도와 청소년 지도방법의 중요성과 필요성을 인식할 수 있는 계기가 되기를 바란다.

2016년 5월

저자 일동

차례

Chapter 01

청소년 지도방법의 개념과 원리

〈제1절〉 청소년 지도의 의미와 등장

〈제2절〉 청소년 지도의 체계와 지도방법의 의미·중요성·특성

〈제3절〉 청소년 지도방법의 원리

<제1절> 청소년 지도의 의미와 등장

청소년 지도방법을 개념적으로 이해하려면 먼저 청소년 지도의 의미를 알아야 한다. 청소년 지도방법은 청소년 지도를 위한 또는 청소년 지도에 관련된 방법을 나타내는 것이어서 청소년 지도방법의 의미를 규정하는 데 있어 청소년 지도가 중심이 되기 때문이다. 따라서 이번 절에서는 청소년 지도의 의미와 변천과정, 체계를 먼저 정리한 후, 다음 절에서 청소년 지도방법의 의미와 중요성, 원리를 살펴보도록 하겠다.

1) 청소년 지도의 의미

'청소년 지도'라는 개념이 학문적으로 등장한 것은 최근의 일이지만, 일상생활에서는 청소년 생활 지도·진로 지도·학업지도 등과 같이 청소년 지도와 유사한 용어가 사용되어 왔다. 조금 더 폭을 넓혀서 생각해보면, '지도'가 개념의 핵심을 이루는 것으로 농촌(생활) 지도, 행정 지도 등과 같은 용어도 일찍부터 사용되어 우리에게 익숙하다. 이런 일상생활의 용어에 익숙한 우리는 '청소년 지도'라는 용어를 접할 때 약간은 진부하고 권위적인 느낌을 가질 수도 있다. 청소년 생활 지도, 농촌 지도, 행정 지도 등이 훈육, 계몽, 지시와 같은 어감과 교사, 학교, 공무원, 국가에 의한 수직적이고 권위적인 행위라는 느낌을 주기 때문이다.

일상에서 '지도'를 중심으로 한 용어에서 받은 이런 인상들이 '청소년 지도'라는 학문적 개념에 대한 오해를 불러 일으키는 요인이 되기도 한다. 학문적 개념은 일상생활 속의 용어 사용례와는 다른 차원에서 성립되고 활용되는, 학문 연구를 위한 학문 세계의 약속이기 때문에 일상의 용법만을 기준으로 이해되어서는 안 된다. 학문적 개념은 학문 연구를 위한 기본 도구이자 전제이기 때문에 엄밀하게 정의되고 합의되어야 한다. 또한 그 내포와 외연이 분명하여야 한다. 그렇지만 아쉽게도 '청소년 지도'라는 개념은 현 시점에서 학문적으로 강하게 합의되어 있다고 보기 어렵다. 학자들에 따라서 다음과 같이 다양하게 정의되고 있기 때문이다.

청소년 지도는 청소년들에게 포괄적인 삶의 경험을 제공해서 그들 나름대로의 삶을 즐기고 영위해 나가게 함으로써 성인이 되어가는 그들의 노력을 적극적으로 지원해 주는 것이다(문용린, 1997).

청소년 지도는 학교 교육에 있어서 교사가 수행하는 역할을 의미하는 교수(敎授, teaching or instruction)에 대응하는 개념으로서 청소년 육성의 영역에서 그 내용과 관련한 구체적 상황에서 청소년들을 지원함으로써 그들의 도덕적 능력을 함양하고자 하는 활동을 말하며 보다 좁은 의미로는 일정한 자격과 능력을 가진 청소년지도사가 청소년 수련을 지원하는 활동을 뜻한다(오치선 외, 2001).

청소년 지도는 청소년들이 그들의 생활 세계에서 직면한 여러 가지 문제(교육적, 가정적, 사회적, 직업적, 신체적, 정서적 문제)를 해결할 수 있도록 적극적으로 개입하고 지원하며, 청소년들의 잠재력(인지적, 사회적, 정서적, 신체적 영역)이 바람직하고, 건전하며, 온전한 상태로 성장할 수 있도록 조력하고 지원하는 조직적인 일련의 과정을 말한다(김진화, 2004).

청소년 지도는 전문 지도사(guide or mentor)가 청소년을 지도하는 행위 또는 과정으로서 상담의 의미를 내포하고 있으며 청소년들로 하여금 자기 주도적 능력을 갖도록 환경을 조성하고 안내하고 지원하는 일련의 조력 활동이다(한상철, 2004).

청소년 지도란 근대기 이후 등장한 사회적 개념인 청소년을 대상으로 전문적인 지도자가 청소년들의 건강한 발달을 지원하기 위해 적극적으로 개입하기 위한 조직적이고 구체적인 행위활동이다(천정웅 외, 2011).

청소년 지도는 청소년의 긍정적인 잠재적 역량을 최대한으로 계발하여 인간적 성장과 시민적 역량 강화를 도모하는 체계적이고 의도적인 청소년지도자의 안내 활동이다. 이를 소극적인 차원과 적극적인 차원에서 생각해 볼 수 있다. 소극적 차원에서 청소년 지도는 청소년 문제의 발생을 예방하고 위험 요인으로부터 보호하는 활동이라고 한다면, 적극적 차원에서는 청소년을 긍정적으로 보고 청소년의 역량을 계발하고 강화하려는 활동이라고 할 수 있다(배규한 외, 2014).

광의적 의미에서 청소년 지도란 청소년의 긍정적인 성장과 발전을 위한 다양한 조력 활동을 말한다. …… 반면 협의적 의미, 곧 제한된 의미에서 바라보는 청소년 지도는 보다 전문적인 청소년 지도 인력에 의해 이루어지는 활동을 강조한다(이미리 외, 2014).

이와 같은 청소년 지도에 대한 다양한 개념 정의는 청소년 지도에 관련된 정책과 연구, 실천의 장에서 혼란을 야기시키는 요인이 되기도 하지만, 한편에선 신생학문인 청소년학 또는 청소년 지도학에서 건강한 학문적 경쟁과 활발성을 촉진시키는 요인이 되기도 한다. 어떤 측면에서 보면 학문적 개념이란 학문 연구를 위해서 만들어진 도구이기 때문에, 학문 연구의 목적, 학자의 철학적 입장 등에 따라서 그 의미 규정이 조금씩 차이가 날 수밖에 없다. 이런 점을 염두에 두고 위에서 열거한 '청소년 지도'에 대한 개념 정의의 공통점을 살펴보도록 하겠다.

첫째, '그들 나름대로의 삶을 즐기고 영위', '도덕적 능력을 함양', '바람직하고, 건전하며, 온전한 상태로 성장', '자기 주도적 능력을 갖도록', '건강한 발달', '긍정적인 잠재적 역량을 최대한으로 계발', '인간적인 성장과 시민적 역량 강화', '긍정적인 성장과 발전' 등과 같은 어휘에서 알 수 있듯이, 청소년 지도의 목적지향성, 가치함축성을 담고 있다. 청소년 지도는 몰가치적이거나 자유방임적인 것이 아니라 일정한 가치와 목적을 지향한다. 이런 가치지향성은 청소년 지도가 청소년을 위한 활동이라는 점을 나타내는 것이다.

둘째, '지원', '조력', '조성', '안내' 등과 같은 용어에서 보듯이, 청소년 지도의 실체적 지도 활동 내용을 담고 있다. 청소년 지도의 실체는 청소년 활동을 지원하고 안내하는 과정이지 어떤 이념이나 가치, 내용을 처방적으로 지시하거나 주입하는 것이 아니라는 점이다. 또한 청소년 지도는 정태적, 일시적, 비체계적인 것이 아니라, 과정을 통해서 이루어지는 동태적, 지속적, 체계적인 일련성을 지닌다는 점이다.

셋째, 청소년 지도의 주체와 객체를 포함하고 있다. 청소년 지도의 주체는, '전문 지도사', '청소년지도자', '전문적인 청소년 지도 인력' 등의 용어에서 보듯이, 전문적 능력과 경험을 갖추고 있는 청소년지도사, 청소년상담사로 대표되는 청소년 지도 전문가를 의미한다고 할 수 있다. 청소년 지도의 객체는 당연히 청소년이다. 따라서 청소년 지도는 청소년에 대한 활동이다. 여기에서 유념해야 할 점은, 청소년 지도에서 주체와 객체의 개념을 사용해서 청소년 지도 전문가를 주체, 청소년을 객체로 분류한다고 해서 이 양자의 관계가 일방적이고 수직적이며 분리적인 것을 의미하는 것은 아니다. 청소년 지도를 기획하여 출발시키는 동력으로서 주체, 이 청소년 지도가 지향하여 변화를 일으키는 지점을 가리키는 방향성으로서 객체를 나타내는 것으로 청소년 지도는 주체인 청소년 지도 전문가와 객체인 청소년의 수평적이고 유기적인 상호 작용 관계 속에서 이루어진다고 하겠다. 오늘날 청소년 지도에 있어서 청소년의 참여 기회가 다양하게 주어지면서 청소년의 참여가 강조되는 것도 청소년 지도에서 주체와 객체의 유기적인 관계성을 나타내는 것이라 할 수 있다.

이상에서 열거한 '청소년 지도'에 대한 정의에는 청소년 지도의 공간적 범주에 대한 언급이 없다. 따라서 청소년 지도 전문가가 청소년의 전인적인 성장을 위해서 조력하는 활동이라면 어느 곳에서 이루어지든지 간에 청소년 지도에 해당하는가 하는 의문이 생길 수 있다. 만약 장소를 따지지 않고 청소년 지도 전문가가 청소년의 전인적인 성장을 위해서 조력하는 활동을 모두 청소년 지도에 포함된다고 하면 청소년 지도의 외연이 지나치게 확장되어 개념의 범주가 모호하게 되어 다른 개념과 구분되지 않을 위험성이 생기게 된다. 반면, 특정 장소에서 이루어지는 것으로 국한한다면 청소년 지도의 외연이 지나치게 축소되어 개념의 유용성이 떨어질 가능성이 생기게 된다.

이런 위험성을 피하기 위해선 '청소년 지도'의 개념 내포에 '적절한' 장소적 속성이 포함되어야 할 것이다. 여기에서 '적절한' 정도를 판단할 명확한 객관적인 기준을 마련하기는 어렵지만, 학교 교육과 대비되어 청소년 지도의 개념이 발생한 역사성, 청소년 지도가 주로 이루어지고 있는 공간에 대한 현실 부합성, 청소년 지도라는 개념을 통해서 청소년 현상을 설명할 수 있는 유용성 등을 '적절한' 정도를 판단하는 기준으로 생각해 볼 수 있다. 이런 기준에 입각해 보면, 청소년 지도에 포함될 장소적 속성으로 청소년 시설과 단체 등을 들 수 있다. 여기에서 청소년 시설은 구체적으로 「청소년기본법」에 명시된 청소년 활동, 청소년 복지, 청소년 보호에 제공되는 시설을 의미하며, 청소년 단체는 청소년 활동을 위해서 조직된 결사체이다. 제2장에서처럼 청소년 지도를 넓은 의미와 좁은 의미로 파악하면 이렇게 청소년 지도의 개념을 파악하는 좁은 의미에서 접근하는 것이다. 물론 제2장에서처럼 청소년 지도를 넓게 보면 청소년 시설과 단체 외에서 청소년지도자에 의한 지도 활동도 청소년 지도에 포함될 수 있다.

이상의 논의를 종합하여, 엄격하게 '청소년 지도'의 의미를 정의하면, "청소년 지도는 덕·체·지를 겸비한 도덕적이고 전인적인 인간으로 청소년이 성장할 수 있도록 청소년지도사, 청소년상담사와 같은 청소년 지도 전문가에 의해서 청소년 시설, 청소년 단체 등에서 청소년 활동 프로그램을 중심으로 이루어지는 지속적이고 체계적인 안내·지원 활동"이라고 할 수 있다.

2) 청소년 지도와 청소년 육성의 관계

위에서 엄격하게 정의한 청소년 지도의 의미(제2장의 좁은 의미)에 대해 심도 있게 이해하기 위해서 유사 개념인 청소년 육성과 비교해 보도록 하겠다.

청소년 지도와 청소년 육성을 비교해 보기 전에 각 개념의 핵심을 이루는 지도, 육성에 대한 언어적 의미를 알아보도록 하자.

'지도'는 한자어로 指導, 영어로는 guide로 표현된다. 한자어 指導 중 指는 손을 나타내는 수(手)와 맛을 나타내는 지(旨)가 합해진 형성 문자로 곧장 뻗어서 직선으로 사물을 가리킴을 뜻한다. 導는 길을 나타내는 도(道)에 벌린 손의 손가락을 표시하는 寸을 더해 만들어진 문자로, 손까지 내밀어 이끌어 줌을 나타낸다(신용태, 2001). 영어 guide는 '안내하다, 인도하다'라는 의미를 지닌 고대 프랑스어 guider로부터 유래하여 (http://www.etymonline.com), 오늘날 '안내하다, 인도하다, 가르치다'라는 의미를 가지고 있다.

'육성'은 한자어로 育成, 영어로는 foster로 표현된다. 한자어 育成 중 育은 어머니의 뱃속에서 아기가 나오는 모양을 상징하는 아들 자(子)를 거꾸로 놓은 글자 윗부분에 고기 육(肉=月)을 더하여 만들어진 문자이다. 育은 언어적으로 보면 아이가 살이 많이 붙어서 토실토실하다는 뜻을 나타낸다. 成은 곡식을 긁어모을 때 사용하는 고무래를 나타내는 정(丁)과 창을 나타내는 과(戈)와 합해진 형성문자로서 한데 모아 완성함을 의미한다(신용태, 2001). 영어 foster는 어원적으로 보면 음식, 영양분을 공급하다라는 고대 영어인 fostrian에서 유래하였으며, 16세기 경부터는 감정, 사상의 성장을 포함하는 것으로 그 의미가 확장되었고(http://www.etymonline.com), 오늘날에는 '기르다. 촉진하다. 육성하다'라는 의미로 사용된다.

이상의 언어적 분석을 종합하면, 지도는 어떤 방향 또는 목적으로의 안내, 육성은 자연스러운 생물학적인 성장을 통한 성숙을 의미한다고 할 수 있겠다. 단언하기는 어렵지만, 언어적으로 볼 때 지도는 인위적인 계획성과 구체성, 육성은 생물학적인 성숙과 포괄성을 강조하는 것이라고 할 수 있다. 이런 언어적인 의미가 학문 세계의 개념으로 그대로 사용되는 것은 아니다. 학문 세계의 개념은 사회현상을 설명하고 연구하는 데 있어서 적합하도록 학자들이 합의한 것이기 때문이다. 그렇지만 일반적으로 언어적 의미를 완전히 벗어나서 개념의 의미를 합의하는 것은 아니기 때문에 학문 세계에서 사용되는 개념의 의미를 이해하는 데 있어서 일상적인 언어적 의미를 참고하는 것은 도움이 될 수 있다. 이런 점을 염두에 두고 청소년 지도와 청소년 육성의 개념적 관계를 살펴보기로 하자.

청소년 육성은 「청소년기본법」에 따르면, "청소년 활동을 지원하고 청소년의 복지를 증진하며 사회 여건과 환경을 청소년에게 유익하도록 개선하고 청소년을 보호하여 청소년에 대한 교육을 보완함으로써 청소년의 균형 있는 성장을 돕는 것"을 말한다. 이 개념 규정에 따르면, 청소년 육성은 청소년의 균형 있는 성장을 목적으로 청소년 활동(수련 활동, 문화 활동, 교류 활동 등), 청소년 복지, 청소년 보호, 사회 환경 개선을 아우르는 종합적인 청소년 지원활동으로서 학교 교육—「청소년기본법」 규정에 있는 '청소년에 대한 교육을 보완함'에서 청소년에 대한 교육은 교과활동을 통한 지식교육을 중심으로 하는 현행 학교 교육이라고 할 수 있음—에 대칭되는 것이다. 청소년 육성에서 균형 있는 성장이라 함은 원론적으로 덕(德)·체(體)·지(知)의 조화를 이룬 성장이지만, 청소년 육성은 지(知)를 중심으로 하는 학교 교육을 보완한다는 점에서 덕과 체를 중심으로 한 도덕적 능력 함양과 체력 증진에 중점을 둔다. 청소년 육성은 청소년의 균형 있는 성장을 돕기 위한 종합적인 청소년 정책을 위한 개념이어서 청소년과 관련된 다양한 요소와 기능을 포함하고 있다.

이런 요소와 기능은 조화로운 덕·체·지의 직접적인 형성을 위한 능동적이고 적극적인 것과 직접적인 형성작용을 위한 조건을 갖추는 수동적이고 소극적인 것으로 나뉠 수 있다. 능동적/수동적, 적극적/소극적의 대비는 청소년의 인격적 성장에 대한 직접성 여부를 기준으로 한 것이며, 그 자체가 가치의 우열을 함축하고 있는 개념은 아니다. 수동적이고 소극적인 것으로는 사회 환경 개선, 청소년 복지 증진, 청소년 보호 등을 들 수 있으며 이들은 청소년의 전인적 성장에 간접적으로 기여한다. 반면 능동적이고 적극적인 것에 포함되는 것으로는 청소년 활동 프로그램을 중심으로 한 청소년 지도를 들 수 있으며, 이것은 청소년의 전인적 성장에 직접적으로 기여한다.

이런 점에서 볼 때, 청소년 지도는 청소년 육성에 포괄되는 하위 요소로서 청소년의 전인적인 성장을 위한 교육적이며 방법적인 것이며 청소년 육성의 핵심적 영역이라고 할 수 있다. 청소년 육성이 추구하는 덕·체·지를 조화롭게 갖춘 청소년의 균형 있는 성장은 청소년 지도의 적극적인 형성작용에 의해서 달성될 수 있기 때문이다.

3) 청소년 지도의 등장과 변천

우리 사회에서는 부모, 기성세대 등과 같은 성인에 의한 넓은 의미의 청소년 지도 행위는 일찍부터 존재해 왔다. 전통 사회의 가정, 마을과 같은 지역사회의 일상생활 속에서 자연스럽게 이루어지는 청소년에 대한 지도 행위는 관습과 문화상 지극히 당연한 것이었으며 세대 간의 전통을 계승해가는 힘이었다고 할 수 있다. 그렇지만 전통 사회의 청소년 지도 행위는 오늘날 같은 전문적인 청소년 지도 행위라고 하기는 어렵다.

오늘날과 같은 청소년 지도는 일제시대 청소년의 계몽과 지도를 위한 왜관소년회(1919), 천도교소년회(1921), 스카우트 정신을 바탕으로 한 조선소년군(1992), 색동회(1923), YMCA의 조선척후단, 홍사단의 청소년 계몽 활동 등과 같은 청소년 운동 단체, 해방 이후 미국에서 태동한 4-H 운동의 도입을 통한 농촌 4-H 클럽, 1965년 한국청소년 단체협의회 설립 등과 같은 청소년 단체, 1961년 「미성년자보호법」 제정, 1964년 청소년의 달 지정과 청소년 보호대책 위원회 설치, 1977년 청소년 대책 위원회 등과 같은 국가적 관심에 의한 청소년 관련 제도 마련에서 그 단초를 찾을 수 있다. 그러나 이 당시에는 오늘날 같은 학문적 차원에서 청소년 육성, 청소년 지도와 같은 개념이 논의되거나 정립되지 않았고, 막연한 차원에서 청소년에 대한 지도, 청소년을 미래세대로 키운다는 생각에서 청소년에 대한 육성이라는 용어를 사용하였다는 점에서 청소년 지도가 본격적인 개념으로 등장하였다고 보기 어렵다.

청소년 지도 개념은 청소년 육성이란 용어의 사용과 더불어 학교시설 외의 '청소년의 심신 단련과 정서 계발을 목적으로 설치된 시설'로서 청소년 시설을 규정한 1987년 「청소년 육성법」 제정, 1991년 「한국 청소년기본계획」 수립, 1991년 「청소년 육성법」을 대체한 「청소년기본법」 제정 등을 통해서 본격적인 등장의 발판을 마련하였다. 당시 학계에서는 입시 교육을 위한 지육(知育)에만 치우쳐 청소년의 전인적인 성장을 저해하고 있는 학교 교육을 비판하고, 덕육(德育)을 중심으로 이를 보완할 수 있는 이론 및 실천 체제를 모색하였다. 이 결과 학교 교육에 대응한 청소년 육성이라는 개념을 창출하였다. 그리고 '학교 교육-학교-교육 과정-교사-교수 활동(教授活動)'이라는 기존 학교 교육체제에 대응하여, '청소년 육성-청소년 시설-청소년 수련 활동 프로그램-청소년지도사-청소년 지도'라는 청소년 육성체제를 고안하였다. 이런 논의의 결과 청소년 육성을 위한 한국 청소년기본계획이 1991년에 만들어졌다. 청소년 육성이란 용어를 법의 명칭에 사용하고 있음에도 불구하고 청소년 육성의 개념을 명확하게 하지 못하고 있던 「청소년 육성법」을 대체하여 같은 해 만들어진 「청소년기본법」에 청소년 육성의 개념을 "청소년 육성이라 함은 청소년의 복지를 증진하고, 청소년의 수련 활동을 지원하며, 청소년 교류를 진흥하고, 사회 여건과 환경을 청소년에게 유익하도록 개선하여 청소년에 대한 교육과 상호 보완함으로써 청소년의 균형 있는 성장을 돕는 것을 말한다."로 규정하였다.

이런 청소년 육성체제의 핵심은 청소년 지도라고 할 수 있다. 청소년 지도라는 전문적이고 능동적이며 지속적인 교육적 활동을 통해서 청소년의 균형 있는 성장이라는 청소년 육성의 목표 달성이 가능하기 때문이다. 청소년 시설을 중심으로 한 현장에서 청소년 지도를 전문적이고 효율적으로 수행하기 위해서 청소년지도사라는 청소년 지도 전문가 국가 공인 자격 시스템을 마련하였다. 학문적으로도 청소년 지도의 이론적 발전을 모색하기 위해서 1991년에 명지대학교에 청소년 지도학과가 설치되었고, 같은 해 청소년학회가 창립되었다. 이후 학계와 실천 현장 모두에서 청소년 지도에 대한 이론적, 실천적 현상은 지속적으로 발전하였다. 이 결과 2014년 말 현재 청소년 지도에 관련된 대학의 학과는 박사과정을 포함하여 43개에 이르고, 2013년 말 현재 청소년 지도의 장으로서 청소년 수련 시설은 781개에 달하며, 청소년 지도의 주체인 청소년지도사는 33,929명이 양성되어(여성가족부, 2014) 청소년 지도의 발전은 학문적으로나 실천적으로나 괄목할 만하다고 할 수 있다.

한편, 우리의 청소년 지도의 변천 흐름을 이해하기 위해서 서구 사회에서 나타난 청소년 지도에 대한 이론적 틀을 살펴 볼 필요가 있다. 이 이론적 틀은 크게 문제 중심 접근법(problem-based approach)과 강점 중심 접근법(strength-focused approach)으로 나눌 수 있다. 문제 중심 접근법은 청소년 지도에 대한 전통적인 이론적 관점이자 체계라고 할 수 있다. 청소년을 대상으로 보아 위험 요인으로부터 보호하고 격리함으로써 청소년 문제와 비행 발생을 억제하는 데 청소년 지도의 주안점을 둔다. 이에 비해, 강점 중심 접근법은 문제 중심 접근법이 청소년을 부정적이고 수동적으로만 보고 소극적인 입장에서 지도하는 것을 비판함과 동시에 청소년의 문제와 비행에 초점을 맞춘 청소년 지도에 의해 청소년 문제와 비행의 발생률이 감소하지 않은 것에 대한 반성에서 최근에 등장한 새로운 청소년 지도의 이론 체계이다.

강점 중심 접근법은 적극적 청소년 개발(positive youth development)과 일맥상통한다(Small & Memmo, 2004). 적극적 청소년 개발은 청소년을 문제나 비행의 원천이 아니라 잠재성, 자산, 자원을 가진 존재로 여기고 문제 예방만으로는 청소년의 성장을 위해 충분하지 않다고 보기 때문이다. 적극적 청소년 개발에서는 청소년의 건강과 삶의 질에 기여하는 조건과 적극적인 개발의 증진을 강조한다. 또한 청소년이 자신의 잠재력을 완전히 펼쳐내도록 하는 것이 문제나 비행에 빠지지 않도록 하는 가장 좋은 방법이고, 성공의 경험을 가지도록 지원하는 것이 필요하다고 한다.

강점 중심 접근법은 청소년을 긍정적이고 능동적인 점에서 사회적 자원 또는 변화의 주체로 보고 적극적인 입장에서 지도한다. 이 입장에서는 청소년의 잠재력을 개발하기 위해서 청소년의 적극적인 사회참여와 주도적인 활동을 장려한다. 양자의 입장을 간단히 정리하면 다음 〈표 1-1〉과 같다. 이런 서구 사회의 이론적 틀에 입각해서 보면 우리 사회의 청소년 지도의 흐름은 문제 중심 접근법에서 강점 중심 접근법으로 서서히 변화되고 있다고 할 수 있다.

〈표 1-1〉 문제 중심 접근법과 강점 중심 접근법의 비교

문제 중심 접근법	강점 중심 접근법
• 청소년의 문제, 일탈, 결점 등 부정적인 것들에 초점을 둠	• 청소년의 잠재력, 아이디어, 장점 등 긍정적인 것들에 초점을 둠
• 청소년을 객체, 대상으로 봄	• 청소년을 주체, 행위자로 봄
• 보호와 격리, 지적과 처방, 문제에 대한 수동적인 반응, 단기적인 개입을 중시함	• 지역사회 현안에 대한 참여와 역할 부여, 격려와 칭찬, 미래 지향적인 전향성, 장기적인 지원을 중시함
• 청소년을 성인, 가족, 이웃, 학교, 지역사회 등의 사회적 맥락과 분리하여 고려함	• 성인, 가족, 이웃, 학교, 지역사회 등의 사회적 맥락과 청소년의 유기적 연관성을 고려함
• 청소년 시설, 단체 등의 활동이 고립 또는 경쟁적인 것이 되게 함	• 청소년 시설, 단체 등의 활동이 협동적인 것이 되게 함
• 청소년 지도의 성공을 청소년 문제의 감소로 측정함	• 청소년 지도의 성공을 긍정적인 행동·태도·기능의 증가로 측정함
• 전문가의 전문성과 지도에 주로 의존함	• 전문가, 지역사회 인사 등 사회구성원에게 적절한 지도 역할을 부여함

<제2절> 청소년 지도의 체계와 지도방법의 의미·중요성·특성

1) 청소년 지도의 체계

청소년 지도방법은 청소년 지도의 이념, 방향, 목표, 내용, 방법이라는 청소년 지도 체계 속에 위치해 있다. 따라서 청소년 지도방법의 의미와 중요성을 이해하기 위해서는 이 전체적인 체계의 유기적인 관계를 먼저 이해할 필요가 있다.

청소년 지도의 이념은 청소년을 지도하는 데 있어서 철학적 토대가 되는 것으로서, 민주주의, 평화주의, 생태주의 등을 들 수 있다. 민주주의는 인간의 존엄성과 자유·

평등·박애를 기본가치로 삼고 있으며 청소년 지도의 기본적 토대가 된다. 지도자와 청소년, 청소년과 청소년 상호 간 인간존엄성을 인정하고 자유롭고 평등하게 소통할 수 있을 때 청소년 지도는 소기의 교육적 성과를 거둘 수 있다. 평화주의는 전쟁과 인권 유린, 폭력과 갈등으로 인간다운 삶이 파괴되고 있는 사회 현상을 해결할 수 있는 이념이다. 인간 사회에서 나타나는 불가피한 갈등과 대립을 대화와 상호 이해, 합리적이고 상생적인 대안을 통해서 평화적으로 해결하는 것은 다양한 차이를 바탕으로 하는 다원주의 사회에서 필수 불가결한 일이다. 바람직한 청소년의 성장이라는 가치지향성을 담고 있는 청소년 지도가 그 본질적 기능을 다 하기 위해서는 평화주의를 이념적 토대로 삼을 필요가 있다. 생태주의는 자연 생태계의 일부로서 인간 존재를 인식하고 자연적 순리에 따라 자연을 보존하며 지속 가능한 삶을 지향한다. 인간은 자연 생태계의 일부로서 존재하며 생존에 필수적인 일체의 것을 본원적으로 자연으로부터 얻는다. 쾌적한 자연 없이는 인간의 생존이나 지속 가능한 발전은 기대하기 어렵다. 청소년 지도에서 생태주의를 이념으로 삼아 청소년들이 자연 생태를 유기적이고 총체적인 관점에서 이해하고 자연이 인간을 포함한 모든 생명의 근원임을 인식시킬 필요가 있다. 또한 다른 생명을 존중하고 함께 공존하도록 함과 동시에 무분별한 자연 생태계의 파괴와 약탈을 방지할 필요가 있다.

청소년 지도의 방향은 이념을 구현하는 추상적 수준의 내용을 담고 있는 것으로서 청소년 지도의 흐름이 어떠해야 하는지를 정하는 나침반 역할을 한다. 청소년 지도의 방향으로 조화, 전문성, 자율성의 존중, 전인적인 성장 등을 설정할 수 있다. 청소년 지도는 어느 한 극단에 치우치지 않아야 하며, 개인성과 공동체성, 민족성과 세계성, 청소년과 기성세대, 학교 교육과 청소년 지도, 인간과 자연 등의 균형과 조화를 지향해야 한다. 또한 청소년 지도는 전문적인 지도자의 전문적인 역량을 바탕으로 한 프로그램 운영, 청소년의 참여와 자율성 보장, 덕·체·지를 고루 갖춘 전인적인 성장 등을 지향해야 한다.

이와 같은 이념과 방향을 바탕으로 설정되는 청소년 지도의 목표로 덕·체·지의 함양, 개인성과 사회성의 함양, 인간과 자연의 상생을 도모하는 생태적 시민성 함양 등을 들 수 있다. 덕·체·지의 함양에서는 덕(德)을 바탕으로 하는 도덕적 능력과 체(體)를 바탕으로 한 신체적 기능과 체력을 키우는 것을 지(知)를 바탕으로 하는 지식 습득보다 우선적으로 고려해야 한다. 우리 교육의 현실 상 지식의 습득은 학교 교육을 통해서 지나칠 정도로 강조되고 있기 때문이다. 개인성과 사회성의 함양에서는 개인의 권익과 꿈을 실현하기 위한 개인적 능력 함양과 동시에 사회 공동체 생활에 대한 관심과 공익 실현을 위한 참여와 봉사 자세를 길러야 한다. 아울러 인간 존재의 지속가능한 발전을 위해서는 생태 친화적인 태도와 생활습관을 핵심으로 하는 생태적 시민성을 길러야 한다.

물론 이외에도 청소년 지도의 영역에 따라서 다양한 목표를 설정할 수 있다. 일례로 청소년 지도의 목표를 단순화시켜 '5Cs'로 나타낼 수도 있다(Hamilton et al., 2004). '5Cs'는 구체적으로 역량(Competence), 품성(Character), 관계성(Connections), 자신감(Confidence), 봉사성(Contribution)을 의미한다. 역량은 지식과 기능을 포함하는 것으로 청소년이 원하는 바를 달성할 수 있게 하며 환경에 대한 적응과 반응을 효과적으로 할 수 있게 한다. 품성은 청소년을 선하고 정의롭고 바르게 만드는 것이다. 관계성은 관계적 존재로서 청소년들이 성인, 동료들과의 관계를 원만하게 형성할 수 있게 한다. 자신감은 어떤 행동을 효과적으로 할 수 있다는 확신이며, 봉사성은 나 아닌 다른 사람이나 사회, 국가에 헌신하는 것이다.

청소년 지도의 내용 영역은 매우 다양하다. 덕·체·지에 따라서 나누어 보면, 덕을 기르기 위한 내용 영역으로, 심성 계발, 사회성 계발, 리더십 계발, 자연 체험 활동, 문화 활동, 봉사 활동 등을 들 수 있다. 체를 기르기 위한 내용 영역으로는 각종 스포츠 활동을 들 수 있고, 지를 기르기 위한 영역으로는 학습지도, 독서지도, 외국어능력, 컴퓨터 활용 등을 들 수 있다. 물론 하나의 내용 영역에서 덕·체·지 중 하나만이 길러지는 것은 아니며 서로 연관되고 섞여져서 총체적으로 길러지는 경우가 많지만, 이 중 어느 것에 중점이 놓여지는가에 따라서 위와 같이 구분할 수 있는 것이다.

청소년 지도방법은 각 청소년 지도의 내용 영역에서 청소년의 이념과 목표를 실현시키기 위해 채택되는 구체적인 도구, 기술, 계획 등이다. 청소년 지도의 방법은 추구하는 목표와 활용되는 내용 영역에 따라서 매우 다양하고 융통성 있게 나타난다.

지금까지 살펴본 청소년 지도의 이념, 방향, 목표, 내용, 방법의 관계는 전자로 갈수록 추상적이고 후자로 올수록 구체적이라고 할 수는 있지만, 수직적인 상·하 관계로 보기는 어렵다. 아무리 좋은 이념, 방향, 목표가 있다 하더라도 이를 구체적으로 실현할 내용 영역과 방법이 없으면 공허하기 때문에 추상적인 이념, 방향, 목표는 구체적이고 실제적인 내용과 방법에 의해 영향을 받고 구속된다. 반대로 내용, 방법은 이를 안내할 구체적인 도달점으로서 이념, 방향, 목표에 의해 영향을 받으며 구속된다. 이처럼 이념, 방향, 목표, 내용, 방법의 관계는 상호 작용적이고 유기적인 것이라 할 수 있다.

2) 청소년 지도방법의 중요성

청소년 지도는 주로 지식 내용을 중심으로 하는 학교 교육과는 달리 청소년의 활동을 중심으로 이루어진다. 청소년의 활동을 중심으로 하는 청소년 지도에 있어서는 청소년 활동을 촉진시키고 지속시키기 위한 다양한 전략과 도구, 기술 등이 매우 중요한 위치를 차지한다. 이런 전략, 도구, 기술 등을 매개로 청소년 지도의 목표와 내용이 구체적으로 드러나고 전달되기 때문이다. 우리 옛말에 '구슬이 서 말이라도 꿰어야 보배'라는 말이 있듯이 아무리 좋은 청소년 지도의 이념과 목표, 내용이 있다 하더라도 이를 효과적으로 드러내고 청소년에게 전달할 방법이 없으면 무용지물이 되기 쉽다. 이런 점에서 청소년 지도방법은 중요한 의의를 가진다.

특히 청소년 지도는 지식 내용보다는 도덕적 덕목과 신체적 기능을 함양하기 위한 청소년 활동을 중심으로 이루어지기 때문에, 청소년 지도는 청소년 지도방법이라고 해도 지나치지 않을 정도로 청소년 지도에서 지도방법이 차지하는 비중은 크다. 따라서 청소년 지도가 효율적으로 이루어지기 위해서는 청소년 지도방법이 부단히 연구되고 새롭게 개발되어야 한다. 이를 위해서는 청소년 지도방법에 대한 체계적인 학문적 분석과 연구를 담당할 학문이 필요하다. 이런 필요성에 의해서 대두한 학문 영역이 청소년 지도방법론이다. 청소년 지도방법론은 청소년 지도방법에 초점을 두어 과학적으로 연구하는 새로운 학문이라고 할 수 있다.

3) 청소년 지도방법의 특성

청소년 지도방법의 특성을 정리하면 다음과 같다(김영인, 2007).

첫째, 청소년 지도방법은 그 자체가 목적성을 지닌 것이 아니라 도구적이고 수단적인 성격을 지닌다. 청소년 지도의 체계에 대한 기술에서 살펴보았듯이 청소년 지도방법은 청소년 지도의 이념과 목표를 실현하기 위한 것이다. 청소년 지도의 이념으로서 민주주의, 평화주의, 생태주의나, 목표로서 덕·체·지 함양, 시민역량의 강화 등을 위한 구체적인 기술이자 계획의 성격을 가진다.

둘째, 청소년 지도방법은 전문적인 청소년지도자와 청소년 간의 상호 작용 속에서 이루어진다. 특히, 청소년 지도방법은 전문적인 교육을 받고 일정한 자격요건을 갖춘 사람에 의해서 주도된다. 이런 청소년지도자의 대표적인 예로 국가에 의해서 공인된 청소년지도사를 들 수 있다.

셋째, 청소년 지도방법은 목표를 달성하기 위한 체계적이고 의도적인 활동이다. 청소년 지도방법은 목적, 대상, 공간에 적합하게 사전에 치밀하게 준비되고 선정된다.

넷째, 청소년 지도방법은 주로 학교 밖의 장에서 실행된다. 청소년 지도방법이 실행되는 학교 밖의 대표적인 공간은 대자연이다. 대자연의 체험을 통해서 청소년은 자연의 순리를 체득하고 호연지기를 기르게 된다. 청소년 지도방법이 실시되는 청소년 활동시설로는 청소년 수련원, 청소년 수련관, 청소년 문화의 집, 청소년 이용 시설 등을 들 수 있다.

마지막으로, 청소년 지도방법은 청소년의 자기 주도적이고 능동적인 참여를 전제로 한다. 청소년 지도가 성공하기 위해서는 청소년 지도방법을 통해서 청소년의 마음을 움직여 청소년 지도 내용을 스스로 내면화시킬 수 있어야 한다. 이를 위해서 청소년 지도방법을 실행할 때 청소년의 자기 주도적이고 능동적인 참여가 필수적이다.

<제3절> 청소년 지도방법의 원리

청소년 지도방법의 원리는 청소년지도자가 청소년을 지도하는 데 있어서 유념하고 따라야 할 지침이다. 청소년 지도의 현장에서는 이론적인 원리를 100% 따르기 어려운 현실적인 제약이 있긴 하지만, 청소년지도자는 항상 지도방법의 기본적인 원리를 지도 현장의 맥락에 맞게 실현하도록 노력해야 한다. 청소년 지도방법의 원리로 존중의 원리, 자기 주도의 원리, 활동중심의 원리, 맥락의 원리, 다양성의 원리, 협동성의 원리, 창의성의 원리, 효율성의 원리를 들 수 있다(김영인, 2007). 아래에서는 각 원리에 대해서 설명하도록 하겠다.

1) 존중의 원리

존중의 원리란 청소년의 인격과 자율성을 귀중하게 대하는 것이다. 청소년지도자는 청소년이 미성년자이고 피지도자라 해서 함부로 대해서는 안 된다. 청소년 지도에 있어서 항상 청소년의 인격을 존중하고 기본적인 예의를 지켜야 한다. 청소년 지도는 청소년의 마음을 움직이는 것이기 때문에 청소년에 대한 존중 없이는 성공을 거두기 어렵다. 존중의 원리는 청소년지도자가 청소년을 대할 때 따라야 하는 것일 뿐 아니라, 청소년이 청소년지도자를 대할 때 따라야 하는 것이기도 하다. 청소년 지도는 인격 대 인격의 만남 속에서 인간을 변화시키는 작업이기 때문에 상호존중은 필수적이다.

2) 자기 주도의 원리

자기 주도의 원리란 청소년 지도방법에 있어서 청소년이 활동의 주체가 되어 적극적으로 참여하고 활동의 목적, 내용, 시기, 속도 등을 선택하고 결정할 수 있도록 하는 것이다. 청소년 지도방법은 지시보다는 청소년이 스스로 자신에게 필요한 능력을 함양하도록 하는 자기구성과 자기 주도에 토대를 둔다. "말을 물가에 끌고 갈 수는 있지만 물을 먹게 할 수는 없다."는 속담이 있듯이 억지로 강제적으로 하는 것은 효과가 적다. 청소년 지도방법을 설계하고 실행할 때 청소년을 청소년지도자에게 일방적으로 의존하도록 하기 보다는 청소년이 스스로 주도적이 되어 활동할 수 있도록 고려해야 한다. 청소년 지도에서 청소년의 자기 주도성을 높이려면 청소년 지도의 전 과정에 걸쳐 청소년에게 개방된 기회를 제공하고 스스로 결정할 수 있는 권한을 넓게 인정할 필요가 있다.

3) 활동중심의 원리

활동중심의 원리란 청소년 지도방법에 있어서 청소년의 실천적 행위와 체험이 중심이 되어야 함을 의미한다. 청소년 지도방법은 청소년 스스로의 체험을 통해서 탐구하고 깨닫도록 하는 데 주안점을 두는 것이기 때문에 지도자의 일방적인 주입이나 교화가 되어서는 안 된다. 활동을 중심으로 방법이 구안될 때 청소년들의 흥미와 동기를 유발할 수 있어 청소년 지도의 목표인 청소년의 전인적인 성장과 시민역량 강화에 효과적으로 기여할 수 있다. 활동중심의 원리가 구현되기 위해서는 청소년들이 활동 자체에 몰입될 수 있도록 청소년 지도방법이 설계될 필요가 있는데, 이에는 칙센트미하이(Csikszentmihalyi, 2000, 이삼출 역, 2003)의 몰입이론이 도움이 될 수 있다. 칙센트미하이에 따르면, 청소년들에게 몰입 경험을 유발시키는 활동은 활동 과제 수준과 청소년 능력 간의 적절한 균형에 의한 도전감, 활동 자체의 재미, 분명하고 즉각적인 피드백, 명확한 목적성 등의 특징을 갖는다. 청소년지도자는 활동을 중심으로 지도방법을 설계하고 운영할 때 이런 점을 유념할 필요가 있다. 활동을 통해서 청소년이 전인적으로 성장하려면 지도방법에 활동의 의미를 내면화시키는 반성적 과정이 포함되어야 한다. 반성적 과정을 통해서 청소년은 신체적·감각적 경험 내용의 의미를 자신에 맞게 구성하여 내면화할 수 있다.

4) 맥락의 원리

맥락의 원리란 청소년 지도방법에서 청소년이 처한 삶의 상황과 관계를 총체적으로 고려하여 청소년을 이해하고 그 삶의 맥락에 적합한 방법을 구성하여 적용하여야 함을 의미한다. 맥락이란 언어적으로 보면 사물 따위가 서로 이어져 있는 유기적 관계를 뜻한다. 따라서 청소년을 맥락적으로 이해한다는 것은 청소년을 다른 모든 것과 분리하여 이해하지 않고 청소년을 둘러싼 사람, 상황, 문화, 역사적 배경 등과의 유기적인 관련성 속에서 구체적으로 파악하는 것을 의미한다. 청소년을 포함한 모든 사람은 이런 맥락 속에서 삶을 영위하는 존재이기 때문에 맥락을 함께 고려하지 않고서는 어떤 사람을 온전히 이해한다고 할 수 없다. 따라서 청소년을 정확하게 이해하기 위해서는 그 청소년을 둘러싼 모든 요소들의 관계 즉 맥락을 파악하여 전체 속에서 청소년을 보아야 한다. 이렇게 청소년을 이해하게 되면 청소년은 구체적이고 다원적이며 상대적인 모습을 띠게 된다. 왜냐하면, 청소년이 처한 맥락은 다양하고 이 다양한 맥락은 시간과 공간에 따라서 변화되기 때문이다. 따라서 청소년을 효율적으로 지도하기 위해서는 지도방법도 맥락에 따라서 다르게 구성되어야 한다. 학자가 되기 위한 청소년과 음악가가 되기 위한 청소년, 건강한 청소년과 허약한 청소년, 부유한 청소년과 가난한 청소년에게 획일적으로 같은 지도방법을 적용해서는 지도의 효과를 거두기 어렵다. 청소년지도자는 청소년이 처한 맥락을 파악할 수 있어야 하며, 이 맥락에 맞게 지도방법을 탄력적으로 변형하거나 창조할 수 있어야 한다. 이런 맥락의 원리는 기계론, 환원주의, 획일주의 등을 배제한다. 어떤 하나의 이론이나 방법을 교조적이고 기계적으로 모든 시간과 공간에서 적용하려는 것은 맥락의 원리에 비추어 보면 타당하지 않다.

5) 다양성의 원리

다양성의 원리란 청소년의 다양한 차이와 요구를 감안하여 이에 적합한 청소년 지도방법을 모색해야 함을 의미한다. 청소년 각각은 다양한 차이를 지니고 있다. 우선 성장해 온 배경과 문화가 다르다. 인간의 가치, 태도, 성격, 품성 등은 환경과 문화에 영향을 받으면서 형성된다는 점을 감안하면, 청소년의 성장 배경과 문화적 차이를 고려하지 않고서 청소년을 올바로 지도할 수 없다. 청소년이 속한 사회계층, 지역적 특성, 가족 관계와 분위기, 종교 등을 파악하여 지도에 참고하여야 한다.

청소년들 각각은 능력에 있어서도 같지 않다. 가드너(Gardner, 1997)의 다중지능이론(multiple intelligence theory)에 입각하면 청소년의 능력은 수평적 차원에서 다양한 분야에서 다르게 나타날 수 있다. 가드너는 인간의 지적인 능력을 어떤 가치 있는 결과를 창출해 내거나 문제를 해결하는 능력이라고 정의한다. 그는 이런 지적인 능력으로 언어학습과 활용능력을 나타내는 언어 지능, 문제를 논리적으로 분석하고, 수학적으로 조작하며, 과학적 방법으로 탐구하는 논리-수리 지능, 운동 지능, 공간을 인지하고 다루는 공간 지능, 다른 사람과 원만하게 상호 작용하는 대인 관계 지능, 자신을 성찰하여 통제하는 반성 지능, 자연 현상을 다루는 자연탐구지 능을 들고, 개인에 따라 각 능력의 차이가 있다고 한다. 또한 같은 분야의 능력을 수직적 차원에서 보더라도 동일하지 않다. 우열이 있는 것이다. 이런 능력의 차이를 고려하여 청소년 지도방법을 선택할 필요가 있다. 이외에도 청소년의 다양한 요구와 성별의 차이도 청소년 지도방법을 선택하고 적용할 때 고려될 필요가 있다. 다양성의 원리를 극대화시켜 청소년의 개별적인 요구에 부응한 맞춤형 지도방법을 고려할 필요도 있다.

6) 협동성의 원리

협동성의 원리는 청소년 지도방법의 계획과 실행에서 청소년 상호 간의 유기적인 협력이 이루어질 수 있어야 함을 의미한다. 청소년 지도의 과정에서 나타날 수 있는 청소년 활동의 모습은 경쟁적, 개별적, 협동적 3가지이다. 경쟁적 활동구조는 승-패관계(win-lose relation), 영합관계(zero-sum relation)를 활동의 기본으로 삼는다. 경쟁적 활동구조는 서로 목표를 선점하려는 자극을 통해서 능률성을 증진시키는 점이 있긴 하지만, 경쟁이 지나쳐 갈등과 대립을 조장하고 소수만이 목표를 달성하여 다수가 낙오하는 문제점을 낳는다. 또한 나를 제외한 다른 사람들의 잘못이 나에게는 이득이 되는 부정적인 상호 의존 관계를 통해서 심성이 왜곡될 가능성이 커진다. 개별적 활동구조는 다른 사람과 관계를 갖지 않는 무상호 의존성을 기본으로 한다. 개별적 활동구조는 청소년 각 개인의 수준에 적합한 활동과 방법을 제공하여 개인의 자율성과 특수성을 최대한 살릴 수 있지만, 다른 사람과의 관계를 단절시켜 극단적이고 편협한 개인주의자를 만들 가능성이 크다.

이에 반해 협동적 활동구조는 상생 관계(win-win relation)를 바탕으로 상대방의 발전이 나의 발전이 되고, 나의 이득이 상대방의 이득이 될 수 있는 긍정적인 상호 의존성을 기본으로 한다. 이런 협동적 활동구조를 통해서 경쟁적 활동구조와 개별적 활동구조의 문제점을 극복할 수 있다. 체험적인 활동을 중심으로 하는 청소년 지도방법에서 협동적 활동구조의 창출을 통해서 의사 소통 기능, 사회적 책무성, 협동심 등을 함양하여 민주시민의 역량을 갖추게 할 수 있다. 청소년 지도방법에서는 청소년과 청소년 간의 협동적 활동구조의 창출뿐만 아니라, 청소년과 청소년지도자, 청소년지도자와 학교·가정·지역사회 간의 협동적이고 유기적인 관계가 창출될 필요가 있다.

7) 창의성의 원리

창의성의 원리는 청소년 지도방법에서 창의적인 방법의 계발, 청소년의 창의적인 능력 함양을 고려해야 하는 것을 의미한다. 창의성의 원리에 바탕하여 청소년 지도방법은 상황과 대상에 맞게 적절하게 변용되고 항상 새롭게 구안될 필요가 있다. 또한 지식정보사회에서는 창의적인 능력이 가장 중요한 능력 중 하나이기 때문에 청소년 지도방법은 청소년의 창의성을 계발하는 것을 항상 염두에 두어야 한다. 길포드(Guilford. 1967, 김영채, 2002 재인용)에 따르면, 창의성은 많은 해결책을 생성해 낼 수 있는 유창성, 비범한 해결책을 생성해 낼 수 있는 독창성, 새로운 과제나 변화하는 상황에 따라서 접근법을 바꿀 수 있는 융통성 등을 하위 요소로 한다. 또한 창의성은 인간의 사고 중 하나의 답을 논리적으로 찾아 가는 수렴적 사고(convergent thinking)와는 다른 여러 가지 가능한 방안과 해결책을 찾아 가는 발산적 사고(divergent thinking)와 관련된다. 이런 길포드의 견해를 따라 청소년 지도방법에서는 청소년들이 자유롭고 개방적이며 발산적인 사고를 통해서 유창성, 독창성, 융통성 등을 기를 수 있도록 해야 한다. 청소년 지도방법에서는 청소년들의 엉뚱하고 새로운 시도를 격려해야 하며 실수나 실패를 두려워하게 해서는 안 된다.

8) 효율성의 원리

효율성의 원리는 청소년 지도방법에서 효과성(effectiveness)과 능률성(efficiency)을 염두에 두어야 한다는 것을 의미한다. 이 때 효과성은 어떤 행위가 원래 설정한 목표를 달성하는 정도를 나타내는 것으로서, 비용 투입의 다과는 문제 삼지 않는다. 반면 능률성은 투입된 비용과 산출된 성과를 비교하여 적은 비용으로 많은 성과를 얻는 정도를 나타내는 것으로서, 원래 설정한 목표 달성의 유무는 문제 삼지 않는다. 효율성은 이 양자의 개념을 합한 것으로서 능률적인 방법으로 목표를 달성하는 것을 나타낸다. 따라서 효율성의 원리는 능률적인 방법, 즉 가장 적은 시간, 비용, 에너지 등을 투입하여 원래 설정한 청소년 지도의 목표를 달성하는 것을 나타내는 개념이다. 청소년 지도방법은 이런 효율성의 개념에 구속될 수밖에 없다. 청소년 지도방법의 실행에 있어서 시간, 돈, 에너지 등과 같은 자원을 쓸 수밖에 없고, 이런 자원은 희소성의 원리에 지배되기 때문이다. 따라서 청소년 지도방법의 설계나 실행에 있어서 최소의 자원을 투입해서 목표를 달성하는 것을 염두에 두어야 한다. 이것은 이 지구상에서 유한한 자원을 가지고 지속적으로 살아갈 수밖에 없는 인간의 존재적 요청이자 규범적인 당위이기도 하다.

요약

청소년 지도는 청소년 육성에 포괄되는 하위 요소로서 청소년의 전인적인 성장을 위한 교육적이고 방법적인 것이며 청소년 육성의 핵심적 영역이라고 할 수 있다. 청소년 육성이 추구하는 덕·체·지를 조화롭게 갖춘 청소년의 균형적 성장은 청소년 지도의 적극적인 형성작용에 의해서 달성될 수 있기 때문이다. 오늘날과 같은 청소년 지도 개념은 청소년 육성이란 용어의 사용과 더불어 학교시설 외의 '청소년의 심신 단련과 정서 계발을 목적으로 설치된 시설'로서 청소년 시설을 규정한 1987년 「청소년 육성법」 제정, 1991년 「한국 청소년기본계획」 수립, 1991년 「청소년 육성법」을 대체한 「청소년기본법」 제정 등을 통해서 본격적인 등장의 발판을 마련하였다.

서구 사회에 나타난 청소년 지도에 대한 이론적 틀을 살펴보면, 크게 문제 중심 접근법(problem-based approach)과 강점 중심 접근법(strength-focused approach)으로 나눌 수 있다. 문제 중심 접근법은 청소년을 대상으로 취급하고 위험 요인으로부터 보호하고 격리함으로써 청소년 문제와 비행 발생을 억제하는 데 청소년 지도의 주안점을 둔다는 관점이다. 이에 반해, 강점 중심접근은 청소년을 긍정적이고 능동적인 점에서 사회적 자원 또는 변화의 주체로 보고 적극적인 입장에서 지도한다. 현재 우리 사회의 청소년 지도의 흐름은 문제 중심 접근법에서 강점 중심 접근법으로 서서히 변화되고 있다고 할 수 있다.

청소년 지도방법은 청소년 지도의 이념, 방향, 목표, 내용, 방법이라는 청소년 지도 체계 속에 위치해 있다. 여기에서 청소년 지도의 이념은 청소년을 지도하는 데 있어서 철학적 토대가 되는 것으로서, 민주주의, 평화주의, 생태주의 등을 들 수 있다. 청소년 지도의 방향은 이념을 구현하는 추상적 수준의 내용을 담고 있는 것으로서 청소년 지도의 흐름이 어떠해야 하는지를 정하는 나침반 역할을 한다. 청소년 지도의 방향으로 조화, 전문성, 자율성의 존중, 전인적인 성장 등을 들 수 있다. 청소년 지도의 목표로는 덕·체·지의 함양, 개인성과 사회성의 함양, 인간과 자연의 상생을 도모하는 생태적 시민성 함양 등을 들 수 있다. 청소년 지도의 내용 영역은 매우 다양하다. 덕·체·지에 따라서 나누어 보면, 덕을 기르기 위한 내용 영역으로 심성 계발, 사회성 계발, 리더십 계발, 자연 체험 활동, 문화 활동, 봉사 활동 등을 들 수 있으며, 체를 기르기 위한 내용 영역으로는 각종 스포츠 활동을 들 수 있고, 지를 기르기 위한 영역으로는 학습지도, 독서지도, 외국어능력, 컴퓨터 활용 등을 들 수 있다.

청소년 지도방법의 원리는 청소년지도자가 청소년을 지도하는 데 있어서 유념하고 따라야 할 지침이다. 청소년 지도방법의 원리로 존중의 원리, 자기 주도의 원리, 활동중심의 원리, 맥락의 원리, 다양성의 원리, 협동성의 원리, 창의성의 원리, 효율성의 원리를 들 수 있다.

연습문제

1. 청소년 지도와 청소년 지도방법의 의미를 설명하시오.
2. 청소년 지도방법의 관점인 문제 중심 접근법과 강점 중심 접근법을 비교·설명하고 평가하시오.
3. 청소년 지도방법이 청소년 지도에서 지니는 중요성을 제시하시오.
4. 청소년 지도방법의 특성을 설명하시오.
5. 청소년 지도방법의 여덟 가지 원리를 설명하시오.

Chapter 02

청소년 지도방법의 기초이론

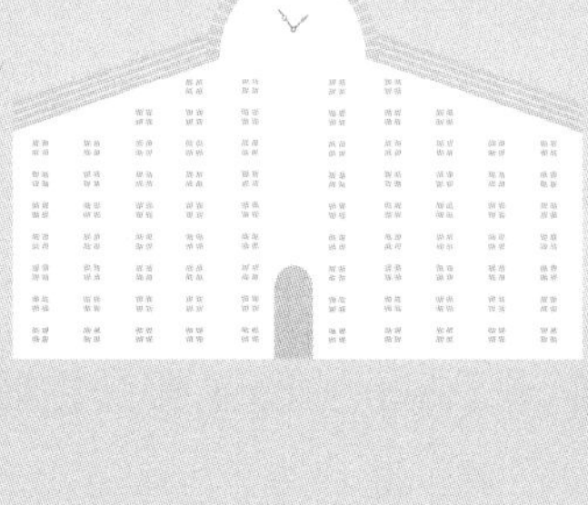

<제1절> 경험학습이론

청소년 지도방법은 주로 청소년의 체험 활동을 중심으로 이루어지기 때문에 경험학습은 지도방법의 중요한 이론적 토대가 된다. 아래에서는 경험학습의 의미, 경험학습의 과정, 경험학습에서 성찰의 중요성, 경험학습의 특징을 살펴보도록 하겠다.

1) 경험학습의 의미

경험학습(experiential learning)은 학습하는 것에 대해서 듣고, 말하고, 읽는 대신, 학습하는 것의 맥락에 학습자가 직접 참여하는 실제적 활동, 실제적 체험을 통해서 학습함(learning by doing)을 의미한다(Lang and Evans, 2006). 경험학습에서 학습자는 실제적인 사물, 사안, 사람 등에 직접적으로 접촉함으로써 학습 활동을 하게 된다. 따라서 경험학습에서는 학습자 주도적이고 활동 중심적이 되며 경험이 핵심적인 요소가 된다. 이 때 경험은 인간과 자연 및 사회 환경 사이에서 맺어지는 직접적인 활동적 관계를 의미한다(Dewey, 1916). 활동적 관계는 능동적인 측면과 수동적인 측면으로 이루어진다. 능동적인 측면은 학습자가 외부의 환경, 즉 사물, 사안, 사람 등에 대하여 직접적으로 작용을 가하는 과정이며, 수동적인 측면은 작용을 받은 환경이 학습자에게 가하는 반작용의 과정이다. 결국 경험은 학습자의 입장에서 볼 때 능동적 측면에서 행위, 활동을 해보는 것(doing)과 수동적 측면에서 정보, 자극을 받아 의미를 파악하는 것(reflection)이 동시에 결합된 역동적 과정이다. 이 과정에서 학습자의 능동성, 행위와 활동, 오감(五感)의 활성화, 의미 파악과 정리를 위한 사고 작용 등이 필수적으로 수반된다.

2) 경험학습의 과정

경험학습의 과정은 [그림 2-1]에 나타나 있는 것처럼 '구체적인 체험 → 반성적인 관찰과 분석 → 추상적인 개념화 → 활동적인 적용과 검증'이라는 4단계를 순환적으로 거치면서 이루어진다(Kolb, 1984).

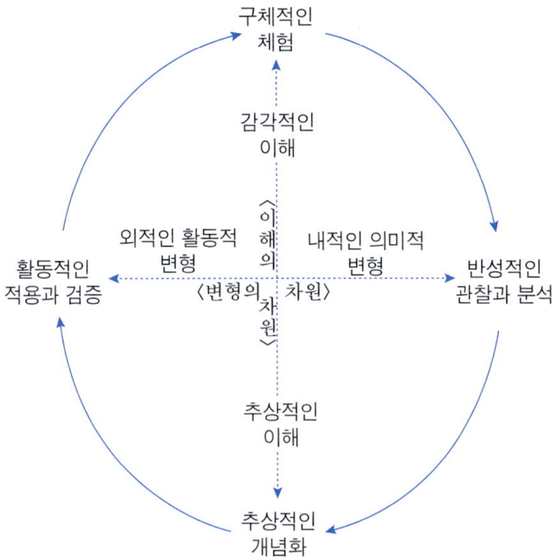

[그림 2-1] 경험학습과정의 4단계

출처: Kolb(1984). 42쪽.

'구체적인 체험'의 단계에서는 구체적인 활동에 참여하여 새로운 사물, 사람, 상황 등에 대해서 새로운 외적인 정보와 자극을 학습자가 지닌 시각, 청각, 미각, 후각, 촉각 등의 오감을 통해서 파악하게 된다.

'반성적인 관찰과 분석'의 단계에서는 구체적인 체험을 통해서 접하게 된 정보와 자극 등을 비판적으로 되돌아보고 그 의미를 분석하여 내적으로 생각하게 된다.

'추상적인 개념화'의 단계에서는 내적인 관찰과 분석을 통해서 파악한 체험 활동의 의미를 일반화하여 새로운 개념, 이론 등을 형성하게 된다.

'활동적인 적용과 검증'의 단계에서는 새롭게 형성된 추상적인 지식을 새로운 상황에서의 문제를 진단하거나 해결하는 과정을 통해서 적용하고 검증해보게 된다.

3) 경험학습에서 성찰의 중요성

경험학습에서 성찰(또는 반성적 사고, reflection)은 매우 중요한 위치를 차지한다. 경험학습에서 경험은 단순히 해보는 것, 또는 기계적인 행위나 활동을 의미하지 않는다. 경험은 성찰과 결합된 활동을 의미하며, 성찰 자체가 경험의 본질적 요소로서 위치를 가진다. 행위나 활동이 경험의 외부적 요소라면, 성찰은 경험의 내부적 요소가 된다. 경험이 의미 있는 것이 되려면 반드시 거기에는 성찰과정이 개입되어야 한다(Dewey, 1916). 이런 경험학습의 메커니즘은 듀이의 1차적 경험(primary experience)과 2차적 경험(secondary experience)을 통해서도 설명될 수 있다. 1차적 경험은 우리가 일상생활에서 마주치는 소재들을 감각기관을 통해서 경험하는 것을 말하고, 2차적 경험은 1차적 경험 내용을 소재로 하여 성찰을 통해서 이루어지는 관념이나 판단 등의 내적 경험을 말한다. 올바른 지식 획득 또는 능력 형성을 위해서는 1차적 경험을 2차적 경험을 통해서 내면화, 구조화시켜야 한다.

경험학습은 action-reflection-action-reflection의 연속적인 과정이다. 여기에서 reflection은 외적인 행위로부터 교육적 의미를 찾아 경험에 생명을 불어넣는 요소이다. 성찰은 행위, 활동과 같은 체험으로 다시 돌아가 그 과정을 평가하여 불필요한 내용을 제거하고 유의미한 내용들을 정선하여 기존의 지식구조에 연결시킴으로써 새로운 지식을 창출시키는 인지 과정이기 때문이다(Jeffs and Smith, 1999). 이런 점에서 성찰이 없는 체험 활동은 경험학습 활동이라고 할 수 없다. 효과적인 성찰 활동은 지속적(continuous), 관계적(connected), 도전적(challenging), 맥락적(contextualized)이다(Eyler, Giles Jr. and Schmiede, 1996). 여기에서 지속적인 성찰은 체험 활동 이전의 준비 과정, 체험 활동 과정, 체험 활동 이후의 과정에서 일관되게 성찰 활동이 이루어지고 이것이 다음의 체험 활동에도 연속되는 것을 의미한다. 관계적인 성찰은 체험 활동과 기존의 지식구조, 행위와 사고 등을 연계하는 것을 의미한다. 도전적인 성찰은 기존의 관성적인 사고방식에서 벗어나 체험 활동을 새로운 관점에서 해석하고 새로운 방식으로 생각하면서 대안을 발견하고 새로운 문제를 제기하려는 것을 의미한다. 맥락적인 성찰은 체험 활동이 이루어진 구체적인 상황과 배경 등과 같은 맥락을 고려하여 분석하고 의미를 발견하는 사고작용을 의미한다.

4) 경험학습의 특징

콜브(Kolb, 1984)에 따르면, 경험학습의 특징은 다음과 같은 6가지로 정리된다.

첫째, 경험학습에서는 학습을 결과물이 아니라 과정으로 이해한다.

경험학습에서는 아이디어나 지식을 고정적이고 불변의 것이 아니라 경험을 통해서 계속적으로 형성되고 재형성되는 것으로 이해한다. 경험학습은 학습을 경험을 통해서 지속적으로 지식이 산출되고 수정되는 과정으로 이해한다. 이런 점에서 학습을 행위적 산출 또는 결과물로 이해하는 전통적인 행동주의 학습이론과 다르다. 경험학습이론의 학습에 대한 이런 관점은 '교육의 목적은 지식의 덩어리를 암기시키는 것이 아니라 지식 획득의 과정에서 탐구를 촉진하는 것'이라는 브루너(Bruner)의 말과 유사한 반면 프레이리(Freire)가 비판했던 '은행식 교육'과는 대비된다. 은행식 교육에서는 교사가 은행에 돈을 예금하듯이 지식을 학생들의 머릿속에 저장하고, 학생들은 이런 지식을 은행에서 돈을 인출하여 쓰듯이 단순히 받아서 암기하고 반복 재생하는 것이기 때문이다.

둘째, 경험학습에서는 학습을 경험에 토대를 둔 계속적인 과정으로 이해한다.

지식은 학습자의 경험 속에서 계속적으로 창출되고 검증된다. 경험을 통해서 만들어진 지식은 기존의 지식구조에 통합되며, 이런 지식은 새로운 경험 속에서 검증되어 대체되거나 수정·보완된다. 경험은 시간적으로 계속되기 때문에 학습도 시간적인 연속성을 가지고 계속된다. 이런 계속적인 과정을 통해서 지식은 확대·재생산된다.

셋째, 경험학습에서 학습의 과정은 세계에 적응해가면서 나타나는 대립적인 방식들 간의 변증법적인 교호작용으로 이루어진다.

경험학습과정에서는 구체적인 체험과 추상적인 개념화, 사고와 행동, 동화(assimilation)와 조절(accommodation), 관찰과 활동, 기존의 지식과 새로운 지식 등과 같은 대립되는 요소들의 변증법적인 교호작용을 통해서 새로운 통합과 균형 모색이 이루어진다. 경험학습은 본질적으로 이런 대립적인 요소들 간의 긴장 속에서 이루어지는 과정이다. 이런 긴장 속에서 필요한 지식을 획득하려면, 학습자는 새로운 체험 활동에 아무런 편견 없이 완전히 참여할 수 있는 구체적인 체험능력, 다양한 관점으로부터 자신의 체험 활동을 반성하고 관찰할 수 있는 반성적 관찰능력, 이런 관찰의 결과를 이론에 통합할 수 있도록 개념을 창출할 수 있는 추상적 개념화능력, 이런 이론과 개념을 현실 세계에 적용하여 문제를 해결하고 의사 결정을 할 수 있는 행동적 실천능력의 4가지 능력을 갖추어야 한다.

넷째, 경험학습에서는 학습을 세상에 적응해 가는 종합적인 과정(holistic process)으로 본다.

학습은 인지, 지각과 같이 인간이 지닌 기능이나 능력 중 단 하나의 특수한 영역에 관련되는 것이 아니라, 사고, 감정, 지각, 행동 등과 같은 유기체의 전체적 기능을 종합적으로 활용하는 것과 관련된다. 학습은 사회적, 물리적 환경에 적응해 가는 인간활동이기 때문에 모든 생활의 장에서 학습자의 모든 기능을 총체적으로 활용하는 과정이다.

다섯째, 경험학습에서는 학습을 사람과 환경간의 교호작용으로 본다.

경험학습에서는 인간의 내면적인 인지 과정 또는 환경의 자극 어느 하나만을 중요시하지 않는다. 반면 인간의 내면적인 인지 과정과 환경적 자극요소의 유기적 관련성과 상호 작용으로 이루어진 학습의 생태학적 체계를 중요시한다. 주관성과 객관성, 사람과 환경으로 이루어진 학습생태계 속에서의 학습자와 환경 간의 교호작용을 경험학습의 특성으로 보는 것이다. 경험학습의 이런 관점은 레빈(K. Lewin)의 인간행동을 설명하는 함수식 B=f(P, E)와도 유사하다. 레빈에 따르면, 인간행동(B)은 사람(P)과 그를 둘러싼 환경(E) 간의 유기적인 관련에서 결정된다는 것이다. 여기에서 인간행동이란 학습의 과정을 함축하고 있기 때문에, 결국 학습은 사람과 환경 간의 함수관계라고도 할 수 있는 것이다.

마지막으로, 경험학습에서는 학습을 지식창조의 과정으로 본다.

학습은 생활의 장에서 환경에 적응해 가는 과정이다. 환경에의 효과적인 적응을 위해서 학습자는 경험학습을 통해서 지식을 창출하고 축적한다. 끊임없이 변화하는 환경에서 새로운 체험 활동을 통해서 창출된 새로운 지식은 기존의 지식에 통합되거나 기존의 것을 대체하게 된다.

<제2절> 구성주의

청소년 지도방법에서는 자율적이고 능동적인 참여를 통해 청소년 스스로 자신의 맥락에 적합한 지식과 능력을 형성하는 것을 중요시한다. 또한 이미 만들어진 지식을 획일적으로 주입하거나 강요하지 않고 자율적인 탐구활동을 촉진함으로써 청소년의 역량을 강화하려고 한다. 이런 점에서 구성주의는 청소년 지도방법의 중요한 이론적 토대가 된다. 아래에서는 구성주의의 의미, 구성주의의 유형, 구성주의적 학습에 대해서 살펴보겠다.

1) 구성주의의 의미

구성주의(constructivism)는 지식의 인식과 획득에 관한 새로운 관점이자 이론이다. 구성주의에서 볼 때 지식은 학습자의 삶의 맥락(context)에 따라 주관적으로 구성되는 것이다. 지식은 학습자 즉 유기체인 개인(또는 인간)에 의해 삶의 맥락에 적합하게 구성되고 삶의 맥락이 달라지면 끊임없이 재구성되는 개인(또는 인간)의 구성물이다. 개인(또는 인간)이 환경에 적응해 가면서 자신의 생존에 가장 적합하고 유용하게 구성되는 산물이 지식이므로, 구성주의 입장에서 지식은 절대적이거나 불변의 것일 수 없다. 삶의 맥락이 변하면 지식은 변할 수밖에 없기 때문이다. 구성주의적 관점에 따르면 지식에 있어서 중요한 것은 객관적인 진리성(truth)이 아니라, 삶에의 적합성(viability) 또는 유용성(usefulness)이다. 구성주의에서 지식은 모두가 받아들이는 보편적 합리성(rationality)을 가지는 것이 아니라, 어떤 특수한 맥락에 적합한, 즉 일리가 있는 합당성(reasonableness)이 있으면 족하다.

이런 점에서 보면, 객관적인 진리가 만물의 척도가 되는 것이 아니라 인간 스스로가 만물의 척도가 되는 것이라고도 할 수 있다. 구성주의 입장에서는 모든 상황에 처한 모든 만물에 획일적으로 적용될 수 있는 지식은 없는 것이고, 인간이 맥락의 필요에 따라서 만들고 합의하는 것이기 때문이다. 그러므로 시대와 공간에 따라서, 같은 시대와 공간이라 하더라도 사람의 처지에 따라서 유용한 지식은 다르게 구성될 수밖에 없다. 구성주의 입장에서 지식의 획득과정은 맥락을 초월한 객관적인 지식을 발견하거나 표상하는 것이 아니라, 삶의 맥락에 적합하게 지식을 창조 또는 구성하는 일이다. 이런 점에서 구성주의를 상대주의 인식론 또는 주관주의 인식론이라고 하기도 한다.

구성주의적 관점을 따르게 되면, 지식보다 삶을 우선시하게 된다. 교육이나 청소년 지도에 있어서도 지식보다는 삶을 안내하고 가르치는 것이 중요시된다. 지식이란 삶의 맥락에서 의미를 가질 때만 존재가치를 지니기 때문이다. 또한 필연적으로 지식의 잠정성과 다양성을 인정하게 된다. 지식은 각 개인이 처한 맥락에 따라서 구성되는 것이기 때문에 절대적일 수 없다. 삶의 맥락이 다르면 지식도 달라질 수밖에 없기 때문에 내가 가진 지식을 상대에게 강요할 수 없다. 이런 점을 고려하면 지금의 내가 가진 지식에 대해서 겸손함을 가져야 한다. 백인백색(百人百色)이란 말이 있듯이 사람들의 삶의 모습은 모두 다르다. 각 개인이 처한 이런 다양한 삶의 모습과 차이를 인정하게 되면, 각 개인이 형성하는 다양한 지식을 용인할 수밖에 없게 된다. 더 나아가 다른 사람이 지닌 지식을 존중하게 되고, 다른 사람의 의미 부여에 대해서 개방주의적 태도를 가지게 된다.

이에 반해 전통적인 지식관에 따르면, 지식은 학습자와는 별개로 학습자의 외부에 객관적인 진리의 형태로 존재한다. 이런 지식은 시간과 공간을 초월하여 절대적이고 불변적인 성격을 가지며, 모든 경우, 모든 사람에게 적용된다. 따라서 지식은 개인에 따라서 달라지지 않는다. 개인의 지식 획득과정은 인지 능력을 통해서 객관적으로 존재하는 지식을 발견(discovery)하거나, 객관적인 지식을 두뇌에 그대로 표상(representation)하여 자신의 지식구조를 객관적인 지식에 일치(correspondence)시키는 일이다. 이런 점에서 전통적인 지식관을 절대주의 인식론 또는 객관주의 인식론이라고 한다.

2) 구성주의의 유형

구성주의는 지식의 형성과정에서 개인 또는 사회 둘 중 어느 것을 우위에 두는가에 따라서, 개인을 우위에 두는 급진적 구성주의(개인적 구성주의), 사회를 우위에 두는 사회적 구성주의로 분류된다.

(1) 급진적 구성주의

급진적 구성주의에서는 개인이 환경에 대한 적응과정에서 자신의 삶에 필요한 지식을 구성하는 것으로 본다. 이 관점에 따르면, 지식은 개인의 외부에 객관적인 진리의 형태로 존재하는 것이 아니라 개인에 의해 주관적으로 구성된다는 점에서 지식의 객관적 실재에 토대를 둔 기존의 객관주의 인식론을 근본적으로 부인한다. 이런 이유로 이 관점을 급진적 구성주의라 한다. 급진적 구성주의는 글라저펠트(Glaserfeld)가 피아제(Piaget)의 유기체의 환경에 대한 적응과정에서 나타나는 동화(assimilation), 조절(accommodation), 평형화(equilibrium)의 개념을 도입하여 인간의 지식 형성과정을 설명함으로써 등장하였다고 할 수 있다. 글라저펠트는 지식을 "객관적 실재가 아니라 전적으로 우리의 경험에 의해 구성되는 세계에 대한 질서화이며 조직화"(김종문 외, 2000, 재인용)로 규정하고 있다. 지식은 인간 외부에서 주어진 것이 아니라 인간이 환경 적응 과정에서의 경험을 통해서 형성한 세계에 대한 의미 부여라는 것이다. 급진적 구성주의는 개인의 인지기능을 활용한 구성을 강조한다는 점에서 개인적 구성주의라고 불리기도 한다. 이 점에서 지식의 사회적 구성을 강조하는 사회적 구성주의와 대비된다.

(2) 사회적 구성주의

사회적 구성주의는 개인만을 준거로 함으로써 지식이 극단적으로 상대주의화될 수 있는 급진적 구성주의의 난점을 극복하는 과정에서 등장하였다. 사회적 구성주의에서 지식은 2단계를 거치면서 개인에게 획득된다. 첫째 단계는 언어를 매개로 한 사회적 상호 작용 과정에서 간주관적인 합의를 통해서 사회적 지식이 구성된다. 둘째 단계는 이렇게 구성된 사회적 지식이 개인에게 내면화됨으로써 개인에게 획득된다. 지식은 사회적 상호 작용을 통해서 창출되어 문화의 형태로 공동체에 누적되는 사회적 산물이고, 개인은 사회적 상호 작용에의 참여를 통해서 사회적 의미의 지식을 개인적 의미로 변환하여 내면화한다. 이것이 개인의 학습과정이라고 할 수 있다. 개인은 급진적 구성주의에서처럼 환경에 대한 직접적인 적응과정을 통해서 개별적으로 지식을 구성하는 것이 아니라, 사회적 과정을 통해서 형성된 문화에의 동화를 통해서 지식을 형성하게 되는 것이다. 사회적 구성주의에서는 사회에서의 지식 구성을 개인의 지식 구성보다 앞선 것으로 파악한다. 개인에게 내면화되는 지식의 준거는 간주관성에 의해서 합의된 사회적 지식, 즉 문화가 됨으로써 급진적 구성주의에서 나타나는 개인에 따라 지식이 모두 합리화될 수 있는 극단적인 상대주의는 극복될 수 있다.

사회적 구성주의의 원류는 비고츠키(Vygotsky)라고 할 수 있다. 비고츠키에 따르면, 인간의 고등정신기능은 2가지 차원에서 나타난다. 하나는 사회적 차원(개인 간 차원)으로서, 여기에서는 기호 즉 언어의 매개적 역할이 중요하다. 언어를 통해서 사회적 상호 작용이 가능하고 의미의 사회적인 해석과 소통, 공유가 가능하기 때문이다. 비고츠키에 따르면 인간이 언어를 사용할 수 있음으로 해서 다른 동물과 구분되는 고등정신기능을 발전시킬 수 있게 되었다. 언어 창조와 사용능력이 인간의 본질적 특성을 이룬다. 다른 하나는 심리적 차원(개인 내 차원)으로서, 개인은 사회적 차원의 상호 작용에 참여를 통해서 자신의 지식을 구성하게 된다. 비고츠키에 있어서는 사회적 차원이 개인적 차원에 선행하게 되며, 지식의 구성에 있어서 언어의 기능과 개인 간 대화, 협동, 사회적 상호 작용이 매우 중요하게 된다.

비고츠키는 인간의 발달과 학습의 관계에 대해서 피아제와 다른 견해를 보인다. 피아제는 생물학적 발달의 한계 내에서 학습이 가능하다고 보았다. 즉 발달이 선행하고 학습은 이 범위 내에서 가능하며, 학습은 발달에 영향을 주지는 못하는 것으로 보았다. 이에 반해 비고츠키는 발달과 학습은 서로 다른 과정이지만, 학습이 발달에 영향을 줄 수도 있다고 보았다. 이런 발달과 학습의 관계를 나타내는 개념이 근접 발달 영역(zone of proximal developmental)이다. 근접 발달 영역은 아동의 실제적 발달수준과 잠재적 발달수준의 차이를 의미한다. 이 때 실제적 발달수준은 아동이나 청소년이 남의 도움 없이 혼자서 과제를 해결할 수 있는 능력 수준을 의미하며, 잠재적 발달수준은 혼자서는 해결할 수 없지만 성인이나 앞선 또래의 도움을 받아 해결할 수 있는 능력 수준을 의미한다. 비고츠키에 따르면, 근접 발달 영역에서 성인이나 앞선 또래의 안내나 도움을 받다가 점차 없애 가면 나중에는 혼자서도 잠재적 발달수준에 이르게 된다고 한다. 이 때 성인이나 앞선 또래의 도움을 주는 활동을 비계(飛階, 건축공사 때에 높은 곳에서 일할 수 있도록 설치하는 임시 가설물)설정 또는 도움주기(scaffolding)라고 한다. 이는 학습이 발달에 영향을 미칠 수 있음을 나타내는 것이다. 근접 발달 영역의 개념은 협동학습, 안내자로서 성인 역할 등의 중요성을 시사한다고 하겠다.

3) 구성주의적 학습

(1) 구성주의적 학습관의 특징

학습에 대한 관점은 객관주의를 바탕으로 하는 전통적 학습관과 구성주의를 바탕으로 하는 구성주의적 학습관으로 분류될 수 있다.

전통적 학습관의 대표적인 것으로 행동주의와 정보처리 인지주의를 들 수 있다.

행동주의는 학습 주체의 인지적 자율성이나 능동성을 중요시하지 않는다는 점에서 전형적인 객관주의적 학습관이다. 행동주의는 자극, 반응, 강화 등을 핵심개념으로 인간의 학습 활동을 설명한다. 외부의 자극에 대한 반응과정을 학습으로 보고, 외부로 드러나는 행동의 변화를 학습의 목표로 삼는다. 행동주의적 교육 활동은 지식과 정보의 전달 활동이며, 교육지도자는 전달자, 감독자 역할을 한다. 행동주의에서는 외부 자극에 대해 단순하게 반응하는 수동적 학습자를 상정하며, 학습자는 정보의 수동적 수용자, 청취자, 추종자 역할을 하게 된다.

이런 행동주의에 비해서 정보처리 인지주의는 학습주체의 내부적인 인지활동의 능동성을 인정한다. 그렇지만 이런 내부적인 인지활동의 능동성은 외부의 정보를 그대로 처리하거나 발견하는 범주의 것이지 새롭게 지식을 창출하거나 구성하는 것은 아니다. 즉 학습에서 중심이 되는 지식은 외부에 객관적으로 존재하는 것일 뿐, 학습자가 자율적으로 창조하거나 구성하는 것이 아니라는 점에서 정보처리 인지주의는 객관주의 학습관에 속하게 된다. 정보처리 인지주의는 정보처리, 정교화, 기억, 인지 구조 등을 핵심개념으로 학습 활동을 설명한다. 외부의 정보를 내부의 인지기능을 통해서 처리하는 과정을 학습으로 보고, 인지 구조의 변화를 학습 목표로 설정한다. 정보처리 인지주의에서 교육은 지식과 정보의 전달이나 발견을 의미하며, 교육지도자는 지식 전달자, 정보처리 활성자로서 역할을 한다. 또한 능동적 학습자관을 전제로 정보처리자로서 학습자의 역할을 강조한다.

구성주의적 학습관은 이런 전통적 학습관인 행동주의와 정보처리 인지주의와는 대비된다. 구성주의적 학습관은 학습주체의 삶의 맥락에 따른 적합한 지식의 자율적인 구성을 학습으로 보기 때문에, 외부에 존재하는 지식의 단순한 수용이나 발견을 학습으로 보는 전통적 학습관과는 근본적으로 다르다. 구성주의에서 학습은 자신의 삶에 적합한 지식을 창조(creation)하거나 구성(construction)하는 것이며, 학습과정은 이런 창조 또는 구성의 연속적인 과정이다. 따라서 구성주의 학습에서는 맥락성(context), 실제성(authenticity), 적합성(viability), 학습자 주도성(self-directed learning) 등을 강조한다. 구성주의적 학습관은 다시 급진적 구성주의 학습관과 사회적 구성주의 학습관으로 나뉜다.

급진적 구성주의 학습관은 동화, 조절, 개인적 지식 구성, 맥락, 지식의 적합성 등을 핵심개념으로 학습 활동을 설명한다. 개인의 삶에 적합한 의미 또는 지식 형성의 과정을 학습으로 보고, 적합한 지식의 구성을 학습의 목표로 삼는다. 이 관점에서 교육 활동은 개인적 지식 구성을 위한 안내이며, 교육자는 촉진자, 안내자로서 역할을 한다. 반면, 자율적이고 능동적인 학습자관을 전제로 학습자는 지식의 능동적 구성자, 산출자, 설명자, 해석자로서 역할을 한다.

한편, 사회적 구성주의 학습관은 사회적 지식 구성, 문화, 문화적 동화, 언어, 상호 작용, 참여, 근접 발달 영역, 도움주기(scaffolding), 맥락, 지식의 적합성 등을 핵심개념으로 학습 활동을 설명한다. 사회적 지식 구성과 개인적 내면화 과정을 학습으로 보고, 사회적 맥락에 적합한 지식의 구성과 이것의 내면화를 통한 개인적 지식 구성을 학습의 목표로 삼는다. 급진적 구성주의와 다른 점은 2단계를 거쳐서 개인에게 필요한 지식이 학습된다는 점이다. 개인은 급진적 구성주의처럼 환경과의 직접적인 상호 작용을 통해서 개인적으로 지식을 구성하는 것이 아니라, 우선적으로 사회적 상호 작용에 참여하여 사회적인 지식을 구성하고 다음으로 이것의 내면화를 통해서 개인에게 적합한 지식을 구성한다. 따라서 학습에서 사회적 상호 작용에의 참여나 협동이 중요하게 된다. 사회적 구성주의 학습관에서 교육 활동은 사회적 지식 구성과 개인적 내면화를 위한 안내이며, 교육자는 촉진자, 안내자, 공동 참여자로서 역할을 한다. 자율적이고 능동적이며 사회적 상호 작용에 참여하는 학습자관을 전제로 학습자는 지식의 능동적 공동 구성자, 산출자, 설명자, 해석자로서 역할을 한다.

(2) 구성주의적 학습원리

구성주의적 학습원리를 정리하면 다음과 같다(Fosnot et al., 1996; 김종문 외, 2000).

첫째, 학습은 구성적·능동적 과정이다. 구성주의 학습은 학습자에 의한 능동적인 지식 구성을 본질로 하기 때문에 학습자의 자율성, 자기 주도성, 능동적인 참여가 매우 중요하다.

둘째, 학습은 반성적 능력을 통해서 추진된다. 반성적 능력은 인간이 맥락에 적합한 지식을 구성하는 원동력이 된다. 반성을 통해서 자신에게 적합한 의미를 창출하고 구성할 수 있기 때문이다. 학습에서 반성적 계기를 마련하기 위해서 자신의 경험 들여다보기, 반성적 글쓰기 등을 활용할 수 있다.

셋째, 학습은 사회적·대화적 활동이다. 학습에서 교육자와 학습자, 학습자와 학습자 간의 대화를 통한 수평적인 소통적 관계의 형성은 중요하다. 소통을 통해서 의미가 이해되고 공유될 수 있으며 의미 형성이 촉진될 수 있기 때문이다. 학습조직은 학습 활동, 학습주제, 학습 과제와 반성 등과 관련된 담론(discourse)공동체가 될 필요가 있다.

넷째, 학습은 적절한 인지적 불균형에 의해서 촉진된다. 학습자의 능력보다는 과제의 수준이 조금 더 높은 인지적 불균형은 학습을 촉진하는 계기가 된다. 딜레마 상황, 모순적 상황 등과 같은 불균형 상황도 학습을 촉진하는 요소가 된다. 따라서 이런 상황에 대한 학습자의 탐구와 토론 등이 격려되어야 한다. 오류도 학습자의 개념형성의 결과로서 파악될 필요가 있으며 학습을 위해서 활용되어야 한다.

다섯째, 학습은 도구와 상징을 통해서 촉진된다. 학습에서 다양한 물리적 도구, 언어를 중심으로 하는 다양한 상징체계가 활용될 수 있어야 한다.

마지막으로, 학습은 앎의 방법을 알게 하는 과정이다. 구성주의 학습은 외부에 존재하는 명제적 지식을 발견하고 수용하는 과정이 아니라, 학습자 스스로 자신의 삶의 맥락에 적합한 지식을 형성하는 과정이다. 따라서 학습에서 앎 자체 즉 what보다는 앎의 방법 즉 방법적 지식인 how to를 알게 하는 것이 중요하다.

<제3절> 프로그램이론

청소년 지도방법은 주로 프로그램에 토대를 두고 이루어진다. 따라서 청소년지도자는 청소년 지도방법을 실행하는 데 있어 프로그램이론에 대한 이해를 하고 있어야 한다. 이런 점을 감안하여 아래에서는 프로그램의 의미, 프로그램 개발의 중요성·접근모형·절차에 대해서 살펴보기로 하겠다.

1) 프로그램의 의미

프로그램은 영어 program의 적당한 번역말이 없어 그대로 사용하고 있는 외래어이다. program은 어원적으로 "공개적으로 쓰다."는 의미를 가진 prographein에서 유래된 말로 오늘날 사전적으로 예정표, 계획표, 진행 순서 등의 의미를 가진다. 언어적으로 볼 때 프로그램은 어떤 일을 어떤 순서로 하겠다는 것을 미리 공개해 놓은 계획표라고 할 수 있다.

오늘날 프로그램이란 말은 음악회, 전시회, 교육 활동, 청소년 지도, 여가 활동 등과 같이 매우 다양한 영역에서 쓰이고 있다. 특히, 청소년 지도는 프로그램을 중심으로 이루어지는 교육 활동이기 때문에 프로그램이 지니는 의의가 크다. 청소년 지도에서 프로그램은 청소년 지도의 목표로서 청소년의 전인적인 성장, 이 목표 달성을 위한 활동 내용, 구체적인 방법, 대상, 시기, 자원 등을 유기적이고 합목적적으로 결합시켜 놓은 청소년 지도의 사전계획과 이 계획에서 기대되는 결과를 종합한 교육적 경험의 총체이다. 청소년 지도의 프로그램에는 목표, 1개 이상의 활동, 활동에 수반되는 구체적인 기법, 대상과 활동 시기, 지도에 필요한 인적·물적 자원, 순서와 계속성, 각 요소들의 유기적인 결합 등이 있어야 한다.

2) 프로그램 개발의 중요성

앞에서도 언급한 것처럼 청소년 지도는 프로그램을 중심으로 이루어진다. 따라서 청소년 지도에서 프로그램을 개발하고 이를 탄력성 있게 활용하는 것은 매우 중요하다. 청소년 지도의 성패가 프로그램의 질과 운영에 달려 있기 때문이다. 프로그램의 질을 높이기 위해서는 프로그램 개발에 있어서 청소년들의 요구를 정확하게 파악하여 프로그램의 목표를 설정하고, 이 목표에 맞게 활동, 방법, 자원 등을 유기적으로 배치하여야 한다. 가장 이상적인 프로그램은 청소년 지도에 대한 수요가 발생할 때마다 새롭게 프로그램을 기획하여 개발하는 것이지만 현실적으로 이렇게 하기 어려운 경우도 있다. 이런 경우는 기존의 프로그램을 새로운 상황에 맞게 적절하게 변형하여 탄력적으로 활용할 수 있어야 한다. 질 높은 프로그램을 개발하고 기존의 프로그램을 탄력적으로 활용할 수 있으려면, 청소년지도자가 프로그램에 대해서 정확하게 이해하고 있음은 물론 프로그램 운영에 대한 폭 넓은 경험을 가지고 있어야 한다.

청소년 지도에서 활용되고 있는 프로그램은 학교 교육의 교육 과정처럼 표준화되어 있지 않다. 학교 교육의 교육 과정은 국가나 공공기관이 공식적으로 개발하여 제도화시켜 놓고 있다. 전국의 학교는 이렇게 표준화된 교육 과정을 토대로 교육을 하고 있다. 반면 청소년 지도에 활용되고 있는 프로그램은 각양각색이다. 국가청소년위원회, 한국 청소년 진흥센터, 국립 청소년 수련원 등에서 청소년 지도에 활용할 수 있는 프로그램을 제공하고 있지만, 학교 교육의 교육 과정처럼 정형적이지 않다. 국가청소년위원회, 한국 청소년 진흥센터, 국립 청소년 수련원 등의 청소년 프로그램은 하나의 모델일 뿐 전국의 모든 청소년 시설과 단체에서 이를 획일적으로 그대로 따르기 어려운 점이 있다. 청소년 지도에서 사용되는 프로그램은 본질상 청소년의 요구와 맥락 의존적이기 때문에 다양할 수밖에 없고, 또한 다양해야 한다. 이런 점에서 청소년 시설이나 단체, 청소년지도자는 청소년의 요구와 맥락에 적합하게 프로그램을 개발할 수 있어야 한다. 특히, 청소년 지도의 성공을 위해서는 청소년의 요구와 맥락에 적합한 다양한 프로그램의 개발이 중요함을 인식해야 한다.

3) 프로그램 개발의 접근모형

프로그램 개발에는 일정한 절차와 전략이 필요하다. 이런 절차와 전략을 프로그램 개발의 접근모형이라 한다. 일정한 절차와 전략 즉, 접근모형을 가지고 프로그램을 개발할 때, 프로그램은 체계적이고 질이 높아질 수 있다. 프로그램 개발 접근모형은 일반적으로 일정한 절차를 단선적으로 따르는가의 여부에 따라 선형적 접근모형과 비선형적 접근모형으로, 프로그램 개발에 필요한 요소, 특히 수요자의 요구를 고려하는가의 여부에 따라 통합적 접근모형과 비통합적 접근모형으로 분류된다(한국 청소년개발원 편, 2005).

선형적 접근모형은 프로그램 개발이 일정한 직선적인 단계에 따라 이루어지는 것을 말한다. 기획→ 요구분석 → 목표설정 → 설계 → 자원조달 → 마케팅 → 실행 → 평가와 같이 특정 시간에 특정 하나의 단계만을 이행하여 프로그램을 순차적인 단계에 따라 개발하는 것이다. 선형적 접근모형에서 프로그램 개발은 단계적(step by step)으로 이루어지며, 앞 단계의 과제가 이행되지 않으면 다음 단계의 과제는 시작되지 않는다. 선형적 접근모형에 따를 때, 프로그램 개발은 이해하기 쉽고 안정감이 있으며 각 단계에서의 과업이 명확하다. 따라서 가장 널리 사용하며 초보자도 쉽게 활용할 수 있다. 반면 논리적 절차를 고정적으로 따를 것을 강조함으로써 환경 변화에 대처할 수 있는 유연성이 떨어지기 쉽다.

비선형적 접근모형은 선형적 접근모형에 대비되는 것으로서 프로그램 개발에 필요한 몇 단계가 동시에 시행되는 것을 말한다. 요구분석, 목표설정, 자원획득, 마케팅과 같은 프로그램 개발 절차가 동시에 실행이 되며 순환적이고 탄력적으로 이루어진다. 프로그램 개발을 하면서 각 단계에 대해 항시적으로 평가가 수반되어 피드백된다. 프로그램 개발에 대한 평가는 비선형적 접근모형에서는 중심핵으로 개발 전 과정을 점검하는 역할을 한다. 이 모형은 환경 변화에 대해서 융통적인 반면 상당한 전문성과 능력이 요구된다.

통합적 접근모형은 프로그램에 영향을 미치는 요인들을 종합적으로 모두 고려하는 것이다. 통합적 접근모형에서는 프로그램의 수요자인 청소년을 중심으로 청소년에 관련된 청소년의 요구·동기·흥미·참여방법, 물리적 환경, 청소년 지도의 목표와 정책, 자원 등을 모두 고려하여 프로그램을 개발한다. 따라서 통합적 접근모형에서는 프로그램에 관련된 요소들이 유기적으로 관련되고 반영된다. 프로그램에 관련된 요소들이 총체적으로 고려되기 때문에 프로그램 개발의 오차를 최소화할 수 있지만, 개발과정이 복잡하고 개발에 전문적인 능력이 요구된다.

비통합적 접근모형은 통합적 접근모형에 대비되는 것으로서 프로그램 개발에 필요한 요소들을 유기적으로 관련시켜 총체적으로 고려하지 않고, 어느 하나의 요소 또는 각각을 고립적으로 고려하는 것이다. 특히, 청소년의 참여나 요구·동기·흥미 등을 파악하기 위한 별도의 절차를 거치지 않고 청소년지도자나 청소년 시설에 의해서 일방적으로 프로그램이 선택되는 방식이다. 이 모형은 주로 기존에 개발되어 있는 프로그램을 그대로 활용 또는 모방할 때 사용된다. 프로그램 개발에 시간이나 비용이 덜 들지만, 청소년의 요구가 반영되지 않음으로써 프로그램의 효과성, 능률성, 매력성 등이 떨어질 수 있다.

4) 프로그램 개발의 절차

프로그램 개발 절차는 일반적으로 기획, 요구분석, 설계, 홍보와 마케팅, 실행, 평가로 이루어진다. 요구분석을 기획에 포함시키기도 하지만, 오늘날 프로그램 개발에서 수요자의 요구 반영이 중요해짐에 따라서 요구분석을 별도의 절차로 제시한다.

기획 단계는 미래의 상황을 예상하여 청소년 지도 프로그램 개발을 준비하고 계획을 세우는 단계이다. 기획 단계에서는 상황분석, 잠재적인 참여자인 청소년 분석, 프로그램 개발의 타당성 분석과 기본전략 마련, 프로그램 개발의 아이디어 창출과 기본 방향 설정 등이 이루어진다. 기획은 프로그램 개발 전체에 대한 마스터플랜으로서 프로그램 개발의 성패를 좌우한다. 따라서 미래 지향적이고 능동적으로 프로그램 개발에 대한 전반적인 정보를 수집하고 아이디어를 창출하여 과학적이고 창의적으로 검토하는 것이 필요하다.

요구분석단계는 프로그램과 관련하여 청소년의 구체적인 요구를 조사하고 파악하는 단계이다. 프로그램 개발이 성공하려면 청소년의 요구를 정확하게 파악하여 프로그램에 반영하여야 한다. 청소년이 무엇을 원하는지를 바탕으로 프로그램의 목표, 내용, 방법을 정하면 프로그램의 성공 가능성은 높아진다. 프로그램에 대한 요구는 과학적으로 정확하게 파악되어야 한다. 이를 위한 방법으로 설문지 조사, 면접, 관찰, 전문가 대상의 델파이 기법 등이 활용된다.

설계단계는 기획과 요구분석을 바탕으로 프로그램을 실제 만드는 단계이다. 기획과 요구분석에 입각하여 프로그램의 목표를 설정하고, 이 목표 달성을 위한 활동 내용을 선정하여 체계적으로 조직한 다음, 여기에 필요한 구체적인 방법, 자료, 매체, 자원 등을 선정·제작·배치한다. 특히, 이런 프로그램 요소들이 목표 달성에 기여할 수 있도록 유기적으로 연계되어 배치되어야 한다. 설계단계에서는 프로그램이 실제 실행될 상황을 예상하여 효율적으로 운영될 수 있는 방안도 반영하여야 한다. 프로그램의 효과성, 능률성, 매력성 등이 높아질 수 있도록 설계한다.

홍보와 마케팅 단계는 설계된 프로그램을 공중에게 널리 알려서 고객을 모집하는 단계이다. 프로그램에 관련된 정보를 고객인 청소년과 부모에게 알려서 이들이 프로그램에 참여하도록 하는 것이 필요하다. 이 때 프로그램에 대한 정보는 과장이나 왜곡됨이 없이 정확해야 한다. 과장이나 왜곡은 청소년들로 하여금 불필요한 선택을 하게 하여 사회적 자원을 낭비할 뿐 아니라, 프로그램의 생명을 단축시킨다. 홍보나 마케팅은 목표집단을 정하여 다양한 방법과 매체를 활용할 필요가 있다.

실행 단계는 참여하는 청소년에게 프로그램을 직접적으로 실시하는 단계이다. 실행 단계에서는 프로그램의 내용이 청소년들에게 실제로 펼쳐지기 때문에 청소년지도자의 역할, 청소년의 참여, 청소년지도자와 청소년간의 상호 작용이 중요하다. 특히 청소년지도자는 실행되는 프로그램에 대해 정확히 이해하고 청소년에 대한 존중심을 바탕으로 지도하려는 자세를 가져야 한다. 프로그램이 성공적으로 실행되기 위해서는 라포(rapport) 형성, 과정 중심의 전개, 비지시적인 지도, 다양한 방법과 자료 활용, 청소년의 참여 격려 등이 필요하다. 또한 실제 적용과정에서 일어나는 미리 예측하지 못한 다양한 변수들에 맞추어 목표 범위 내에서 탄력적으로 프로그램을 운영할 수 있어야 한다.

평가 단계는 프로그램 개발의 전 과정에 대한 반성을 통해서 어느 정도 목표를 달성했는지, 제대로 운영되었는지, 개선할 점은 무엇인지 등을 파악하는 단계이다. 평가는 과학적으로 자료를 수집하여 체계적으로 이루어져야 한다. 구체적으로 평가는 프로그램 자체에 대한 것과 프로그램에 참여한 청소년에 대한 것으로 나누어서 실시될 수 있다. 프로그램에 대해서는 효과성(목표를 달성했는가?), 능률성(비용에 비해 산출은 어느 정도인가?), 매력성(청소년의 관심과 흥미를 어느 정도 끌었는가?), 정당성(도덕적, 법적으로 옳은 것인가?), 실행 가능성(현실적인 여건을 고려할 때 목표와 활동은 적절했는가?) 등을 기준으로 평가할 수 있다. 참여 청소년에 대한 평가는 서열을 매기는 것보다는 청소년 개개인의 성장 과정, 활동 과정에 초점을 두고 이루어지는 것이 바람직하다. 평가 결과는 프로그램 개발에 대해서 피드백되어야 한다.

<제4절> 동기이론

청소년 지도방법은 청소년의 자율적인 참여와 자기 주도적인 학습 활동을 중심으로 이루어지는 것을 이상으로 삼는다. 청소년의 주체적인 학습 활동이 이루어지도록 하기 위해서, 청소년 지도방법은 동기이론에 토대를 두고 청소년들의 동기를 적절하게 유발할 수 있어야 한다. 이런 점에서 청소년 지도방법은 동기이론을 고려해서 구안되어야 하고 청소년지도자는 동기이론을 숙지하여 활용할 수 있어야 한다. 아래에서는 동기의 의미, 동기 유발의 필요성, 동기 유발에 관련된 요소, 동기 유발 전략에 대해서 살펴보기로 하겠다.

1) 동기의 의미

동기(motive)는 어떤 행동을 하도록 하는 동력이다. 따라서 어떤 행동이든지간에 동기가 있기 마련이고, 동기 없는 행동은 없다고 해도 과언이 아니다. 동기를 유발하는 요소와 관련해서 동기는 내발(재)적 동기(intrinsic motive)와 외발(재)적 동기(extrinsic motive)로 분류된다(변영계, 1999). 내발적 동기는 자기 만족, 성취감, 즐거움 등과 같이 동기를 유발하는 요소가 행위자 내부에 있는 것이고, 외발적 동기는 물질적 보상, 칭찬, 인정 등과 같이 동기를 유발하는 요소가 행위자 외부에 있는 것이다. 내발적 동기에 의한 행동은 행동 자체가 목표가 되지만, 외발적 동기에 의한 행동은 행동 자체가 아닌 다른 것이 목표가 되고 행동은 수단이 된다. 예를 들어, 내발적 동기에 의한 청소년 활동은 활동 자체가 목표가 되지만, 외발적 동기에 의한 청소년 활동은 청소년지도자의 칭찬이나 상 등과 같은 것이 목표가 된다. 외발적 동기에 의한 행동은 행위자의 외부 요소에 행동이 의존하거나 통제되어 행위자의 자율성이 훼손되기 쉽다. 이런 외부적 요소가 없어지면 행위도 지속되기 어려워 외발적 동기보다는 내발적 동기에 의해 행동이 이루어지는 것이 바람직하다.

2) 동기 유발의 필요성

동기 유발(motivation)은 행동의 원동력인 동기를 불러 일으키고 지속시키는 과정에 관련된다. 동기 없는 행동은 없기 때문에 적절한 동기 유발은 학습이나 활동에 있어서 매우 중요하다. 특히, 청소년 지도는 청소년의 자발적인 참여와 활동을 중심으로 이루어지기 때문에 청소년이 스스로 움직이지 않으면 효과를 거두기 어렵다. "평양감사도 저 싫으면 그만"이라는 속담이 있듯이 아무리 좋은 시설과 프로그램이 있어도 학습이나 활동의 주체가 움직이지 않으면 무용지물이 되기 쉽다. 이런 점에서 청소년 지도에 있어서 동기 유발은 중요하고도 필요한 요소라고 할 수 있다. 청소년지도자는 지식이나 가치의 주입자가 아니라 안내자이자 조언자 역할을 하기 때문에 동기 유발에 대해서 잘 이해하고 활용할 수 있어야 한다.

청소년 지도에서 동기를 적절하게 유발하기 위해 중요한 것은 행위자인 청소년의 행동을 세밀하고 체계적으로 관찰해서 동기문제를 확인하는 것이다. 이런 관찰을 통해서 청소년이 가지고 있는 동기의 본질, 유형, 수준, 장애 요인 등을 파악하는 것이 중요하다. 관찰에서 유의할 점은 청소년의 외면적 행동뿐만 아니라 그 행동 이면에 감추어져 있는 내면적인 인지적·정서적 요소들을 파악하는 것이다. 이를 위해서 청소년지도자는 관찰뿐만 아니라 면담이나 대화 등의 방법을 활용할 수 있으며, 평상시에 통찰력을 길러야 한다. 동기문제의 파악에서 청소년지도자는 청소년들이 학습하거나 활동하는 맥락을 함께 고려하여야 한다. 청소년들이 지니는 동기문제는 구체적인 과제, 환경, 다른 사람과의 관계 등과 같은 맥락과의 관련성 속에서 나타나는 것이기 때문이다.

3) 동기 유발에 관련된 요소

(1) **학습자**(행위자)**에 관련된 요소**

학습자(행위자)로서 청소년 자체에 관련된 동기 유발 요소는 매우 다양해서 정리하기 어렵지만, 본 글에서는 인지된 자기효능감, 자기존중감, 기대와 가치, 귀인성향, 목표의식, 호기심, 불안감, 욕구 등과 같은 심리적 요인을 중심으로 정리하기로 한다. 심리적 요인이 동기 유발에 있어서 핵심적이기 때문이다.

인지된 자기효능감(sense of self-efficacy)은 어떤 행동이나 과제를 성공적으로 수행할 수 있다는 자기 자신에 대한 신념 또는 자신감이다(변영계, 1999; Stipek, 1998). 인지된 자기효능감은 실제의 자기효능감과 일치할 수도 있고 그렇지 않을 수도 있다. 즉 자신의 능력을 정확하게 판단하면 실제의 효능감과 인지된 효능감은 일치할 수 있지만, 그렇지 않은 경우는 인지된 자기효능감은 실제의 효능감보다 높거나 낮을 수 있다. 학습된 무력감(learned helplessness)이 낮을수록, 자신의 능력에 대해 높게 지각할수록 인지된 자기효능감은 높게 나타나게 된다. 또 과거의 실제경험이나 대리경험에서 동년배의 과제 성공경험이 높을수록, 신뢰하는 사람으로부터 언어적 설득이나 격려를 많이 받을수록 인지된 자기효능감이 높게 나타난다. 인지된 자기효능감이 높을수록 수행목표를 더 높게 설정하고, 더 어려운 과제를 선택하여 지속적으로 하는 경향이 나타나며, 일 자체에서 즐거움을 느끼고 도전에 대해 흥미와 관심을 갖게 된다.

청소년 개인이 지닌 성취욕구, 성공에 대한 기대와 성공 유인가, 실패에 대한 두려움, 실패에 대한 기대와 실패 유인가도 동기 유발과 관련된다(Stipek, 1998). 이 중에서 성취욕구와 실패에 대한 두려움은 무의식적인 것으로 안정적이다. 반면 성공에 대한 기대와 성공 유인가, 실패에 대한 기대와 실패 유인가는 의식적인 것으로 주관적인 판단에 따른 것이다. 성취욕구, 성공에 대한 기대, 성공에 따른 가치 부여 즉 성공 유인가는 모두 어떤 과제에 대해 적극적으로 접근하도록 동기를 유발하는 것으로서 이 3가지 요인은 동시에 곱해져 과제 접근에 대해 승수적인 효과를 가진다. 따라서 성취욕구, 성공 가능성에 대한 기대, 성공에 따른 가치 부여 정도가 동시에 높을수록 어떤 과제를 적극적으로 수행하려는 행동의 경향성은 승수적으로 높아진다. 이에 반해 실패에 대한 두려움, 실패 가능성에 대한 기대, 실패에 따른 수치심 즉 실패 유인가는 모두 어떤 과제를 적극적으로 회피하도록 동기를 유발하는 것으로서 이 3가지 요인도 동시에 곱해져서 과제 회피에 대해 승수적인 효과를 가진다. 따라서 실패에 대한 두려움, 실패 가능성에 대한 기대, 실패 유인가가 동시에 높을수록 어떤 과제를 적극적으로 회피하려는 행동의 경향성은 승수적으로 높아진다. 결론적으로 청소년 개인에게 있어서 과제에 접근하려는 경향성과 과제를 회피하려는 경향성은 서로 상반된 힘으로 나타나, 궁극적으로 어떤 과제를 수행 또는 회피할 것인지의 정도는 과제 접근 경향성과 과제 회피 경향성의 우열의 차이에 의해 결정될 것이다.

귀인성향도 동기 유발에 영향을 미친다. 귀인성향은 행동 또는 결과의 원인에 대해 어떻게 지각하는가를 의미하고, 이 때 지각된 원인을 귀인(歸因, attribution)이라 한다. 우리는 흔히 행동의 성취 또는 실패 원인을 능력, 노력, 운, 타인의 도움 등에서 찾는다. 이런 귀인은 안정성, 소재성, 통제성의 3가지 특성을 가진다. 안정성은 어느 정도 지속성을 가지는가에 관련되는 것으로 능력이나 과제곤란도 등은 안정성을 가지고, 노력, 운, 기분, 질병, 타인의 도움 등은 불안정성을 가진다. 소재성은 귀인의 출처가 행위자의 내·외부 어디에 있는가와 관련되는 것으로서, 능력, 노력, 기분, 질병 등은 내적 소재를 가지고, 과제 곤란도, 운, 타인의 도움 등은 외적 소재를 가진다. 통제성은 행위자가 귀인을 통제가능한가 여부에 관한 것으로서, 노력 등은 통제가능하고, 능력, 과제곤란도, 운, 타인의 도움 등은 통제불가능하다. 청소년이 지닌 귀인의 특성을 파악하여 동기 유발에 활용할 필요가 있다.

어떤 목표의식을 가지고 있는가도 동기 유발과 관련된다. 학습이나 활동 자체에 의미를 두고 학습이나 활동을 통해서 능력의 증진이나 숙달에 목표를 두는 경우는 새로운 능력을 획득할 수 있는 도전감 있는 과제를 선호하며 어려움에 당면해도 과제 수행을 포기하지 않으려고 한다. 이런 숙달 목표를 가진 청소년들은 과제 자체에 주의를 집중하는 과제 지향적인 성향을 가지므로 타인의 평가에 잘 동요되지 않는다. 반면 능력 증진이나 숙달에 목표를 두기보다는 학습이나 활동을 통해서 자신을 과시하고 다른 사람과 비교하거나 사회적 인정을 받는 수행에 목표를 두는 경우도 있다. 이런 수행 목표를 가진 청소년들은 도전감 있는 과제보다는 자신의 능력으로 쉽게 수행할 수 있는 과제를 선호하고 어려운 과제를 회피하는 경향이 있다. 또한 외적인 평가에 크게 신경을 쓰게 된다.

인간의 욕구도 동기 유발과 관련된다. 욕구 이론에 따르면 인간의 행동은 욕구를 충족하기 위한 것이다. 결국 동기 유발은 인간의 욕구를 충족시키기 위해서 나타나는 것이라 할 수 있다. 인간의 욕구는 다양하기 때문에 동기 유발의 요인도 다양한 차원에서 모색되어야 한다. 인간의 욕구를 파악하는 데는 매슬로우(Maslow)의 욕구이론이 유용하다. 매슬로우는 인간 욕구를 다음 [그림 2-3]처럼 결핍욕구와 존재욕구의 계층구조로 나누고, 하위욕구가 충족된 이후에 상위욕구가 나타난다고 보았다. 그의 이론에 따르면, 결핍욕구가 충족되지 않으면 존재욕구는 나타나지 않는다. 따라서 결핍욕구가 충족되지 않은 상태에서 존재욕구를 통해서 동기를 유발할 수 없다. 즉 낮은 차원의 욕구가 충족되지 않은 상황에서는 높은 차원의 욕구를 통해서 동기를 유발할 수 없는 것이다. 청소년지도자는 이 매슬로우의 욕구이론을 적절히 활용하여 청소년의 욕구단계를 진단하고 동기를 유발할 수 있다.

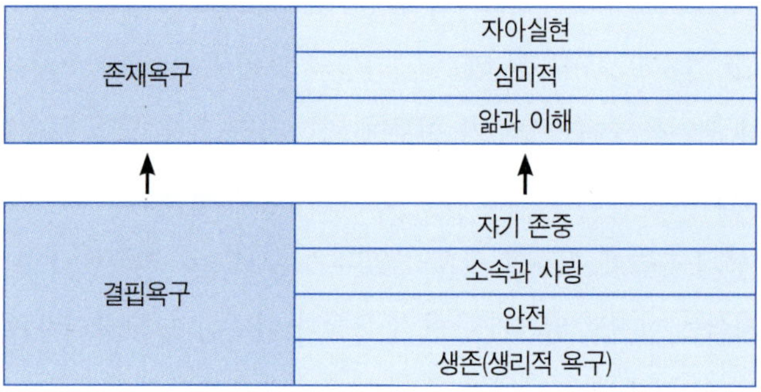

[그림 2-2] 매슬로우의 욕구 위계

이상에서 설명한 요인 이외에도 호기심, 불안, 자기존중심 등과 같은 동기 유발과 관련된 매우 다양한 심리적 요인들이 있음을 알아야 한다. 또 이런 심리적 요인들은 개인 간에 있어서 차이가 있으며, 같은 사람이라도 시간과 장소에 따라서 변화되어 나타난다는 점을 알고 동기 유발에 활용하여야 한다.

(2) 외부적 보상체계에 관련된 요소

동기 유발을 위해서 칭찬, 물질, 성적 등과 같은 외부적 보상체계를 사용할 수 있다. 이런 외부적 보상체계를 행동주의자들은 강화라 한다. 강화는 벌과 달리 어떤 행동을 증가시키는 데 기여하는 것을 의미한다. 강화의 유형에는 정적 강화와 부적 강화가 있다. 정적 강화는 행동 직후에 새롭게 제공되거나 증가되는 보상을 말하며, 부적 강화는 행동 직후에 제거되거나 감소되는 보상을 말한다. 강화가 주어지는 방식에 따라서 시간에 의해 주어지는 것을 시간 강화 계획, 유기체의 반응에 따라서 주어지는 것을 비율 강화계획이라 한다. 시간 강화 계획은 규칙적인 시간 간격에 따라 주어지는 것을 고정간격 강화계획, 불규칙적인 시간 간격에 따라 주어지는 것을 변동간격 강화계획이라 한다. 비율 강화계획은 유기체의 일정 횟수의 반응에 따라 주어지는 것을 고정비율 강화계획, 다양한 횟수의 반응에 따라 불규칙적으로 주어지는 것을 변동비율 강화계획이라 한다. 강화의 유형과 계획에 따라서 동기 유발의 효과가 다르게 나타날 수 있는 점을 유의하여 활용할 필요가 있다.

외부적 보상체계는 학습자에 대해서 통제기능과 정보 제공기능을 한다. 이런 외부적 보상체계가 지니는 2가지 기능은 동기 유발과 밀접한 관련을 가진다. 먼저 통제기능을 살펴보도록 하자. 통제기능은 보상이 학습자로 하여금 특정한 방식으로 행동하고 느끼고 생각하도록 하는 압력으로서 작동되는 것을 의미한다. 예를 들어, 어떤 학습이나 활동에 대해서 보상을 제공하면서 이 보상의 대가로 특정 방식이나 기준에 따라 할 것을 요구하는 경우, 학습자는 자신의 학습 활동에 대해서 간섭 또는 통제받는다고 지각하게 된다. 보상이 이렇게 학습자에게 통제기능으로 경험되면, 이 보상은 학습자에게 개인의 자율성, 자기조절기제, 자기 통제감 등을 훼손시킨다는 느낌을 가지게 하여 후속 행동에 대한 내적 동기를 떨어뜨리게 된다. 한편, 정보 제공기능은 보상이 학습자의 학습 활동에 대해 피드백을 제공하는 것으로 작동함을 의미한다. 예를 들어, "타인에 대한 배려를 잘 한다. 협동학습을 잘 한다"와 같이 활동에 대한 정보를 포함하여 보상을 제공하는 것이다. 이렇게 정보 제공기능으로서 보상이 작동하면, 보상을 받는 학습자는 간섭이나 통제감을 느끼지 않음은 물론 자존심도 상하지 않게 되어 정보 제공 보상은 내적인 동기를 향상시키게 된다.

(3) 학습과 활동과제에 관련된 요소

학습과 활동과제의 난이도의 적절성은 동기 유발과 밀접한 관련을 가진다. 학습자 또는 행위자의 능력, 불안감과 같은 정서적 요인 등에 적절하게 학습과 활동과제의 난이도가 대응될 때 동기는 증진될 수 있기 때문이다. 능력 수준에 비추어 난이도가 지나치게 높거나 낮은 경우는 동기 유발에 실패할 수 있다. 아울러 불안감이나 자기효능감이 낮은 경우에는 낮은 수준의 과제부터 제시하여 과제에 대한 불안감을 낮추거나 자기효능감을 높여줄 필요가 있다.

학습과 활동과제의 구조도 동기 유발과 관련된다(Berliner and Calfee ed., 1996). 학습과 활동과제의 구조는 크게 협동적 목표구조, 경쟁적 목표구조, 개별적 목표구조로 나뉠 수 있다. 협동적 목표구조는 집단의 구성원들이 협동하여 목표를 성취하고 그 성과에 대해 함께 보상을 받는다. 구조적으로 협동을 유도하기 때문에 집단의 구성원들은 다른 구성원들을 돕는 데 노력하고, 사회적 책임성, 봉사정신 등을 가지게 된다. 아울러 도덕적인 동기성향을 창출시키는 데 기여하게 된다. 경쟁적 목표구조는 집단의 구성원들을 비교하여 가장 우수한 성과를 나타낸 자에게 보상을 한다. 구조적으로 경쟁을 유도하기 때문에 집단의 구성원들은 다른 구성원들을 능가하는 데에 중점을 두게 된다. 결국 경쟁적 목표구조는 이기주의적 동기성향을 유발하게 한다. 개별적 목표구조는 다른 구성원의 성과와 상관없이 자신의 성과에 대해서 개별적으로 보상을 받는다. 구조적으로 자신의 과제에만 집중하도록 하여 자신이 설정한 기준을 준거로 수행을 하도록 한다. 이런 개별적 목표구조는 숙달적 동기성향을 창출하는 데 기여하는 한편 학습자를 고립시키게 될 가능성이 높다.

(4) 기타

이상에서 설명한 것 외에도 동기 유발은 분위기, 물리적 환경, 지도자의 리더십 스타일과 성품, 지도자 및 동료와의 인간 관계, 조직이나 집단의 소속감 등에 의해서도 영향을 받는다. 이렇게 다양한 요인들이 청소년의 동기 유발에 관련되어 있음을 청소년지도자는 숙지하여 청소년 지도방법을 운용할 수 있어야 한다. 또한 개별 청소년에 따라서 지배적인 동기 유발요인은 각각 다르게 나타나기 때문에, 청소년별, 상황별로 잘 관찰하여 지배적인 동기 유발요인을 파악하여 청소년 지도에 참고하여야 한다.

4) 동기 유발 전략

청소년지도자는 청소년을 지도할 때 다양한 전략을 활용하여 청소년의 동기를 유발할 수 있어야 한다. 동기 유발에 관련된 요인이 매우 다양하고 가변적이기 때문에 동기 유발 전략도 다양할 수밖에 없다. 모든 동기 유발 전략을 여기에서 적시하는 것은 불가능한 일이지만, 켈러(Keller)의 이론을 중심으로 살펴보면 다음과 같다. 이런 다양한 동기 유발 전략은 대상과 상황에 따라서 탄력적으로 적용되어야 한다.

켈러(Keller, J. M.)의 ARCS 모형은 청소년의 동기 유발에 유용하다. ARCS 모형은 다음에 제시된 A(주의, Attention), R(관련성, Relevance), C(자신감, Confidence), S(만족감, Satisfaction)로 구성되어 있다(Driscoll, 1994).

A(주의): 동기 유발에 있어서 첫 번째 요소인 '주의'는 학습이나 활동의 출발점으로서 감각 및 인지기능을 어느 한 곳에 집중하는 것을 말한다. 효율적인 학습이나 활동이 이루어지려면, 먼저 주의가 촉발되어 집중되고 지속되어야 한다. 주의를 불러 일으켜 지속시키기 위해서 다음 전략을 사용할 수 있다.

- 다양성과 변화의 전략(음성의 강약과 고저 변화, 손뼉 치기, 다양한 학습자료 등 활용)
- 특이성의 전략(일반적인 기대를 무너뜨리는 비일상적인 사태나 질문, 새로운 사례, 역설적인 사건, 상반된 결과나 견해, 갈등적인 문제 등 활용)

R(관련성): 두 번째 요소인 '관련성'은 학업에 대한 동기를 유발하기 위해서 학습 과제·방법·결과 등이 학습자의 요구, 희망, 관심, 흥미 등과 관련을 가져야 됨을 의미한다. 관련성을 높이기 위해 다음 전략을 사용할 수 있다.

- 친밀성의 전략(학습자의 이전 경험 활용, 학습자가 친숙한 사례나 자료 사용 등)
- 부합성의 전략(학습자의 희망이나 목표, 가치관, 능력 등에 부합하는 학습 내용이나 방법 사용 등)

- 목적 지향성의 전략(학습자가 스스로 적합한 목적 선택, 실용성에 중점을 둔 목표 설정 등)

C(자신감): 세 번째 요소인 '자신감'은 과제의 수행과 성공에 대한 자기 확신을 의미한다. '자신감'은 자신의 능력에 대한 기대, 학습 과제에 대한 통제력, 성공가능성에 대한 낙관 등이 커질수록 높아진다. 자신감을 높이기 위해서 다음 전략이 사용된다.

- 상세화 전략(학습 목표를 세부적으로 구체화, 학습 수행의 필요 조건과 평가 기준을 세부적으로 명시하는 것 등)
- 난이도 계열화 전략(학습 과제를 낮은 수준부터 높은 수준까지 순차적으로 배열 등)
- 자기 통제 전략(학습에 대한 학습자의 통제 기회 제공, 학습자의 자기 조절 기회 제공 등)
- 성공 기회 제공 전략(학습자의 능력 수준으로 달성 가능한 적절한 난이도의 학습 과제 제시 등)

S(만족감): 네 번째 요소인 '만족감'은 학습의 수행이나 결과로부터 얻는 성취감이나 흡족함을 말한다. 이를 높이기 위해 다음 전략이 사용될 수 있다.

- 긍정적인 피드백 전략(칭찬, 격려, 인센티브 제공 등)
- 자연적인 결과 창출 전략(새롭게 습득한 지식이나 기능의 활용 기회 제공 등)
- 공정성 유지 전략(일관된 기준 유지, 수행과 성과에 대한 공정한 판단과 보상 등)

청소년지도자는 이상의 ARCS 모형 각각의 요소를 준거로 청소년의 동기 특성을 분석하여 A, R, C, S 각각에 대해 진단한 다음, 이를 증진시킬 동기 유발의 목표와 전략을 수립하여 실행할 수 있다.

<제5절> 의사소통이론

청소년 지도는 청소년지도자와 청소년, 청소년과 청소년 사이에서 이루어지는 경험과 지식, 가치 등의 공유와 나눔 활동이다. 공유와 나눔을 바탕으로 하는 청소년 지도는 의사 소통을 필수적인 요소로 한다. 공유와 나눔을 이루기 위해서는 뜻과 생각이 막히지 않고 잘 소통될 수 있어야 하기 때문이다. 이런 점에서 아래에서는 의사 소통의 중요성, 의사 소통의 과정, 의사 소통의 유형, 의사 소통의 기법에 대해서 살펴보기로 하겠다.

1) 의사 소통의 중요성

청소년 지도는 사회 속에서 이루어지는 청소년지도자와 청소년 간의 교육적 상호 작용이다. 이런 교육적 상호 작용으로서 청소년 지도가 성공하려면 청소년 지도의 내부와 외부, 내부 구성원들 간의 의사 소통이 원활하게 이루어져야 한다. 내부와 외부의 의사 소통이라 함은 청소년 지도와 청소년 지도의 맥락이 되는 사회 간의 소통을 말한다. 청소년 지도는 사회 속에서 이루어지는 것이기 때문에 사회의 요구와 필요성, 상황 등을 반영할 필요가 있으며, 사회는 청소년 지도의 가치를 인정하여 청소년 지도에 필요한 조건과 토대를 갖추어 주어야 한다. 이를 위해서 사회는 청소년 지도의 중요성을 이해하고 청소년 지도는 사회의 상황을 감안할 수 있는 소통이 전제되어야 한다. 만약에 청소년 지도와 사회 간의 소통이 단절되어 각각 돌아간다면 양자의 괴리가 커져 청소년 지도는 사회와 시대의 변화와 필요를 반영하지 못하는 검치 교육과정(sabretooth curriculum)의 우를 범할 가능성이 커진다.

의사 소통의 중요성이 더욱 부각되는 것은 청소년 지도 내부 구성원들 간의 관계에서이다. 청소년 지도는 본질적으로 청소년지도자와 청소년, 청소년과 청소년 간에 이루어지는 교육적 상호 작용이기 때문이다. 교육적 상호 작용은 상호이해와 공감, 애정과 격려, 나눔과 공유, 변화와 성장 등을 특징으로 한다. 이런 교육적 상호 작용의 특징이 드러나기 위해서는 청소년지도자와 청소년, 청소년과 청소년 간의 의사 소통이 원활하게 이루어져야 한다. 언어 또는 비언어를 매개로 한 의사 소통을 통해서 지식, 가치, 마음 등이 전달되기 때문이다. 특히 청소년 지도는 주입이나 강압을 통한 타율적·외면적 변화가 아니라 공감, 이해를 통한 자율적·내면적 변화를 꾀하는 것이기 때문에, 일방향적이고 수직적인 의사전달보다는 양방향적이고 수평적인 의사 소통이 중요하다.

2) 의사 소통의 과정

의사 소통이 이루어지는 과정은 다음 [그림 2-4]와 같다.

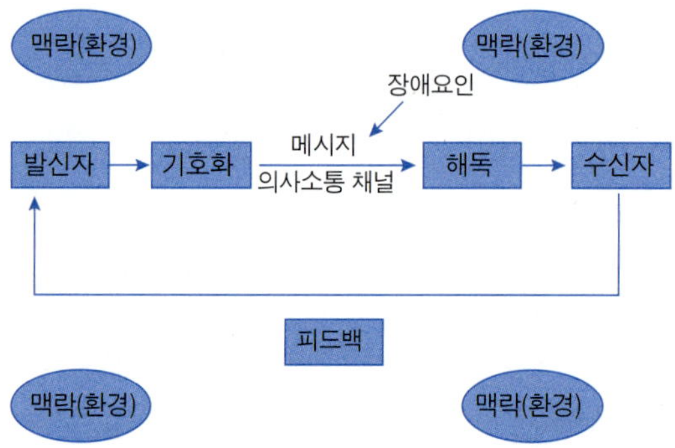

[그림 2-3] 의사 소통의 과정

그림에서 보듯이 의사 소통은 사회적 맥락(물리적·문화적·제도적 환경)을 배경으로 발신자와 수신자 사이에서 메시지를 주고받는 과정이다.

청소년 지도의 과정을 중심으로 구체적으로 보면, 발신자는 청소년지도자로서 사회로부터 지식, 기술, 가치, 문화 등과 같은 다양한 청소년 지도의 내용을 투입 받아 청소년 지도를 준비하게 된다.

기호화는 청소년지도자가 청소년에게 전달하고자 하는 내용을 구체적인 언어 또는 비언어의 기호로 표현하는 것이다. 기호화된 내용을 흔히 메시지라고 한다. 메시지는 시각·청각·촉각 등과 같은 감각기관을 통해서 지각할 수 있는 다양한 의사 소통 채널을 통해서 수신자 즉 청소년에게 전달된다. 메시지의 운반도구인 의사 소통 채널은 소리, 문자, 전화, TV, 인터넷, 신체 접촉 등 매우 다양하다.

메시지가 의사 소통 채널을 통해서 전달되는 과정에 소음, 사회적 편견 등과 같은 다양한 장애 요인이 개입되어 메시지 전달을 방해하게 된다. 이런 장애 요인에는 소음, 공간적 거리 등과 같은 물리적 장애 요인, 편견, 선입견 등과 같은 심리적 장애 요인 등이 있다. 장애 요인을 효과적으로 예방하고 제거할 수 있을 때 발신자(청소년지도자)의 메시지는 수신자(청소년)에게 그대로 전달될 수 있다. 해독은 전달된 메시지의 의미를 해석하는 단계로서 기호화와 대응된다. 기호화가 쉽고 명확하게 되어 있을수록 수신자(청소년)의 해석 능력이 높을수록 해독 단계에서 발신자(청소년지도자)의 의도대로 메시지는 해석되게 된다.

수신자는 청소년 지도에서 일반적으로 청소년이 되며 청소년은 자신의 과거의 경험, 지식 등을 활용하여 메시지의 내용을 파악하고 반응을 보이게 된다. 의사 소통의 효과는 일차적으로 수신자(청소년)에게 나타난다. 수신자(청소년)가 보이는 반응은 피드백이 되어 발신자(청소년지도자)에게 전달되며 다음 의사 소통을 할 때 참고요소가 된다. 피드백 과정만을 보면 수신자(청소년)가 새로운 발신자(청소년)가 되어 새로운 정보를 기존 발신자(청소년지도자)를 수신자(청소년지도자)로 보내는 것이다. 의사 소통의 배경이 되는 맥락은 구체적인 공간과 관련된 장소적 맥락, 규범·기준·제도 등과 같은 문화적 맥락, 시기와 같은 시간적 맥락, 인간 관계의 친밀성과 분위기 등과 같은 심리적 맥락 등이 있다.

청소년 지도의 의사 소통 과정에서 가장 중요한 것은 발신자가 전달하고자 했던 의미가 그대로 수신자에게 이해되는 것이다. 이를 위해서 발신자는 수신자, 기호화 방식, 의사 소통 채널의 특성, 의사 소통 과정을 둘러싸고 있는 맥락 등에 대한 지식을 사전에 가지고 가장 적합한 방법을 모색할 수 있어야 한다.

3) 의사 소통의 유형

의사 소통의 유형은 수단에 따라 언어적/비언어적 의사 소통, 방향에 따라 수직적(하향적·상향적)/수평적(양방향적·다방향적) 의사 소통, 공식성 여부에 따라 공식적/비

공식적 의사 소통, 대상에 따라 대인/소집단/조직/대중 의사 소통 등으로 분류될 수 있다. 아래에서는 가장 보편적으로 사용되는 언어적/비언어적 의사 소통에 대해 살펴보기로 하겠다.

(1) 언어적 의사 소통

언어는 인간이 의미를 전달하기 위해서 약속한 상징체계로서 가장 보편적인 의사소통 수단이다. 의사 소통의 유형을 불문하고 언어를 사용하여 우리의 의사를 대부분 전달한다. 이처럼 의사 소통에서 언어를 가장 많이 사용하는 것은 쉽고 편하기 때문이다. 특별한 이유가 없는 한 말을 사용하는 것은 숨을 쉬는 것처럼 일상화되어 있다. 이외에도 언어가 지니는 정보 전달·감정 표현·사회 접촉 기능 때문에 우리는 언어를 가장 보편적인 의사 소통 수단으로 사용한다. 우리는 언어를 통해서 적은 비용으로 쉽게 압축적으로 정보를 전달할 수 있으며, 서로의 내면적인 감정과 느낌을 나타내고 교류할 수 있다. 또한 인사말이나 의례적인 말 등을 통해서 사람들 간의 사회접촉을 촉진하고 원활하게 할 수 있다.

효과적인 언어적 의사 소통을 위해서는 다음과 같은 몇 가지 원리를 지킬 필요가 있다(구현정·전영옥, 2007).

- 협동성의 원리: 의사 소통은 상대방과 함께 하는 상호적인 것이므로 상대방을 존중하고 맥락을 감안하여 상대방을 의사 소통적 관계에서 벗어나지 않도록 한다.
- 진실성의 원리: 거짓이나 타당한 근거가 없는 말을 하지 않는다.
- 관련성의 원리: 주제, 목적 등에 관련된 적합한 말을 한다.
- 적량성의 원리: 불필요하게 과다 또는 과소한 정보가 아닌 필요에 맞는 적절한 양의 정보를 제공한다.
- 명료성의 원리: 표현의 모호성·다의성(多義性)·반복성·장황성 등을 피하고 간결·명확하게 한다.
- 일관성의 원리: 처음과 끝이 논리적으로 일치하며 조리 있고 순서대로 말한다.
- 변화의 원리: 말의 속도, 톤, 강약 등의 변화를 꾀해 단조로움을 피하고, 어떤 점

을 강조하거나 상대방에게 생각의 시간을 주기 위해 필요한 경우 침묵을 활용한다.

(2) 비언어적 의사 소통

비언어적 의사 소통은 언어 이외의 요소를 수단으로 하여 이루어지는 의사 소통이다. 언어를 가장 보편적인 의사 소통의 수단으로 사용하긴 하지만, 이것만으로는 충분하지 않아 말소리의 크기와 고저, 몸짓, 얼굴 표정, 눈빛, 공간적 거리, 옷차림 등과 같은 다양한 비언어적 요소를 활용하여 의사를 전달한다. 경우에 따라서는 언어보다 비언어적 요소가 의사 소통에 유용하게 활용되기도 한다.

일반적으로 의사 소통에 있어서 언어적 표현과 비언어적 표현이 일치하며, 또 일치하는 것이 의사 소통의 효과성을 위해서도 바람직하다. 그렇지만 양자가 항상 일치하는 것은 아니다. 양자가 일치하지 않는 경우 수신자는 정보를 해석하는 데 있어서 혼선을 일으키게 된다. 이럴 경우 수신자는 일반적으로 비언어적 표현을 신뢰하게 될 가능성이 높다. 예를 들어, 즐겁다고 말하면서 얼굴빛은 괴로운 표정을 짓는다면, 수신자는 메시지를 괴롭지만 마지못해 즐겁다는 말을 하고 있다고 해석한다는 것이다. 이것은 비언어적 요소가 언어적 요소보다 의지적으로 통제하기 어려워 사람의 감정을 솔직하게 나타내기 때문이다.

비언어적 요소의 의미는 일상생활 속에서 자연스럽게 형성되어 비공식적으로 공유되기 때문에 문화에 따라서 차이가 크게 나타난다. 예를 들어, 대화를 할 때 상대방을 응시하는 것을 어떤 문화에서는 정직한 것으로 보는 반면, 다른 문화에서는 건방진 것으로 보기도 한다. 비언어적 의사 소통은 문화권마다 같은 양태라 하더라도 의미가 다르고 미묘하기 때문에 공식성이 강한 언어적 요소보다 파악하기 어렵다. 의사 소통의 효과를 높이기 위해서는 언어적 표현과 비언어적 표현을 일치시켜야 하며, 언어적 메시지를 뒷받침하기 위해 얼굴 표정, 눈맞춤, 음성의 고저와 강약, 몸짓, 옷차림 등에 세심하게 신경을 써야 한다.

4) 의사 소통에서 경청, 공감, 예절

(1) 경청(傾聽, 敬聽)

의사 소통은 말하기(발신)와 듣기(수신)로 이루어져 있다. 말하기는 의사 소통의 출발점으로 중요하지만, 이에 못지않게 듣기도 중요하다. 어떤 점에서 보면 말하기보다 듣기가 더 중요할지 모른다. 의사 소통의 궁극적인 목적은 발신된 메시지가 정확하게 전달되어 수신자가 이해하는 것이기 때문이다. 말하기가 조금 잘못됐다 하더라도 그 의미를 정확하게 들을 수 있다면 그 의사 소통은 효과적일 수 있다. 듣기가 지니는 이런 중요성에도 불구하고 일상에서는 흔히 무시된다. 듣는 것은 쉽다고 생각한다든지, 상대의 말은 듣지 않고 자신의 생각만 말하려고 하는 잘못된 태도를 보이기 때문이다.

의사 소통에서 중요한 듣기는 단순히 듣는 것(hearing)이 아니라, 주의를 기울여 적극적으로 듣는 것(active listening)이다(Hills, 1986). 즉 경청을 하는 것이다. 경청은 傾聽, 敬聽 2가지의 한자로 표현된다. 전자는 귀를 기울여 듣는다는 의미이고, 후자는 공경하는 마음으로 듣는다는 의미이다. 모두 단순히 소리로 말을 듣는 것이 아니라, 상대방이 전달하고자 하는 의미를 성실하게 파악하고 공감하기 위한 진지한 자세로 말을 듣는 것을 나타낸다. 경청은 나 자신의 주장이나 생각을 먼저 말하려고 하는 것이 아니라, 상대방의 주장이나 생각을 먼저 상대방의 입장에 서서 이해하려는 자세이다. 이런 경청은 지속적이고 효과적인 의사 소통의 전제요건이라 할 수 있다. '최고의 대화술은 듣는 것'이라는 말을 명심할 필요가 있다.

듣는 능력을 향상시키기 위해서는 다음 사항을 유의할 필요가 있다.

- 상대방의 암시, 강조 등에 주목한다.
- 상대방의 말에 감정적으로 반응하지 않아야 한다.
- 중심 생각, 원리, 개념에 주의를 기울이고 메모한다.
- 반박보다는 상생적인 대안을 함께 창출하도록 한다.
- 비난이나 적개심을 목적으로 한 질문을 하지 않는다.
- 상대방의 입장에서 공감적으로 이해하는 자세를 가진다.

- 주의 산만한 환경을 통제하고 듣는 것에 에너지를 쏟아야 한다.
- 자기중심적인 단정이나 판단을 유보하고 느긋하게 끝까지 듣는 사람이 된다.

(2) 공감과 진지성

생산적인 의사 소통을 위해서는 공감적이고 진지한 자세가 필요하다. 공감(empathy)은 동감(sympathy)과 다르다. 상대방의 의견에 무조건적으로 동의하거나 찬성하는 것이 아니라 나와 견해가 다르더라도 상대방의 입장에서 그 의견과 감정을 이해하려고 하는 것이다. 진지성은 상대방의 의견에 성실한 관심을 표하고 함께 대안을 찾고 문제 해결을 도와주려는 자세이다. 의사 소통에서 이런 공감과 진지성이 갖추어질 때 사람들은 서로를 존중할 수 있고 긍정적이게 된다.

(3) 예절 지키기

의사 소통의 성공을 위해서는 의사 소통 과정에 있는 사람들이 예절을 지켜야 한다. 예절은 인간이 사회생활을 해 나가는 데 있어서 가져야 할 기본적인 도리로서 모든 사회생활에서 필요하지만, 생각과 감정을 나누는 인격적 관계인 의사 소통에서 더욱 필요하다. 상대방을 존중하고 겸손한 태도를 보이는 것은 의사 소통 예절의 기본이다. 또 의사 소통에서는 정중어법을 사용하여야 한다. 정중어법은 상대방에게 정중하지 않은 표현은 최소화하고 정중한 표현은 최대화하는 것이다(구현정·전영옥, 2007).

요약

경험학습은 강의를 듣는 대신 학습자가 직접 실제적인 학습 내용과 활동의 맥락에 참여하는 실제적인 체험을 통해서 학습하는 것(learning by doing)을 의미한다. 경험학습의 과정은 '구체적인 체험 → 반성적인 관찰과 분석 → 추상적인 개념화 → 활동적인 적용과 검증'의 4단계를 순환적으로 거치면서 이루어진다. 콜브는 경험학습에서 학습을 결과가 아닌 과정, 경험에 토대를 둔 계속적인 과정, 세계에 적응해 가는 대립적인 방식들 간의 변증법적인 해결이 필요한 과정, 세상에 적응해 가는 종합적인 과정, 사람과 환경간의 교호작용, 지식창조의 과정으로 이해했다.

구성주의는 기존의 객관주의 인식론에 대비되는 주관주의 인식론으로서, 지식의 인식과 획득에 관한 새로운 관점이자 이론이다. 구성주의적 관점을 따르게 되면, 삶 속에서 삶에 필요한 지식의 구성을 중요시하며, 교육이나 청소년 지도에 있어서도 삶 속의 지식, 삶에 유용한 지식의 구성방법을 가르치는 것을 중요시한다. 구성주의에서 학습은 자신의 삶에 적합한 지식을 창조하거나 구성하는 것이고, 학습과정은 이런 창조 또는 구성의 연속적인 과정이다. 따라서 구성주의 학습에서는 맥락성, 실제성, 적합성, 학습자 주도성 등을 강조한다. 구성주의 유형에는 급진적 구성주의와 사회적 구성주의가 있다.

청소년 지도에서 프로그램은 청소년 지도의 목표로서 청소년의 전인적인 성장, 이 목표 달성을 위한 활동 내용, 구체적인 방법, 대상, 시기, 자원 등을 유기적이고 합목적적으로 결합시켜 놓은 청소년 지도의 사전계획과 이 계획에서 기대되는 결과를 종합한 교육적 경험의 총체이다. 청소년 지도의 프로그램에는 목표, 1개 이상의 활동, 활동에 수반되는 구체적인 기법, 대상과 활동 시기, 지도에 필요한 인적·물적 자원, 순서와 계속성, 유기적인 결합 등이 있어야 한다. 청소년 시설이나 단체, 청소년 지도자는 청소년의 요구와 맥락에 적합하게 프로그램을 개발할 수 있어야 한다. 프로그램을 접근할 때 활용되는 모형으로 선형적 접근모형과 비선형적 접근모형, 통합적 접근모형과 비통합적 접근모형을 들 수 있다. 프로그램 개발 절차는 일반적으로 기획, 요구분석, 설계, 홍보와 마케팅, 실행, 평가로 이루어진다.

청소년 지도는 청소년의 자발적인 참여와 활동을 중심으로 이루어지기 때문에 청소년이 스스로 움직이지 않으면 효과를 거두기 어렵다. 청소년을 스스로 움직이게 하려면, 청소년지도자는 다양한 전략을 활용하여 청소년의 동기를 유발할 수 있어야 한다. 동기 유발에 관련된 요인이 매우 다양하고 가변적이기 때문에 동기 유발 전략도 다양할 수밖에 없다. 동기 유발 전략으로 켈러의 ARCS 모형을 활용할 수 있다.

청소년 지도는 사회 속에서 이루어지는 청소년지도자와 청소년 간의 교육적 상호 작용이다. 이런 교육적 상호 작용으로서 청소년 지도가 성공하려면 사회와 청소년 지도계, 지도자와 청소년, 청소년과 청소년 간의 의사 소통이 원활하게 이루어져야 한다. 청소년 지도는 사회적 맥락 속에서 청소년지도자와 청소년, 청소년과 청소년 간에 이루어지는 교육적 상호 작용이기 때문이다. 의사 소통은 일반적으로 발신자-기호화-해독-수신자-피드백의 과정을 거치면서 순환적으로 이루어진다. 효과적인 의사 소통을 위해서는 협동성의 원리, 진실성의 원리, 관련성의 원리, 적량성의 원리, 명료성의 원리, 일관성의 원리, 변화의 원리 등을 지킬 필요가 있다. 이외에도 경청적 자세와 상호 간의 예의가 필요하다.

연습문제

1. 경험학습이 청소년 지도에서 지니는 중요성을 설명하시오.

2. 경험학습의 네 단계를 청소년 활동의 예를 들어 구체적으로 설명하시오.

3. 구성주의 학습관의 특징을 설명하시오.

4. 개인적 구성주의와 사회적 구성주의를 비교하여 설명하시오.

5. 켈러의 ARCS 모형을 설명하시오.

6. 청소년 지도에서 동기 유발기법을 어떻게 활용할 수 있는지를 설명하시오.

7. 의사 소통의 과정을 청소년 지도의 사례를 들어 설명하시오.

8. 의사 소통에서 경청의 중요성을 설명하시오.

Chapter 03

청소년지도자

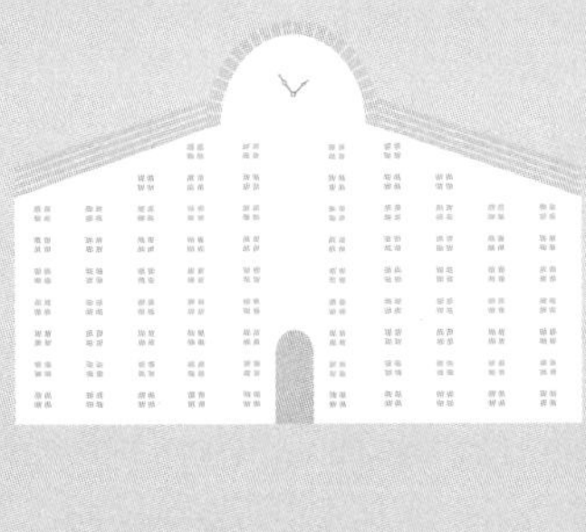

<제1절> 청소년지도자와 리더십

청소년지도자는 청소년을 지도하는 교육적 리더(leader) 역할을 하기 때문에 리더십(leadership)에 대해 이해하고 리더십을 갖추어야 한다. 이런 점을 고려하여 아래에서는 리더로서 청소년지도자, 청소년지도자의 리더십, 리더로서 청소년지도자의 자질에 대해 살펴보기로 하겠다.

1) 리더로서 청소년지도자

청소년지도자의 개념은 입장에 따라서 다양하게 정의되고 있지만, 「청소년기본법」에 따르면 '청소년지도사 및 청소년상담사와 청소년 시설, 청소년 단체, 청소년 관련 기관 등에서 청소년 육성 및 지도 업무에 종사하는 자'로 정의되어 있다. 이 정의에 따르면, 청소년지도사, 청소년상담사 외에도 청소년 육성과 지도 업무에 종사하는 자도 포함되어 청소년지도자의 범주가 매우 넓다. 특히, 청소년 육성은 「청소년기본법」에 따르면 청소년 활동·복지·보호를 포함하는 것이어서 더욱 그렇다. 또한 '종사하는 자'를 청소년지도자로 보기 때문에 전문성 확보 여부가 모호하기도 하다.

이런 포괄적인 정의는 학계의 논의에서도 찾아볼 수 있다. 예컨대, '청소년지도자는 청소년들 속에서, 청소년들과 더불어, 청소년들을 위해 청소년 활동을 전개하는 사람(한준상, 1999)'이라고 한 정의를 보면 그 범주가 매우 포괄적임을 알 수 있다. 이런 포괄적인 정의는 청소년에 관련하여 활동을 하는 다양한 사람들을 포함할 수 있는 장점이 있지만, 자칫 개념의 외연이 지나치게 확대되어 분석도구로서 유용성을 상실할 수 있다.

따라서, 본 글에서는 청소년지도자를 제1장에서 규정한 엄격한 의미의 청소년 지도를 담당하는 전문가로 정의한다. 즉, 청소년지도자는 청소년이 덕·체·지를 겸비한 전인적인 인간으로 성장할 수 있도록 청소년 시설, 청소년 단체 등에서 청소년 활동 프로그램을 중심으로 지속적이고 체계적인 안내와 지원활동을 하는 전문가이다. 이런 청소년지도자는 청소년과의 관계에서 볼 때 리더의 지위를 가지고 역할을 한다. 리더로서 청소년지도자는 자신과 관계를 맺고 있는 청소년들에게 영향력을 행사하여 목표를 달성하도록 하고 청소년들의 성장을 촉진한다.

2) 청소년지도자의 리더십

리더로서 청소년지도자는 리더십을 갖추고 이를 맥락에 맞게 적절하게 활용할 수 있어야 한다. 이를 위해서 리더십에 대해 정확하게 이해하고 리더십을 갖추기 위해 부단하게 노력해야 한다.

(1) 리더십의 개념

리더십에 대한 정의는 매우 다양하다. 예를 들면, 테드(Tead)는 '사람들이 바람직하다고 생각한 목표 달성을 위해 서로 협력하도록 그들의 마음을 움직이는 행위', 스톡딜(Stogdill)은 '집단목표의 달성을 위해 행해지는 여러 활동에 영향을 주는 과정 또는 영향력의 행사 과정', 카츠와 칸(Karz & Kahn)은 '집단의 목적을 달성하기 위해 더 많은 에너지를 팽창시키도록 집단 구성원들을 동기화시키는 것'이라고 정의한다. 신응섭 등(2002)은 전통적으로는 '집단의 목표를 달성하기 위해 추종자들을 동기화시키고, 이들에게 영향력을 행사하는 것'으로 정의되었으나, 오늘날에는 '집단과 각 구성원들의 목표 달성을 촉진하기 위하여 각 구성원들이 다른 구성원들에게 영향을 미치고 또한 그들을 동기화시키는 교호적, 교환적 및 변환적 과정'으로 일반적으로 정의되고 있다고 한다.

이런 개념 정의를 종합하면, 리더십은 '특정 상황 속에서 집단의 비전과 목표를 달성하기 위해 리더와 추종자들 간의 상호 작용 과정에서 리더가 추종자의 마음을 움직이고 동기화하는 영향력 행사 과정'이라고 할 수 있다. 즉, 리더십은 다음 [그림 3-1]에서 보는 것처럼 리더, 추종자, 상황, 비전과 목표, 상호 작용 등을 기본적인 구성 요소로 하는 리더와 추종자 간의 역동적인 상호 작용 과정에서 나타나는 영향력 행사 과정이라고 할 수 있다.

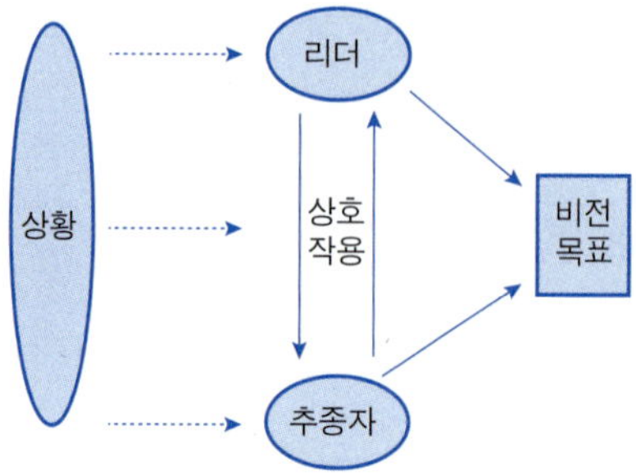

[그림 3-1] 리더십의 구성 요소

리더십의 정의에 나타난 개념적 요소를 중심으로 리더십의 특징을 살펴보면 다음과 같다.

첫째, 리더십은 상호 작용 과정이다. 리더십은 리더 안에 내재하는 특성이나 성품, 또는 지위나 권력이 아니라 상황적 요소를 배경으로 리더와 추종자 사이에서 나타나는 상호 작용적인 흐름이다. 리더는 추종자에게 영향을 주지만 반대로 추종자에게 영향을 받기도 한다. 이런 상호 작용은 피상적이고 기계적인 것이 아니라, 리더와 추종자의 내면에 침투하여 서로를 변화시키는 변환적인 과정이기도 하다.

둘째, 리더십은 영향력 행사와 관련된다. 리더십은 리더가 추종자들을 변화시키고 행동을 하게 함으로써 집단의 목표를 달성하는 것과 관련되기 때문에 리더의 영향력 없이는 리더십이 성립할 수 없다.

셋째, 리더십은 집단에서 나타난다. 일반적으로 리더십은 공동의 목표를 가지고 있는 개인들로 구성된 집단에서 발생한다. 집단 내의 구성원들은 리더와 추종자들로 나뉜다.

넷째, 리더십은 목표 지향성을 포함한다. 리더십은 막연한 것이 아니고 추종자들이 특정 목표를 지향하도록 하는 것이다. 리더십은 비전과 목표를 달성하기 위해서 집단의 에너지를 가장 효율적으로 사용하기 위해 작동된다.

다섯째, 리더십은 상황을 배경으로 한다. 리더십은 진공 상태에서 행사되는 것이 아니라 특정 상황(환경, 과업구조, 분위기, 자원 등)을 배경으로 한다. 이런 상황적 요소에 리더십은 영향을 받으며, 상황에 따라서 효과적인 리더십의 모습은 달라진다.

리더십과 비슷한 개념으로 '관리(management)'가 있다. 리더십과 관리는 영향력을 포함한다는 점, 사람들과 함께 하는 활동을 필요로 한다는 점, 효과적으로 목표를 달성하고자 한다는 점 등에서 공통점을 가진다. 그렇지만 리더십은 비전 형성과 이를 실현할 전략 수립, 사람들 간의 연대와 의사 소통, 동기부여와 영감 부여, 변화와 창조 등을 강조함에 반해서, 관리는 계획과 예산관리, 조직화와 인사관리, 통제와 문제 해결, 조직에서의 질서와 안정, 일관성 등을 강조한다는 점에서 다르다. 리더십은 주로 감성적 요소를 활용하여 사람들의 마음을 움직이고 자발적으로 참여하고 따라오도록 하는 것이라면, 관리는 주로 이성적 요소를 활용하여 규정과 절차를 지키도록 하고 효율적으로 과업을 완수하도록 하는 것이다. 이런 점에서 볼 때, 청소년지도자는 청소년들의 교육적 변화를 우선적으로 도모해야 하기 때문에 관리자보다는 리더이어야 하며 관리능력보다는 리더십을 우선적으로 형성하여야 한다.

(2) 리더십의 개념 요소

앞에서 본 것처럼 리더십은 기본적으로 비전과 목표, 리더, 추종자, 상황의 요소로 구성된다.

비전은 리더와 추종자가 지향하는 방향과 미래의 청사진을 나타내는 것이며, 목표는 이런 비전 하에서 리더와 추종자가 에너지를 사용해서 도달해야 하는 도달점이라고 할 수 있다. 리더는 스스로 명확한 비전과 목표를 설정할 수 있어야 하고 이를 추종자와 공유할 수 있는 능력을 가져야 한다. 비전과 목표를 리더만이 인식하고 있어서는 리더십은 발휘되기 어렵다. 비전과 목표가 정당하고 실현가능하며 발전적일 때 추종자는 리더를 따르게 되고 헌신하게 된다.

리더에 관련된 내용으로 리더의 특성과 권력을 들 수 있다.

리더의 특성은 신체적 특징(육체적 힘, 키, 체격 등), 지적인 능력(지능, 인지 능력, 지식, 판단능력 등), 인성(신념, 정직성, 고귀성, 열정, 독립성, 카리스마, 태도 등), 사회적 특징(사교성, 대인 관계기능, 협동성, 의사 소통 능력 등), 과업 관련 능력(목표 추구에 대한 책임성, 불굴의 과업 수행 의지, 성공 욕구 등), 사회적 배경(교육, 가문 등) 등에서 일반적으로 우월한 내용을 갖추고 있다는 점이다. 물론 이런 특성 자체로부터 곧장 리더십이 발현된다고 하기는 어렵다. 리더십은 앞에서 본 것처럼 상황을 배경으로 리더와 추종자 간의 상호 작용에서 나타나는 것이기 때문이다. 이런 리더의 특성은 대부분 학습을 통해서 형성 또는 개발되는 것이기 때문에 성공한 리더들은 이런 특성을 갖추기 위해서 부단히 노력하는 것을 습관화하고 있다.

리더의 권력은 리더십의 핵심기능인 영향력을 발휘하기 위한 힘이다. 따라서 리더는 권력 없이는 리더십을 행사하기 어렵다. 리더의 권력은 합법적 지위, 전통, 권위, 카리스마, 능력, 동의, 도덕성 등과 같은 다양한 원천으로부터 발생한다. 프렌치(French)와 라븐(Raven)은 리더 권력의 유형을 보상 권력, 강제 권력, 합법 권력, 전문성 권력, 준거 권력으로 나누고 있다. 보상 권력은 집단의 자원을 통제하여 상을 줄 수 있는 것에, 강제 권력은 보상 권력과는 반대로 벌을 줄 수 있는 것에, 합법 권력은 조직의 공식적 지위와 규정으로부터 나오는 권리와 의무에 근거한다. 전문성 권력은 수행 과제에 관련된 전문적 지식과 기능에, 준거 권력은 추종자가 모델로 삼아 참조하고 동일시하고 싶은 리더의 인성적 특성에 근거한다. 이 중 보상 권력, 강제 권력, 합법 권력은 리더의 지위에 관련되는 지위 권력이고, 전문성 권력, 준거 권력은 리더의 개인에 관련되는 개인적 권력이다. 리더로서 청소년지도자는 자신이 지닌 특성과 권력의 특징을 잘 이해하고 어떤 요소가 리더십 발휘에 있어서 효과적인지를 항상 파악하여 활용하여야 한다.

리더의 특성과 권력은 추종자와의 관계에서 발현되고 행사되기 때문에 리더십에 있어서 추종자의 역할도 중요하다. 추종자 없는 리더는 없으며, 추종자의 팔로우십(followship)이 훌륭해야 리더의 리더십이 빛을 발휘하기 때문이다. 추종자는 리더에게 일방적으로 종속되어 있는 수동적 존재가 아니라, 리더의 영향력 행사에 대해 반응을 보임으로써 리더십의 유형과 효과에 영향을 미친다. 추종자가 리더를 어떻게 인식하는가에 따라 리더가 행사하는 리더십의 내용이 달라진다. "손바닥도 마주 쳐야 소리가 난다."는 말처럼 추종자는 리더에 호응을 보이는 중요한 짝이다. 따라서 리더와 추종자는 영향을 주고받는 상호 작용 관계를 본질로 한다. 리더는 추종자의 특성을 잘 파악하여 이에 적합한 리더십을 행사할 수 있어야 한다. 특히, 청소년 지도에서 지도자와 청소년 간의 관계는 인간의 변화를 핵심으로 하는 교육적 관계이기 때문에 리더로서 청소년지도자는 청소년의 특성과 스타일을 잘 파악하여 이에 적합한 리더십을 행사할 수 있어야 한다.

리더와 추종자 간의 상호 작용은 특정한 상황을 배경으로 한다. 모든 인간활동은 그것이 일어나는 시대적 분위기, 공간, 조직 구조와 문화, 자원 제약 등과 같은 상황으로부터 자유로울 수 없다. 따라서 리더와 추종자 간의 상호 작용은 이것이 행해지는 상황에 의해 제약되고 영향을 받는다. 리더와 추종자 간의 상호 작용 이전에 이미 리더와 추종자 각각의 특성은 상황에 상당한 정도 영향을 받아 형성된 것이기도 하다. 이런 점을 고려할 때 리더는 항상 상황을 파악하여 상황에 적합한 리더십을 행사하여야 한다. 이렇게 할 때 리더십은 성공할 수 있다. 특히, 청소년 지도는 구성주의를 바탕으로 한 맥락적 구성을 중요시한다. 이런 청소년 지도를 성공시키기 위해서 청소년지도자는 상황에 적합한 리더십을 행사할 수 있어야 한다.

이상에서 본 것처럼, 리더십은 리더, 추종자, 상황 간의 역동적인 상호 작용 속에서 형성되고 행사된다. 리더십은 고정되어 있는 것이 아니라 거시적으로는 비전과 목표, 리더, 추종자, 상황, 미시적으로는 각 구성 요소의 세부적인 하위 요소들의 미묘한 결합과 상호 작용에 의해서 부단히 변화해간다. 이와 같은 리더십의 역동적인 변화 속성을 잘 이해하여 청소년지도자는 리더십이 형성되고 행사되는 데 관여되는 요소들에 대한 세심한 관찰과 분석을 토대로 최적의 리더십을 행사할 수 있어야 한다.

(3) 리더십의 유형

리더십의 유형은 다양하지만, 가장 널리 알려진 것 중 하나는 자유방임적 리더십, 민주적 리더십, 권위주의적 리더십이다.

자유방임적 리더십은 말 그대로 리더가 추종자들을 자유롭게 방임하는 것으로 영향력을 거의 행사하지 않는 유형이다. 리더는 집단이나 추종자의 계획, 목표 설정, 자원 동원, 동기 유발 등에 관여하지 않고, 추종자들이 자기 마음대로 계획이나 목표를 결정하고 활동한다. 엄밀한 의미에서 보면, 리더십의 핵심적인 요소인 영향력 행사 과정이 거의 없기 때문에 리더십 부재라고도 할 수 있다. 자유방임적 리더십은 추종자들이 매우 독립적이고 유능한 경우에만 효과적일 수 있다.

민주적 리더십은 자유방임적 리더십과 권위주의적 리더십의 중간 형태로서 리더가 추종자들을 존중하고 의사 결정에 참여시키면서 영향력을 행사하는 유형이다. 리더는 어떤 결정을 일방적으로 하거나 지시나 명령을 통해서 강압하지 않고, 추종자들의 동기와 참여를 적극적으로 격려하고 상호 의사 소통을 중요시한다. 추종자들은 자신들의 의견과 창의성을 적극적으로 반영할 수 있고 다양한 선택권을 가진다. 추종자들이 합리적인 숙고 능력을 가지고 있으면 일반적으로 민주적 리더십이 효과적이다.

권위주의적 리더십은 리더가 권한을 독점하여 일방적으로 영향력을 행사하는 유형이다. 리더는 자신의 신념과 철학에 따라서 독단적으로 사안을 결정하고 집단을 운영한다. 리더는 일방적으로 명령하고 지시하며 추종자들의 복종을 강제한다. 추종자들은 리더에게 복종하고 의존하며 자율적으로 어떤 결정이나 운영에 참여할 수 없으며 선택권이 없다. 권위주의적 리더십은 추종자들의 반발과 저항을 불러일으킬 가능성이 높다. 단, 비상시나 추종자들이 극히 무능력한 경우 효과적일 수 있다.

청소년의 전인적 성장을 도모하는 청소년지도자는 특별한 경우가 아니면 민주적 리더십을 행사하도록 하여야 한다. 특히, 청소년 지도는 청소년의 자율적인 참여와 활동을 통한 체험을 바탕으로 하기 때문에 민주적 리더십의 행사는 중요하다.

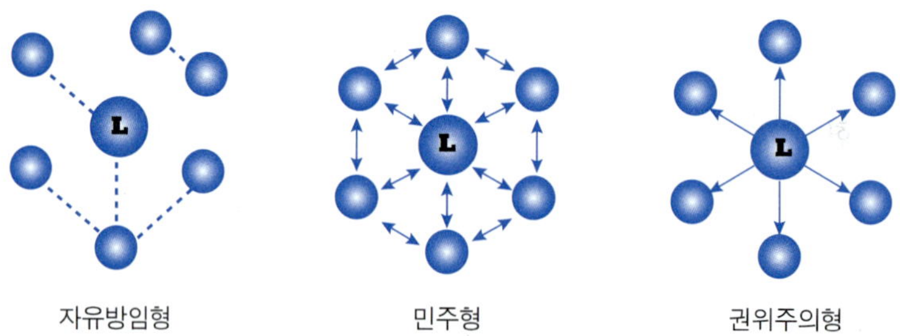

[그림 3-2] 리더와 구성원들 간의 관계

리더십의 유형에 따라서 리더와 구성원, 구성원 상호 간의 관계도 [그림 3-2]처럼 다르게 나타난다.

[그림 3-2]에서 보듯이 자유방임적 리더십 아래에서 형성되는 리더와 구성원들간, 구성원과 구성원간의 관계는 단절적이고 지리멸렬하다. 리더와 구성원들간, 구성원과 구성원간의 소통관계는 막혀 있다. 집단 내에서 사적으로 친한 사람들끼리 분절적인 관계만 형성되어 있어 전체적인 의사 소통이나 정보의 전달은 어렵다. 민주적 리더십 하에서의 관계는 거미줄처럼 얽혀 있어 리더와 구성원, 구성원과 구성원 간의 양방향적인 의사 소통이 원활하다. 전체적인 의사 소통관계가 형성되어 있으므로 상호 교감이나 이해도 촉진된다. 권위주의적 리더십 아래에서의 관계는 일방적이다. 리더와 구성원 간에만 관계가 형성되어 있을 뿐 구성원 간에는 관계가 형성되어 있지 않다. 리더의 권위와 힘에 의해서 관계가 유지될 뿐 리더와 구성원 상호 간에 내면적인 소통이나 유대의 형성은 어렵다.

상호 존중을 바탕으로 청소년의 전인적인 성장을 도모하는 청소년 지도에서의 관계는 민주형이 바람직하다. 특히, 양방향적인 의사 소통을 바탕으로 상호 지식과 생각을 전달하고 공유함으로써 건강한 변화를 도모하고자 하는 청소년 지도에서는 민주적인 관계의 형성이 필요하다.

3) 리더로서 청소년지도자의 자질

청소년지도자는 정치인, 군인, 경영자와는 다른 청소년의 전인적인 성장을 도모하는 교육자이기 때문에 교육적 리더십에 적합한 자질을 갖추어야 한다. 이를 위해서 무엇보다도 먼저 청소년지도자는 인간의 가치를 인정하고 존중하는 것을 바탕으로 청소년에게 헌신하겠다는 이타적인 영성(靈性, spirituality)을 가져야 한다. 여기에서 영성이라 함은 특정 종교적 가치가 아니라, 이타성, 고결한 마음, 생명과 인간에 대한 사랑, 인간가치의 존중 등을 내용으로 하는 고귀한 정신세계를 의미한다. 청소년지도자가 이런 영성을 갖추고 있을 때 청소년들로부터 마음속에서 우러나오는 존경을 받을 수 있고 청소년의 내면을 변화시킬 수 있다. 따라서 영성은 청소년지도자의 인격을 형성하는 가장 기본적인 토대라고 할 수 있다. 영성을 갖추기 위해서 청소년지도자는 끊임없이 자신의 마음을 갈고 닦는 자세를 가져야 한다.

영성을 바탕으로 청소년지도자가 함양해야 하는 자질은 크게 인격적 자질과 전문적 자질로 나누어 볼 수 있다. 인격적 자질과 전문적 자질은 수레의 두 바퀴처럼 동시에 함양해야 하는 필수적인 것이어서 그 선후와 우열을 따지기 어렵지만, 교육적 측면에서 볼 때 청소년지도자는 인격적 자질을 우선적으로 갖추도록 노력해야 한다. 청소년지도자가 기르고자 하는 청소년은 지식과 기능만을 가진 도구적 인간이 아니라 덕·체·지를 고루 갖춘 전인적인 인간이기 때문이다. 청소년지도자가 먼저 인격적 자질을 갖추어 인간으로서 품성을 가지고 있어야 청소년의 인격적 성장을 도울 수 있다. 그렇다고 전문적 자질이 중요하지 않은 것은 아니다. 전문적 자질은 청소년 지도의 이념과 철학을 실현시키는 데 필요한 구체적인 방법적 지식과 도구이기 때문에 이런 전문적 자질을 갖추지 않고서는 교육적 리더십을 온전하게 발휘하기 어렵다. 따라서 청소년지도자의 자질로서 인격적 자질과 전문적 자질은 균형을 이루어야 한다.

청소년지도자가 가져야 하는 인격적 자질은 매우 다양하여 일일이 열거하기 어렵다. 이 점을 전제로 하여 중요한 몇 가지를 생각해 보면, 자신의 삶에 있어서는 성찰적 태도, 희망과 감사, 타인과의 관계에서는 존중과 사랑, 경청과 긍정적 태도, 배려와 겸손, 일에 있어서는 불굴의 의지와 용기, 주도성과 솔선수범, 사회적 역할 수행에 있어서는 책임감과 언행일치 등을 들 수 있다. 이런 인격적 자질은 하루아침에 형성되지 않는다. 항상 자신의 성품을 닦으려는 자세와 반성을 습관화할 때 가능하다.

전문적 자질 역시 매우 다양하여 모두를 여기에서 다 열거하기 어렵지만 중요한 것을 생각해 보면, 직무 자체의 내용에 대한 지식과 기능, 청소년을 다루는 능력 등을 들 수 있다. 청소년지도자의 직무는 청소년 지도 활동이다. 이 청소년 지도 활동에 필요한 지식과 기능으로 청소년의 심리적·인지적 특성과 문화, 청소년 교육의 기본 원리, 프로그램 개발 및 운영, 리더십, 연구와 분석, 의사 결정과 판단 등에 대한 것을 들 수 있다. 청소년을 다루는 능력으로는 인간 관계 기술, 의사 소통 기술, 상담 기술, 동기 유발 기술, 팀워크 창출 기술 등을 들 수 있다.

인격적 자질과 전문적 자질은 상호 융합되어 나타나며 상호 상승적 효과를 가진다. 인격적 자질이 훌륭하면 전문적 자질이 효과적으로 발휘되고, 전문적 자질이 우수하면 인격적 자질의 고매함이 돋보이게 된다. 청소년지도자가 인격적 자질과 전문적 자질을 동시에 갖추어야 하는 것은 이를 통해서 궁극적으로 청소년의 마음을 움직여 청소년 스스로 적극적으로 자신에게 필요한 덕·체·지를 조화롭게 함양하도록 하는 데 있다. 이렇게 청소년을 움직이도록 하려면, 인격과 전문성을 통해서 청소년에게 감동을 줄 필요가 있으며 감동을 줄 수 있는 능력을 길러야 한다.

청소년의 마음을 움직여 감동을 주는 데 있어 유용한 개념은 다니엘 골먼(D. Goleman)이 주장한 감성 지능(EQ)이다. 골먼은 감성 지능을 통해서 사람의 마음을 움직이고 감동을 줄 수 있는 감성적 리더십을 강조한다. 이런 감성 지능, 감성적 리더십은 청소년에게 교육적 감화력을 주어 변화시켜야 하는 청소년지도자에게 시사하는 바가 크다. 인간의 변화는 대부분 냉철한 이성보다는 따뜻한 감성에 의해서 이루어지기 때문이다. 골먼 등(Golman, D. et al., 2002)은 감성 지능의 능력으로 개인적 차원의 자기 인식 능력, 자기 관리 능력, 사회적 차원의 사회 인식 능력, 관계 관리 능력을 들고 있다.

자기 인식 능력은 자신의 정체성, 철학, 능력, 자원 등에 대해서 정확하게 파악하여 이해하는 것이다. 리더십의 출발점은 '나'이기 때문에 자신을 정확하게 인식하는 능력은 청소년지도자가 갖추어야 할 가장 기본적 요건이라 할 수 있다. 자기 인식 능력에는 자신의 감정을 정확하게 파악한 후 이것의 영향력을 이해하고 활용할 수 있는 '감성적 자기 인식 능력', 자신이 지니고 있는 장점과 단점을 파악하여 장점을 최대한 활용하고 단점을 극복할 수 있는 '정확한 자기 평가 능력', 자신의 가치와 현재 능력을 낙관적이고 긍정적으로 생각하는 '자기 확신 능력이 포함된다. 자기 인식을 위해서 좋은 방법은 차분하게 자신의 현재 모습을 따져보고 성찰하는 것이다. 차분한 마음으로 자기 속에 있는 자신을 끄집어 내어 대면하고 있으면, 자신의 능력과 감정을 객관적으로 파 악할 수 있다.

자기 관리 능력은 자신의 능력, 감정과 충동, 의지, 마음, 건강, 동기와 목표 등을 조절하고 통제함으로써 최적의 상태를 유지하는 것이다. 자기 인식을 통해서 파악된 현재의 상태를 자기 관리를 통해서 긍정적 요인을 최대화하고 부정적 요인을 최소화한다. 이런 자기 관리 능력은 파괴적인 감정과 충동을 통제하는 '감성적 자기 제어 능력', 상황에 대해 탄력적으로 적응하고 대처하는 '적응력', 자신의 모습을 있는 그대로 드러내고 보여줌으로써 부정적 요인을 절제하려는 '솔직성', 주어진 여건에서 목표 달성을 위해 최선의 노력을 하는 '성취력', 어떤 역경에서도 주도적으로 나서 기회를 만들고 포착하는 '진취성', 모든 사물과 상태를 긍정적으로 보고 발전을 도모하는 '낙천성'을 포함한다. 자기 관리 능력에서 중요한 것은 자신의 감정과 충동을 다스리는 것이다. 감정과 충동이 흐트러져 폭발하게 되면 자신의 능력을 발휘하기 어렵다. 자기감정과 충동을 다스리기 위해 좋은 방법은 항상 자신을 관찰하면서 자기와 대화를 나누고 긍정적으로 사고하는 습관을 기르는 것이다.

사회 인식 능력은 타인의 감정과 능력, 조직의 구조와 상태, 사회적 흐름과 분위기 등을 파악하여 이해하는 것이다. 자기 인식 능력이 자신의 내부에 관한 것이라면, 사회 인식 능력은 자신의 외부에 관한 것이다. 인간은 사회적 동물이기 때문에 사회 인식 능력은 필수적이지만, 리더의 위치에 있는 청소년지도자는 사회 속에서 청소년을 대상으로 지도 활동을 하기 때문에 특히 사회 인식 능력을 잘 갖추어야 한다. '지피지기(知彼知己)이면 백전백승(百戰百勝)'이라는 말이 있듯이 청소년지도자가 자기를 알고 사회를 알면 청소년 지도 활동은 성공할 가능성이 높아진다. 이런 사회 인식 능력은 타인의 감정과 관점을 파악하고 공감할 수 있는 '감정 이입 능력', 조직이나 집단의 의사 결정 구조· 경영 방식·흐름 등을 파악할 수 있는 '조직 인식 능력', 고객과 추종자의 요구와 이해 관계를 파악하여 부응할 수 있는 '서비스 능력'을 포함한다.

관계 관리 능력은 타인의 성장과 변화, 사회적 유대, 조직 및 집단의 개선 등을 도모하는 것이다. 관계 관리 능력은 사회인식을 통해서 파악한 사회 상태를, 관리를 통해서 축적한 자신의 능력을 활용하여 변화, 개선시키는 것이다. 여기에는 미래나 발전에 대한 확고한 전망을 바탕으로 동기를 유발하고 희망을 불어 넣는 '영감 능력', 다양한 설득기술을 통해서 타인에게 영향을 미치는 '영향력', 적절한 피드백과 지도로 타인의 능력을 개발하는 '지도 능력', 새로운 방향을 제시하여 안내하고 변화를 도모하는 '변화 촉진 능력', 다양한 네트워크를 형성하고 유지하는 '유대 형성 능력', 팀을 구성하고 팀 내의 협력체제를 구축하는 '팀워크와 협동 창출 능력'이 포함된다.

이상에서 논의한 청소년지도자의 자질은 이론적 논의나 단순한 기억을 통해서 함양되지 않는다. 밥 이야기를 끊임없이 한다고 해서 배가 불러지지 않는 것과 같다. 배를 부르게 하기 위해서는 밥을 먹어야 한다. 밥을 먹는 실천적 행동을 통해서만이 배를 부르게 할 수 있기 때문이다. 마찬가지로 청소년지도자의 자질을 함양하기 위해서는 끊임없는 실천적 노력이 필요하다. 실천적 행위를 통해서 자질을 내면화하고 습성화할 때, 진정한 청소년지도자의 자질은 형성될 수 있다.

<제2절> 청소년지도자의 역할

청소년지도자는 지도라는 교육적 활동을 통해서, 청소년에게 희망과 감동을 주고 청소년 스스로 자신의 꿈을 실현시키고자 하는 동기와 의지를 유발하며 지속시키는 교육자이자 리더이다. 이런 청소년지도자가 청소년의 성장을 돕기 위해서 하는 역할은 매우 다양하다. 이런 점을 염두에 두고, 아래에서는 청소년지도자의 역할로 프로그램 개발 및 운영자, 동기유발자, 변화촉진자, 평가자 등에 대해서 살펴보기로 하겠다.

1) 프로그램 개발 및 운영자

청소년 지도는 주로 청소년이 주체가 되는 프로그램을 중심으로 이루어진다. 청소년 지도는 지식 내용을 주입하거나 전달하는 것이 아니라 청소년의 주체적인 체험을 바탕으로 자신의 맥락에 적합한 지식을 구성하고 가치관과 태도를 형성하는 것이기 때문이다. 청소년 지도에서 청소년의 주체적인 체험은 막연하게 방임적으로 이루어지는 것이 아니라, 목표와 계획에 따른 일련의 절차(프로그램)에 따라서 이루어진다. 이런 프로그램은 청소년지도자에 의해서 기획되고 개발 또는 선택되며 운영된다. 이런 점에서 청소년지도자는 프로그램 개발 및 운영자 역할을 한다. 좋은 프로그램을 개발하여 제대로 운영할 때 청소년지도자가 의도하는 목표를 달성할 수 있다. 따라서 청소년지도자는 청소년 활동 프로그램의 성격, 유형, 원리와 이론 등에 대해서 숙지하고 있음은 물론 이를 활용해서 프로그램을 개발하여 효과적으로 운영할 수 있어야 한다. 특히, 프로그램 개발과 운영의 일련의 과정인 기획, 요구분석, 목표설정, 설계, 마케팅과 홍보, 실행, 평가에 대해서 정확하게 이해하고 이를 현장에 적용할 수 있어야 한다.

2) 동기유발자

총에 좋은 화약으로 채워진 총알이 장전돼 있어도 방아쇠를 당겨주는 사람이 없으면 총알은 발사되지 않는다. 방아쇠를 당기는 격발자가 있어야 총과 총알은 그 기능을 다하고 빛을 발할 수 있다. 청소년 지도에 있어서도 마찬가지이다. 청소년들의 내부에 무한한 잠재성이 내재해 있어도 누군가 그 잠재성에 불을 붙여 타오를 수 있게 도와주어야 한다. 스스로 청소년 프로그램에 참여하고 청소년 지도를 받고 싶은 마음이 들도록 청소년의 마음에 불을 지피는 사람이 있어야 한다. 이런 역할을 하는 사람이 청소년지도자이다.

청소년지도자는 청소년의 동기를 유발하고 지속시키는 역할을 한다. 청소년 지도는 청소년의 전인적인 성장을 도모하는 교육적 활동이기 때문에 청소년의 내면을 변화시키지 않으면 효과를 거두기 어렵다. 청소년의 내면을 변화시키는 주체는 궁극적으로 청소년 자신이기 때문에 청소년 지도에서 동기 유발은 매우 중요한 의의를 가진다. 청소년의 자기 주도적 체험 활동을 중심으로 하는 청소년 지도에서 청소년의 동기를 유발하는 청소년지도자의 역할은 매우 중요한 교육적 중요성을 지닌다. 이런 역할을 제대로 수행하기 위해서 청소년지도자는 동기 유발에 대한 이론적 원리와 방법을 이해하고 실제 현장에서 탄력적으로 활용할 수 있어야 한다. 특히, 동기 유발의 복잡성과 가변성을 정확하게 파악하고, 학습 과제나 활동의 특성, 청소년의 욕구 및 능력 수준, 청소년 시설이나 집단의 자원과 문화, 청소년지도자의 능력과 특성 등을 고려하여 다양한 동기 유발 방법을 상황에 적합하게 활용할 수 있는 전문성을 가져야 한다.

3) 변화촉진자

청소년 지도의 결과는 직접적으로는 청소년의 변화, 간접적으로는 청소년을 매개로 한 사회의 변화로 나타난다. 이 중 청소년 지도에서 1차적으로 중요한 것은 청소년의 변화이다. 직접적인 청소년의 변화는 덕·체·지 3영역에서 나타난다. 덕과 지는 주로 내면의 변화를, 체는 주로 외면의 변화를 수반하지만, 내면의 변화와 외면의 변화가 분리되어 있는 것은 아니다. 덕성이 함양되면 도덕적 행동으로 발현되고, 체력이 좋아지면 정신적 활동도 활발해지는 것이다. 외면의 변화는 가시적이어서 쉽게 확인되고 측정될 수 있지만, 내면의 변화는 이런 확인과 측정이 쉽지 않다. 그렇다고 덕성의 함양을 강조하는 청소년 지도에서 내면의 변화를 확인하는 일을 포기할 수는 없다. 일반적으로 청소년지도자는 내면의 변화를 태도, 자세, 습관, 행동을 통해서 추론하기도 하고, 심리적 방법이나 직관을 통해서 직접 확인하기도 한다. 이런 추론과 확인을 통해서 청소년지도자는 지속적으로 청소년의 긍정적인 변화를 촉진해 가는 역할을 수행한다.

변화촉진자의 역할을 수행하기 위해서 청소년지도자는 청소년의 내면적·외면적 변화를 예리하게 관찰하여 포착할 수 있는 능력과 긍정적인 변화를 촉진하고 지속시킬 수 있는 능력을 함양해야 한다. 지(知)와 행(行)이 합일(合一)될 수 있도록 내면적 변화를 실천으로 이끌어가는 것도 변화촉진자로서 청소년지도자가 해야 할 일이다. 이런 지행합일을 통해서 청소년지도자는 사회변화를 촉진시키는 역할을 하게 된다. 청소년 개인의 변화가 청소년 집단, 지역사회의 변화로 이어지도록 지도해가는 것이다.

4) 평가자

모든 지도 활동에는 평가가 수반된다. 평가는 지도 활동의 출발점에서 설정한 목표와 의도가 어느 정도 달성되었는지, 지도 활동을 통해서 청소년은 어느 정도 성장하였는지, 지도 활동의 장점과 단점은 무엇인지, 좀 더 나은 지도 활동이 되기 위해서는 어떻게 해야 하는지 등을 종합적으로 점검하는 활동이다. 평가의 결과는 청소년뿐만 아니라 청소년지도자에게도 피드백되어 활용된다. 청소년 지도에서 평가는 심판이나 서열을 매기는 것이라기보다는 정보 제공과 조언을 하는 것이고, 청소년과 청소년지도자를 비추는 거울로서 기능을 하는 것이다.

청소년 지도 활동을 계획하고 진행해 온 청소년지도자가 평가자로서 주도적인 역할을 하는 것은 당연한 일이다. 물론 청소년 지도 활동에서 평가는 청소년지도자에 의해서만 이루어지는 것은 아니다. 청소년도 평가자 역할을 할 수 있기 때문이다. 그렇지만 평가의 전반을 이끌어가는 역할은 청소년지도자가 하는 일이다. 청소년지도자가 평가자 역할을 제대로 수행하기 위해서는 청소년 지도에서 평가의 본질, 평가기법 등을 이해하고 지도 활동 과정에서 세심한 관찰, 자료 수집과 분석, 친절한 조언을 하는 자세를 가져야 한다.

5) 기타

이외에도 청소년지도자는 상담자, 청소년 복지 증진자, 연구자, 자원 동원 및 조성자 역할을 한다. 상담자 역할을 통해서 청소년의 고민과 문제에 대해서 함께 해결책을 모색하고, 청소년 복지 증진자로서 청소년 복지의 증진을 위해서 다양한 조건과 지원책을 마련한다. 연구자로서 청소년 지도가 과학적으로 이루어지도록 하기 위한 탐구와 분석을 하며, 자원 동원과 조성자로서 청소년 지도에 필요한 물적·인적 자원을 마련하고 쾌적한 환경을 만들기 위해서 노력한다.

<제3절> 청소년지도자의 양성과 역량, 윤리

"교육의 질은 교사의 질을 넘어 설 수 없다."는 말이 있듯이, 청소년 지도의 질은 청소년지도자의 질을 넘어설 수 없다. 청소년 지도는 지도자와 청소년 간의 인격적 교류 작용으로서 청소년지도자가 주도적으로 안내해 가기 때문이다. 이런 측면에서 청소년지도자의 양성과 역량, 윤리는 중요하다. 아래에서는 청소년지도자의 양성과 배치, 역량 강화, 윤리에 대해서 살펴보기로 하겠다.

1) 청소년지도자의 양성과 배치

청소년 지도를 담당하는 전문가인 청소년지도자 중 대표는 청소년지도사, 그리고 청소년상담사라 할 수 있다. 아래에서는 청소년지도사와 청소년상담사를 중심으로 청소년지도자의 양성과 배치 등을 설명하도록 하겠다.

(1) 청소년지도사

청소년지도사는 1993년부터 국가자격제도에 의해서 양성되고 있다. 청소년지도사는 청소년지도사 자격 검정에 합격하고 청소년지도사 연수기관에서 실시하는 연수과정을 마치고 여성 가족부 장관으로부터 자격을 부여받은 사람이다(「청소년기본법」 제21조). 청소년지도사는 그 전문성 수준에 따라서 1, 2, 3급의 3유형으로 나누어진다. 「청소년기본법 시행령」에 따르면 각 등급 별 응시자격 기준은 다음 〈표 3-1〉과 같다. 청소년지도사 중 최고 등급인 1급청소년지도사는 2급청소년지도사 자격을 취득하고 청소년 육성업무에 3년 이상 종사해야 응시자격을 가질 수 있다. 1급청소년지도사가 되는 경로는 2급청소년지도사 자격 취득 후 3년 이상의 육성업무 종사를 해야 하는 것 하나밖에 없지만 2급청소년지도사가 되는 경로는 〈표 3-1〉에서 보는 것처럼 다양하다. 이를 대별하면, 대학 수준의 이상의 학력을 가지고 일정 과목을 이수하는 것, 고졸 이상의 학력을 가지고 일정 기간 청소년 육성업무에 종사한 경력을 가지는 것, 3급청소년지도사 자격 취득 후 2년 이상의 육성업무 종사경력을 가지는 것이다. 3

급청소년지도사의 자격취득 경로도 〈표 3-1〉에서 보는 것처럼 다양하지만, 전문대 졸업 이상의 학력을 가지고 일정 과목을 이수하는 것, 고졸 이상의 학력을 가지고 일정 기간 청소년 육성업무에 종사하는 것으로 대별할 수 있다. 〈표 3-1〉에서처럼 자격 검정의 등급별 응시자격 기준을 엄격하게 규정한 것은 양성과정에서부터 청소년지도사의 질을 관리하겠다는 의지를 나타내는 것이라 할 수 있다.

〈표 3-1〉 청소년지도사 자격 검정의 등급별 응시자격 기준(2015. 5. 1.)

등급	응시자격기준
1급 청소년지도사	2급청소년지도사 자격 취득 후 청소년 활동 등 청소년 육성업무에 종사경력이 3년 이상인 자
2급 청소년지도사	1. 대학 졸업(예정)자 또는 이와 같은 수준 이상의 학력이 있는 사람으로서 2급 청소년지도사 자격 검정에 필요한 과목 모두를 전공과목으로 이수한 사람 2. 2005년 12월 31일 이전에 대학을 졸업하였거나 이와 같은 수준 이상의 학력을 취득한 사람으로서 별표 1의 2에 따른 과목을 이수한 사람 3. 대학원의 학위과정 수료(예정)자로서 2급 청소년지도사 자격 검정에 필요한 과목 모두를 전공과목으로 이수한 사람 4. 2005년 12월 31일 이전에 대학원의 학위과정을 수료한 사람으로서 별표 1의 2에 따른 과목 중 필수영역 과목을 이수한 사람 5. 대학 졸업 또는 이와 같은 수준 이상의 학력이 있다고 다른 법령에서 인정받은 후 청소년 활동 등 청소년 육성업무에 종사한 경력이 2년 이상인 사람 6. 전문대학 졸업 또는 이와 같은 수준 이상의 학력이 있다고 다른 법령에서 인정받은 후 청소년 활동 등 청소년 육성업무에 종사한 경력이 3년 이상인 사람 7. 3급 청소년지도사 자격 취득 후 청소년 활동 등 청소년 육성업무에 종사한 경력이 2년 이상인 사람 8. 고등학교 졸업 또는 이와 같은 수준 이상의 학력을 인정받은 후 청소년 활동 등 청소년 육성업무에 종사한 경력이 8년 이상인 사람
3급 청소년지도사	1. 전문대학 졸업(예정)자 또는 이와 같은 수준 이상의 학력이 있는 사람으로서 3급 청소년지도사 자격 검정에 필요한 과목 모두를 전공과목으로 이수한 사람 2. 2005년 12월 31일 이전에 전문대학을 졸업하였거나 이와 같은 수준 이상의 학력을 취득한 사람으로서 별표 1의 2에 따른 과목을 이수한 사람 3. 전문대학 졸업 또는 이와 같은 수준 이상의 학력이 있다고 다른 법령에서 인정받은 후 청소년 활동 등 청소년 육성업무에 종사한 경력이 2년 이상인 사람 4. 고등학교 졸업 또는 이와 같은 수준 이상의 학력이 있다고 다른 법령에서 인정받은 후 청소년 활동 등 청소년 육성업무에 종사한 경력이 3년 이상인 사람

출처: 「청소년기본법 시행령」 제20조, 별표 1. 국가법령센터, http://www.law.go.kr

구체적인 자격 획득 과정을 보면, 2, 3급은 객관식 필기시험과 면접, 1급은 주·객관식 필기시험에 합격해야 한다. 2급의 경우 〈표 3-1〉의 응시자격 기준 1호와 3호, 3급의 경우 1호에 해당하는 사람은 해당 등급의 자격 검정 필기시험이 면제된다. 각 등급별 시험과목과 방법은 〈표 3-2〉와 같다. 2, 3급 자격 검정시험에 합격한 사람은 청소년지도사로서 필요한 자질과 전문성을 함양할 수 있는 연수를 30시간 이상 받아야 한다. 이 자격 연수는 「청소년기본법 시행령」에 따라 한국 청소년 활동 진흥원에서 하도록 되어 있다.

〈표 3-2〉 청소년지도사 자격 검정의 과목 및 방법(2015. 5. 1.)

구분	검정과목	검정방법	
1급	청소년연구방법론, 청소년 인권과 참여, 청소년정책론, 청소년기관운영, 청소년지도자론	주·객관식 필기시험	
2급	청소년육성제도론, 청소년지도방법론, 청소년심리 및 상담, 청소년문화, 청소년활동, 청소년복지, 청소년프로그램 개발과 평가, 청소년 문제와 보호	객관식 필기시험	면접 (3급청소년지도사 자격증 소지자는 면접시험 면제)
3급	청소년육성제도론, 청소년활동, 청소년심리 및 상담, 청소년문화, 청소년지도방법론, 청소년 문제와 보호, 청소년프로그램 개발과 평가	객관식 필기시험	면접

출처: 「청소년기본법 시행령」 제20조, 별표 2. 국가법령센터, http://www.law.go.kr

이와 같은 청소년지도사 양성 제도에 따라서 2014년 8월까지 배출된 청소년지도사는 1급 1,511명, 2급 22,748명, 3급 9,776명 등 총 34,035명이며, 연도별 구체적인 청소년지도사 양성 인원은 2014년 8월 현재 〈표 3-3〉과 같다.

〈표 3-3〉 청소년지도사 양성 현황(2014. 8.)

	년도 / 합계	1999 까지	2000	2001	2002	2003	2004	2005	2006	2007	2008	2009	2010	2011	2012	2013	2014 (8월현재)
계	34,035	4,573	988	1,583	1,429	1,370	1,317	1,392	1,248	909	2,744	2,931	3,295	3,051	3,262	3,837	106
1급	1,511	623	113	97	117	90	74	31	90	31	27	34	53	82	8	41	-
2급	22,748	2,538	585	990	837	700	663	456	792	695	2,086	2,165	2,374	2,262	2,502	3,041	62
3급	9,776	1,412	290	496	475	580	580	905	366	183	631	732	868	707	752	755	44

출처: 여성가족부(2014). 2014 청소년백서.

이렇게 양성된 청소년지도사는 「청소년기본법」과 「청소년기본법 시행령」에 따라 (http://www.law.go.kr) 청소년 시설과 청소년 단체에 배치되어 청소년 육성업무에 종사한다. 법에 따른 구체적인 배치기준은 〈표 3-4〉와 같다.

〈표 3-4〉 청소년 시설과 청소년 단체의 청소년지도사 배치기준(2014. 12. 9.)

유형	배치대상	배치기준
청소년 시설	청소년 수련관	1급 청소년지도사 1명, 2급 청소년지도사 1명, 3급 청소년지도사 2명 이상을 두되, 수용인원이 500명을 초과하는 경우에는 500명을 초과하는 250명당 1급, 2급 또는 3급 청소년지도사 중 1명 이상을 추가로 둔다.
	청소년 수련원	1) 2급 청소년지도사 및 3급 청소년지도사를 각각 1명 이상 두되, 수용정원이 500명을 초과하는 경우에는 1급 청소년지도사 1명 이상과 500명을 초과하는 250명당 1급, 2급 또는 3급 청소년지도사 중 1명 이상을 추가로 둔다. 2) 지방자치단체에서 폐교시설을 이용하여 설치한 시설로서 특정 계절에만 운영하는 시설의 경우에는 청소년지도사를 두지 않을 수 있다.
	유스 호스텔	청소년지도사를 1명 이상 두되, 숙박정원이 500명을 초과하는 경우에는 2급 청소년지도사 1명 이상을 추가로 둔다.
	청소년 야영장	1) 청소년지도사를 1명 이상 둔다. 다만, 설치운영자가 동일한 시·도 안에 다른 수련 시설을 운영하면서 청소년야영장을 운영하는 경우로서 다른 수련 시설에 청소년지도사를 둔 경우에는 그 청소년야영장에 청소년지도사를 별도로 두지 않을 수 있다. 2) 국가, 지방자치단체, 그 밖에 공공법인이 설치운영하는 청소년야영장으로서 청소년 수련거리의 실시 없이 이용 편의만 제공하는 경우에는 청소년지도사를 두지 않을 수 있다.
	청소년 문화의집	청소년지도사를 1명 이상 둔다.
	청소년 특화시설	2급 청소년지도사 및 3급 청소년지도사를 각각 1명 이상 둔다.
청소년 단체	청소년 단체	청소년회원 수가 2천 명 이하인 경우에는 1급 청소년지도사 또는 2급 청소년지도사 1명 이상을 두되, 청소년회원 수가 2천 명을 초과하는 경우에는 그 초과하는 2천 명마다 1급 청소년지도사 또는 2급 청소년지도사 1명 이상을 추가로 두며, 청소년회원 수가 1만 명 이상인 경우에는 청소년지도사의 5분의 1 이상은 1급 청소년지도사로 두어야 한다.

*비고: 청소년 수련 시설은 「청소년활동진흥법」 제10조 제1호에 따른 청소년 수련 시설을 말한다.

출처: 「청소년기본법 시행령」 제25조, 별표 5. 국가법령센터, http://www.law.go.kr

이렇게 청소년 시설과 청소년 단체 등에서 청소년 육성업무에 종사하는 청소년지도사는 「청소년기본법」 제24조 2에 따라 역량 강화와 자질 향상을 위해 2년에 1회

20시간 이상의 보수교육을 받아야 한다. 이러한 청소년지도사의 보수교육은 2013년부터 의무화 되었다(여성가족부, 2014).

(2) 청소년상담사

청소년상담사는 청소년 상담업무를 통해 청소년 육성에 종사하는 청소년지도자이다. 청소년상담사 자격증은 국가자격증으로 1, 2, 3급으로 구분된다. 등급별 자격증은 각 등급별 응시자격을 갖춘 자가 자격 검정 시험에 합격하고 소정의 연수를 마친 자에게 부여된다. 「청소년기본법 시행령」에 따른 각 등급별 응시자격 기준은 〈표 3-5〉와 같다.

〈표 3-5〉 청소년상담사 자격 검정의 등급별 응시자격 기준(2015. 5. 1.)

등급	응시자격 기준
1급 청소년상담사	1. 대학원에서 청소년(지도)학·교육학·심리학·사회사업(복지)학·정신의학·아동(복지)학 분야 또는 그 밖에 여성가족부령으로 정하는 상담 관련 분야(이하 "상담 관련분야"라 한다)의 박사학위를 취득한 사람 2. 대학원에서 상담 관련분야의 석사학위를 취득한 후 상담 실무경력이 4년 이상인 사람 3. 2급 청소년상담사로서 상담 실무경력이 3년 이상인 사람 4. 제1호 및 제2호에 규정된 사람과 같은 수준 이상의 자격이 있다고 여성가족부령으로 정하는 사람
2급 청소년상담사	1. 대학원에서 상담 관련분야의 석사학위를 취득한 사람 2. 대학 또는 다른 법령에 따라 이와 동등한 학력을 인정받는 기관에서 상담 관련분야 학사학위를 취득한 후 상담 실무경력이 3년 이상인 사람 3. 3급 청소년상담사로서 상담 실무경력이 2년 이상인 사람 4. 제1호부터 제3호까지에 규정된 사람과 같은 수준 이상의 자격이 있다고 여성가족부령으로 정하는 사람
3급 청소년상담사	1. 대학 및 「평생 교육법」에 따른 학력이 인정되는 평생 교육시설의 상담 관련분야 졸업(예정)자 2. 전문대학 또는 다른 법령에 따라 이와 동등한 학력을 인정받는 기관에서 상담 관련분야 전문학사를 취득한 사람으로서 상담 실무경력이 2년 이상인 사람 3. 대학 또는 다른 법령에 따라 이와 동등한 학력을 인정받는 기관에서 학사학위를 취득한 후 상담 실무경력이 2년 이상인 사람 4. 전문대학 또는 다른 법령에 따라 이와 동등한 학력을 인정받는 기관에서 전문학사학위를 취득한 후 상담 실무경력이 4년 이상인 사람 5. 고등학교를 졸업하고 상담 실무경력이 5년 이상인 사람 6. 제1호부터 제4호까지에 규정된 사람과 같은 수준 이상의 자격이 있다고 여성가족부령으로 정하는 사람

출처: 「청소년기본법 시행령」 제23조, 별표 3. 국가법령센터, http://www.law.go.kr

이상의 응시자격을 갖춘 자가 각 등급별 자격증을 취득하기 위해서는 「청소년기본법 시행령」에서 정해진 〈표 3-6〉의 검정과목 필기시험과 면접시험을 통과해야 한다. 필기시험 합격기준은 각 과목 100점 만점에 40점 이상, 전체 과목 평균 60점 이상이다. 필기시험을 통과하면 면접시험에 응시할 수 있다.

〈표 3-6〉 **청소년상담사 자격 검정의 과목 및 방법(2015. 5. 1.)**

등급	검정과목		검정방법	
	구분	과목		
1급 청소년상담사	필수	• 상담사 교육 및 사례지도 • 청소년 관련 법과 행정 • 상담연구방법론의 실제	필기 시험	면접 시험
	선택	비행상담 · 성상담 · 약물상담 · 위기상담 중 2과목		
2급 청소년상담사	필수	• 청소년 상담의 이론과 실제 • 상담연구방법론의 기초 • 심리측정 평가의 활용 • 이상심리	필기 시험	면접 시험
	선택	진로상담 · 집단상담 · 가족상담 · 학업상담 중 2과목		
3급 청소년상담사	필수	• 발달심리 • 집단상담의 기초 • 심리측정 및 평가 • 상담이론 • 학습이론	필기 시험	면접 시험
	선택	청소년이해론 · 청소년 수련 활동론 중 1과목		

출처: 「청소년기본법 시행령」 제23조, 별표 4. 국가법령센터, http://www.law.go.kr

청소년상담사 자격 검정 시험에 합격하면 「청소년기본법 시행령」 제24에 따라 이론과 실습 등을 중심으로 하는 100시간 이상의 연수를 받아야 한다. 이 연수를 받은 사람에게 청소년상담사 자격증이 부여된다. 이러한 과정을 거쳐 양성된 청소년상담사의 현황은 〈표 3-7〉에서 보는 것처럼 2014년 8월 기준으로 1급 331명, 2급 2,742명, 3급 6,233명, 총 9,306명이다.

〈표 3-7〉 청소년상담사 양성 현황(2014. 8.)

합계 \ 년도		2003	2004	2005	2006	2007	2008	2009	2010	2011	2012	2013	2014 (8월 현재)
계	9,306	684	214	343	407	474	691	771	486	735	1,292	1,227	1,982
1급	331	107	21	21	30	1	47	15	14	19	29	12	15
2급	2,742	293	90	171	171	177	194	239	140	298	335	225	409
3급	6,233	284	103	151	206	296	450	517	332	418	928	990	1,558

출처: 여성가족부(2014). 2014 청소년백서.

청소년상담사가 양성되면 「청소년기본법」 제23조, 「청소년기본법 시행령」 제25조에 따라 청소년 시설과 청소년 단체에 배치된다. 구체적인 배치기준은 〈표 3-8〉과 같다.

〈표 3-8〉 청소년상담사의 배치기준(2014. 12. 9.)

배치대상 청소년 시설	배치기준
가. 「청소년 복지 지원법」 제29조에 따라 특별시·광역시·도 및 특별자치도에 설치된 청소년상담복지센터	청소년상담사 3명 이상을 둔다.
나. 「청소년 복지 지원법」 제29조에 따라 시·군·구에 설치된 청소년상담복지센터	청소년상담사 1명 이상을 둔다.
다. 「청소년 복지 지원법」 제31조에 따른 청소년 복지시설	청소년상담사 1명 이상을 둔다.

출처: 「청소년기본법 시행령」 제25조, 별표 5. 국가법령센터, http://www.law.go.kr

이렇게 양성된 청소년상담사는 자질 향상을 위하여 「청소년기본법」 제24조의 2에 따라 2013년 1월 1일부터 정기적으로 보수교육을 받아야 한다.

2) 청소년지도자의 역량 강화

청소년지도사와 청소년상담사 등을 중심으로 하는 청소년지도자의 역량은 아무리 강조해도 지나치지 않는다. 이렇게 중요한 청소년지도자의 역량은 크게 업무에 관한 전문적 역량과 윤리적 역량으로 나누어질 수 있다. 본 항에서는 전문적 역량 강화에 대해서 살펴보고, 다음 항에서 윤리적 역량에 대해서 살펴보기로 하겠다.

청소년지도자의 전문적 역량은 대학 교육, 자격 연수, 현직 연수, 자발적인 학습, 현장 경험 등을 통해서 강화될 수 있다. 청소년지도자의 역량은 대학에서 청소년 또는 청소년상담 관련 학문을 전공함으로써 길러지기 시작한다. 청소년 관련 학과에서의 교육은 청소년지도자로 본격적인 활동을 하기 위해 필요한 폭 넓은 교양, 전문적인 청소년 이론과 지도 기법을 중심으로 이루어진다. 대학 교육은 청소년지도자로서 필요한 역량의 토대를 갖추는 준비 단계라고 할 수 있다.

대학을 졸업한 후 청소년지도자 자격 검정시험에 합격하면 일정 시간의 자격 연수를 받게 된다. 자격 연수는 대학에서 학습하여 축적한 역량을 현장 적용에 적합하도록 다듬으면서 대학에서 학습하지 못한 청소년지도자로서 필요한 실무 내용을 중심으로 이루어진다. 자격 연수를 받았다고 해서 자격에 필요한 역량이 다 갖추어졌다고 하기는 어렵다. 자격 연수는 자격 수행에 필요한 최소한의 필요한 부분만을 교육하는 것이다. 따라서 청소년지도사와 청소년상담사가 청소년지도자로서 활동을 하기 위해서는 현직에서도 지속적으로 연수를 받고 자율적인 학습을 해서 자신의 역량을 심화시켜야 한다. 현직 연수로는 특수 영역에 대한 전문성을 심화하기 위한 전문 연수와 관리능력을 향상시키기 위한 직무 연수 등을 들 수 있다.

청소년지도자의 전문적인 역량을 강화하기 위해서는 향후 다음 사항을 고려할 필요가 있다.

첫째, 청소년 관련 대학 교육의 교육 과정을 체계화하고 현장 실습을 필수화하여야 한다. 특히 청소년 지도와 상담은 이론만으로 되는 것이 아니기 때문에 대학 교육에서 청소년 현장 실습을 필수화하여야 한다.

둘째, 청소년지도사와 청소년상담사의 직무를 과학적으로 분석하여 이에 적합한 다양한 역량 강화 프로그램을 제공하여야 한다. 청소년지도사와 청소년상담사의 직무에 대응하는 역량 강화 프로그램을 모듈로 개발하여 제공함으로써 각각이 필요한 프로그램을 선택할 수 있도록 한다.

셋째, 청소년지도사와 청소년상담사의 연수와 경력 관리를 표준화하여 일반적으로 활용할 수 있도록 한다. 국가나 공적 기구가 청소년지도사와 청소년상담사의 전문성을 관리하고 이를 취업이나 전직 등에 활용할 수 있도록 함으로써 역량 강화에 대한 동기를 부여할 필요가 있다.

넷째, 평생 학습 사회의 추세에 따라서 청소년지도사와 청소년상담사의 자율적이고 자발적인 역량 강화 활동을 장려하고 지원한다. 청소년지도사와 청소년상담사의 학습 공동체 형성, 학습 활동 등을 지원하고 벽지에서 근무하는 청소년지도사와 청소년상담사들을 위해서 온라인 학습 기회도 부여한다.

3) 청소년지도자의 윤리

청소년지도자의 윤리적 역량은 청소년지도자의 지도 활동의 도덕적 정당성 확보와 신뢰 제고를 위해서 중요한 요소이다. 청소년지도자는 청소년의 삶에 영향을 미치는 활동을 하기 때문에 매우 포괄적인 윤리적 책임감을 가져야 한다. 특히 청소년지도자는 감수성이 매우 예민하고 인생의 행로가 결정되는 중요한 시기에 있는 청소년들의 인간 형성에 관여하는 교육자이기 때문에 다른 어떤 리더보다도 윤리적이어야 한다. 청소년 지도의 효과성을 높이기 위해서도 청소년지도자의 윤리성은 필요하다. 청소년 지도자가 윤리적일 때 청소년은 감동을 받고 진심으로 청소년지도자의 지도와 관련된 리더십의 행사를 받아들이기 때문이다. 이런 점에서 청소년지도자는 청소년의 인간 형성에 관련된 중요한 교육 활동을 한다는 사명감을 가지고 말 한 마디, 몸짓 하나를 할 때도 신중하고 윤리적이어야 한다.

노르트하우스(Northouse, 2001)가 제시하고 있는 윤리적 리더십의 5가지 원리를 청소년지도자에게도 적용할 수 있다.

첫째, 청소년지도자는 청소년을 존중해야 한다.

청소년을 존중한다는 것은 '청소년을 다른 목적의 수단으로 대우하지 않고, 항상 그 자체로 목적으로 대우하는 것'을 의미한다. 청소년지도자는 청소년이 나이가 어리고 미숙하더라도 이를 낮게 보거나 경멸해서는 안 되며, 자신과 동등한 인격체로서 보고 대우해야 한다. 청소년들의 차이를 인정하고 존중하며 청소년을 긍정적인 시각으로 보아야 한다. 청소년들의 의견과 요구를 경청하며 공감할 수 있어야 하고 반대의 의견이나 주장에 대해서도 관용할 수 있어야 한다.

둘째, 청소년지도자는 청소년에게 봉사해야 한다.

청소년지도자는 '섬기는 리더십(servant leadership)'을 가지고 청소년의 복지와 이익을 최우선시해야 한다. 청소년에게 군림하지 않으며 오만과 사욕을 버리고 청소년의 전인적인 성장을 위해서 자신을 낮추고 청소년을 섬길 수 있어야 한다. 청소년을 섬긴다는 것은 청소년의 모든 것을 용인한다는 것은 아니다. 섬기는 리더십이란, 청소년의 잘못에 대해서는 인내심을 가지고 지적하며 청소년의 바른 성장에 대해서는 겸손한 자세로 안내하는 것이다.

셋째, 청소년지도자는 정의로워야 한다.

청소년지도자는 청소년을 공정하게 대해야 한다. 상과 벌을 주는 데 있어 합당한 이유 없이 차별을 하면 안 되며 지도 활동이나 기회를 공평하게 베풀어야 한다. 청소년지도자가 행하는 정의는 모든 청소년을 획일적으로 똑같게 다루는 것을 의미하지는 않는다. 합당하고 명확한 근거가 있는 경우 차이를 인정하고 다르게 다루는 것을 허용한다. 청소년 개인의 노력, 업적, 기여, 요구 등에 따라서 다르게 대우하는 것이 정의에 위배되는 것은 아니다.

넷째, 청소년지도자는 정직해야 한다.

청소년지도자는 진실을 말하고 솔직해야 한다. 다른 지도자나 청소년에 대해서 개방적이며, 청소년 지도 시에 실재를 있는 그대로 반영하여야 한다. 청소년지도자가 정직할 때 청소년으로부터 신뢰를 받을 수 있다. 청소년지도자가 신뢰를 받을 때 청소년 지도 활동은 효과를 거둘 수 있다. 청소년지도자가 정직함을 실천한다고 해서 청소년의 결점을 장소와 시간을 불문하고 말하여 청소년의 체면이나 자존심을 공개적으로 손상해서는 안 된다. 청소년지도자의 정직성은 청소년의 감정이나 자존심에 대한 배려와 균형을 이루어야 한다.

다섯째, 청소년지도자는 공동체를 형성해야 한다.

공동체를 형성해야 한다는 것은 청소년지도자는 공공선을 우선시하며, 자신의 사적인 이익이나 관심을 앞세우지 않아야 함을 의미한다. 인간은 원자적 존재가 아니고 유적 존재이기 때문에 사회적 연대와 공동체는 중요하다. 청소년지도자는 우정과 사랑, 연대와 배려를 중심으로 한 공동체 형성을 위해서 노력해야 하며 청소년들도 공공선, 시민적 책무, 타인에 대한 배려와 연대 등을 위해서 노력하도록 지도해야 한다.

이외에도 청소년지도자는 자신의 전문성 향상을 위해서 부단히 노력해야 한다. 청소년지도자가 전문성을 가지면 가질수록 자원과 시간은 절약되고 청소년들은 많은 교육적 혜택을 입을 수 있다. 청소년지도자의 전문성 향상은 청소년지도자 자신의 자원과 시간은 물론 사회와 청소년의 자원과 시간을 절약하고 지도의 효과성을 높이게 된다. 전문가인 청소년지도자가 자신의 전문적 능력을 갖추고 향상하기 위한 노력을 하는 것은 지극히 당연한 윤리적 책무이다. 또한 청소년지도사, 청소년상담사와 같은 청소년지도자는 전문직으로서 걸맞은 윤리강령을 자율적으로 작성하여 준수하여야 한다.

요약

청소년지도자는 청소년이 덕·체·지를 겸비한 전인적인 인간으로 성장할 수 있도록 청소년 시설, 청소년 단체 등에서 청소년 활동 프로그램을 중심으로 지속적이고 체계적인 안내와 지원활동을 하는 전문가이다. 이런 청소년지도자는 교육적 리더의 역할을 한다. 따라서 청소년지도자는 리더십에 대해서 잘 이해함과 동시에 교육적 리더십에 적합한 자질을 갖추어야 한다. 리더십은 자유방임형, 민주형, 권위주의형으로 분류될 수 있다. 교육적 자질을 갖추기 위해서 무엇보다도 먼저 청소년지도자는 인간의 가치를 인정하고 존중하는 것을 바탕으로 청소년에게 헌신하겠다는 이타적인 영성(靈性, spirituality)을 가져야 한다. 이외에 청소년지도자가 함양해야 하는 자질은 크게 인격적 자질과 전문적 자질로 나누어 볼 수 있으며, 청소년지도자의 자질로서 인격적 자질과 전문적 자질은 균형을 이루어야 한다.

청소년지도자는 다양한 역할을 한다. 첫째, 프로그램 개발 및 운영자의 역할을 한다. 청소년 지도 프로그램은 주로 청소년지도자에 의해서 기획되고 개발 또는 선택되며 운영된다. 좋은 프로그램을 개발하여 제대로 운영할 때 청소년지도자가 의도하는 목표를 달성할 수 있다. 둘째, 동기유발자로서의 역할을 한다. 청소년의 자기 주도적 체험 활동을 중심으로 하는 청소년 지도에서 청소년 스스로 할 수 있도록 동기를 유발하여 지속시키는 청소년지도자의 역할은 매우 중요한 교육적 중요성을 지닌다.

셋째, 변화촉진자의 역할을 한다. 청소년 지도의 결과는 직접적으로는 청소년의 변화, 간접적으로는 청소년을 매개로 한 사회의 변화로 나타난다. 넷째로 청소년지도자는 평가자의 역할을 한다. 평가자로서 프로그램의 목표와 의도의 달성 정도, 청소년의 성장정도, 지도 활동의 장점과 단점, 앞으로 지도 활동의 개선방안 등을 종합적으로 점검한다.

청소년 지도의 질은 청소년지도자의 질을 넘어설 수 없다. 이런 측면에서 청소년지도사와 청소년상담사를 중심으로 하는 청소년지도자의 양성과 역량, 윤리는 중요하다. 청소년지도사와 청소년상담사는 국가자격제도에 의해서 양성되고 있으며, 그 전문성 수준에 따라서 1, 2, 3급의 3유형으로 나누어진다. 청소년지도자의 전문성 강화를 위해 대학 교육, 자격 연수, 직무 연수, 전문 연수 등의 과정을 마련해놓고 있다. 청소년지도자에게 있어서 전문적 역량 강화와 함께 윤리적 역량 강화 또한 중요한 요소이다. 청소년지도자는 감수성이 매우 예민하고 인생의 행로가 결정되는 중요한 시기에 있는 청소년들의 인간 형성에 관여하는 교육자이기 때문에 다른 어떤 리더보다도 윤리적이어야 한다.

연습문제

1. 리더십의 개념 요소인 리더, 추종자, 상황을 청소년 지도의 사례와 관련시켜 설명하시오.
2. 리더십의 세 가지 유형을 청소년 지도의 장면에서 나타나는 사례와 관련시켜 설명하시오.
3. 리더로서 청소년지도자가 갖추어야 할 인격적 자질과 전문적 자질을 설명하시오.
4. 동기유발자로서의 청소년지도자의 역할에 대해 기술하시오.
5. 청소년지도사의 자격등급에 관련된 내용을 설명하시오.
6. 전문직업인으로서 청소년지도자의 윤리에 대해 설명하시오.

Chapter 04

청소년 지도의 내용

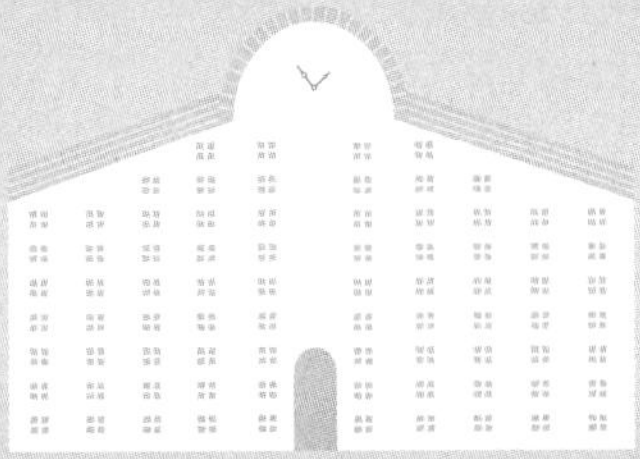

<제1절> 청소년학과 청소년 지도

1) 청소년학의 개념

국내외를 비롯해 청소년에 대한 연구가 활발한 편이지만 청소년 연구가 '청소년학'으로 명명될 정도로 오늘날 학문적인 체계화가 이루어졌다고 보기는 어렵다. 다만 서구 사회는 우리보다 오랫동안 축적시킨 연구 결과들을 바탕으로 청소년 연구를 하나의 분과 학문으로 정립하려는 시도를 1980년대부터 북유럽을 중심으로 시작하였고(Fornäs, 1989; Helve, 2002; Helve and Holm: 2005), 우리나라는 1990년대 들어서야 본격화했다고 말할 수 있다(함종한, 1992; 최충옥, 1993; 한상철; 1998; 한준상, 1999a; 1999b; 배규한, 2007).

스웨덴 스톡홀름 대학의 요한 포내스(Johan Fornäs: 1989) 교수는 청소년 연구(youth research)를 일러 청소년과학(youth science) 혹은 청소년학(Juventology)이라 칭하면서, "단일 분과 학문으로 정립되지는 않았지만 다양한 관심과 학문의 집합체로 광범위한 영역을 갖는 다학문적 분야"로 일찍이 정의한 바 있다. 스톡홀름 대학의 저널리즘과 미디어, 커뮤니케이션학과(Department of Journalism, Media and Communication)의 학과장이었던 그는 청소년학의 기본이 되는 분과 학문 분야로 자신의 전공분야와 함께 영화와 미디어연구, 사회학, 교육학, 문화이론 및 대중 문화연구 분야 등을 꼽았다. 이들 연구 분야가 다학문적으로 접근하고 간학문적으로 연구하는 학문이 바로 청소년학, 곧 Juventology라고 규정하였다.

핀란드 헬싱키 대학의 헬브(Helve, 2002; 2005) 교수도 Juventology는 사회과학의 한 분과 학문으로써 "청소년 및 청소년과 세계와의 다양한 현상을 이해하기 위해 탐구하는 학문"으로 정의한 바 있다. 여기서 'Juventology'는 젊은 소년·소녀를 가리키는 'juvenile'과 학문을 뜻하는 접미사 'ology'의 합성어이다. Juventology는 1980년대 중후반부터 아이슬란드, 핀란드, 노르웨이, 덴마크, 스웨덴 등 북유럽 5개 국가를 중심으로 청소년 연구에 관심 있는 사회과학 내 다양한 분야의 인적 네트워크를 통해 청소년 연구가 축적되면서 자연스럽게 탄생하게 된 신조어이다(Helve, 2002; Helve and Holm, 2005). 특히 이들 북유럽 5개 국가 청소년 연구자들이 1993년부터 발간한 청소년 연구 학술지 〈YOUNG: Nordic Journal of Youth Research〉는 유럽 청소년 연구에 있어 다양한 부분과 학문 간 매개와 왕성한 연구 결과 발표 및 정보교류의 장(場)의 역할을 수행함으로써 Juventology의 산실기능을 하였다.

반면에 우리나라는 1990년대부터 청소년에 대한 연구가 활발하게 이루어지 시작하면서 일부 이론가들에 의해 청소년학에 대한 개념정의는 일찍이 내려진 바 있다. 예컨대 함종한(1992: 393-399)은 '과학의 이론적 속성을 갖춘 청소년에 관한 종합적인 과학'으로 청소년학의 성격을 논의한 바 있다. 또 최충옥(1993: 6-11)은 청소년학을 "청소년을 대상으로 연구하는 학문이며, 청소년의 세계를 총체적으로 이해하려는 지적 활동일 뿐만 아니라 궁극적으로는 청소년의 삶을 개선하려는 데 목적을 두고 있는 학문"으로 규정하였다. 한상철(1998: 34-35)은 그의 연구에서 "청소년학은 연구대상인 청소년의 제반 특성과 행동, 문화, 대인 관계, 진로, 적응 등을 현상 기술적(descriptive)으로 파악하는 학문이자 동시에 이를 통해 청소년 지도의 효과적인 방법을 안내하고 청소년 개인의 자아계발을 조력하려는 처방적(prescriptive) 성격의 학문"으로 규정하고 있다. 또 한준상(1999a: 10)은 청소년학을 일러 "청소년기 현상을 종합적으로 연구하는 응용 학문이자 청소년과 사회제도 간의 권력 관계를 분석하고 연구하는 동시적인 지적 작업(synchronized intellectual work)"으로 정의하였다.

이와 같은 정의들을 종합해 보면 청소년학이란, 청소년에 대한 인간학적인 관심에 더해 청소년 생활 세계 및 문화에 대한 탐색과 이해, 청소년과 사회제도 간의 권력 관계 등 제반 현상들을 분석하고 탐구하려는 종합적 성격을 갖고 있음을 알 수 있다. 즉, 청소년학이라 함은 "청소년 및 청소년기의 제반 현상과 함께 청소년과 사회 간의 관계와 구조를 연구대상으로 하여 다양한 연구방법과 접근을 통해 과학적으로 해명하고자 하는 종합적인 성격의 학문 분야"를 의미한다. 이때 청소년학의 영어식 표현은 'Juventology'가 아닌 'Youthology'로 칭하고자 한다. Youthology는 청소년(youth)과 학문을 의미하는 접미사(ology)의 결합으로 Juventology를 대신하는 영어식 표현이다.

2) 청소년학의 실천적 개념: 청소년 지도

이처럼 청소년학(youthology)은 청소년과 청소년기, 청소년의 생활 세계, 그리고 청소년과 사회 간의 다양한 현상 해명을 목적으로 일정한 학적 체계를 갖고 접근·연구하는 과학이자 학문이라 할 수 있다. 그런데 청소년학은 기초 학문과 응용 학문의 성격을 동시에 가지면서 이 중에서도 응용 학문, 곧 실천적 개념과 성격이 강한 것으로 알려졌다(최충옥, 1993; 차경수, 1998). 즉 청소년학은 '지식으로서의 청소년학'(한준상, 1999a: 14)과 함께 청소년의 삶을 개선하는 데 목적을 두는 '실천으로서의 청소년학' 성격도 함의하지만 이 중에서 실천적 성격이 강한 학문이란 것이다. 이때 실천적이고 응용적인 학문의 성격은 청소년에 대한 이해를 기반으로 청소년의 건강한 성장과 발전을 목표로 삼아 청소년 삶에 대한 긍정적 개입(intervention)을 지향한다.

청소년 삶에 대한 긍정적 개입과 관련하여 청소년 관련 학계와 교육학에서는 이미 오래 전부터 청소년 교육(youth education) 혹은 평생 교육적 관점에서 청소년 사회교육이란 개념을 사용해 왔다. 특히 청소년 교육은 실제적 장면에서 청소년 삶에 대한 긍정적인 개입 전략을 의미하는 개념으로 사용되어졌을 뿐만 아니라 청소년학이 대두되기 전부터 이론적 장면에서 청소년 연구도 통칭하는 개념으로 사용되어졌고, 청소년학이란 용어가 나오면서부터는 종종 동일한 의미로도 사용되어졌다. 여기서 청소년 교육이란 "평생 교육 체제 속의 통합적 부분으로서 학교 외의 사회 과정으로 9세에서 24세의 청소년들을 대상으로 행하여지는 조직적인 교육 활동"을 말한다(서울대학교 교육연구소 편, 1998).

청소년학이 발전함에 따라 청소년 교육의 개념은 점차 청소년 지도(youth guidance)라는 전문적 실천 지향성이 깃든 용어로 바뀌기 시작하였다(한준상, 1992: 16-27; 한상철 외, 2003: 12-14; 한국 청소년개발원 편, 2004: 20). 한준상은 그의 글에서 청소년 지도를 학교 교육뿐만 아니라 사회 교육적 관점에서 바라볼 수 있는 광의의 개념으로 살펴보고 있는 반면, 한상철은 청소년 지도라는 개념을 다소 협의적 관점에서 바라보고 있다. 즉, 한준상은 청소년 지도라 함은 "청소년 스스로에게 자기 결정의 장을 주며, 자기 성취감을 느끼게 만들고, 청소년에게 다른 사람과의 유대감을 갖게 만들기 위해 청소년 지도방법에서 요구되는 청소년 지도에 관계된 지식, 태도, 그리고 기술 등을 의미한다."고 하였다. 반면, 한상철은 "학교 교육에서 교사가 학생을 대상으로 교과를 전수하는 교수 행위와 비교하여 전문 지도사가 청소년을 지도하는 행위 또는 과정"이라고 정의하였다. 즉, 청소년 지도는 '청소년의 긍정적인 성장과 발전을 위한 다양한 조력 활동'이란 광의적 의미에서부터 '학교 밖을 중심으로 전문적인 청소년 지도 인력에 의해 지도하는 행위'란 협의적 의미로도 정의되고 있다. 하지만 최근 들어 청소년 지도라는 용어는 청소년 교육 전반을 의미하는 개념이라기보다는 청소년을 위한 실제 지도 행위로 제한함으로써 주로 '목적을 위한 구체적인 방법과 행위'를 강조하는 개념으로 인식되고 있다.

청소년 지도의 내용이 무엇인가를 살펴보기 위해서는 이처럼 청소년 지도의 개념을 광의적으로 살펴볼 것인지, 아니면 협의적 개념으로 제한하여 살펴볼 것인지에 따라 그 내용과 실제 영역이 달라질 수 있다. 아래의 〈표 4-1〉은 청소년 지도의 각 개념에 따른 실제 영역을 구분한 것이다. 먼저 광의적 개념으로서의 청소년 지도의 영역에는 포괄적 범주에서의 지도자가 청소년의 긍정적 성장과 발달에 도움을 주는 다양한 조력 활동 일체가 포함된다. 여기에는 학교에서의 교수-학습 활동도 속할 수 있다. 반면에 협의적 개념에서의 청소년 지도는 사회적으로 전문적인 자격을 인준 받은 전문 지도 인력에 의한 실제 프로그램 단위에서의 실천적 개입을 의미한다. 이에 대한 구체적인 논의는 다음 절에서 상세하게 논의하였다.

〈표 4-1〉 **청소년 지도의 개념과 실제**

구분	개념	실제 영역
광의적인 청소년 지도의 내용	• 청소년의 긍정적인 성장과 발전을 위한 지도자의 다양한 조력 활동	• 교수-학습 활동, 진로 지도, 생활 지도와 상담 활동, 교정 활동, 조언과 대화·만남, 이외에 아래의 협의적 청소년 지도의 내용과 영역을 모두 포함
협의적인 청소년 지도의 내용	• 전문적인 청소년 지도 인력에 의해 지도하는 행위	• 심성 계발, 리더십 계발, 사회성 계발, 자연 체험 활동 지도, 문화 예술 활동 지도, 교류 활동 지도, 봉사 활동 지도, 자치 활동 지도, 여가 활동 지도, 사이버 공간 활동 지도 등

<제2절> 청소년 지도의 내용

1) 광의적 차원에서의 청소년 지도 내용

협의적 개념과 비교하여 광의적 차원에서의 청소년 지도는 개념뿐만 아니라 지도자의 범주, 실제 영역에서의 구체적인 개입과 조력의 내용이 다르다. 아니 엄밀히 표현하자면, 협의적 개념에서의 청소년 지도의 내용들을 포괄하면서 더욱 넓은 영역에서의 청소년 지도 내용을 함의하고 있다.

먼저, 여기서 의미하는 청소년지도자는 제3장에서 살펴본 바와 같이, 청소년지도사와 청소년상담사 등 국가검정자격을 갖춘 전문 지도 인력 외에 청소년 육성과 지도 업무에 종사하는 모든 이들을 포괄한다. 즉, 청소년지도자는 "청소년들 속에서 청소년들과 더불어 청소년들을 위해 청소년 활동을 전개하는 사람"(한준상, 1999b) 모두를 의미한다. 따라서 여기에는 학교 현장에서의 교사는 물론이고 넓게는 학부모, 자원봉사자 등 "청소년 관계의 전문 지식을 습득한 전문 직업인 혹은 자원봉사자로서 청소년 활동 분야에 종사하는 사람"(유네스코 한국위원회, 1985)을 말한다.

따라서 실제 청소년 지도의 내용도 지도 인력에 따라 교수-학습 활동, 진로 지도, 생활 지도와 상담 활동, 교정 활동과 함께 각종 조언과 대화, 진심 어린 만남 등도 포함된다. 여기에는 협의적 영역에서의 지도 내용도 포괄함은 물론이다. 각 영역에서의 지도 내용을 정리하면 아래와 같다.

(1) 교수-학습 활동

일반적으로 교수-학습 활동이라 함은 학교 교육 현장에서 교수자(교사)가 학습 목표를 달성하기 위하여 특정한 내용을 가지고 전개하는 교수 활동과 이를 학습자(학생)가 학습하는 활동을 의미한다.

여기서 교수라 함은 교사 한 개인에 의해 전개되는 사상이나 활동이 아니라 인간 학습에 직접적인 영향을 끼칠 수 있는 모든 사상들을 기술하기 위해 영어로 teaching 보다는 instruction이란 용어를 사용한다(Gagné & Briggs, 1979: 3). 반면, 학습(learning)이라 함은 단순히 '교과를 공부하는 것' 이상의 개념으로 흔히 심리학에서는 경험이나 연습의 결과로 의식과 행동 상에 비교적 지속적인 변화가 일어나는 과정을 말한다.

따라서 청소년 지도의 한 영역으로서 교수-학습 활동이라 함은 대체로 학교 교육 현장을 중심으로 교수자가 학습자의 학습 활동에 영향을 끼침으로서 학습자의 의식과 행동 상에 비교적 지속적인 행동변화를 일어나게 하는 지도 활동이라 할 수 있다.

(2) 진로 지도

진로 지도란 "개인의 진로 발달을 촉진시켜 자신의 진로를 계획하고 직업을 선택하게 하며, 선택된 직업을 준비함은 물론 그 직업에 취업하여 적응하고 계속 발전할 수 있도록 도와주는 지도의 과정"을 의미한다(김영인·노경주·정철영, 2006: 60). 즉, 청소년으로 하여금 자신의 미래를 구체적으로 마련할 수 있도록 도와주고 조력해 주는 실천적 개입활동을 의미한다.

이러한 진로 지도는 단순한 취업알선이나 직업선택을 위한 활동만이 아닌 청소년 개인으로 하여금 구체적인 직업의 선택, 준비, 취업, 직업생활의 적응 등을 단계적으로 도와주는 계속적인 활동을 말한다. 진로 지도는 대체로 모든 수준의 학교와 일반적인 상담기관 등에서 일반 교사, 진로 상담 교사, 직업 교사, 상담 관련 전문가 등에 의해 전개된다. 최근에는 자유 학기제의 도입·시교육 현장행에 따라 진로 지도에 대한 수요와 요청이 높아지고 있는 추세다.

(3) 생활 지도와 상담 활동

생활 지도(guidance)는 흔히 지도 대상을 '안내한다', '이끌어준다', '지도한다'라는 뜻을 내포한다. 즉, 바람직한 방향이란 정향성(orientation)을 갖고 성장 세대를 안내하고 이끈다는 의미이다. 생활 지도의 개념은 학자들에 따라 각기 다양하게 정의되고 있으나 "지도 대상으로 하여금 자기 자신에 대한 이해와 현실 생활에 잘 적응하여 자신의 능력을 극대화할 수 있도록 조력하는 조직적이고 의도적인 교육 활동"으로 본다는 점에서는 공통적이다. 따라서 생활 지도는 "일련의 지도 과정이자 노력으로써 지도 대상 개개인에 대한 관심을 갖고 주위 환경에 대한 이해를 돕는 의도적인 지도 활동"이다.

상담은 생활 지도의 하나로 생활 지도의 다양한 활동 중 중핵적인 활동이다(김범준·구병두, 2007: 269). 상담은 학생인 피상담자와 상담 전문가인 상담자 사이에서 독특한 관계와 상담 면접의 기술을 통하여 정서적, 정신적 문제 해결력을 신장시키고 정신 건강을 향상시켜 능동적으로 생활상의 과제를 해결하고 일상에 적응하도록 돕는 활동을 말한다.

대체로 생활 지도는 대면 관계의 여부에 상관이 없는 반면, 상담은 생활 지도 중에서도 주로 대면 관계를 통해 수행되는 활동이므로 생활 지도는 상담을 포괄하는 포괄적 개념으로 이해된다. 생활 지도는 전문 상담 교사, 담임 교사, 교과 교사 등의 모든 교사와 교장, 교감 등 학교 행정가가 모두 담당할 수 있는 교육 활동의 하나로 볼 수 있다면, 상담 활동은 전문 상담 교사나 전문 상담사, 상담 자원봉사자 등 가급적 상담 전문성을 갖춘 지도자에 의해 전개되는 활동으로 제한된다.

(4) 교정 활동

교정은 범죄 소년 혹은 우범 소년을 대상으로 하는 전문적인 청소년 지도 활동이다. 즉, 대상 청소년으로 하여금 사회로의 원활한 복귀와 그 후의 취업과 취학 등 일상적 생활로의 복귀에 대비하여 이루어지는 지도 활동을 말한다. 여기서 교정이란 "범죄나 비행을 저질렀거나 저지를 우려가 있는 소년을 갱생하기 위해 가정, 학교, 시설 및 지역사회에서 행하는 원조활동"을 의미한다(이상현, 1997: 299).

교정 교육은 광의로는 가정·학교·기관·시설 및 지역사회에서의 교육을 의미하지만 협의로는 대책 보호와 시설에서의 수용 보호를 가리킨다. 대책 보호에는 보호관찰과 가정재판소의 시험관찰이 포함된다.

비행 소년에 대한 교정 활동은 개별적 처우의 방법과 집단적 처우의 방법, 그리고 자율적 요법(operant therapy) 등이 있다. 개별적 처우는 동기부여(motivation), 경청(listening), 관찰(observation), 성찰(reflection), 감정의 명확화(clarification), 장면 구성

(structuring), 정화(abreaction), 응답(response), 한계(limitation), 면접기술 등의 전문적 기술이 요구된다. 집단적 처우에는 구성원의 관계, 감정의 지지, 조언과 지도, 설명과 해석, 완화와 제한, 문제 행동에의 접근, 집단 활동에 대한 평가, 사회자원의 활용 등 지도자의 적절한 역할과 기술이 요구된다(이상현, 1997: 311-334). 이와 같은 교정교육에는 지도자의 자기 인식, 자율성의 촉진, 대상자와의 신뢰 관계가 원만하게 이루어져야 하는 등 기본적인 인간존중의 의식이 밑바탕에 자리잡아야 한다. 대체로 교정 활동을 전개하는 지도자들을 일컬어 교정사업가라고도 하는데 그 의미는 "교정교육의 장에 있어서 비행 소년을 지도하고 원조하는 전문가"를 뜻한다.

2) 협의적 차원에서의 청소년 지도 내용

협의적 영역에서 청소년지도자는 제3장에서 본 바와 같이 청소년 지도를 담당하는 전문가로서 「청소년기본법」에 따른 청소년지도사 혹은 청소년상담사로 국한하거나 혹은 그에 준하는 사회적 전문성을 인준받은 자로 제한하고 있다. 이 영역에서의 청소년 지도의 내용은 아래와 같이 본서의 구체적인 실제 청소년 지도의 내용을 포괄한다.

(1) 심성 계발 활동

청소년 심성 계발 활동은 청소년들로 하여금 자신의 참된 본성인 심성을 긍정적으로 이해하고 수용하게 하며, 자존감을 향상시킴으로써 긍정적인 삶의 태도를 형성하게 하는 활동을 의미한다(참고: 제7장). 자아 정체감 형성의 결정적 시기에 있는 청소년들은 심성 계발 활동 지도를 통해 참된 자아를 발견할 수 있으며, 개성을 신장시키고, 자기 성장과 인간성 회복을 이룰 수 있다.

따라서 청소년지도자는 청소년 심성 계발 활동의 효율적 전개를 위해 활용 가능한 전문적인 지도 기법과 기술, 지식 등을 갖추어야 한다. 여기에는 청소년 심성 계발 활동의 개념 및 의미에 대한 이해, 심성 계발 활동의 목적과 효과에 대한 탐색, 청소년 심성 계발 활동의 기본 전제와 프로그램에 대한 이론적 측면의 숙지와 프로그램 운영의 실제, 계발 활동의 진행 단계와 지도 기법, 심성 계발 활동 지도를 위한 청소년지도자의 자질 등이 포함된다.

(2) 리더십 계발 활동

리더십은 "특정 상황 속에서 집단의 목표를 달성하기 위해 리더와 추종자들 간의 상호 작용 과정에서 리더가 추종자의 마음을 움직이고 동기화하는 영향력 행사 과정"을 말한다(참고: 제8장). 따라서 청소년 리더십 계발 활동이라 함은, 청소년으로 하여금 리더로서의 자격과 소질을 갖추도록 하는 청소년 활동의 한 분야를 의미하며, 최근 청소년의 삶의 역량기술 강화 차원에서 각광을 받는 분야이기도 하다.

리더십계발 활동을 지도하는 청소년지도자는 청소년으로 하여금 리더십을 함양하고 이를 계발하도록 하기 위해 전문적인 지도 기법과 기술, 지식을 숙지할 필요가 있다. 여기에는 제8장에 자세하게 기술되어 있는 리더십 정보, 리더십 태도, 의사 소통과 의사 결정 기술, 스트레스 관리 등이 포함된다.

(3) 사회성 계발 활동

사회성은 "주어진 사회적 상황에서 사회적으로 수용되고 가치를 부여받고 있는 특수한 방법으로 타인과 상호 작용하는 능력"을 의미한다(참고: 제9장). 특히 사회적 존재로서 인간이 갖추어야 할 능력 중 하나가 바로 사회성이다. 따라서 사회성 계발 활동이라 함은 이와 같은 사회성을 계발함으로써 자신의 자아를 실현하고 타인과의 관계 형성 등 사회적 능력을 함양하는 지도 활동을 말한다. 특히 다양한 사회적 관계를 체험하면서 성인기를 준비하는 청소년의 사회성 계발은 사회적으로나 개인적으로 매우 중요한 의의를 가진다.

사회성 계발 활동을 지도하는 청소년지도자는 청소년으로 하여금 사회성을 함양하고 이를 계발하도록 하기 위해 전문적인 지도 기법과 기술, 지식 등을 습득하여야 한다. 여기에는 감정 조절 능력의 계발, 공감적 능력과 의사 소통 기법의 계발, 협상능력과 인간 관계 등이 포함된다.

(4) 자연 체험 활동

자연 체험 활동은 오늘날 청소년기에 자연 체험의 필요성이 높아지는 현대사회 변화에 부응하는 청소년 활동 중 하나이다(참고: 제10장). 청소년들은 자연 체험을 통해 자연과 환경의 중요성을 이해하고 자연과의 호응 속에서 생태적 환경과 생명의 신비로움을 체득하며 모험과 도전 의식도 함양할 기회를 갖는다. 궁극적으로 자연 체험 활동은 청소년으로 하여금 전인적인 성장을 이룰 수 있도록 하는 체험 위주의 활동이다.

자연 체험 활동에는 다양한 활동 분야가 있지만 여기서는 야영 활동(캠핑활동)과 자연 생태 체험 활동을 중심으로 다루고자 한다. 먼저 야영 활동이란 청소년들이 대자연속에서 오두막이나 텐트 등을 이용하여 야영하면서, 성원들과의 협력과 분야별 다양한 활동을 통해 자연에 대한 이해와 적응 능력, 원만한 인간 관계 형성과 지도력, 강인한 체력과 정신력 등을 함양하여 전인적 인간으로 성장하도록 조력하는 활동을 말한다. 이때 이러한 일련의 과정에 적용되는 지도가 바로 야영 지도 활동 혹은 캠핑 지도 활동이다. 흔히 야영 혹은 캠핑 지도방법은 곧 캠프생활에서 필요한 지도 기법이나 기술을 의미하는데, 이는 캠프의 성격에 따라 다양하게 나타날 수 있다. 자연 생태 체험 활동은 청소년으로 하여금 자연환경 속에서 전인적인 성장을 이루도록 돕는 창조적이고 교육적 경험을 제공해 주는 생태 체험 활동으로서, 최근 각광받는 자연 체험 활동 분야 중 하나이다.

이처럼 자연 체험 활동이 전통적으로 야영 활동(캠핑활동)부터 최근의 생태 체험 활동에 이르기까지 분야와 범주가 넓어지면서 청소년지도자는 자연 체험 활동 지도를 위한 전문적 능력과 자질을 더욱 요구받게 되었다. 여기에는 자연 체험 활동의 개념과 의의부터 유래와 유형은 물론이고 다양한 프로그램 개발 및 운영 능력이 요구된다. 구체적으로는 집단 생활을 통한 공동체 생활 및 협동심 배양 기술, 책임감·자립심·솔선수범과 같은 리더십 함양 방안, 문제 해결 능력·의사 결정 능력·창의적 사고 능력 배양 방안, 자연 이해·적응 능력과 환경 보전 활동 실천 방안, 안전 관리 능력·응급 처치 능력·스트레스 관리 능력 배양 기술 등이다.

(5) 문화 예술 활동 지도

청소년 문화 예술 활동이란 “청소년이 다양한 문화 예술 활동, 문화 콘텐츠 창작 활동 등을 통해 창의적이고 주체적인 문화적 역량을 증진하고 문화적 감수성을 함양하는 일련의 활동”을 의미한다(참고: 제11장). 따라서 청소년 문화 예술 활동에 대한 지도는 이런 지속적인 활동 지도의 단계에서 적용될 수 있는 전문적 지도 기법이나 기술을 의미한다.

청소년 문화 예술 활동 역시 청소년 지도의 핵심적인 활동 영역으로서, 21세기 지식 기반 문화시대의 주요 활동 분야이다. 특히 최근 문화 산업이 차세대 핵심전략 산업으로 부각됨에 따라 청소년의 문화 예술 역량 강화를 위해 국가적으로 중요성이 부각되고 있다. 따라서 청소년지도자는 청소년 문화 예술 활동을 효과적으로 지도할 수 있는 전문적 능력과 자질을 갖추어야 한다.

청소년 문화 활동 지도방법에는 신세대 문화 특성에 대한 일반적인 이해는 물론이고, 전통 문화 활동에 대한 이해와 실제 지도방법, 뉴미디어 문화 활동 지도방법, 청소년 소비 문화 및 경제 활동 지도방법, 청소년 문화의 역기능 예방 지도방법 등이 포함된다.

(6) 교류 활동 지도

청소년 교류 활동이란 “지역 간·남북 간·국가 간의 다양한 교류를 통해 청소년들이 국제적 감각과 공동체 의식을 함양하고, 글로벌 리더십을 배양하는 지도 활동”이다(참고: 제12장). 특히 청소년 교류 활동은 세계화·국제화·지방화 시대로의 시대적 환경 변화에 적응하고, 국제 무대에서의 글로벌 리더십을 함양하기 위해 그 중요성이 점차 부각되고 있는 청소년 지도 활동의 영역이다.

따라서 청소년지도자는 청소년들의 각종 교류 활동을 효과적으로 전개하고 지도할 수 있는 전문적인 능력과 자질, 지도 기법과 기술을 갖추어야 한다. 여기에는 청소년 교류 활동 개념에 대한 이해, 청소년 교류 활동의 유형 및 특징, 청소년 교류 활동의 전개 과정과 실제 기법, 청소년 교류 프로그램 개발, 청소년 교류 활동 평가 방법, 청소년 교류 활동의 제도적 지원방안 등이 포함된다.

(7) 봉사 활동 지도

청소년 봉사 활동은 "청소년들이 자신의 정신적·육체적 자원을 활용하여 자발적인 의도로 타인이나 사회를 위해 계획을 가지고 일정기간 동안 대가 요구 없이 지속적으로 수행하는 활동"을 말한다(참고: 제13장). 청소년들은 봉사 활동을 통해, 민주시민으로서의 소양과 행동 양식을 습득할 뿐만 아니라 자신의 재능과 소질을 발견하고, 자신이 살아갈 공동체적 삶의 영역을 체험함으로써 건강한 인성을 형성하고 심성을 개발할 수 있다.

따라서 청소년지도자가 청소년 자원봉사 활동을 체계적이고 효과적으로 전개하고 지도할 수 있어야 하며 이를 위한 전문적인 지도 기법과 기술, 능력과 자질을 갖추어야 한다. 구체적으로 청소년 자원봉사 활동 지도방법에는 자원봉사 활동의 개념, 청소년 자원봉사 활동의 유형 및 특징, 청소년 자원봉사 활동 지도의 원리 및 전개기법, 청소년 자원봉사 활동의 활성화 방안 등을 포함할 수 있다.

(8) 자치 활동 지도

청소년 자치 활동은 "청소년들이 공통의 목적과 관심사에 의해 스스로 조직하고 운영하는 활동"을 말한다(참고: 제14장). 청소년 자치 활동은 동아리 활동을 포함해 최근 다양한 자치 활동의 사례들이 제도적으로 보장된 상황에서 부쩍 증가하고 있는 활동 분야이다. 청소년 자치 활동 지도방법은 이러한 자치 활동들이 효율적이고 효과적으로 전개될 수 있도록 하기 위해 청소년지도자가 적절하게 개입하는 전략이자 기술이며 지도 기법이다.

따라서 청소년지도자는 청소년들의 자치 활동을 촉진하고 활성화하기 위한 전문적인 지도 기법과 개입 전략을 갖추어야 한다. 여기에는 청소년 자치 활동의 개념 및 의의에 대한 이해를 비롯하여 자치 조직의 구성 단계와 활동 단계에서의 유의할 지도방법, 실제 자치 활동 지도에 요구되는 다양한 방법과 전략 등이 포함된다.

(9) 여가 활동 지도

청소년 여가 활동이란 "청소년들이 여가시간을 활용하여 즐겁고 재미있는 정신적·신체적 활동을 통해 자기 만족이나 즐거움을 추구하는 활동"을 말한다. 여가 활동은 청소년들에게 일상생활에서의 스트레스, 갈등, 정서적 긴장 등을 해소하게 하고, 생활의 활력을 제공한다는 점에서 청소년 지도의 중요한 활동 영역이다. 특히, 주5일 수업제의 시행에 따라 청소년의 건전한 여가와 놀이 활동을 위한 체계적인 지원의 필요성이 최근 증가되고 있는 추세이다.

따라서 청소년 여가 활동 장면의 지도자는 청소년들의 여가와 놀이 활동이 건전하고 긍정적인 방향으로 전개되도록 지원하고 조력하여야 하며 이에 따르는 전문적인 지도 기법과 전략, 지식과 기술을 갖추어야 한다. 여기에는 청소년 여가 활동의 개념 및 의의와 활동의 유형 및 특징에 대한 이해, 청소년 여가 활동 프로그램 개발 및 운영기법, 청소년 여가 활동의 활성화 전략 등이 포함될 수 있다.

(10) 사이버 공간 활동 지도

일반적으로 청소년 사이버 공간 활동(혹은 사이버 활동)에 대한 지도는 청소년들이 사이버 공간에서 행하는 다양한 형태의 개별적 혹은 상호적인 활동에 관련하여 긍정적 측면을 극대화하고 부정적 측면을 최소화하기 위한 청소년지도자의 개입 전략과 기법을 의미한다. 최근 인터넷과 디지털 문화가 급격히 확산됨에 따라 사이버 공간은 청소년의 중요한 활동 공간으로 자리매김되기 시작하였다. 이에 따라 성장시기에 사이버 공간에서의 활동 경험은 청소년의 가치관과 의식 구조, 생활 전반에 직간접적인 영향을 미치는 중요한 환경이 되고 있다. 특히 청소년들의 사이버 일탈행위와 과도한 몰입 및 중독 등 역기능적 특성들은 심각한 사회 문제로 부각되고 있는 실정이다.

따라서 청소년지도자는 청소년 사이버 활동의 역기능을 예방, 치유하고 나아가 건강한 사이버 문화를 조성하는 데에 체계적으로 개입할 수 있는 전문적 자질과 기능을 갖추어야 한다. 여기에는 청소년 사이버 활동의 개념 및 유형, 청소년 사이버 활동의 순기능과 역기능에 대한 전반적인 이해, 역기능적 사이버 활동의 진단과 예방 활동, 청소년 정보 문화 교육(혹은 청소년 정보 통신 윤리 교육이라고도 함)의 개념·특성에 대한 이해와 실제 프로그램 운영 능력, 건전한 사이버 활동 촉진전략 등이 포함된다.

요약

청소년학은 아직 학문으로서 그 체계가 정립되지는 않았지만 적어도 분과 학문으로서 정립하고자 하려는 시도는 오래전부터 시작되었다. 서구 사회에서는 1980년대부터 북유럽을 중심으로 시작되었고 한국사회에서는 1990년대 들어와 본격화되기 시작하였다. 이러한 움직임을 통해 오늘날 청소년학은 인간학적 관심에 터해 청소년생활 세계 및 문화에 대한 탐색과 이해, 청소년과 사회제도간의 권력 관계 등 제반현상들을 분석하고 탐구하려는 종합적인 성격의 학문으로 이해되고 있다.

특히 학문으로서 청소년학은 '지식으로서의 청소년학'과 함께 청소년의 삶을 개선하는 데 목적을 두는 '실천으로서의 청소년학'의 성격도 함의한다. 이때 실천적이고 응용적인 학문의 성격은 청소년에 대한 이해를 기반으로 청소년의 건강한 성장과 발전을 목표로 삼아 청소년 삶에 대한 긍정적 개입을 지향한다. 이처럼 실천적 청소년학의 주요 개념으로 청소년의 인간적 성장과 발전을 위해 청소년지도자가 긍정적으로 개입하여 조력하는 활동을 일러 청소년 지도라 한다.

청소년 지도의 내용은 청소년 지도를 광의적인 개념으로 볼 것인지 아니면 협의적 개념으로 볼 것인지에 따라 그 내용을 각기 다르게 살펴볼 수 있다. 먼저 광의적 차원에서 청소년 지도의 내용에는, 협의적 개념에서의 전문적인 지도의 내용을 포함하여 그 밖의 다양한 지도 활동도 함의하고 있다. 여기에는 학교 교육 현장에서의 교수자와 학습자가 함께 하는 교수-학습 활동, 진로 지도, 생활지도 및 상담 활동, 교정 활동뿐만 아니라 넓은 범주에서는 청소년지도자가 청소년에게 해주는 기타 조언과 대화, 만남 등도 포괄한다.

반면 협의적인 청소년 지도의 내용에는 전문적인 청소년 지도 인력이 중심이 되어 전개되는 활동으로 제한하여 살펴볼 수 있다. 여기에는 심성 계발, 리더십 계발, 사회성 계발, 자연 체험 활동 지도, 문화 예술 활동 지도, 교류 활동 지도, 봉사 활동 지도, 자치 활동 지도, 여가 활동 지도, 사이버 공간활동 지도 등이 포함된다.

청소년지도자는 각각의 청소년 지도 활동을 효과적으로 전개하고 지도할 수 있는 전문적인 능력과 자질, 지도 기법과 기술에 무엇이 있는지를 파악하고 이를 갖추어야 한다.

연습문제

1. 청소년학(Juventology, Youthology)의 개념과 특성에 대해 서구 사회와 우리나라를 비교해 설명해 보자.
2. '지식으로서의 청소년학' 과 '실천으로서의 청소년학' 이 의미하는 바를 생각하고, 청소년학의 실천적 개념으로서 청소년 지도가 갖는 뜻을 설명해 보자.
3. 광의적인 청소년 지도의 개념과 협의적인 청소년 지도의 개념이 갖는 차이를 정리해 보자.
4. 광의적인 청소년 지도의 내용과 협의적인 청소년 지도의 내용에는 구체적으로 무엇이 있는지를 탐구해 보자.
5. 광의적인 청소년 지도 내용의 각각의 활동에서 요구되는 지도 능력과 자질, 지도방법과 기술에는 무엇이 있는지를 탐구해 보자.
6. 협의적인 청소년 지도 내용의 각각의 활동에서 요구되는 지도 능력과 자질, 지도방법과 기술에는 무엇이 있는지를 탐구해 보자.
7. 청소년지도자로서, 광의적인 청소년 지도 내용과 협의적인 청소년 지도 내용을 효과적으로 전개하고 지도할 수 있는 전문적인 능력과 자질, 지도 기법과 기술에는 무엇이 있는지를 종합적으로 제시해 보자.

Chapter 05

청소년 지도 환경과 지도 매체

<제1절> 환경과 청소년 지도 환경

여기서 논의하는 환경이란 개념은 다소 이중적 의미를 갖는다. 하나는 인간의 성장 발달 과정 중에 영향을 미치는 요인 중 하나인 '환경'이란 개념이다. 이 개념에는 '물리적 환경'과 함께 '사회적 환경'이란 개념이 포함되어 있다. 또 하나는 지도 환경이란 개념에서 보여지는 바와 같이 청소년 지도를 효과적으로 할 수 있도록 청소년지도자가 사회적 여건과 물리적 조건을 조성한다는 의미이다. 둘 모두 환경이란 개념으로 표현되고 있지만 전자의 환경이란 개념이 청소년에게 '소여(所與)된 환경'이란 의미가 있다면, 후자는 청소년지도자가 적극적으로 환경을 개선하고 구비한다는 차원에서 '조성된 환경'이란 의미가 있다.

청소년지도자는 청소년 지도 과정에서 청소년에게 일찍이 '소여된 환경'과, 청소년 지도를 위해 '조성할 환경'에 대해 둘 다 관심을 가져야 한다. 즉, 청소년지도자는 지도 대상인 청소년들이 성장하고 발달하는 과정에서 어떤 환경의 영향을 받았는지 관심을 가져야 한다. 인간 발달의 주요 영향 요인으로 유전적 요인과 함께 주요하게 다루어지는 요인이 바로 환경이기 때문이다. 특히 한 개인의 발달 과정에 환경이 미친 영향을 파악한다는 것은 개별 청소년에 대한 맥락적인 인간 이해이기 때문에 지도자가 청소년의 발달 과정에서 미치는 환경의 중요성을 간과할 수 없다. 아울러 청소년지도자는 지도 과정에서 최적의 환경을 마련하여 지도의 효과성과 효율성을 진작시킬 필요가 있다. 환경이 어떻게 갖춰져 있느냐에 따라 지도의 결과와 효과가 다르기 때문이다.

1) 환경의 개념과 의미

브론펜브레너(Bronfenbrenner, 1979: 272)에 따르면, 청소년의 발달은 결코 진공 상태가 아닌, 언제나 특정 환경 안에서 일어나며 구체적인 행동을 통해 표현된다. 이는 청소년이 건전하게 성장하는 것은 환경과의 밀접한 상호 작용 속에서 일어나는 것이며 이는 다시 청소년의 성장 과정에 환경이 주요한 영향력을 미치고 있음을 의미한다

(한국 청소년개발원, 2004: 11).

환경의 영향에 대한 논의는 인간의 전 생애 발달을 다루는 학문 분야, 이를테면 유아교육이나 아동학, 노년학, 교육학 등에서 오래전부터 있어 왔다. 인간 발달의 주요 영향 요인으로 유전적 요인과 함께 주요하게 다루어지는 또 다른 요인이 바로 환경이기 때문이다(장휘숙, 2004). 여기서 환경이란 "인간의 발달에 영향을 주거나 혹은 인간의 발달에 의해 영향을 받는다고 생각되는 유기체 바깥의 사건이나 조건"을 말한다(Bronfenbrenner & Crouter, 1983).

발달심리학에서 환경은 단순히 개인 밖의 주변을 의미하지 않고 오히려 개인과 환경 사이의 적극적인 상호 작용과 교섭, 그리고 그 과정에서의 적극적인 융합(melding)을 의미한다(Silbereisen & Todt, 1994: 83). 이러한 현상을 일컬어 발달심리학에서는 맥락(context)이라는 개념으로 살펴보고 있다. 여기서 맥락이란, 개별 주체와 환경과의 긴밀한 상호 작용이 이루어지는 과거와 현재, 과정과 결과, 개인적·사회적 관계와 물리적 상황을 통칭한다. 따라서 맥락적 관점에서 환경적 요인을 해명한다는 의미는 한 개인에게 미친 환경의 복잡다단한 영향을 간명하게 표현한 것이라 할 수 있다.

2) 환경의 유형과 영향

청소년지도자라 한다면, 응당 청소년의 발달 과정에 미친 환경의 영향에 대해 세심한 주의를 갖고 이해를 할 수 있어야 한다. 한 개인의 발달 과정에 환경이 미친 영향을 파악한다는 것은 개별 청소년에 대한 맥락적인 인간 이해의 한 과정이기 때문이다.

그렇다면 환경에는 어떠한 유형이 있는가? 흔히 환경은 물리적 환경과 사회적 환경으로 구분한다. 물리적 환경이란 매일의 일기 조건에서 공기의 오염물질까지 그리고 개인이 살고 있는 집의 설계에서부터 이웃집의 소음 수준까지 모든 것을 포함한다. 전 생애동안 우리는 우리가 몸담고 있는 물리적 환경에 적응해야 한다. 성장과 함께 아동이나 청소년의 물리적 환경은 가정과 학교, 이웃 등으로 점차 확대되어 간다. 그러나 노년기에 이르러 건강을 잃고 이동성이 감소하면 다시 가족 내의 활동으로 되돌아오므로 물리적 환경은 다시 축소되는 양상을 갖는다(장휘숙, 2004: 785). 이와 같이 시간의 경과와 함께 체계적으로 변화하는 물리적 환경은 개인의 발달과 밀접한 관련을 맺는다.

그러나 발달심리학자들은 물리적 환경보다는 발달이 일어나는 사회적 환경, 즉 사회적 세계와 개인 간의 상호 작용에 더 많은 관심을 갖는다. 인간은 전 생애를 통해 의미 있는 타인들인 소위 사회적 호위대(social convoy)와 함께 생활한다(Kahn, 1979). 인간 발달의 초기 단계인 영아는 부모나 다른 양육자로 구성되는 작은 사회적 호위대를 갖지만 연령이 높아지면서 사회적 호위대는 또래, 교사 및 가정 바깥의 다른 사람으로 확대된다. 사회적 환경 중 사람들 간의 상호 작용에 따라 이루어지는 환경의 영향 중 심리적 측면에 대한 영향을 일러 심리적 환경이라고 칭한다. 즉, 사회적 환경에는 심리적 환경이 포함된다. 사회적 환경도 연령증가와 함께 변화한다는 점에서 물리적 환경과 크게 다르지 않다. 하지만 사람과의 관계 형성과 그것의 변화가 개인의 발달에 더 큰 영향을 미치기 때문에 인간 발달에서는 사회적 환경을 더욱 중시하는 경향이 있다.

인간 발달을 환경과의 상호 작용 내에서 생태학적으로 접근하는 브론펜브레너(1979)의 입장에서 환경은 다음 〈표 5-1〉과 [그림 5-1]과 같이 크게 미시체계, 중간체계, 외부체계, 거시체계 등으로 구분되고 있다.

여기서 미시체계(microsystem)는 개인이 생활하는 직접적인 환경체계를 의미하는데 대표적으로는 부모와 자녀가 함께 하는 가정을 말한다. 미시체계 내의 성인들은 성장 세대의 가치관과 태도, 행동에 직접적인 영향을 미치지만, 이들의 성격양식이나 사고방식과 같은 특성들 또한 성인에게도 영향을 주기 때문에, 체계 내의 모든 관계는 양방향적(two-way)이다.

중간체계(meso-system)는 학교와 교회, 또래집단, 탁아소와 같이 가정단위의 미시체계들이 사회적으로 연결되거나 상호관계가 유지되는 환경체계를 말한다. 브론펜브레너(1979)는 성장 세대와 부모 간의 복잡한 상호 작용을 이해하는 것도 중요하지만, 미시체계들 사이의 사회적 연결(중간체계)을 이해하지 못한다면 성장 세대 개인이나 가족 간의 관계를 온전히 이해할 수 없다고 논의하였다. 그 이유는 하나의 미시체계에서의 경험이 성장 세대에게 영향을 미치는 동시에 이는 다시 다른 미시체계에도 영향을 미치기 때문이다. 예컨대 학교에서 유쾌하지 못한 경험을 가진 성장 세대는 그 경험으로 인해 가족이란 미시체계에도 영향을 미쳐 곧 가족 내의 관계를 혼란시킬 수 있으며 궁극적으로는 성장 세대의 발달을 방해할 것이기 때문이다. 역으로 가족 내에서의 위기적 경험도 아동에게 영향을 미치고 그것은 다시 다른 미시체계(학교, 또래집단, 탁아소)에서 성장 세대와의 상호 작용에 부적인 영향을 미칠 것이므로 그 미시체계에서의 경험 역시 긍정적이지 못하기 때문이다.

〈표 5-1〉 브론펜브레너의 환경체계

유형	정의	사례
미시체계	• 개인이 생활하는 직접적 환경	• 가정
중간체계	• 미시체계들 간의 상호관계나 연결	• 학교, 교회, 또래집단, 탁아소
외부체계	• 직접적 접촉이 아닌 청소년들이나 청소년과 직접 접촉하는 성인에게 영향을 미치는 환경	• 부모의 직업, 부모의 학교활동과 친구 집단 같은 사회적 연결망
거시체계	• 사회의 제도적 생활을 규정하고 조직하는 거대 체계	• 사회적 이념과 규범, 문화, 법률, 관습 등

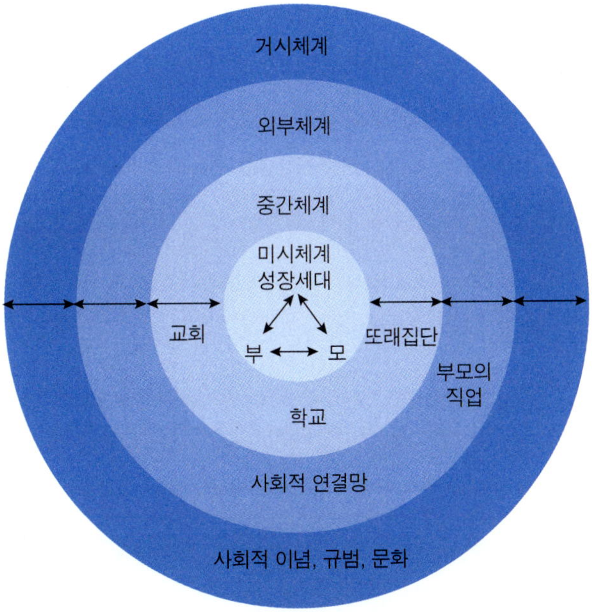

[그림 5-1] 인간 발달과 생태학적 환경체계

출처: Kopp & Krakow(1982).

외부체계(exo-system)는 중간체계 바깥에 위치한다. 외부체계는 성장 세대에 의해 직접적으로 경험되지는 않으나 그들의 발달에 충분히 영향을 줄 수 있는 사회적 상황이다. 부모의 직업조건은 전형적인 외부체계이다. 그 증거로써 부모의 직업이 만족스러운지, 아닌지에 의해 성장 세대들은 영향을 적지 않게 받는다. 어머니들은 남편이 야간근무를 하거나 멀리 떨어진 직장에 출근해야 할 때, 그리고 의지할 만한 친구를 갖지 못할 때와 같은 외부체계에서의 영향에 의해 아동자녀에게 긍정적인 환경을 제공하는 데 어려움을 겪는다(Cotterell, 1986). 부모의 학교활동과 친구 집단 같은 사회적 연결망도 대표적인 외부체계 중 하나이다. 부모가 학교활동에 적극적이며 활발한 편인지, 부모의 친구들이 무슨 직업을 갖고 있고 부모가 이들과 어떻게 상호 작용을 맺고 있는지는 성장 세대에게 직접적인 경험을 제공하지는 않으나 그들의 발달 과정에는 긍정적 혹은 부정적 영향을 충분히 줄 수 있다.

외부체계의 바깥에는 거시체계(macro-system)가 존재한다. 거시체계란 개인이 소속한 문화나 하위문화의 가치, 이념, 관습, 법률, 규범 등이 해당한다. 브론펜브레너(1979)는 거시체계에서의 변화가 외부체계에 영향을 주고 외부체계의 변화는 다시 성장 세대의 중간체계와 미시체계에 영향을 주는 상호 연결된 체계를 갖는다고 하였다. 거시체계는 하위수준의 생태 환경에서 아동이 받을 수 있는 지원정도를 결정하기 때문에 거시체계에서의 변화가 개인의 발달에도 역시 중요하다고 보았다.

청소년지도자는 이처럼 청소년의 발달에 영향을 미치는 환경에 대해 이해를 할 수 있어야 한다. 나아가 실제 지도 과정에서 최적의 지도가 이루어질 수 있는 여건을 마련하는, 환경 조성의 역량과 기법도 갖추어야 한다. 즉, 주변 자원을 지도 과정에 활용하고 응용하는 기술도 갖출 수 있어야 한다.

3) 청소년 지도 환경과 청소년지도자

청소년 지도 환경을 환경이란 개념에 대입해 살펴보면 "청소년 지도 과정에 영향을 미치는 외적인 조건이나 환경, 곧, 외적인 자극이나 힘"을 의미한다. 여기에는 심리적, 사회적 조건도 포함하는 포괄적 의미의 환경이란 의미와 함께 물리적 조건을 중심으로 보는 협의적 의미의 환경개념이 모두 속한다. 청소년 지도방법의 하나로 청소년지도자는 지도 환경을 최적의 조건으로 조성하고 마련하여야 하며, 지도 과정에서 주변의 자원들을 최대한 활용하고 응용할 수 있어야 한다.

앞에서도 언급하였지만 환경은 크게 물리적 환경과 사회적 환경으로 구분한다. 이때 사회적 환경 중 심리적 측면의 환경영향을 일러 심리적 환경이라 한다. 흔히 청소년 지도 환경이라 하면, 청소년지도자가 '조성하는 환경'이란 의미에서, 사회적 환경을 심리적 환경 중심으로 탐색한다. 이처럼 청소년 지도 환경은 크게 심리적 환경과 물리적 환경으로 구분할 수 있다.

우선 심리적 환경이라 하면, 지도 과정에서 지도자와 청소년간의 심리적 영향관계와 그 특성을 의미하는 것으로 존중과 인정, 공감적 이해, 신뢰, 친밀감 등이 포함된다. 여기서 존중이라 하면, 지도자와 청소년 모두 서로의 존재에 대한 인간적 존중과 배려를 의미한다. 즉, 지도자는 청소년을 단순히 지도의 대상으로써 소극적이고 수동적인 존재로 보는 것이 아니라, 적극적이고 능동적인 하나의 인격체로 바라보는 수평적인 관점과 태도를 취해야 함을 의미한다. 청소년 역시 지도자를 청소년 전문가로서의 존중과 함께 이를 인정함으로써 이후의 공감적 이해와 상호 신뢰, 친밀감의 기반을 형성하여야 한다. 특히 지도자는 성장 세대인 청소년을 인격체로서 존중할 수 있어야 한다. 상대적으로 어린 청소년이라 할지라도 그들도 인격과 권리를 가지고 있으므로 이를 최대한 존중해 줄 수 있어야 하는 것이 마땅히 청소년지도자로서 갖춰야 할 태도이다. 이러한 상호 존중과 인정은 공감적 이해를 통해 더욱 강화되고 이후 상호 신뢰의 터전이 된다. 일정 단위의 프로그램을 같이 수행하면서 지도자와 청소년은 서로를 믿고 따르는 신뢰의 관계를 형성하고, 이러한 신뢰로운 관계에 터해 친밀감을 형성하여야 한다.

이처럼 심리적 환경을 조성하면서 청소년지도자는 청소년과 함께 상호 인격적인 친교의 관계를 형성하고 유지하여야 한다. 그럼으로써 청소년이 직면한 생활상의 문제에 대해 공감적 이해도 할 수 있는 훌륭한 상담자가 되어야 하고 촉진자가 되어야 하며 안내자가 되어야 한다. 이와 같은 심리적 환경의 조성과 유지로 인해 경우에 따라 청소년지도자는 문제 해결자가 되고 조언자가 될 수도 있다. 따라서 청소년지도자는 개방적인 자세로 청소년들의 인격을 존중하면서 서로 공감하고 신뢰를 쌓으며 친밀감을 형성하여 상호 인격적인 친교의 관계를 갖고 유지하여야 한다.

대부분의 청소년 지도 과정에서 이와 같은 심리적 환경의 조성은 일차적으로 지도자의 몫이다. 지도자는 청소년이 자신을 믿고 따를 수 있게 심리적 환경을 조성하고 배려할 의무와 책임을 갖고 있으며, 청소년 스스로가 지도자를 신뢰할 수 있도록 자신의 인격과 전문성을 평소에도 지속적으로 계발하고 관리할 수 있어야 한다. 청소년 지도자는 다음 〈표 5-2〉와 같이 지도 과정에서 효과적-비효과적인 지도 과정 상의 심리적 환경의 차이를 인식하고 최대한 비효과적인 심리적 환경을 효과적인 심리적 환경으로 변환하고 조성하는 노력을 기울여야 한다. 이를테면 지도자와 청소년이 서로 방어적(방어성)이고 청소년이 지도자에게 두려움을 갖거나 거부감을 갖게 되면 비효과적인 청소년 지도가 이루어질 가능성이 높다. 이때 지도자는 두려움과 거부감의 원인이 무엇인지를 탐색하여, 가급적 두렵고 거부적이며 방어적인 관계들을 상호 자신감과 수용감이 넘치고 개방적인 관계로 변환하여야 한다.

청소년 지도 환경에서 물리적 환경의 조성은 무엇보다 청소년으로 하여금 활동의 동기와 참여 의욕을 북돋고, 지도자로 하여금 전체 지도 과정을 효과적으로 진행할 수 있는 물리적 환경의 개선과 여건 마련에 초점이 맞춰져 있다. 지도의 내용에 따라 달리 적용될 수 있으나 가급적 참여하는 모두가 지도 과정에 몰입·집중할 수 있도록 소음을 관리하는 등 환경을 개선·정비하고, 전체 지도 과정이 용이하게 진행되도록 미리 공간과 시설, 매체 등을 배치하는 등 여건을 마련할 필요가 있다. 여기서 물리적 환경이란 지도 과정이 전개되는 물리적 환경 총체를 말하는 것으로 이른바, 시설 환경, 구성 환경, 제공 환경 등이 해당된다. 시설 환경은 시설과 시설물의 구조를 의미하며 여기에는 강좌 형태의 경우 교실의 형태와 크기, 창문의 위치와 수, 전기 시설, 냉난방 시설 등이 포함된다. 구성 환경은 각종 설비와 배치를 의미하며 책걸상과 이동용 선반, 사물함 등이 여기에 해당된다. 제공 환경은 청소년 지도 활동에 제공되는 자료와 재료 일체를 의미하며 구체적으로는 교수-학습자료, 시청각 기자재, 교재, 학습

도구, 실험 및 공작 재료 등이 포함된다. 때에 따라 이와 같은 환경이 시설 내에서 충족되기 어려울 때에 지도자는 지역사회의 다양한 물적 자원을 활용할 수 있어야 한다. 이를 위해 지역사회 내 유용한 자원이 무엇이 있는지를 목록으로 작성하여 적정한 때에 활용할 수 있어야 한다.

한편, 청소년지도자는 물리적 환경을 정비할 때에는 일반적으로 적절성, 효율성, 경제성, 집중성, 안전성 등의 원칙을 고려하여야 한다. 이를 구체적으로 살펴보면 다음과 같다. 첫째, 활동 지도에 적절한 시설, 설비, 자료가 갖추어져 있는가?(적절성) 둘째, 청소년 지도 활동이 효율적으로 촉진될 수 있는 환경이 구비되어 있는가?(효율성) 셋째, 환경 조성에 필요한 재원이 마련되어 있으며, 이는 기관과 지도자 차원에서 충분히 마련할 수 있는 수준인가?(경제성) 넷째, 청소년 지도가 쾌적하고 집중 가능한 환경과 공간으로 구성되어 있는가?(집중성) 다섯째, 청소년의 보건과 위생 및 안전에 적합한가?(안전성)

〈표 5-2〉 효과적-비효과적인 지도 과정 상의 심리적 환경

효과적인 심리적 환경	비효과적인 심리적 환경
개방성	방어성
자신감	두려움
수용감	거부감
소속감	소외감
신뢰감	불신감
높은 기대	낮은 기대
질서	혼란
통제감	좌절감

이러한 환경 조성에는 지도의 내용, 지도 대상인 청소년의 특성, 지도자의 역량 등을 감안하여야 하며, 현실적인 조건도 무시할 수가 없다. 특히 지도방법 상 지도 매체를 개발, 제작, 선정하고 이를 지도 과정에 적극 활용하는 것은 최적의 지도 환경 조성 방법의 하나이자 지도 효과의 극대화를 위한 지도방법 중 하나이다.

<제2절> 청소년 지도 매체

1) 지도 매체의 개념

매체(media)라는 용어는 '사이(between)'를 의미하는 'medius'라는 말에서 유래하였다. 흔히 매체라는 용어는 교육학에서 교수 매체(instruction media)라는 용어로 보편화되었다. 여기서 매체란 "메시지를 전달하고 받는 과정에서 사용되는 수단, 곧 의사 소통의 채널"을 뜻한다. 따라서 청소년 지도 매체라는 용어를 여기에 터해 개념화하면, 청소년 지도 과정에서 지도자와 청소년, 청소년과 청소년간의 의사 소통을 위해 사용되는 매개체 혹은 전달체를 말한다.

초기에 교수 매체는 교육에서 활용되는 하드웨어라는 인식에서 출발하였다. 이후 통신이론이 접목되면서 교수 매체는 메시지를 생성, 저장, 전달, 표상하는 수단이 되었다. 이러한 관점에서 보면 메시지의 소통과 관련되는 인간의 감각기관도 하나의 매체이다. 최근에 컴퓨터 공학의 발달로 매체에는 단순히 메시지의 전달뿐만 아니라 그것을 촉진시키는 환경을 구현하는 도구까지 포함하고 있다.

일반적으로 매체는 다음과 같은 기능을 갖고 있다(권이종 외, 2001: 229-232).

첫째, 매개적 보조기능(mediated aid function)을 갖고 있다. 지도자가 지도할 때 보조수단으로 매체를 사용하는 것은 교육과 학습 등 지도의 효과를 높일 수 있다. 교육학에서는 통상 교수 매체를 사용하면 교수자와 학습자 간의 의사 소통을 보다 원활히 할 수 있고 가르치는 데 사용하는 시간을 줄일 수 있어서 교수학습과정을 좀 더 능률적으로 할 수 있다고 보고 있다. 따라서 지도 매체 역시 적절한 사용이 이루어진다면 교수 매체와 마찬가지로 지도자와 청소년간의 효과적인 매개의 역할을 충분히 할 수 있다. 그리고 매체는 주의력을 끄는 특성이 있기 때문에 청소년들이 지도 과정에 즐겁게 참여하고 집중할 수 있도록 도와준다. 또한 명료한 메시지, 변화 있는 영상의 전개, 각 매체마다의 특수한 효과 등의 사용은 청소년의 참여 동기와 활동 동기를 유발시켜 적극적인 태도를 형성시킬 수 있다.

둘째, 매체에는 정보 전달 기능(informing function)이 있다. 일대일의 직접적인 관계에서 사람들은 주로 언어 및 표정을 통하여 의사를 표현하거나 정보를 전달하고 전달받는다. 그러나 한 사람의 지도자가 동시에 많은 청소년들을 대하는 상황일 때에는 상당한 어려움에 직면할 수 있다. 이러한 문제를 해결하여 교육을 보편화하는 데 크게 공헌했던 것이 과거 인쇄 매체였다. 인쇄술의 발달로 인쇄 매체는 폭넓게 사용할 수 있게 되었고 많은 정보를 효과적으로 담을 수 있으며 사용하기에 편리하기 때문에 지금까지도 중요한 매개수단으로 인식되고 있다. 또한 라디오, TV, 컴퓨터 등과 같은 통신 매체가 보급된 후에는 더욱 많은 사람들을 교수-학습과정에 참여시킬 수 있게 되었고 훨씬 많은 정보를 더욱 신속하게 전달할 수 있게 되었다. 이처럼 매체의 용이하고 신속한 정보 전달 기능은 청소년 지도 과정에서도 마찬가지로 긍정적인 기능을 갖는다. 대집단 중심의 프로그램을 운용할 때에 적절한 매체의 선정과 활용은 프로그램 운용의 효율성과 효과성을 극대화하기 때문이다.

셋째, 매체는 학습 경험 구성 기능을 갖추고 있다. 매체는 단순히 매개적 보조수단이나 정보를 전달해주는 기능만이 아니라 매체 그 자체가 학습 경험을 구성하는 기능을 한다. 이때 매체는 그 자체가 학습 내용을 포함하고 있으며 또한 기능을 획득하기 위한 대상물이 된다. 학습자는 매체를 통해 학습할 수도 있지만 매체 자체를 학습 대상으로 삼아 기능적인 경험을 습득할 수 있다. 즉, 매체는 학습 내용인 동시에 경험을 구성하는 기능을 갖고 있는 것이다. 흔히 청소년 지도 과정에서 활용되는 자료집과 같은 인쇄 매체와 DVD와 같은 동영상 매체들은 이러한 학습 경험 구성의 기능을 모두 갖추고 있다.

넷째, 매체는 교수 기능도 갖추고 있다. 교수 기능이란 매체를 효과적으로 구성, 활용하여 학습자의 지적 기능을 개발시키는 것이다. 이러한 교수 기능을 발휘하기 위한 매체에는 컴퓨터, 교육 TV, 교육 영화, 혹은 다매체에 의한 교수 프로그램 등이 있다. 결과적으로 매체는 동기 유발과 학습 촉진 기능을 갖고 지각, 인지, 표현 능력을 증진시켜줄 수 있기 때문에 적절하게 사용만 한다면 훌륭한 교수 기능을 수행할 수 있다.

2) 지도 매체의 유형

매체를 유형에 따라 분류하는 것은 매체에 대한 이해를 돕고 각 유형에 따른 특성을 이해하며 활용하는 데에 중요하다. 매체를 교수-학습과정에 사용한 역사는 길지만 교수 매체에 대한 체계적인 시각은 1937년 호반(Hoban)과 1947년 데일(Dale)에 의해 시작되었다(김범준·구병두, 2007: 207).

먼저 호반은 시청각자료의 가치를 구체성과 추상성에 의해 판단하는 것으로 가정하고 다양한 매체들을 구체와 추상의 축을 사용하여 분류하였다. 그는 매체가 사실을 구체적으로 표현할수록 메시지를 더 정확하게 전달할 수 있는 반면, 추상적으로 표현할수록 메시지를 이해하는 데 어려움을 겪는다고 보았다. 즉, 실제와 얼마나 동일한 수준으로 보여주느냐에 따라 매체의 유형을 구분하였다. [그림 5-2]를 보면, 위로 갈수록 추상성이 높은 매체를 의미하고 아래로 갈수록 구체성이 높은 매체를 의미한다. 이러한 관점에서 가장 실제에 가까운 것은 장면을 정확하게 묘사한 것으로 필름, 모형, 실물이며, 가장 구체적인 매체는 견학이다. 반대로 추상적인 매체들은 지도, 도표 등이며 가장 추상적인 매체는 언어이다.

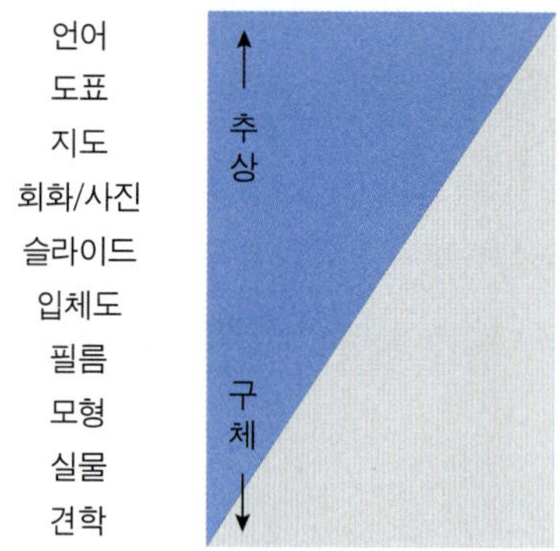

[그림 5-2] Hoban의 시청각 매체의 분류

호반의 제자인 데일은 호반의 개념을 더욱 확장하여 '경험의 원추'(Cone of Experience)라는 시청각 매체 분류모형을 제시했다. 그는 학습자가 구체적인 경험을 먼저 학습한 후에 추상적인 경험을 하는 것이 학습에 더욱 효과적이라고 주장하였다. 학습에서 가장 효과적인 것은 직접적인 경험을 통한 이해며 간접적인 경험을 거쳐 언어적인 상징적 단계에 이르는 것이 효과적인 순서라고 보았다. 다음 [그림 5-3]은 데일의 경험의 원추모형이다. 먼저 아래로 갈수록 구체성을 띤 매체를 의미하며 위로 갈수록 추상성을 띤 매체를 의미한다. 가장 구체적인 매체는 직접적인 경험이고 가장 추상적인 매체는 언어와 기호이다. 데일은 효과적인 학습을 위해 학습자는 구체적인 매체 중심의 학습을 통해 이해를 하고 점차 간접적인 매체 중심의 학습으로 이전하여야 한다고 보았다. 이때 직접적이고 목적적인 경험부터 전시까지가 학습에 있어 행동적 단계이고, TV부터 녹음, 라디오, 사진까지가 영상적 단계이며, 시각기호와 언어기호는 상징적·추상적 단계로 다시 분류할 수 있다.

한편, 데일의 경험의 원추모형은 인지적 학습에 관한 브루너(J. Bruner)의 세 가지 표상양식과 일치한다. 즉, 학습자는 먼저 직접적인 체험을 통해 행동적으로 표현된 지식을 경험하고, 다음으로 그림이나 영상을 통해 표현된 지식을 경험함으로써 학습하며 마지막으로 문자나 언어와 같은 상징체계를 통해 표현된 지식을 경험함으로써 학습한다는 것이다

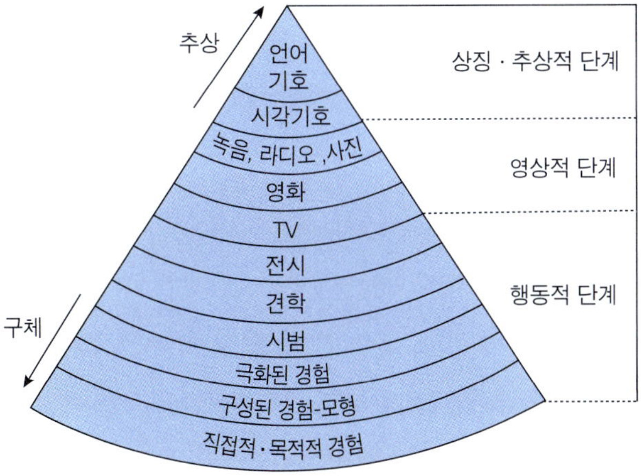

[그림 5-3] Dale의 경험의 원추 모형

3) 청소년 지도 매체의 선정과 준비

지도 매체의 선정과 준비라 함은, 청소년들의 흥미를 유발하고 청소년 지도방법의 효율적 전개를 위해 첨단 과학과 교수공학을 이용한 매체 장비를 선정하고 준비하는 것을 의미한다. 효과적인 청소년 지도방법의 전개를 위해서는, 지도방법의 특성에 가장 적합한 매체 장비가 구비되어야 한다. 이를 위해 청소년지도자는 지도방법의 특성에 부합되는 매체들을 선정하고, 활용할 수 있는 전문 지식과 기능을 갖출 필요가 있다.

먼저 지도 매체의 선정과 준비에 있어 고려해야 할 요인들은 다음과 같다.

첫째, 청소년의 특성에 맞춰 매체를 선정하여야 한다. 청소년의 특성에는 연령, 지적 수준, 태도, 적성 등이 포함되는데, 이 특성들은 지도 매체를 선정하기 전에 신중히 고려해야 할 요인이다. 연령과 지적 수준이 낮은 학습자를 위해서는 이해와 수용이 용이한 구체적인 매체를 사용하는 것이 효과적이며 연령과 지적 수준이 높은 청소년에게는 보다 높은 수준, 곧 추상적인 매체를 사용하여도 효과적이다.

둘째, 청소년 집단의 규모는 매체를 선정하는 주요 요인 중 하나이다. 집단의 인원, 교실의 여건, 지도자의 교수 전략 등에 따라 매체는 달리 적용될 수 있다. 예컨대, 대집단 설명식 수업 형태로 진행하는 경우 OHP, 슬라이드, 빔프로젝터와 컴퓨터 프리젠테이션 소프트웨어(예: 파워포인트 등) 등을 활용하는 것이 적합하다.

셋째, 지도 내용의 목표와 내용에 따라 적절한 매체를 선정하고 조직하는 것이 필요하다. 학습 목표와 내용에 따라 가급적 가장 효과적인 매체와 구체적인 내용을 신중하게 선정하여 조직하여야 한다. 예컨대 청소년 문화 유산 답사와 같은 프로그램은 가급적 시각적 매체를 활용하는 것이 좋고, 오리엔티어링 같은 프로그램은 실제 수행 전에 지도와 교재 같은 인쇄 매체를 활용하여 학습할 필요가 있다. 캠핑활동에 필수적으로 필요한 매듭학습 같은 것은 시범과 실습 같은 실제 체험이 중요하다.

넷째, 지도 매체는 매체의 속성과 기능에 따라 활용하여야 한다. 청소년과 지도 내용의 특성, 상황과 여건 등을 고려하여 매체를 선택하되 매체의 물리적 속성과 기능을 고려하여야 한다. 시각, 청각, 크기, 색채 등 매체의 물리적 속성을 선택함에 있어 앞의 변인들을 고려하여 선택하여야 한다.

다섯째, 물리적 환경에 따른 선정에 유의할 필요가 있다. 예컨대, 적합한 매체를 선정한다 해도 지도하는 장소의 시설기반이 적합하지 않으면 유용성이 떨어질 수 있기 때문이다. 따라서 청소년지도자는 기본적으로 지도 장소의 물리적 환경과 준비가 매체를 사용하기에 충분한 여건을 갖추고 있는지 확인해야 한다.

끝으로 매체의 실용성도 중요한 요인 중 하나이다. 매체의 실용성은 이용가능성, 이용시간, 매체 구입 비용, 매체 사용의 접근성 등으로 요약할 수 있다. 지도자는 지도 과정과 방법상에서 매체를 구입하는 비용과 실제적 사용의 효과성을 포함한 경제성, 매체를 적절하게 사용할 수 있는 편의성 등을 고려한 실용성의 요인을 고려하여 매체를 선정해야 한다.

4) 지도 매체의 선택 모형

어떤 매체를 사용할 것인가는 대체로 청소년 지도에 대한 지도자의 설계가 종료된 후에 개발 단계에서 결정된다. 경우에 따라 매체를 미리 선정하고 그에 적합한 지도 과정(프로그램)을 개발하는 경우도 있지만 대체적으로는 그의 역순이 보편적이다. 흔히 매체의 선정은 사전에 영향을 미치는 요인을 점검하고 지도 목표의 달성에 얼마나 효과적인가를 고려하여 합리적으로 선택을 하게 된다.

청소년 지도 매체의 선택 모형은 아쉽게도 청소년학이나 지도방법론의 분과영역에서 아직까지 충분한 선행 연구가 수행되지 않았다. 대신 교육학 중 교육공학 분야에서 교수 매체의 선택 모형에 대한 선행 연구들이 다수 있다. 여기서는 교육공학에서 다룬 교수 매체의 선택 모형을 원용하여 다루고자 한다.

흔히 교육공학에서 교수 매체 선정과 관련하여 가장 널리 알려져 있는 모형은 하인리히(Heinich) 등이 제시한 ASSURE 모형이 있다. 이 모형은 다음의 6단계를 나타내는 영문 철자의 앞 글자를 따서 만들어졌으며, 교실수업 등에서 매체의 활용 계획을 수립하기 위해 개발되었다.

(1) **학습자 분석**(Analyze learners)

이 단계는 학습자를 확인하기 위한 단계이다. 학습자의 일반적 특성, 특별한 출발점 능력(학습할 주제에 대한 지식), 학습 양식 등을 조사한다.

(2) **목표 진술**(State objectives)

수업 목표를 구체적으로 진술하는 단계이다. 목표 진술은 수업의 결과로 나타날 구체적인 행동목표로 진술한다.

(3) **매체와 자료의 선정**(Select media and materials)

학습자에 대한 분석과 구체적으로 진술된 학습규모에 적합한 교수방법과 매체를 선택하는 단계이다. 매체의 선택은 두 가지 요인을 고려하여 수업의 내용과 관련한 매체의 적합성과 매체를 사용하는 교수자의 능력을 고려하여 이루어진다.

(4) **매체와 자료의 활용**(Utilize materials)

매체와 자료가 선택되면 이것을 수업에서 효율적으로 활용하는 방안을 계획해야 한다. 사전에 자료를 준비하고 이를 사용하는 것을 연습해 본다. 그리고 매체와 자료를 사용하기 위한 사전 준비와 수업환경을 확인한다.

(5) **학습자 참여 유도**(Require learner participation)

매체와 자료가 효과적으로 활용되기 위해서는 학습자들의 적극적인 참여가 관건이다. 학습자 참여는 자료가 제시되는 동안 학습자로부터 반응을 유도할 수 있는 다양한 형성평가의 방법을 활용하고 그에 대한 피드백을 제공하는 방법을 활용한다.

(6) **평가와 수정**(Evaluation and review)

수업이 종료된 후에 매체와 자료의 활용이 수업에 어느 정도의 효과를 미쳤는지를 확인하는 평가가 이루어져야 한다. 평가에는 매체 사용이 학습 목표 달성에 어느 정도 기여했는지, 학습자가 매체와 자료를 얼마나 효과적으로 활용하였는지 등을 확인한다. 이러한 매체 활용의 평가 결과를 통해 필요하다면 다음 수업을 위해 매체나 자료의 활용 방법을 수정한다.

5) 지도 매체의 종류

매체가 선정되면 지도자는 이를 제작하고 적절하게 활용하여야 한다. 지도방법에 활용되는 매체의 종류와 사용법은 다양하지만 가장 일반적으로 사용되고 있는 매체는 자료이다. 흔히 매체는 전자적인 장치라고 연상하기 쉽지만 반드시 그렇지는 않다. 전통적인 매체들로써 지도 과정에서 간단하고 손쉽게 사용되는 매체는 많다. 대표적으로 실물, 모형, 인쇄교재, 칠판과 이와 유사한 다양한 종류의 게시장치 등이 여기에 속한다. 실물은 구하기 쉽고 가장 효과적인 매체다. 실물은 실제적 경험을 할 수 있는 대표적 자료이기 때문에 동기 유발에도 효과적이다. 모형은 실물을 축소하거나 확대하여 삼차원적으로 표현한 것이기에 실물로 경험할 수 없는 것을 간접적으로 체험하는 데 유용하다. 인쇄자료는 교재, 자료집, 소책자 등 지도 내용과 직접적으로 관련된 인쇄물로 손쉽고 편리하게 자주 사용되는 자료매체다. 칠판은 오랜 전통을 갖고 가장 보편적으로 사용되고 있는 매체 중 하나이다. 최근에는 다양한 용도로 개발된 다목적 칠판이 널리 사용되고 있으며 인쇄가 가능한 전자칠판도 있다. 다양한 유형의 전시 장치로 자료 부착과 탈착이 자유로운 융판과 자석을 사용하여 시각자료를 부착할 수 있는 부착식 칠판도 자료에 속한다.

매체는 흔히 인간이 어떤 감각기관을 활용하여 학습하느냐에 따라 그 유형을 시각매체, 청각매체, 시청각 매체로 구분한다. 이처럼 자료를 감각기관을 통해 시각자료, 청각자료, 시청각자료로 구분하면 다음과 같다.

(1) 시각자료

시각자료는 시각에 의존하는 자료로 여기에는 투사자료와 비 투사자료가 있다. 투사자료는 자료 그 자체를 광원을 이용하여 화면에 투사하는 자료를 말한다. 이러한 자료에는 오래된 방법으로 슬라이드가 있고, 투사자료의 대표적인 형태로 여전히 보편적으로 활용되고 있는 OHP가 있다. 하지만 최근에 가장 널리 사용되는 방법은 컴퓨터와 LCD를 활용하여 화면을 제시하는 방법으로, 서서히 예전의 방식을 대체하고 있는 실정이다.

비 투사자료는 현상된 사진, 실제로 그린 그림, 연대기 표와 도표, 수치자료를 시각적으로 표현한 그래프, 메시지를 함축적으로 전달하기 위한 포스터, 그리고 시각적으로 의미를 전달하려는 만화가 있다.

(2) 청각자료

청각자료는 청각만으로 제작된 자료로 대표적으로 오디오테이프가 있고 최근에 CD-ROM 형태와 MP3의 형태, 그리고 컴퓨터를 통해 제시되는 방법도 증가하고 있다.

(3) 시청각자료

시청각 매체의 사용이 본격화된 것은 텔레비전과 1980년대 VHS 방식의 비디오테이프가 통용되면서부터다. 비디오디스크는 레이저를 사용하여 저장된 비디오 정보를 화면에 제시하는 시청각자료이다. 최근 컴퓨터공학의 발달과 함께 시청각 매체와 자료의 기능은 더욱 향상되었다. DVD(Digital Video Disc)는 비디오 정보를 디지털 형태로 저장할 뿐만 아니라 복사 및 재생이 간편하며 필요한 부분을 선택적으로 볼 수 있다. DVD는 우수한 화질과 음질을 갖추고 있으며 정보의 보존성이 뛰어나다. 최근에는 인터넷을 통해 비디오를 제공하는 스트리밍(Streaming) 기술도 활용되고 있다.

요약

청소년지도자는 지도 대상인 청소년의 성장발달 과정에 영향을 미친 '소여된 환경'과 함께, 청소년 지도를 위해 '조성할 환경' 모두에 이해와 관심을 기울여야 한다. 우선 청소년지도자는 지도 대상인 청소년들이 성장하고 발달하는 과정에서 어떠한 환경의 영향을 받았는지를 관심을 갖고 파악하여야 한다. 왜냐하면 유전적 요인과 함께 인간 발달의 주요 영향 요인이 바로 환경이기 때문이다. 특히 한 개인의 발달 과정에 환경이 미친 영향을 파악한다는 것은 개별 청소년에 대한 맥락적인 인간 이해이기 때문에 청소년지도자가 청소년의 발달 과정에서 미치는 환경의 중요성을 간과할 수는 없다. 따라서 청소년지도자는 환경의 개념과 의미, 환경의 유형과 영향 등에 대해 이해하여야 한다.

흔히 환경은 크게 물리적 환경과 사회적 환경으로 구분한다. 이 때 사회적 환경 중 심리적 측면의 환경영향을 일러 심리적 환경이라 한다. 청소년 지도 환경이라 하면, 청소년지도자가 '조성하는 환경'이란 의미에서, 사회적 환경을 심리적 환경 중심으로 탐색한다. 청소년지도자는 최적의 환경을 갖추기 위해 이와 같은 심리적 환경 및 물리적 환경여건을 잘 갖출 수 있어야 한다. 특히 청소년지도자는 지도 과정에서 최적의 환경을 마련하여 지도의 효과성과 효율성을 진작시킬 필요가 있다. 환경이 어떻게 갖춰져 있느냐에 따라 지도의 결과와 효과가 다르기 때문이다. 이를 위해 청소년지도자는 효과적인 지도 과정 상의 심리적 환경을 조성하고 물리적 환경의 조성원칙(적절성, 효율성, 경제성, 집중성, 안전성)을 견지할 필요가 있다.

지도 매체는 이러한 환경조건을 구비하는 과정에서 지도자가 선택하는 방법 중 하나이다. 지도 매체는 청소년 지도 과정에서 지도자와 청소년, 청소년과 청소년간의 의사 소통을 위해 사용되는 매개체 혹은 전달체를 말한다. 청소년지도자는 매체의 개념과 유형, 선정방법과 선택 모형 등을 잘 숙지하여 청소년 지도 과정 및 방법상에 활용할 수 있어야 한다.

연습문제

1. 환경의 개념과 함께 환경이 인간의 성장과 발달 과정에 미치는 의미에 대해 설명해 보자.
2. 환경의 유형을 물리적 환경과 사회적 환경으로 구분하여 그 유형별 특징에 대해 제시해 보자.
3. 브론펜브레너가 논의한 4개의 환경체계를 구체적으로 탐구해 보자.
4. 청소년지도자가 물리적 환경을 정비하는 데 필요한 원칙 다섯 가지를 논의해 보자.
5. 청소년 지도 매체의 개념을 교육학의 교수 매체 개념으로부터 원용하여 그 개념을 정의하여 보자.
6. 매체가 갖는 보편적인 기능에는 무엇이 있는지를 탐구해 보자.
7. 호반의 시청각 매체의 분류와 데일의 경험의 원추모형을 그린 후 각각의 매체들이 갖는 특성을 비교해 보자.
8. 교수 매체선정 모형인 ASSURE 모형을 설명해 보자.

Chapter 06

청소년 지도 단계와 지도 대상

<제1절> 청소년 지도의 단계

청소년 지도란 청소년의 긍정적인 성장과 발달을 위한 지도자의 개입(intervention)을 말한다(한국 청소년개발원 편, 2004b: 19). 이는 청소년의 건강한 성장과 발달이 청소년 지도의 궁극적인 목표임을 뜻한다. 그런데 청소년 지도의 궁극적인 목표는 지도 내용에 따라 다시 다양한 목표로 설정된다. 이러한 목표는 단위 지도 내용의 목표이자 종국에는 청소년의 성장과 발달을 위한 하위의 목표로 자리매김된다.

통상 청소년 지도는 이러한 하위 목표와 궁극적인 목표에 따라 지도자가 기획하고 설계한 일련의 절차와 단계에 의해 이루어진다. 그래서 청소년 지도는 지도자가 지도 내용에 따른 뚜렷한 목표를 설정하고 이에 따라 조직적이고 의도적으로 이루어지는 계획적인 조력 활동으로 이해되고 있다. 즉, 청소년 지도는 지도자가 청소년들을 만나기 위해 준비하는 단계에서부터 시작하여 지도의 목적을 달성하고 이를 종결하기까지의 일련의 과정과 단계를 거친다.

청소년 지도의 과정에 대해서는 오래전부터 관련 선행 연구가 있어 왔다. 대표적으로 박성희(1994), 이광호(1997), 김 민(2003), 한상철(2006) 등의 연구가 있다. 청소년 지도의 과정을 프로그램 운영의 과정에서 살펴 본 박성희(1994: 22-30)는 지도자가 운영하는 프로그램의 단계를 계획—설계—실행—평가의 4단계로 나누었다. 이광호 외(1997: 10) 역시 계획—준비—실행—평가의 단계로 구분하였다. 김 민(2003: 310)은 계획과 기획의 개념을 구분한 후 계획 단계를 기획 단계로 치환하여 기획 단계—설계단계—실행 단계—평가 단계로 구분하였다. 한상철(2006: 276-302)은 청소년 지도의 과정을 사전단계—초기 단계—중간단계—종결 단계 등으로 구분하였다.

여기서는 다음 [그림 6-1]과 같이 청소년 지도의 과정을 사전 준비 단계—시작 단계—실행 단계—평가 및 종결 단계로 구분하여 살펴보았다. 청소년 지도의 각 단계들은 일방적으로 다음 단계를 조정하고 통제하는 일방향적인 관계가 아니라 각 단계 간 영향을 주고받는 쌍방향적이고 상호 작용적인 관계를 유지하는 특성이 있다. 즉, 순차적으로 전 단계를 실행한 후, 이후의 단계가 수행되는 일련의 단선형적인 절차로 보이지만 [그림 6-2]처럼 각 단계별 간에는 상호 간의 유기적인 영향과 도움을 미치는 쌍방향적 관계특성을 갖는다. 이를테면 사전 준비 단계가 시작 단계에 영향을 미치는 것으로 보이지만, 어떻게 시작하느냐에 따라 사전 준비 단계에 대한 평가가 이루어질 수 있다. 특히 평가 및 종결 단계는 지도 목표의 달성 여부를 기준으로 하여 각 단계를 점검하고 확인하는 순환적 과정의 기점 역할을 한다(한승희, 1997: 55-56).

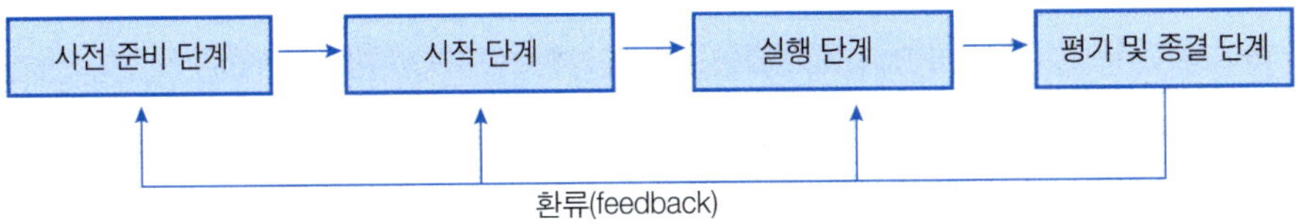

[그림 6-1] 청소년 지도의 단계

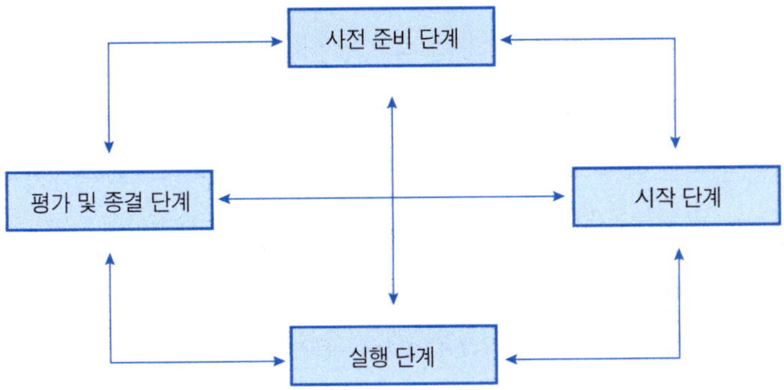

[그림 6-2] 청소년 지도 과정 각 단계들의 상호 작용 관계

1) 사전 준비의 단계

사전 준비의 단계는 청소년지도자가 청소년을 대면하기 전의 지도 단계로 청소년 지도를 사전에 준비하는 기획(planning)의 단계이다. 청소년 지도 현장에서는 과거에 기획을 계획이라 표현하였다. 그러나 기획(planning)과 계획(plan)은 서로 다른 개념이다. 계획이란 용어가 논리성과 현실성을 갖고 있는 개념이라 한다면, 기획은 논리성과 현실성 외에 창조성을 포괄하는 개념이기 때문이다(이와사키 타카하루, 1989;

김진화·정지웅, 2000: 120에서 재인용). 흔히 계획을 수립하는 행위 또는 과정을 기획(planning)이라고 부르며 학자들에 따라서는 계획을 하위개념, 기획을 상위개념으로 보는 경우도 있다. 통상 프로그램을 단위로 진행되는 청소년 지도의 경우, 프로그램 기획(PP: program planning)이란 의미 안에는 프로그램을 왜 개발해야 하는가(프로그램의 필요성)와 프로그램 개발을 통해 산출되는 구체적인 결과물이 무엇인가(프로그램 개발의 기본 방향)에 대해 관심을 갖는다는 측면에서 지도 과정의 첫 단계를 일러 기획이라 하는 것이 더욱 적절하다(김민, 2003). 즉, 의도적이고 계획적이며 조직적이고 체계화된 지도 목표를 기준으로 구안되어진 지도 내용과 과정의 개발 특성 상, 기획이란 용어가 계획이란 용어보다 더 부합되기 때문이다.

실제 지도 활동이 이루어지기 이전이지만 사전 준비의 기획 단계는 이후의 단계를 포함하여 전체 지도 활동 및 방법의 성패를 가늠 짓는 매우 중요한 단계이다. 즉, 이 단계에서 얼마나 충실하게 잘 준비하였는지에 따라, 이후의 단계를 결정짓고 궁극적으로 청소년 지도 전반의 성패를 가늠하기 때문이다. 따라서 청소년지도자는 사전 준비 단계에서 지도 활동의 내용들을 꼼꼼하고 충실하게 기획하고 설계하여야 한다. 이 단계에서의 주요 과업은 ① 지도 목표의 설정, ② 지도 내용(프로그램)에 대한 확신과 문제 인식, ③ 참여 청소년에 대한 진단(요구 조사)과 정보수집, ④ 참여집단의 구성, ⑤ 지도 환경의 준비, ⑥ 지도기획안(프로그램 기획안) 작성, ⑦ 기관 내 의사 결정 등이 있다.

(1) 지도 목표의 설정

사전 준비 단계에서 지도자가 우선적으로 실행해야 하는 과업이 지도 목표의 설정이다. 지도 목표는 청소년 지도의 일반적인 목표, 프로그램 목표, 단위지도 목표 등의 위계로 구분할 수 있다(한상철, 2006: 276). 다시 말하면 지도 내용인 프로그램을 설계하고 개발하는 데 있어서 프로그램의 목표를 우선적으로 설정해야 하고 프로그램 내의 각 단위활동을 계획하는 데 있어서도 구체적인 목표를 진술해야 한다. 이러한 다양한 위계수준의 목표들은 다음과 같은 두 가지 공통적인 기능을 갖는다(이희도 등,

1996; 한상철, 2006: 276에서 재인용).

첫째, 지도 목표는 청소년 지도의 지침이 되고 평가의 준거가 될 수 있도록 구체적이고 명시적이어야 한다. 목표는 지도의 방향을 안내하는 기능과 학습 경험 선정의 기준으로서의 기능 그리고 평가 준거로서의 기능을 갖는다. 따라서 구체적이고 명시적인 형태로 진술될 때 목표의 기능을 충실하게 수행할 수 있다.

둘째, 지도 목표는 청소년들에게 의미가 있어야 한다. 목표의 의미성이란 청소년의 직접적이고 장기적인 생활설계에 도움이 되어야 한다는 것이다. 그리고 그것이 청소년의 현재 상황에 맞춰 성취 가능한 것이어야 한다. 만일 청소년이 지도 목표의 필요성과 중요성을 신뢰하지 않거나 인정하지 않을 경우, 지도의 효과를 기대하기란 쉽지 않다. 또한 청소년이 지도 목표를 성취하기가 너무 어렵거나 이미 알고 있는 경우에도 역시 지도의 효과를 기대하기란 어렵다.

(2) 지도 내용(프로그램)에 대한 확신과 문제 인식

청소년지도자가 지도 목표를 설정하기 위해서는 당연히 해당 지도 내용이 청소년과 지도 현장에 왜 필요한지를 분명하게 인식해야 한다. 즉, 지도의 내용이 프로그램 단위로 구체화되는 과정에서 지도자는 지도 내용에 대한 확신과 문제 인식을 가져야 한다. 이러한 확신과 인식은 지도 내용인 프로그램의 특성과 성격을 결정짓는다. 다시 말하면, 이 단계에서 지도자는 왜 이 프로그램을 수행해야 하는지에 대한 분명한 이유와 필요성에 대해 기획자로서의 확신과 신념을 가져야 한다.

이러한 확신과 신념은 사실 지도 내용(프로그램)을 개발·운영하는 전체 과정에서 중요함에도 불구하고 청소년 활동 현장이나 이론의 영역에서 지금까지 간과된 측면이 없지 않다. 실제로 지도자가 자신이 개발하고자 하는 프로그램에 대한 확신과 신념을 갖는다는 것은, 작게는 프로그램의 특성과 성격을 규명하고 결정짓는 일이며, 좀 더 크게는 논리성을 기반으로 지도자가 소속되어 있는 시설과 기관의 동료와 타 지도자들을 설득할 수 있는 근거가 되고, 더 나아가서는 실질적으로 프로그램화하는 데 요구되는 주요한 타인과 기업 등의 후원자 개발, 지역사회, 정부(지방자치단체 포함) 등의 지원을 이끌어 내는 기반이 된다. 따라서 지도자는 프로그램을 준비하는 과정에 있어 관련 문제 인식과 지도 내용에 대한 확신과 신념을 내재할 필요가 있다. 통상 이러한 프로그램에 대한 확신과 문제 인식은 프로그램 기획안의 목적과 필요성, 기대 효과 등으로 문서화(paper work)된다.

(3) **참여 청소년에 대한 진단**(요구 조사)**과 정보의 수집**

지도자는 지도 내용인 프로그램을 기획하는 데 필요한 다양한 조사 활동과 정보 및 자료 수집, 의견 수렴 등을 하게 된다. 구체적으로 수요자인 청소년에 대해 진단을 하기 위해 요구 조사, 현황 및 실태 조사 등의 각종 조사 활동을 수행할 수 있으며, 프로그램과 관련된 다양한 자료와 정보를 수집·가공하고 개인과 집단을 대상으로 널리 의견을 수렴한다.

지도자는 무엇보다 수요자인 청소년들의 제반 특성 즉 과거 경험의 종류, 그들의 적성, 준비도, 흥미, 동기상태, 욕구 등을 정확하게 진단하여야 한다. 이것은 지도의 효율성과 매력을 향상시킬 수 있는 중요한 정보가 되기 때문이다(한상철, 2006: 279). 특히 지도자는 이 단계에서 참여 청소년의 흥미와 관심에 기초한 요구 조사를 실시할 필요가 있다. 프로그램이 기본적으로 청소년들의 자발적인 선택과 참여에 의해 수행되는 활동의 계획이자 내용이란 점에서, 청소년을 대상으로 하는 요구 조사는 사전 준비 단계의 필수적인 과정이다. 동시에, 요구 조사의 결과들은 앞서 언급한 프로그램에 대한 확신, 신념과 더불어 기획자가 갖는 설득력의 근거이자 논리성의 기반이 된다.

각종 자료와 정보의 수집은 사전 준비 단계 뿐만 아니라 다른 단계를 포함하여 전체 지도 내용(프로그램) 개발의 질적 측면을 결정하고 강화하는 요인이기 때문에 지도자는 프로그램과 관련된 자료와 정보들을 가급적 최대한 수집하고 이를 기획안 구성에서부터 활용해야 한다. 아울러 지도 내용의 객관적인 타당성과 전체적인 균형과 조화를 위하여 타인의 의견을 수렴하는 데에도 적극적인 노력을 기울일 필요가 있다.

(4) 집단의 구성

청소년 지도는 대면지도를 제외하고는 대개 집단을 통해 이루어진다. 청소년 지도에 앞서 지도자는 청소년 개인이 갖고 있는 속성, 지도 내용의 특성에 기초하여 참여 청소년의 집단을 구조화하고 집단의 크기와 형태를 결정한다. 여기에는 집단의 동질성과 이질성, 집단의 규모, 집단의 구조화, 개방형 집단과 폐쇄형 집단에 대한 지도자의 고민과 선택이 뒤따른다(한상철, 2006: 282-283).

(5) 지도 환경의 준비

사전 준비 단계에서 빼놓을 수 없는 과업 중 하나가 지도 환경의 준비와 조성이다. 지도자는 지도 내용에 따라 필요한 물리적 환경을 구비·검토하고 심리적 환경 조성의 준비를 갖추는 등 제반 지도 환경을 준비하여야 한다. 물리적 환경을 준비하는 과정에는 지도 내용에 따라 공간 및 시설 환경 검토와 확인, 조명·소음에 대한 조정, 기자재 및 장비의 배치와 구비 등이 포함된다.

(6) 지도기획안(프로그램 기획안) 작성

지금까지의 사전 준비 단계의 과업들이 마무리되면, 이제 이 모든 것들을 하나로 종합하여 문서화하면서 지도기획안의 형태로 구현하게 된다. 이 때 지도자는 치밀한 프로그램 및 관련 사업 검토 능력과 프로그램을 현실적으로 구현하려는 역량을 갖추어야 한다. 예산 계획 및 확보, 연계·협력이 가능한 자원을 미리 확보하고 설계하는 것이 그 사례이다. 예산은 청소년 지도 내용을 지지하는 물적 기반이므로 실행에 앞서 예산의 안정적인 확보와 다양한 재원의 개발 가능성을 꼼꼼하게 진단하고 타진해야 한다. 아울러 예산의 수입과 지출 부문에 대한 정확한 예측과 검토가 설계안 작성에 반드시 수립·구안되어야 한다. 특히 프로그램 실행 과정에서 연계·협력이 가능한 인적, 물적 자원을 확보하는 것은 현재 확보해둔 예산을 효율적으로 절감하면서 동시에 프로그램의 효과를 진작할 수 있는 방안이다. 따라서 지역사회의 풍부한 인적, 물적 자원을 사전에 파악하고 단위 지도 내용(프로그램)과 그 성격에 따라 유용하게 연계·협력할 수 있도록 평상시에도 자원에 대한 정보를 확보해 두는 것이 좋다. 이렇게 자원들을 미리 확보하면 사전 준비 단계 혹은 실행의 전 단계에서 소요되는 시간도 효율적으로 절약할 수 있다.

프로그램에 참여하는 인적 자원의 역할들을 효과적으로 분담하는 방안도 사전 준비 단계 중 기획안 구안단계에서 검토되어야 한다. 프로그램에 결합하는 인적 자원을 적재적소에 배치하고 활용하는 계획이 기획안 작성 시에 수립되어야 하며 이를 중심으로 원활한 프로그램 수행이 이루어질 수 있도록 각 인력 자원을 중심으로 한 체크리스트가 작성되어야 한다. 가급적 체크리스트는 상호 간의 검토와 확인이 가능한 크로스체크(cross-check)를 중심으로 작성하되 책임을 맡는 청소년지도자가 전체를 총괄하는 형태로 구안하는 것이 좋다. 마지막으로 기획안 작성 중 고려해야 할 주요 내용 중 하나는 효과적인 홍보 전략에 대한 구안이다. 아무리 좋은 프로그램이라 하더라도 청소년과 프로그램 관계자들에게 널리 알려지지 않으면 소용이 없다. 청소년들의 참여를 독려하고 유인하는 다양한 홍보안들이 사전 준비 단계부터 고려되어야 한다. 여기서 빼놓을 수 없는 것이 바로 청소년 지도방법의 선정이다. 구체적인 지도방법의 선정은 사전 준비 단계에서 간과할 수 없는 주요 과업이다. 지도방법의 선정은 지도 내용의 실제적 구현을 위하여 지도자가 고심하여 선택하는 지도방법의 과정을 의미하며, 통상 프로그램의 내용에 따라 결정된다. 특히 지도방법의 선정은 구체적인 목표 달성과 내용실현에 직결되는 과업이다.

이처럼 지도기획안 혹은 프로그램 기획안이라 하는 이 문서작성의 과업은 통상 지도하고자 하는 프로그램의 목표와 지도방법, 세부적인 절차와 지도 내용 등을 더욱 구체화하고 제반 여건 등을 적절히 배합하여 종합적으로 구안하게 된다. 또한 기획안은 목표 달성을 위한 내용과 방법뿐만 아니라 나아가 실제 활동을 위한 실행 계획과 실행 결과를 예측하고 평가하는 평가 계획까지 모두 구체적으로 수립하는 즉, 지도 과정 전체를 함의하는 총괄적인 기획안이 되어야 한다(박성희, 1994: 23). 따라서 이 단계부터 청소년지도자는 프로그램을 평가하는 평가 도구를 개발하고 준비해야 한다. 흔히 프로그램 기획 단계에서 간과하기 쉬운 평가 도구의 개발 및 준비는 당초 기관과 지도자가 목표한 수준에 이르렀는지를 환류(feedback)할 수 있는 준거를 마련하며, 아울러 동일하거나 유사한 프로그램을 기획, 실행할 경우에도 도움을 준다.

아울러 실제 청소년 지도가 실시될 수 있는 제반 여건들, 이를테면 기관의 역량과 조건, 물리적 환경 변인, 지도자의 전문성과 경험 등을 프로그램 기획안 작성에 함께 반영해야 한다. 특히 프로그램의 개발 단계에는 프로그램 기획자의 창의성과 전문성이 전적으로 요구되므로 청소년 시설과 기관, 단체 등에서는 평소 청소년지도자의 역량을 강화, 개발하는 지원을 지속적으로 수행할 필요가 있다.

(7) 의사 결정

작성된 지도기획안은 일정한 절차를 통해 심의를 받고 최종적으로 채택된다. 이를 일러 기획안에 구안된 지도의 내용을 채택하여 시행하느냐 안 하느냐를 결정하는 의사 결정이라 한다. 대개 청소년 시설이나 기관, 단체에서는 여러 기획안을 비교·검토하여 그 중 가장 적절하다고 생각되는 기획안을 선택하거나 혹은 단일 프로그램의 경우, 프로그램의 타당성과 실효성을 중심으로 시행여부를 결정한다. 이러한 결정은 대체로 지도 내용의 필요성과 타당성을 중심으로 제반 여건에 따른 실현가능성을 고려하여 결정된다.

2) 시작 단계

시작 단계(intake stage)는 청소년 지도가 본격적으로 시작되는 실제단계이자 실행의 초기 단계이다. 대부분 참여하는 청소년들은 새로운 사람(참여 청소년, 지도자 등)과 지도 내용, 활동의 장을 대면하게 된다. 이 단계에 어떤 지도자가 어떻게 개입하느냐에 따라 사전 준비 단계에서 공들인 결과들이 효과적으로 전달될 수 있느냐의 여부가 달려있고 이후 본격적인 실행 단계의 성패가 달려있다. 특히 지도 내용에 대한 풍부한 경험과 전문성을 가진 청소년지도자일수록 시작 단계의 어색한 분위기를 효과적으로 완화하는 등 매끄러운 진행을 할 수 있다.

이 단계에서의 주요 과업으로는 ① 친밀감과 신뢰감 분위기의 조성, ② 동기 유발,

③ 지도 목표의 전달과 한계의 설정, ④ 선수 학습 및 선행 경험의 진단과 재생 등이 있다.

(1) 친밀감과 신뢰감 조성

초기 도입 단계라 할 수 있는 시작 단계에서 청소년지도자는 우선 지도자와 청소년, 그리고 참여 청소년 서로 간의 친밀감과 신뢰감 조성에 주의를 기울일 필요가 있다. 통상 이 단계에선 청소년 상호 간에 친밀감을 조성하기 위한 간단한 자기 소개와 레크리에이션 등 분위기 조성을 위한 친교 프로그램(ice breaking program)으로 배치하는 경우가 많다. 또 강좌형 프로그램이 도입부에 있다 해도 무거운 주제보다는 전체 내용을 압축하여 상징하는 '열린 말씀'(open address)의 시간을 갖기도 한다(유네스코 한국위원회, 1985). 친밀감을 조성한다는 것은 첫 대면에서의 어색함이나 긴장감을 완화하고 상호 신뢰감을 발달시키는 데 큰 기여를 한다.

(2) 동기 유발

청소년들이 지도 내용에 흥미를 갖고 적극 참여하려는 동기(motive)를 갖느냐는 시작 단계에서 결정적인 주요 성패요인이다. 동기는 어떤 행동의 방향과 강도에 영향을 미치는 요인이다(이수원 외, 2000). 즉, 심리학에 따르면 인간의 마음에는 개인을 특정한 방향으로 행동하게 하는 심리적 작용이 있다고 가정하고 이러한 심리적 작용을 동기라 말한다. 특히 행동을 가능케 하는 심리적 자극을 주는 행위 일체를 동기 유발(motivation)이라고 한다. 이러한 동기 유발은 흔히 내재적 동기와 외재적 동기로 나누어 구분한다. 지도자는 지도 과정 시작 단계에서 이러한 동기 유발의 중요성을 인식하고 참여하는 청소년들이 지도 내용에 몰입할 수 있도록 적절한 동기 유발 기법을 습득할 필요가 있다. 여기에는 언어와 몸짓을 이용한 방법, 교구나 기자재를 활용하는 방법, 활동을 통한 방법 등으로 구분할 수 있다. 흔히 동기 유발의 원리에는 흥미의 원리, 변화의 원리, 다양성의 원리를 들 수 있다. 즉, 주어진 과제 또는 프로그램이 청소년들에게 흥미를 불러올 수 있어야 하고, 계속적인 변화를 추구해야 하며, 다양한 자극들로 구성되어야 한다는 것이다.

(3) 지도 목표의 전달과 한계의 설명

청소년 지도의 초기 단계에서 지도자가 해야 할 과업 중 하나가 지도 목표를 구체적이고 명료한 형태로 청소년들에게 전달하는 것이다. 구체적인 목표는 지도의 방향을 제시하고 지도방법을 결정케 하며, 학습자들에게 동기를 유발케 하는 효과가 있다. 따라서 청소년지도자는 사전에 설정된 지도 목표를 구두로 통보하거나 인쇄 매체 및 다양한 매체를 활용하여 제시함으로써 지도 과정에 참여한 청소년들이 이를 분명히 이해하고 내면화할 수 있도록 도와야 한다.

한계의 설명이란, 지도 활동 기간 동안 관련기관이 제공하는 서비스나 지원의 내용 및 제약사항 등을 미리 알려줌으로써 구성원들에게 기관이 제공해 줄 수 있는 요인과 제공해 줄 수 없는 요인들에 대해 명확하게 인식하도록 설명하는 것을 말한다. 여기에는 지도자 자신이 청소년을 위해 그리고 기관의 입장에서 어떤 기능과 역할을 할 것인지에 대해서도 설명해 주는 것도 포함된다. 또한 지도 활동의 운영과 관련하여 활동기간, 빈도, 장소, 준비 사항, 유의점 등에 대해 설명하고 안내해 주는 것도 중요한 과업 중 하나이다.

(4) 선수 학습 및 선행 경험의 진단과 재생

지도를 하기 전에 참여 청소년의 특성 중 선수 학습 및 선행 경험의 정도를 진단하고 판단하는 것은 효과적인 지도 활동을 위해 필요하다. 지도 활동 과정에서 참여 청소년의 선수 학습과 선행 경험의 정도를 정확하게 평가하거나 진단하기란 쉽지 않다. 그래서 지도 현장에서 지도자는 통상 참여 청소년의 연령과 학교, 과거 참여 프로그램의 소개 등에서 선수 학습이나 경험을 유추할 수 있다.

청소년 지도의 과제가 특히 위계적이고 지도가 지난 시간의 지도 내용과 연속성이 있을 때 선수 학습 또는 경험을 재생하도록 하는 것은 지도 활동의 효과를 높이는 데 중요하다. 선수 학습이나 경험의 재생은 청소년들을 대상으로 하는 질문을 통해 이루어질 수 있고, 지도자의 간단한 설명이나 요약으로 이루어질 수도 있으며 차트나 유인물, 그 밖의 교수 매체를 통해서도 가능하다.

3) 실행 단계

실행 단계는 청소년 지도의 목표를 실현하는 핵심적인 과정이다. 아무리 훌륭하게 계획된 청소년 지도 활동이라 할지라도, 실행 단계가 제대로 이루어지지 않으면, 청소년 지도의 목표를 실현하기란 불가능하다 따라서 청소년지도자는 실행 단계에서 수행해야 할 행동전략과 지도 기법의 특성에 대한 전문 지식을 갖추어야 한다.

흔히 실행 단계는 사전에 기획되고 설계된 지도 내용들을 실제로 수행하여 애초에 설정한 목표를 달성해 가는 구체적인 과정을 말한다. 즉, 이 단계는 청소년들이 프로그램에 참여하여 적극 활동할 수 있도록 지도하여 프로그램의 목적을 달성해 가는 단계이자 동시에 청소년지도자가 처음 사전 준비 단계에서 기획한 내용들을 현실적으로 체화(體化)해 나가는 단계이다. 따라서 이 단계는 가설과 가정으로 이루어진 프로그램이 실제로 현장에서 활동화되어 그 타당성이 검증되면서 비로소 그 가치를 갖게 되는 단계이다. 지도 내용이 아무리 치밀하게 계획되고 설계되었다고 할지라도 실행되지 않으면 거의 무의미한 문서에 지나지 않기 때문이다. 그러므로 이 단계는 지도 내용의 단계 중 절정을 이루는 매우 중요한 단계이다(박성희, 1994: 26).

실행은 사전 준비 단계에서 준비한 단위 프로그램 계획서와 세부 실행 계획서, 체크리스트 등을 기반으로 실행된다. 대체로 일정 시간의 순서에 따라 문서화되어진 기획안과 리스트를 중심으로 준비 단계에서부터 실행 단계에 이르기까지 프로그램은 일관된 활동의 목적과 내용을 중심으로 실행하게 된다. 그리고 지도 내용의 실행이란 일반적으로 사람들 간의 협력적인 노력이 필요하고 요구된다는 점에서 준비 단계에서 구안되어진 조직 구성원 혹은 자원봉사지도자, 자원봉사인력, 참가자들에 이르기까지 다양한 인력 자원에 대한 적절한 역할 분담이 이루어져 실행 단계에서 효과적으로 수행되도록 촉진시켜야 한다.

실행 단계에서는 프로그램을 조정, 지도하는 지도자의 전문성과 경험, 프로그램 관리 운영 능력 및 기술 등에 따라 적지 않은 편차가 나므로 평소 청소년 시설 및 기관 등은 청소년 지도 인력의 전문성과 경험 등을 제고할 수 있는 방안들을 강구해야 한다. 특히 실행 과정에서 나타나는 선택과 판단의 문제, 돌발 상황에 대한 대처요령, 갈

등 및 대립상황에 대한 조정국면의 직면 등 사전 준비 단계에서 고려되지 못한 사항들에 대한 대응은 현실적으로 지도 인력의 경험과 프로그램 관리운영 능력 및 기술에 거의 전적으로 의존하는 경우가 많다. 따라서 기획안에 대한 보다 면밀한 구안이 선행되어야겠지만, 이 같은 상황에 대한 효과적인 대처와 대응을 위하여 기관 및 시설의 차원, 나아가 국가적 차원에서 평소 지도자의 프로그램 관리능력 및 기술, 지도력 개발에 대한 제고 및 증진 방안 등이 적극 검토되고 수행될 필요가 있다. 이러한 일상적인 노력이 전제된다면 실제 실행 과정에서 나타날 수 있는 여러 가지 위험 요인을 줄일 수 있을 뿐만 아니라 프로그램의 질적 발전도 도모할 수 있다.

아울러 실행 단계에서 프로그램에 대한 청소년들의 자발적 참여가 가능하게 하고 또 촉진될 수 있도록 하는 세심한 배려와 실천도 필요하다. 이는 실행 단계의 전체 과정에 청소년들의 주체적인 참여를 극대화하기 위한 다양한 동기 유발 전략과 유인전략의 구안을 통하여 가능해진다. 이외에도 실행 단계에서 지도자가 갖추어야 할 지도방법에는 적절한 자극 제시 기법과 주의 집중 기법, 초점과 집중력 유지 기법, 상호작용 지도 기법, 참여 촉진 기법, 개인내적 수준에의 개입 기법, 대인 관계 수준에의 개입 기법, 청소년 환경 수준에의 개입 기법, 수행 유도 기법, 피드백 제공 기법, 수행 평가 기법, 파지 및 전이 기법, 종결 감정 처리 기법, 추후 지도 기법 등이 있다.

4) 평가 단계

평가 단계는 청소년 지도 활동의 목표 달성 정도와 계획 수행의 효과성·효율성 수준을 종합적으로 분석·평가하고, 평가 결과에 근거하여 지도방법을 개선해 나가는 단계이다. 평가 단계는 기획된 지도의 내용이 구체적으로 기획된 안에 따라 실행한 이후 애초 설정한 사전 준비 단계의 목적과 실행 이후의 결과를 비교하여 실제 전개되어진 지도 활동의 결과를 알고 그 의미를 부여하는 과정이다. 평가 단계는 [그림 6-3]과 같이 평가—보고(report)—추수 활동 등의 하위 단계로 구성된다.

[그림 6-3] 평가의 하위 단계

평가는 초기 과정인 준비 단계에서 평가 지표와 평가 방법 등이 기획되어 프로그램이 진행됨에 따라 모든 단계에서 병행되어 개발의 방향을 조정하지만, 여기서 말하는 평가 단계는 프로그램 개발의 전 과정을 체계적으로 종합하고 분석하여 프로그램 개발의 타당성과 효과, 효율성 등을 평가하고 차후 프로그램의 개발 방향을 진단하는 사후 총괄 평가과정을 말한다(박성희, 1994: 28). 따라서 지도 활동 종료의 시점은 평가라는 단계를 지나야 한다는 점에서 프로그램의 구조와 과정에서 본다면 최종 단계에 해당된다.

평가 단계에서 요구되는 수행 과제는 실행 이후의 결과가 당초 예상했던 활동 목표나 기대 효과와 대비하여 어떠한지를 비교·검토하고 그 의미를 파악하는 것이다. 즉, 프로그램 평가 단계는 계획된 프로그램을 실행한 이후 계획 및 설계와 실행 결과를 비교하여 프로그램의 결과를 알고 그 의미를 부여하는 과정이라 할 수 있다. 특히 이 단계에서 사용되는 평가의 기준은 대체로 다음과 같다.

① 사전 준비 단계에서 기획 시 설정한 목표의 달성 여부와 달성 정도

② 구안하고 기획한 대로 실행 단계에서 진행되고 전개되었는지의 여부와 정도

③ 수요자인 청소년의 만족도와 프로그램에 참여한 인적 자원들(지도자, 자원봉사지도자, 자원봉사자, 강사 등)의 간주관적인 평가

④ 청소년들의 성장과 발달, 기타 측면에 미친 프로그램의 영향과 효과

이러한 평가 결과에 따라 지도 내용은 다시 수정되고 개선되기 때문에 평가는 지도 내용 개발의 타당성과 실효성, 효율성 평가와 함께 차후 지도 내용의 개발 방향을 진단하는 중요한 자료원의 구실을 한다.

한편, 프로그램이 종료된 이후 경험들을 프로그램에 참여한 구성원들 모두가 공유하고, 동일하거나 유사한 활동을 기획·실행할 때에 이를 기초로 하여 수정·보완하는

작업이 필요하다. 대체로 프로그램 종료 후 구성원들은 활동 과정이나 결과에 대하여 논의하고 이를 사업 보고서의 형식으로 문서화하여 보고하거나 보관한다. 최근에는 이러한 보고 형태가 카메라, 컴퓨터, 편집기, CD 등 다양한 전자매체를 활용하여 영상, 동영상 등의 시청각 매체로 전환되어가는 추세이다.

실행 과정이나 결과에 대한 평가 토론은 다양한 개인들의 의견이 모두 수용될 수 있도록 개방적이고 민주적으로 진행되어야 하며 지적된 점들 중에서 구성원들에 대한 교육이 필요할 때는 적절한 후속 교육을 마련하는 것도 좋은 방안이다. 이러한 일련의 모든 활동을 일러 추수 활동(follow up program)이라 한다.

흔히 청소년 지도 활동의 평가는 청소년 지도방법의 질적 개선과 발전을 위해 중요한 비중을 갖는다. 따라서 청소년지도자는 평가 단계에서 활용되는 지도방법의 특성에 대한 전문 지식을 갖추어야 한다. 여기서, 평가 단계 지도방법의 유형이란 청소년 지도의 평가 단계에서 체계적·전문적인 평가를 실시하기 위해 청소년지도자에 의해 활용되는 전문적 지도 기법을 의미한다. 이른바 청소년지도자라면, 지도 내용에 따른 평가기준·평가요소와 평가 방법 등 최적의 평가 도구 개발, 평가 도구 운용 능력, 평가 결과 해석 능력 등을 갖추어야 한다. 또 최종적인 평가 결과에 따라 향후 유사하거나 동일한 프로그램 기획과 운영에 적극 반영할 수 있는 능력도 유능한 지도자의 사례라 할 수 있다.

<제2절> 대상별 지도방법

대상 청소년이 어떤 형태로 지도 과정에 참여하느냐에 따라 지도방법의 효과는 달라진다. 여기서는 개인 중심 청소년 지도와 집단 중심 청소년 지도로 나누어 각 유형별 지도방법의 특성과 기법을 살펴보고자 한다.

1) 개인 중심 청소년 지도

개인 중심의 청소년 지도는 청소년지도자와 청소년 개인의 대면을 통해 이루어지는 지도 형태이다. 일반적으로 지도자와 청소년이 아무런 보조자나 기자재 없이 완전히 독자적으로 이루어지는 형태가 있는가 하면, 학습 보조자의 도움을 받으면서 이루어지는 개인 지도 방식의 형태가 있고, 보조자는 없지만 교육 자료나 기자재를 활용하여 지도가 이루어지는 형태가 있다. 하지만 이러한 분류는 통상 과정 내에서 중복적으로 적용될 수 있어 어떤 경우에는 그 구분이 모호한 경우도 있다. 따라서 일반적으로는 개인 중심 청소년 지도의 특성에 따라 도제 제도, CAI, 원격교육, 상담, 직접 개별 학습, 개인 학습 프로젝트, 인턴십, 다중미디어 학습 등으로 나누어 살펴본다.

(1) **도제 제도**(apprenticeship)

주로 기술 습득과 관련된 영역에서 선택적으로 사용되는 개인 중심 지도방법으로 경험이 있고 숙련된 지도자로부터 오랜 기간 같이 지내면서 개별적인 연마와 도야를 수행하는 형태이다. 이는 중세 유럽의 장인(master)과 도제(apprentice) 중심의 기술 전수 형태의 교육에서 연유한 개인 중심 지도방법이다.

(2) **CAI**(computer assisted instruction)

개인 컴퓨터(PC)의 대중화와 함께 등장한 자기 주도형 학습(SDL: Self Directed Learning)의 대표적인 형태이다. 사전에 프로그래밍된 소프트웨어를 갖고 컴퓨터를 통해 상호 작용하는 학습 방식이다. 지도자 개인 또는 일련의 전문가와 지도자들이 효과적인 학습 단계를 구성하면, 이를 컴퓨터 프로그램화하여 제시한다. 그러면 지도받는 청소년은 이러한 프로그램 중 원하는 것을 선정하여 개인적으로 컴퓨터를 통해 학습한다. 통상 학교 현장에서 많이 사용되는 CAI는 청소년 지도 현장에서도 온라인 오리엔티어링 등에서 응용되는 등 최근에 들어 그 활용정도가 높아지고 있다.

(3) 원격교육

원격교육은 교육 현장에서 가르치는 사람과 청소년 사이에 물리적인 거리가 존재할 때 이를 방송이나 통신 수단, 또는 기타의 방법을 이용하여 극복하고 개별적으로 학습하게 하는 방법이다. 이러한 방식을 청소년 지도 현장에서 응용하는 프로그램은 현재 그렇게 많은 편은 아니나 강좌형 프로그램과 지도자 전문성 연수 프로그램 등의 응용가능성은 크다 하겠다.

(4) 상담(counselling)

훈련받은 상담자의 도움을 받아 청소년 스스로가 자신의 문제를 해결하는 방식이다. 이때 상담자는 청소년의 문제를 적극 해결해 주려는 노력을 하기도 하지만, 때로는 학습자의 고민이나 문제를 참을성 있게 들어줌으로써 청소년 스스로가 문제를 해결할 수 있도록 지원하기도 한다.

(5) 직접 개별 학습

일정한 지도자에 의존하여 청소년이 수시로 직접 만나 쌍방 커뮤니케이션을 통해 학습하는 방식으로 개인 지도나 멘토링(mentoring), 코칭(coaching) 등이 여기에 속한다. 때로는 비용이 많이 들고 한 지도자를 한 청소년이 독점한다는 점에서 비효율적이란 비판도 있지만 교육학에서는 영재 교육 또는 학습부진아 지도 등에서 매우 효과적인 방법이란 평가를 받아왔다. 청소년 지도 현장에서는 직업 교육 및 진로 지도 등에서 응용가능한 지도방법이다.

(6) 개인 학습 프로젝트

흔히 프로젝트 기반 학습(project based learning)이라 하는 개인 학습 프로젝트는 흔히 대안 학교나 대안 교육 현장 등에서 상용하는 개인 중심 지도방법이다. 이는 특정 영역의 학습을 하기 위한 교육 자원 활용 등을 포함한 학습으로 완전 학습, 프로그램 학습, 프로젝트 학습 등이 여기에 속한다. 개인 중심 학습 중 전통적이고 보편적인 방식으로 평가받고 있다.

(7) 인턴십

도제 제도와 현장 경험을 조합한 방식으로서, 과거 전통적으로 의사들의 현장 교육 및 훈련 등에 많이 쓰여 왔다. 최근에는 경영학적 기법이나 전문적인 역할 습득 방법으로 다양한 영역에서 활발하게 사용되고 있다. 의사와 같은 전문적인 직무 훈련, 전문적인 기능인이나 경영 기술 습득을 위한 기초 업무 습득에 유용하다. 기업체에서의 현장 직무 훈련(on the job training)이 이와 유사하다. 인턴십은 현재 예비 청소년 지도 인력 직무 훈련과정에 응용되기도 하며, 실습과정과 연계하여 활발하게 적용하는 개인 중심 지도방법이기도 하다.

(8) **다중미디어 학습**(multimedia learning package)

최근 들어 다양한 형태로 전환되기 시작한 방법으로 사용 가능한 모든 매체를 활용하여 개별 학습을 돕는 방식을 말한다. 이 방법은 청소년의 직업 교육, 언어 개발, 개인 성장과 관련된 영역 등에서 널리 활용된다.

2) 집단 중심 청소년 지도방법

집단 중심 지도방법에는 집단의 특성이 어떠한지를 먼저 살펴볼 필요가 있다. 집단이 갖는 여러 특성들 이를테면 집단 분위기(친밀도와 신뢰감, 상호 작용의 정도), 문화, 역동성 등은 지도방법과는 다른 차원에서 지도 효과에 영향을 미치기 때문이다. 이러한 집단 내의 역동성과 특성을 고려한 후, 지도자는 집단 중심 지도 기법을 숙지하여 지도 과정에서 발휘하여야 한다. 청소년 집단 중심 지도방법에는 강의형 기법, 토론 기법, 브레인스토밍, 역할 연기, 현장 경험, 게임 및 시뮬레이션 기법 등을 꼽는다.

(1) 강의형 기법

교수 기법 중 가장 전통적인 방식으로, 강의형 기법은 지도자가 다수의 청소년에게 비교적 단시간 내에 상당히 많은 정도의 지도 내용을 전달·전수한다는 장점이 있지만 일방적인 전달 체계가 단점으로 지적된다. 특히 일방적인 전달로 인해 청소년들의 자발적인 참여를 유도할 수 없으며 어떤 경우에는 적절한 동기 유발이 되지 않으면 무의미한 시간이 되는 치명적 약점도 갖고 있다. 이러한 단점을 최소화하기 위하여 지도자는 강의 목적 설정단계에서 전달하려는 목표를 구체적으로 수립하고 전달 내용을 체계적이고 조직적으로 구성, 조직하여야 한다. 또 다양한 자료 수집을 통해 강의 과정에서 가능한 한 많은 자료를 제시함으로써 참여 청소년으로 하여금 간접적인 경험을 할 수 있도록 하여야 한다. 강의 전달 방식으로는 낭독식, 암기식, 요점식, 즉흥식 등이 있는데 강의 내용과 강의자(지도자)·수강 청소년의 특성에 따라 가장 적절한 방식을 선택하여 사전에 충분히 연습한 후 강의에 임해야 한다.

(2) 토론 기법

토론 기법의 가장 중요한 기능은 쌍방향 의사 소통(two way communication)이 가능하다는 점이다. 토론을 통해 자신의 견해를 밝힐 수 있고 타인의 의견을 들을 수 있으며 이를 통해 보다 활성화된 학습을 행할 수 있다. 토론 방식에는 심포지움, 세미나, 배심 토론, 공개 토론, 소집단 분과 토론 등이 있다.

심포지움: 동일한 주제 또는 상호 관련된 몇 개의 소주제를 중심으로 소수의 사람들이 공식 발표 형태로 각자의 전문 지식과 의견을 제시하고 토론하는 공식적인 좌담 토론의 형태이다. 해당분야의 권위있는 전문가 2~5명으로 발표자가 구성되고 이들은 각자 특정 주제에 대해 발표한다. 이때 발표자 간 또는 청중들 간의 상호 의견교환은 통상적으로 이루어지지 않는다.

세미나: 50명 이하의 소수 집단을 참여자로 구성하며, 구성원은 대부분 당해 주제 분야에 관한 권위 있는 전문가나 전문적인 연구 관련자로 구성된다. 세미나는 특정 전문 연구 사업과 관련하여 연구 기관이 주도하여 수행되는 경우가 많으며 발표자는 물론 참석자 전원이 당해 분야에 관한 지식과 정보 및 관심을 소유하고 있으므로 공식적 발제 내용과 공개적 질의 토론이 매우 전문적이고 활발하게 진행된다.

배심(panel) 토론: 특정 주제에 대해 3~6명의 패널 구성원이 청중 앞에서 유목적적인 대화 형태로 토론을 하는 학습기법이다. 배심 토론의 진행은 특정 주제에 대해 사전에 준비된 질문들을 패널 구성원들에게 사회자가 제기함으로써 이루어진다. 청중인 청소년들은 간접적인 참여로서 직접적인 대화나 토론에 참여하지 않고 단지 패널 구성원과 사회자간의 대화와 의견 교류과정을 경청한다. 사회자의 진행에 따라 몇 명의 학습자가 질문을 통해 토론에 참여하는 경우도 있다.

공개 토론(forum): 25명 이상의 집단 구성과 1인 이상의 전문가 및 사회자로 구성되며 사회자의 진행 아래 15~60분간의 공개적인 토론을 진행하는 기법이다. 흔히 포럼이라고 하며 모든 구성원이 질의 응답형태로 자신의 의견을 발표하고 직접 토론에 참가하는 등 활발한 의사 전달 과정이 이루어지는 것이 특징이다.

소집단 분과 토론: 활발한 토의 진행을 위해 모든 구성원이 다함께 토의에 직접 참여하기 어려운 대집단을 약 5~12명 정도의 소집단으로 나누어 분과 형태의 토론을 진행하는 방식이다. 이때 최종적으로 전체 집단이 다시 함께 모여 각 분과 소집단들의 토론 결과를 종합하여 정리, 결론에 이르게 함으로써 대집단 종합토론의 성과를 얻는다. 여기에는 필립66 등의 특정 토론 방식도 있다.

(3) **브레인스토밍**(brainstorming)

브레인스토밍은 다양한 사고를 자극시키려고 새로운 아이디어를 자유롭게 창출하는 방법이다. 이 방법은 집단 구성원들이 어떤 문제나 요청에 대해 집중적으로 해결방안을 스스로 모색하기 위해 활발한 논의를 하는 특징을 갖는다. 브레인스토밍의 구체적인 특징은 다음과 같다.

① 완전히 비형식적이다.

② 보통의 제약 또는 금지 규정과 사항을 고려하지 않고 문제의 토의를 가능하게 한다.

③ 청소년으로 하여금 그들의 능력 범위 안에 있는 것뿐만이 아닌 대안들에 관하여 생각할 수 있는 기회를 준다.

④ 집단을 구성하고 있는 청소년들 사이의 상호자극(inter stimulus)과 창조적 신장을 위한 최대한의 기회를 제공한다.

⑤ 안정되고 해방된 분위기를 조성하고 그 안에서 자유롭게 아이디어와 의견을 교환함으로써 집단의 사기와 단결심을 높인다.

이러한 특징을 갖는 브레인스토밍에도 아이디어를 창출하는 과정에는 다음과 같은 네 가지의 회의 진행 규칙이 있다.

① 부정적 비판은 허락되지 않는다. 모든 아이디어는 정확하게 똑같은 방식으로 취급되어야 한다.

② 많은 아이디어가 나올수록 좋다

③ 조합과 확대가 요구된다.

④ 얽매이지 않고 자유롭게 진행하여야 한다.

(4) **역할 연기**(role play)

역할 연기는 인간 관계의 일반 영역에서 어떤 상황이나 문제를 극화한 것으로, 소집단 구성원들에게 서로 다른 역할을 주고 어떤 가상적 상황에서 서로 협의하여 결정을 유도하게 하여 다른 역할을 맡은 사람들과 원만한 타협을 보도록 하며 나 아닌 다른 사람들의 역할이나 기능을 이해하도록 돕는 기법이다. 특히 학교폭력, 성폭력의 가해 청소년이나 피해 청소년들에게 그 효과를 입증받고 있는 방법이다.

역할 연기의 장점에는 첫째, 청소년 집단 구성원간의 친근감을 증대시킬 수 있으며, 둘째, 운영에 융통성이 있고 연습이 가능하며 연습 자체가 교육적 효과를 가질 수 있다. 셋째, 집단 구성원이 공유하는 경험을 갖게 됨으로써 서로 대화가 깊어질 수 있고, 넷째, 역할 연기자는 다른 사람으로 변장하여 자신의 감정이나 태도, 신념 등을 자유로이 표현함으로써 심리적 억압을 해소할 수 있다.

그러나 역할 연기에는 다음과 같은 단점도 있음을 유념하여야 한다. 첫째 역할극의 내용을 계획하고 연출하는 데에는 상당한 전문성과 기술이 필요하다. 둘째, 교육

효과를 정확히 예측하고 평가하기가 어렵다. 셋째 역할 연기자와 참여 청소년의 특성에 따라 경우에 따라서는 의도한 대로 교육효과가 나타나지 않고 결과가 달라질 수도 있다. 넷째, 준비하는 데 시간과 비용이 제법 많이 든다.

이러한 단점들을 지도자가 역할 연기를 계획하고 실행하는 단계에서 융통성과 다양성을 발휘함으로써 적절하게 감소시키는 노력을 기울여야 한다.

(5) 현장 경험

조직적인 계획에 의해 현장에서 실제경험을 통한 학습과 지도를 받는 방식이다. 매우 다양한 상황을 실제로 보고 느끼면서 상황을 이해하고 적응하는 방식이다. 때에 따라 개인 중심 지도방법으로도 가능하지만, 단체 견학, 수학여행 등 일종의 학습 여행(study tour) 프로그램에서 일찍이 응용해 온 집단 중심 지도방법이며, 농촌 봉사 활동 등도 여기에 속한다. 이때, 지도자는 이러한 현장 경험이 단순히 흥미 위주로 가지 않도록 학습 경험을 조직하는 데 주의를 기울여야 한다.

(6) 게임 및 시뮬레이션

게임이란 일정한 규칙을 정해 놓고 승부를 겨루거나 즐기는 놀이를 말한다. 시뮬레이션은 복잡한 문제나 사회 현상 따위를 해석하고 해결하기 위하여 실제와 비슷한 모형을 만들어 모의적으로 실험하여 그 특성을 파악하는 것을 말한다. 여기에는 실제로 모형을 만들어 하는 물리적 시뮬레이션과 수학적 모델을 컴퓨터상에서 다루는 논리적 시뮬레이션 등이 있다.

게임이나 시뮬레이션은 인위적인 문제, 사건, 상황, 주제와 유사한 환경을 게임이나 시뮬레이션 프로그램으로 제공하는 것으로 활동에 참여하는 집단에게 안정성을 보장하면서 직접적인 체험을 가능케 하는 기법이다. 게임이 다소 저연령층 청소년들에게 사용되어 왔다면, 시뮬레이션은 다소 연령이 높은 청소년이나 청년층에게 사용되어 왔다. 특히 시뮬레이션 기법은 의학이나 군대, 기업 등에서 활발하게 사용되어 왔다. 게임과 시뮬레이션 기법은 아동의 사회화 훈련, 청소년의 가치관 교육은 물론이고 성인에게도 유용한 기법으로 제공되면서 그 활용도가 높아지고 있는 추세이다.

최근에는 컴퓨터를 이용한 시뮬레이션 게임이나 기법 등 게임과 시뮬레이션이 통합되어지는 경향이 높다. 특히 컴퓨터를 활용한 시뮬레이션 게임은 시뮬레이션 요소와 게임의 요소를 결합하여 학습자의 흥미와 교육적 효과를 제고하고 있다. 특히 현재 이러한 기법이 청소년들에게 관심을 이끌 수 있는 것은 청소년들의 행동특성과 문화적 속성의 다양성 추구와도 매우 밀접하다(한국 청소년개발원, 2004: 223).

요약

청소년 지도는 지도자가 지도 내용에 따른 뚜렷한 목표를 정하고 이에 따라 조직적이고 의도적으로 이루어지는 계획적인 조력 활동이다. 따라서 청소년 지도는 계획되어진 일련의 절차와 단계에 의해 이루어지는데 여기서는 사전 준비 단계–시작 단계–실행 단계–평가 및 종결 단계 등 네 단계로 구분하여 논의하였다.

먼저 사전 준비의 단계는 청소년지도자가 청소년을 대면하기 전의 지도 단계로 청소년 지도를 사전에 준비하는 기획 단계이다. 실제 지도 활동의 이전 단계지만 사전 준비의 기획 단계는 전체 지도 활동 및 방법의 성패를 가늠하는 중요한 단계이다. 즉, 이 단계를 얼마나 충실히 준비하였는지에 따라 이후의 단계를 결정짓고 궁극적으로 청소년 지도 전반의 성패를 가늠하기 때문이다. 따라서 청소년지도자는 사전 준비 단계에서 지도 활동의 내용들을 꼼꼼하게 기획하고 설계하여야 한다. 이 단계의 주요 과업들은 ① 지도 목표의 설정, ② 지도 내용(프로그램)에 대한 확신과 문제 인식, ③ 참여 청소년에 대한 진단(요구 조사)과 정보수집, ④ 참여집단의 구성, ⑤ 지도 환경의 준비, ⑥ 지도기획안(프로그램 기획안) 작성, ⑦ 기관 내 의사 결정 등이 있다.

시작 단계(intake stage)는 청소년 지도가 본격적으로 시작되는 실제단계이자 실행의 초기 단계이다. 이 단계에 어떤 지도자가 어떻게 개입하느냐에 따라 사전 준비 단계에서 공들인 것들이 결정되고 이후 본격적인 실행 단계의 성패가 달려 있다. 특히 지도 내용에 대한 풍부한 경험과 전문성을 가진 지도자일수록 시작 단계의 어색한 분위기를 효과적으로 완화하는 등 매끄러운 진행을 할 수 있다. 이 단계에서 주요 과업으로는 ① 친밀감과 신뢰감 분위기의 조성, ② 동기 유발, ③ 지도 목표의 전달, ④ 선수 학습 및 경험의 진단과 재생 등이 있다.

실행 단계는 청소년 지도의 목표를 구체적으로 실현하는 핵심적인 과정이다. 아무리 훌륭하게 계획된 청소년 지도 활동이라 할지라도 실행 단계가 제대로 이루어지지 않으면, 청소년 지도의 목표를 실현하기란 불가능하다. 따라서 청소년지도자는 실행 단계에서 수행해야 할 행동전략과 지도 기법의 특성에 대한 전문 지식을 갖추어야 한다.

끝으로 평가 단계는 청소년 지도 활동의 목표 달성 정도와 계획 수행의 효과성과 효율성 수준을 종합적으로 분석·평가하고, 평가 결과에 근거하여 지도방법을 개선하는 단계이다. 평가 단계는 기획된 지도의 내용이 구체적으로 기획된 안에 따라 실행한 이후 애초 설정한 사전 준비 단계의 목적과 실행 이후의 결과를 비교하여 실제 전개된 지도 활동의 결과를 평가하고 그 의미를 부여하는 과정이다. 평가 단계는 평가–보고–추수 과정 등의 하위 단계로 구성된다.

대상 청소년이 개인과 집단 중 어떤 형태로 지도 과정에 참여하느냐에 따라 지도방법의 효과는 다르다. 먼저, 개인 중심의 청소년 지도는 청소년지도자와 청소년 개인의 일 대 일 대면을 통해 이루어지는 지도 형태이다. 일반적으로 개인 중심 청소년 지도의 특성에 따라 도제 제도, CAI, 원격교육, 카운슬링, 직접 개별 학습, 개인 학습 프로젝트, 인턴십, 다중미디어 학습 등으로 나눈다. 반면에 집단 중심 지도방법에는 강의형 기법, 토론 기법, 브레인스토밍, 역할 연기, 현장 경험, 게임 및 시뮬레이션 기법 등이 있다.

연습문제

1. 청소년 지도의 네 단계를 설명해 보자.
2. 사전 준비 단계가 갖는 의미와 중요성을 설명하고, 이 단계에서의 주요한 과업을 설명해 보자.
3. 시작 단계가 갖는 의미와 중요성을 설명하고, 이 단계에서의 주요한 과업을 설명해 보자.
4. 실행 단계의 의미와 중요성을 설명하고 청소년지도자로서 필요한 능력과 기법에는 무엇이 있는지를 제시해 보자.
5. 평가 단계가 갖는 의미와 중요성을 설명하고 이 단계에서 사용되는 평가의 기준에 대해 제시해 보자.
6. 평가의 하위 단계에는 무엇이 있는지 설명해 보자.
7. 개인 중심 지도방법의 유형을 제시하고 각각을 탐구해 보자.
8. 집단 중심 지도방법의 유형을 제시하고 각각을 탐구해 보자.

Chapter 07

심성 계발 활동

〈제1절〉 심성 계발 활동에 대한 이해

〈제2절〉 심성 계발 활동 프로그램의 실제

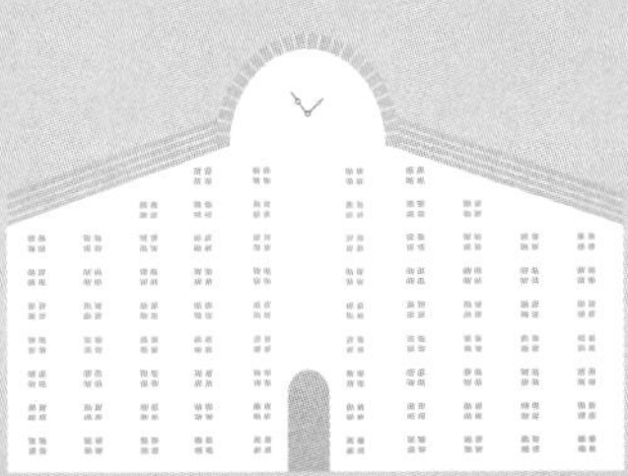

<제1절> 심성 계발 활동에 대한 이해

1) 심성 계발 활동의 개념과 의미

심성 계발이라 함은, 인간의 참된 본성을 의미하는 '심성(心性)'과 소질을 깨우쳐 열어주는 것을 의미하는 '계발(啓發)'의 합성어이다. 여기서 심성이라 함은 타고난 마음, 참되고 변하지 않는 마음의 본체를 의미한다. 따라서 심성 계발이란 의미는 참되고 변하지 않는 마음의 본체를 이해하고 이를 깨우쳐 발현시키는 것을 의미한다. 흔히 청소년 지도 및 청소년 활동 영역에서 심성 계발 활동은 이러한 개념적 정의에 기초하여 심성을 갖고 있는 본질적 주체인 '나'에 대한 이해와 탐색을 가장 기본적으로 하는 활동으로 이해해 왔다. 즉, "나 속의 나를 긍정적으로 이해하고 수용하게 하며 자존감을 향상시킴으로써 긍정적인 삶의 태도를 형성하는 활동"으로 이해해 왔다(한국청소년개발원 편, 2004b: 81).

이러한 개념에 비추어 청소년 심성 계발 활동을 살펴보면, 곧 청소년들로 하여금 자기를 이해하게 하고(self-understanding), 자기를 수용케 하며(self-acceptance), 자기를 개방케 함으로써(self-disclose) 참된 나를 알게 하여 궁극적으로는 건강한 삶의 태도를 형성하게 하는 청소년 지도 활동의 한 분야이다(우재현, 1997). 이러한 개념적 정의에 따라 심성 계발 훈련은 때때로 참된 나와의 만남, 만남의 훈련, 인간 관계 훈련, 감수성 훈련, 인성 개발 활동 등의 이칭으로도 일컫는다. 이는 심성 계발이 나와 타인과의 만남 즉, 자아를 발견하고 타인과의 상호 작용을 강화하여 자신과 타인을 깨닫게 한다는 의미이다. 심성 계발 훈련은 프로그램에 따라 참된 나를 발견하는 데 초점을 맞추는가 하면 어떤 프로그램은 자아발견 및 자기 성장에 터해 공동체의 중요성을 깨닫고 공동체의 발전을 도모하려는 적극적인 타인과의 관계 형성 및 유지에 초점을 맞추기도 한다(유수현, 2001).

청소년 심성 계발 활동 지도방법은 이러한 청소년 심성 계발 활동의 효율적 전개를 위해 청소년지도자가 활용할 수 있는 전문적인 지도 기법이나 기술을 의미한다. 청소년지도자는 청소년 심성 계발 활동을 전문적으로 지도하기 위한 자질을 갖춰야 하며 이에 대한 전문적인 프로그램 개발 및 운영·지도방법과 기술 등을 숙지하여야 한다.

2) 심성 계발 활동의 목적

청소년 심성 계발 활동은 자아 정체감 형성의 결정적 시기에 있는 청소년들에게 참된 자아를 발견하게 하고, 개성을 신장시키며, 자기 성장과 인간성 회복을 이루게 한다는 점에서 청소년 지도의 중요한 활동 영역이다. 따라서 심성 계발 활동의 주된 목적은 우선 나를 발견하고, 너를 알며, 나와 너 그리고 우리에 대한 감수성을 계발함으로써 자기 자신의 내면 세계에 대한 보다 정확한 인식과 조화를 기하고 타인과의 인간 관계를 협동적으로 발전시키며, 집단 내의 문제 해결을 위한 민주적 의사 결정을 체험하여, 개인과 집단의 발전을 도모하고자 하는 데 있다.

(1) 자아에 대한 이해

① 자신에 대한 깊은 성찰을 통해 자아를 발견한다(자아발견).

② 지금의 자신을 수용한다(자아수용).

③ 누구와도 터놓고 대화할 수 있는 등 자기 개방의 필요성을 인식한다(자기 노출과 자기 개방).

④ 생각과 감정과 행동의 일치를 생각하게 한다.

⑤ 자신의 가능성과 잠재력을 믿게 한다.

⑥ 학습하는 방법을 알게 한다.

⑦ 주체성, 자신감, 적극성, 창조성을 신장시킨다.

⑧ 자신의 장래와 진로 문제를 깊이 있게 생각하게 한다.

(2) 타인에 대한 이해

① 사람이 개성적인 존재임을 알게 한다.

② 남의 말을 경청하는 태도를 갖게 한다.

③ 남을 이해하고 수용하며 존중하게 한다.

④ 사람의 감정을 보다 잘 이해하게 한다.

(3) 공동체 의식 및 행동의 변화

① 인간 관계와 공동체 의식에 눈뜨게 한다.
② 공동체 의식과 관계된 협동심, 봉사심, 책임감 등이 함양되도록 한다.
③ 지도력을 신장시킨다.
④ 민주적 의사 결정 능력을 높인다.
⑤ 집단 내 문제 해결 능력을 신장시킨다.

3) 심성 계발 활동의 효과

심성 계발 활동에 참여한 경험은 참가자들에게 다양한 효과를 끼친다. 이를 정리하면 다음과 같다(김려옥·허판례, 1993: 58-60).

① 인간의 무한한 가능성의 공평함을 실감하게 된다.

참가자들은 각각의 장면에서 함께 활동함으로써 인간은 본질적으로 무한한 발전 가능성의 존재라는 것을 깨닫게 된다. 또한 이와 같은 인간의 모습은 근본적으로 모두에게 공평한 것임을 쉽게 발견할 수 있게 한다.

② 인간은 존엄한 존재임을 공감한다.

인간의 무한한 가능성을 경험하고, 이의 공평성을 이해함으로써 인간(자기와 타인)은 참으로 존중해야 할 존재임을 공감한다.

③ 성취 동기와 자기 신뢰감이 증진된다.

인간의 가능성과 평등성, 존엄성의 발견으로 자신감이 생성되고 자기 성장의 의욕이 일어나 자연히 성취 동기가 높아지게 된다. 이는 곧 긍정적 자아개념으로써 자기 신뢰감으로 연결된다.

④ 개척 정신이 신장된다.

긍정적 자아개념으로 성취 동기와 자기 신뢰감이 증진되며 주체성과 창조성의 발휘는 자기 자신의 생활을 개척하려는 의욕으로 발전하게 된다.

⑤ 정서 순화의 방법을 체험한다.

인간이 지니는 장점과 단점, 능력 및 태도 등은 그의 인간됨의 전부가 아니고 일면임을 이해한다. 즉, 분리적인 인간 이해보다 통합적인 이해를 하게 된다. 따라서 인간에 대한 이해의 폭이 넓어지고 품성의 계발과 정서 순화를 경험하게 된다.

⑥ 의사 결정과 유연성을 기른다.

자기가 지니고 있는 잠재 능력을 여러 장면에서 여러 가지로 용이하게 나타낼 수 있기 때문에 은연중에 의사 결정의 훈련을 하게 된다. 또 자기 자신을 극복하는 유연성을 기를 수 있다.

⑦ 참된 자유의 생활을 경험하게 된다.

참된 자유는 외적·제도적 자유가 아니고 마음의 자유가 우선되어야 함을 이해한다. 그뿐만 아니라 마음의 참 자유는 인간이 자기 자신에게 가장 정직할 때 찾을 수 있는 것임을 알게 한다.

⑧ 인간의 정의·감정·경험의 관계를 이해한다.

인간의 정의는 감정과 가장 밀접한 관계에 놓여 있으며 이러한 감정에 크게 영향을 주는 것은 자기의 경험임을 이해한다. 즉, 경험학습은 어떠한 태도를 결정하는 감정의 상태를 좌우하는 열쇠임을 깨닫게 한다.

⑨ 학습을 생활화할 수 있게 한다.

심성 계발 프로그램의 경험은 '학습 방법의 학습'(learning how to learn)에 대한 경험이다. 따라서 자연에 대한 관찰력과 인식 범위가 커진다. 즉, 체험 학습(learning by doing)의 생활화를 통해 때와 장소에 제한 없이 생활 속에서 자기 성장의 학습을 용이하게 한다.

⑩ 원만한 인간 관계를 이루게 한다.

심성 계발을 통해 의사 소통의 듣기·말하기·쓰기·읽기 등의 훈련과 함께 인격 존중의 태도가 함양된다. 이러한 사회성의 개발로 인하여 대인 관계를 개선할 수 있는 능력이 생기며, 주체성이 확고해짐과 아울러 자율성과 책임감이 증진된다.

⑪ 자기 일치를 이루게 한다.

한 개체로서의 인간이 겪는 생각과 마음과 신체 간의 상호 갈등을 통합해 주는 자아 일치를 위한 학습 방법으로서도 효과가 큰 혁신적인 현장교육이다.

⑫ 자연과 사물을 애호하게 한다.

자연과 사물의 소리를 들을 수 있는 능력이 계발된다. 따라서 자연과 친근해지고 사물을 아끼게 되는 마음이 생겨난다.

4) 심성 계발 활동의 역사

심성 계발 활동은 집단 역동(group dynamic)과 같은 집단 이론을 심리적 치료의 목적에 응용하면서 발전되었다. 그 역사는 2차 대전이 종료된 후까지 거슬러 올라간다(전성민, 1993). 당시 심리치료에 관심을 가진 학자들은 집단을 활용하는 치료 집단을 구성하여 그 집단의 구성원들이 상호 작용을 하게 함으로써 대면 관계에서 심리치료자들이 수행하는 것보다 더욱 많은 효과를 거둘 수 있다는 결과를 얻게 되었다. 이러한 연구 결과와 밀접한 집단 이론이 바로 집단 역동이다. 집단 역동이란 집단 내 상호 작용을 통한 역동적 움직임이 집단 구성원들에게 의미있는 영향을 미친다는 것을 이론적으로 해명하는 집단 이론이다.

선행 연구에 따르면, 우리나라에 심성 계발 활동이 본격적으로 소개된 것은 1971년이다(한국 청소년개발원, 2004b: 85). 당시 전남 광주에서 전남 카운슬러 협회가 주최한 국제 카운슬러 워크숍에서 일본 카운슬링협회의 이토(伊東博) 교수 등이 주관한 심성 계발연수를 통해서다. 그 후 동년 9월 한국 카운슬러협회가 안양농민교육원에서 2박3일 과정의 연수를 주최하였고 10월에는 서울시 교육원에서 5일간 하루에 3시간씩 워크숍을 갖기에 이르렀다. 이후 학교교사들을 위한 재교육의 형태로 전문교사 훈련을 실시하면서 집단 경험학습 프로그램이 일선 학교와 사회에 널리 전파되었다.

이 당시까지만 해도 심성 계발이란 용어가 사용되지는 않았고 인성 개발, 인성 훈련, 감수성 훈련 등의 이름이 사용되었다. 심성 계발 혹은 심성 훈련이란 용어가 본격적으로 사용된 것은 1973년 7월에 중학생 20명에게 2박3일간 '심성 훈련'이라는 이름으로 집단 경험학습 프로그램이 시도되면서부터이다. 이때 학생들로부터 훈련이란 어휘가 크게 저항을 준다는 점을 알게 되었고 이에 따라 모든 잠재적 성장 가능성을 발전시키는 경험학습 활동이란 의미로 심성 계발 프로그램으로 다시 명칭이 바뀌어 오늘에 이른다(김려옥, 1993).

<제2절> 심성 계발 활동 프로그램의 실제

1) 심성 계발 활동의 기본 전제

심성 계발 활동을 진행하고자 하는 지도자는 위에서 언급한 심성 계발 활동에 대한 일반적인 이해는 물론, 다음과 같은 심성 계발 활동의 기본 전제에 대해서도 알아야 한다. 심성 계발 활동은 다음과 같은 기본 전제를 갖고 있다(전성민, 1993).

첫째, 인간은 인간 관계의 산물이다. 인간은 태어나면서 성장하고 죽음에 이르기까지 끊임없이 사람들 간의 관계와 그 구조 속에서 살아간다. 사람됨은 이러한 인간 관계 내에서 의미를 갖는다. 설리반(H. S. Sullivan, 1953)은 그의 성격이론에서 인간의 성격이란 이와 같은 인간 관계의 상황과 구조를 떠나서는 관찰 또는 연구될 수 없다고 주장한다. 따라서 인간의 성격이란 인간 관계의 장면에서 연속적으로 발생하는 인간 관계의 다양한 과정의 역동적 중심이다. 따라서 한 인간을 알고자 할 때, 그 사람이 어떤 인간 관계를 형성하여 왔고(인간 관계의 역사), 또 인간 관계의 구조를 갖고 있는지를 파악하는 것이 중요하다.

둘째, 모든 인간의 참 삶은 만남이다. 인간의 삶을 이해하는 데에는 여러 가지 방법이 있지만 이를 만남의 과정으로 이해하거나 만남 자체로서 설명할 수 있다. 여기서의 만남은 단순히 스쳐 지나는 관계가 아니라 열린 만남을 의미한다. 이를 마르틴 부버(M. Buber)는 "모든 참 삶은 만남이다"라는 명제로 표현한 바 있다. 부버는 모든 인간의 삶이 만남으로 이루어지며, 이러한 만남은 곧 관계를 뜻한다고 하였다. 이때 관계는 나와 너의 관계(I-thou relationship)와 나와 그것과의 관계(I-it relationship)로 나누어진다. 따라서, 인간은 만남의 객체가 아니라 서로 열린 존재로서 주체적으로 만난다. 이러한 만남을 통해 인간의 주체적 삶을 실현한다.

셋째, 인간에게는 언제나 집단의 힘이 작용한다. 제2차 세계 대전 이래 집단 역학 이론은 인간의 심리치료를 목적으로 집단이 작용함을 증명해 왔다. 르윈(K. Lewin, 1942)의 집단에 대한 연구는 집단이 그 집단에 속해 있는 구성원인 개인에게 미치는 영향이 얼마나 큰지를 증명한 바 있다. 더욱이 집단은 집단의 응집력과 집단 과정을 통하여 독특한 집단 구조를 형성하고 나름대로의 발전 과정을 거친다. 이러한 집단에 속한 집단 구성원은 집단 특유의 상호 작용을 통해 영향을 주고받으며 결국 개인에게 있어 집단은 생활의 장으로 작용한다.

2) 심성 계발 지도자의 자질

심성 계발 프로그램에서 청소년지도자의 자질과 자세는 집단에 큰 영향을 미친다. 아무리 지도방법과 기법을 잘 갖춘 숙련된 지도자라 해도 그의 인성이 바르지 않다면 청소년에게 미치는 심성 계발 프로그램의 효과는 반감되거나 혹은 역으로 나쁜 영향을 미칠 우려가 있기 때문이다. 따라서 모든 청소년 지도 활동이 그러하겠지만, 특히 심성 계발 지도자는 인성이 바르고 훌륭한 사람이어야 하며 또 그러한 사람이 되기 위해 끊임없이 자기노력을 기울여야 한다.

여기서는 심성 계발 프로그램과 관련지어 가장 기본적인 지도자의 자질과 태도, 자세에 대해 정리하였다(김려옥·허판례, 1993).

(1) 인간에 대한 선의와 관심

청소년지도자는 다른 사람들의 안녕과 행복을 위한 진실한 관심을 가져야 한다. 지도자는 자신의 개인적 이해와 목적을 위해 그의 권위와 역할을 남용해서는 안 된다. 청소년지도자는 사람을 존중하고 신뢰하며 그 나름의 가치를 인정해 주어야 한다. 참가자들 중에는 신뢰하기 힘든 사람도 있다. 그러나 그들에게도 적절한 관심을 기울여 줌으로써 정서적인 관계를 발전시켜야 한다. 이와 같은 관심의 표명은 여러 가지 방법으로 나타낼 수 있다. 집단에 참여할 기회를 주거나 때로는 바람직한 행동을 강화해 주거나, 바람직하지 않은 행동은 솔직하게 지적해 주는 것이 바로 그것이다. 심하게 상심하고 절망 상태에 빠진 참가자에게는 특히 지도자의 온정과 관심이 필요하다.

(2) 자신에 대한 성찰과 각성

지도자는 자기 자신의 인생의 목표, 정체성, 동기, 욕구, 장점과 단점, 가치관, 기타 여러 문제들에 대해 자각하고 있어야 한다. 자신이 누구이며 무엇을 하고 있는가에 대해 잘 알지 못하는 지도자는 참가자들에게 각성을 촉진시킬 자격이 없다. 지도자 자신에 대한 각성을 촉진하기 위해서는 항상 새로운 삶의 경험과 여러 가지 삶의 방식에 대한 개방적인 태도를 갖거나 유지하여야 한다.

(3) 용기

청소년지도자는 용기가 있어야 한다. 실수나 실패의 가능성에도 불구하고 새로운 행동을 용기있게 시도할 수 있어야 한다. 때로는 효과가 불확실하더라도 자기의 신념대로 행동에 옮길 수 있는 용기를 가지고 있어야 한다. 또 청소년지도자는 실수하거나 실패하였을 때, 그리고 자신의 행동이 부정확하다고 판단되면 이를 솔직하게 인정할 수 있어야 한다. 뿐만 아니라, 지도자는 자기의 내적 자아를 끊임없이 분석하고 자신이 가진 내적 욕구나 느낌을 참가자 앞에 있는 그대로 드러낼 수 있는 용기도 가져야 한다.

(4) 창조적인 태도

청소년지도자는 항상 참신한 정신과 태도를 가져야 한다. 습관화된 기술이나 생명력을 상실하여 프로그램화된 자신을 집단에 내놓아서는 안 된다. 끊임없이 새로운 방법을 고안하고 이를 위해 기존의 방법들에 의문을 표하며 가능한 한 자신과 타인, 그리고 새로운 경험들에 개방적이 되도록 힘써야 한다.

(5) 끈기

심성 계발 프로그램을 진행하는 지도자는 어떠한 압력에도 버틸 수 있는 끈기를 가져야 한다. 또 참가 청소년들이 자신을 발견하고 수용하며, 타인을 이해하고 존중하며, 공동체 의식을 갖고 행동에 이를 때까지 참을성 있게 기다릴 줄도 알아야 한다.

3) 청소년 심성 계발 활동의 진행 단계

심성 계발 활동 역시 다른 지도 활동처럼 조직화되고 구조화된 프로그램의 진행 단계를 가지고 있다. 이에 대해 이정근(1993: 5)은 ① 계획 단계, ② 준비 단계, ③ 시작 단계, ④ 전환 단계, ⑤ 작업 단계, ⑥ 종결 단계, ⑦ 사후 단계로 나누어 논의하였다. 또 김진호(2004)는 앞의 계획 단계와 준비 단계 그리고 끝의 사후 단계를 생략하여 ① 도입의 단계(introduction), ② 분위기 조성 단계(warming up), ③ 만남의 경험 단계(group experience), ④ 피드백과 정리의 단계(feedback)로 구분하여 살펴보았다. 여기서는 ① 준비 단계, ② 도입 단계, ③ 전개 단계, ④ 절정 단계, ⑤ 정리 단계, ⑥ 종결 단계로 나누어 살펴보고자 한다.

(1) 준비 단계

준비 단계는 크게 심성 계발 활동 프로그램을 구안하고 실제 프로그램에 들어가기 이전의 단계를 모두 포괄한다. 이 단계의 초기에는 청소년참가자의 특성을 파악하고 어떤 프로그램을 실시할 것인지에 대한 구체적인 윤곽을 프로그램으로 구안한다. 그리고 프로그램 설계가 끝난 후 실제 프로그램이 실시되기 이전에 참가한 청소년들로 하여금 마음의 준비를 하도록 하는 단계까지 포괄한다. 이때에는 참가자 모두가 마음을 열고 진지하게 참여할 수 있도록 도와주어야 한다. 이를 위해 지도자는 소집단으로 나누어 알맞게 자리 배치를 하고 조용한 노래를 부르거나 준비된 명상 자료를 읽는 등의 행동을 하도록 도와준다. 때로는 필요에 따라 촛불을 켜서 분위기를 조성하기도 한다.

(2) 도입 단계

실제 프로그램이 이루어지는 시기이다. 프로그램의 성격과 내용에 따라 각기 다른 도입이 이루어질 수 있으나 이때에는 모든 구성원들이 서로 친숙한 느낌을 갖도록 도와주는 것이 중요하다. 이때 지도자는 다양한 방법을 통해 자기를 소개하는 등 따뜻한 분위기, 심리적 안정을 취할 수 있는 허용적 분위기를 조성하도록 유도한다.

(3) 전개 단계

본격적인 프로그램이 운영되는 단계이다. 준비된 프로그램이 이때부터 본격적으로 진행되며 참여 청소년들의 몰입이 적극적으로 이루어지는 단계이다. 이 단계에 이르러 심성 계발 활동 프로그램은 통상 자신에 대한 이해뿐만 아니라 타인에 대한 이해까지 범주를 확대하게 된다.

(4) 절정 단계

나와 너를 알고 우리라는 공동체 의식까지 느끼게 하는 단계로 심성 계발 활동의 정점 단계이다. 이 단계에 이르러 청소년들은 프로그램의 목표를 분명하게 인식하고 이를 내면화하기 시작한다. 이러한 인식과 내면화는 이후의 정리 단계를 통해 자신의 삶과 행동으로 체화하는 과정으로 전환하게 된다.

(5) 정리 단계

다짐과 확신의 단계인 정리 단계는, 이전까지의 심성 계발 프로그램 단계를 통해 획득한 새로운 인식과 행동을 자신의 삶 자체에 구체적인 변화로 치환시킨다. 이를 위해 지도자는 다짐의 글을 작성하게 하거나 미래에 대한 구체적인 계획을 짜도록 유도한다.

(6) 종결 단계

종결 단계는 심성 계발 프로그램에 대한 자신의 소감을 이야기하고 참가자 모두와 함께 인사하는 단계이다. 필요에 따라 지도자는 윤회 악수나 노래를 함께 하게 하여 종결의 의미를 다지게 한다.

4) 심성 계발 활동 지도 기법과 지도 시 유의점

심성 계발 활동은 기본적으로 소집단을 중심으로 하는 체험형 집단 학습 활동의 성격을 갖고 있으므로 그 지도방법은 집단 경험학습의 기법과 거의 유사하다. 심성 계발 활동 지도 기법과 지도 시 유의해야 할 점들을 정리하면 아래와 같다.

(1) 집단 역동에 대한 신뢰

심성 계발 활동 프로그램을 지도할 때에 청소년지도자는 다음과 같은 집단 역동에 대해 신뢰하고 지도에 임해야 한다.

- 지도자는 집단응집을 도모하여 방어적 억압이 감소되는 안전한 심리적 풍토와 자연스러운 표현이 가능한 분위기를 만들어야 한다.
- 이러한 분위기에서 참여 청소년들은 타인이나 자기에 대한 즉각적인 감정을 표현하려는 경향이 있다.
- 상호 신뢰의 풍토는 진실한 감정을 표현하는 자유로부터 형성·발전한다.
- 개인의 방어적 억압이 감소되면 태도나 행동의 변화를 두려워하지 않게 된다.
- 집단은 집단 자체의 잠재력과 구성원 개인들의 잠재력을 발전시키는 촉진적 풍토를 스스로 지니고 있다.

(2) 집단의 분위기 조성

심성 계발 활동에서 집단의 분위기를 바람직하게 조성하는 문제는 기본적으로 가장 중요한 문제이며 그 책임은 전적으로 지도자에게 달려있다.

- 너무 의도적인 장면 구성은 피하는 것이 좋다. 모든 생각, 계획, 결정을 지도자가

독점하는 것은 피해야 한다.

- 개인들의 자기 표현에 대해 주의 깊고 민감하게 경청하고 적절하게 반응하여야 한다.
- 청소년 개인의 고통이나 기쁨을 심리적으로 항상 함께 하고 또 반응하여야 한다.
- 항상 명랑하고 활기찬 분위기를 유지하는 데 유의하여야 하며, 두려움 없이 실수도 하고, 불만 없이 회복할 수 있도록 너그러운 분위기 마련에 힘을 써야 한다.
- 관심의 표시는 공평하게 하고 차별 대우하거나 편견을 가져서는 안 된다.
- 사람을 믿고 있음을 실제로 보여주면, 그것이 바로 지도자에 대한 신뢰로 되돌아오고 분위기도 신뢰감 있는 분위기로 발전한다.

(3) 집단과 개인의 수용

- 청소년 개인들의 태도가 마음에 들지 않더라도 기다리는 마음으로 지켜보며 서둘러 진행하려고 하지 말아야 한다.
- 납득이 안 가는 일이 있더라도 자기 마음대로 의심하고 해석을 내리는 것은 금물이다.
- 개인이나 집단에게 바람직하지 못한 일이 일어났다 해도 그것을 바로 평가하고 판단하는 일이 있어서는 안 된다. 어떤 상황이 전개되더라도 집단이 성실한 태도로 임하기만 한다면 그것을 학습적인 가치로 이용할 수 있어야 한다.

(4) 감성에도 초점

대체로 지도자들은 감정의 표현보다는 지성적인 논리의 전개를 좋아한다. 따라서 자신의 감정은 되도록 억제하는 데 익숙하고 타인의 어지간한 감정은 대수롭지 않은 것으로 생각하는 경우가 많다. 그러나 정의적인 방법을 주안점으로 하는 심성 계발 활동에서는 감정 표현이 중요한 조건이자 방법이 된다. 따라서 지도자는 이러한 점이 핵심임을 잊지 말고 여러 가지 방법으로 각 개인들의 자유로운 감정 표현을 조장해 주어야 한다. 그와 동시에 자기감정에도 충실하여 수시로 솔직한 자기 표현을 아끼지 말아야 한다. 더불어 개인들의 감추어진 감정까지도 민감하게 감지하여 참가자들이 느끼고 있는 괴로운 감정에 대하여 항상 공감적 이해를 보냄으로써 우호와 신뢰의 관계를 유지하도록 힘써야 한다.

(5) 지도자는 촉진자인 동시에 참가자

- 어떠한 장면에서 집단에 대하여 뿐만 아니라 개개인에게도 어떠한 특정의 목적을 가지고 진행해서는 안 된다.
- 진행자는 집단을 일정한 방향으로 의도적으로 몰고 가거나 조작하거나 규제하려 들지 않아야 한다.
- 집단의 성공이나 실패를 어떠한 극적인 일로 단정하지 않는다.
- 어떤 한 가지 방법을 유일 불변의 요소처럼 생각하지 않아야 한다.
- 행동의 동기나 원인에 해석을 내리지 않는다.
- 진행자는 참가자들에게 영합하거나 그들을 방임하여서는 안 된다.

5) 심성 계발 프로그램 사례

아래의 프로그램 사례는 청소년 심성 계발 활동 중 가장 대표적으로 사용되고 있는 프로그램 중 하나이다. 흔히 교회나 성당, 사찰과 같은 종교 기관이나 자연권 수련 시설 캠프 등에서 많이 활용되는 프로그램으로 때때로 이러한 프로그램에 여러 이유로 부분적으로 고쳐 사용하기도 한다. 여기서는 심성 계발 프로그램의 전체 단계 곧 ① 준비 단계, ② 도입 단계, ③ 전개 단계, ④ 절정 단계, ⑤ 정리 단계, ⑥ 종결 단계 중 ③ 전개 단계까지만 살펴보고 이하는 생략하였다.

ㅁ 전체 지도방법

순서	시 간	단계	내용	준 비 물
1	10분	준비 단계	• 참가자 모두가 마음을 열고 진지게 참여할 수 있도록 하는 단계 • 모든 참가자들을 10명 내외의 소그룹으로 나누고 원형으로 앉는다. ① 조용한 노래를 부른다. ② 준비된 명상 자료를 읽는다. ③ 필요에 따라 촛불을 켠다.	명상자료 음악 양초
2	30분/40분	도입 단계	• 도입 단계는 여러 가지 활동을 통하여 숨겨진 자아를 재발견하는 '나를 알기'의 단계이다. ① 숨겨진 나 ② 나는 누구인가 ③ 인생여정 ※ 소요시간에 따라 세 가지 중에서 게임으로 선택할 수 있다.	발표용지 볼펜 크레파스 스카치테이프
3	30분/70분	전개 단계	• 전개 단계는 나를 중심으로 여러 사람들과의 관계를 개선하는 '너를 알기'의 단계이다. ① 첫인상 메모 ② 주고 싶은 말 ③ 나와 사람들	
4	30분/100분	절정 단계	• 절정 단계는 나와 너를 알고 그리고 '우리를 느끼자'의 단계이다. ① 공동지혜 모으기 ② 공동체 놀이마당	
5	10분/120분	정리 단계	• 나와 이웃 그리고 공동체에 대한 소중함을 느끼고 그것이 삶의 현장으로 옮겨지도록 하는 단계 ① 나에게 쓰는 편지	
6	10분/130분	종결 단계	• 프로그램에 대한 소감을 이야기하고 참가자 모두와 인사하는 시간 ① 윤회 악수 ② 노래 부르기	

(1) 숨겨진 나

<table>
<tr><td>활동명</td><td>숨겨진 나</td><td>적용단계</td><td>도입 단계</td></tr>
<tr><td>소요시간</td><td>20분</td><td>활동방법</td><td>개별적 발표형태</td></tr>
<tr><td>목 표</td><td colspan="3">1. 자신의 진실한 모습을 살펴본다.
2. 타인의 또 다른 면을 발견한다.
3. 사람들의 서로 다른 개성을 느낀다.</td></tr>
<tr><td>단 계</td><td colspan="2">활 동 내 용</td><td>준비-참고자료</td></tr>
<tr><td>준비활동</td><td colspan="2">1. 참가자들을 10명 이내의 소그룹으로 편성하고 서로를 바라볼 수 있도록 하기 위해 책상을 중심으로 원형으로 앉게 한다.
2. 참가자들에게 발표용지와 크레파스를 모둠별로 나누어 준다.
3. 진실한 자기의 모습을 느낄 수 있는 명상 자료를 준비하여 모두에게 들려주어 진지하게 참여할 수 있도록 한다.</td><td>책상
의자
발표지
크레파스
스카치테이프</td></tr>
<tr><td>중심활동</td><td colspan="2">1. 참가자들은 실습지에다 크레파스와 사인펜 등을 이용하여 자신의 모습과 발표 내용들을 그리거나 제작한다.
2. 발표내용은 본인의 특징적인 얼굴, 장점, 단점, 장래희망, 별명 등으로 교육 목표에 따라 적당하게 조절한다.
3. 진행자는 시간을 재촉하지 말고 자연스럽게 진행될 수 있도록 하고 조용한 음악을 틀어주어 차분하고 진지하게 진행될 수 있도록 배려한다.
4. 작업이 완료되면 소모둠 별로 자신에 대한 내용을 발표하고 간단한 질문과 답변을 듣고, 옆 사람들이 차례로 발표하게 한다.
5. 너무 딱딱하지 않도록 분위기를 조성한다.</td><td></td></tr>
<tr><td>정리활동</td><td colspan="2">모든 참가자들의 발표가 끝나면 느꼈던 점들을 소모둠 별로 혹은 전체적으로 토론하게 하여, 자신과 다른 사람들에 대한 이해도를 넓히고, 자신을 보다 객관적으로 받아들일 수 있도록 정리한다.</td><td></td></tr>
<tr><td>유의점</td><td colspan="3">1. 시간을 재촉하지 않는다.
2. 사전에 미리 인위적인 암시나 환경구성을 피한다.
3. 발표가 충분히 진행될 수 있도록 한다.</td></tr>
<tr><td>평가의 관점</td><td colspan="3">1. 얼마나 진실 되게 작업을 했고 발표를 했는가?
2. 자신의 생각이나 특징을 얼마나 정확하게 전달했는가?
3. 모두 다 발표했는가?
4. 내가 소중한 사람임을 느꼈는가?</td></tr>
</table>

게임 실습지

숨겨진 나

○ ○ ○ (이름을 적으세요)

자신의 얼굴을 특징있게 그리세요.

나의 장점	1. 2. 3. 4.
나의 단점	1. 2. 3. 4.

별명을 쓰세요 (유래와 느낌까지)

(2) 나는 누구인가 ?

활동명	나는 누구인가?	적용단계	도입 단계
소요시간	8~10분	활동방법	개별적 발표형태
목 표	1. 참된 자신을 발견하게 한다. 2. 잠재된 나를 의식하게 한다. 3. 나의 소중함을 알게 한다.		

단 계	활 동 내 용	준비-참고자료
준비활동	1. 조용한 음악을 들려준다. 2. 자신을 되돌아 볼 수 있는 명상 자료를 준비하여 들려준다. 3. 실습지와 필기도구를 나누어준다.	실습지 볼펜 명상자료
중심활동	1. 참가자 모두의 눈을 감게 한다. 2. 진행자는 참가자들이 조용한 가운데에 자신을 되돌아 볼 수 있게 한 후 참가자에게 묻는다. '나는 누구입니까?' 3. 이때 참가자는 떠오르는 자신의 이미지를 아래 실습지 1번에 기재한다. 4. 잠시 시간을 두고 똑같은 질문을 반복한다. 5. 참가자는 다시 떠오르는 자신의 이미지를 2번에 기재한다. 6. 이 같은 질문을 5번 되풀이하여 참가자들이 자신의 모습 5가지를 순서대로 기재하게 한다.	
정리활동	1. 5가지를 모두 기록한 다음 그것이 생각나게 된 이유를 생각해 본다 2. 한 사람씩 차례로 돌아가면서 자신이 기록한 것을 발표한다. 3. 서로의 느낌을 이야기한다.	
유 의 점	1. "나는 누구입니까?"라는 질문을 처음에는 시간을 길게 가지다가 질문 횟수가 증가될 때마다 시간을 약간씩 빠르게 한다. 2. 생각나지 않는 사람에게 강요하지 않는다. 3. 충분히 생각할 수 있는 시간을 가질 수 있도록 분위기를 조성한다.	
평가의 관점	1. 여러 가지 형태로 자신의 모습이 기록되었는가? 2. 생각난 이유를 정확히 발표했는가? 3. 자신을 한 번 더 생각해 볼 수 있었는가? 4. 시간을 재촉하지 않았는가?	

실습지

나는 누구인가 ?

※ 떠오르는 자신의 모습을 순서대로 하나씩 기록하여 주시기 바랍니다.
※ 만약 떠오르지 않으면 다음으로 넘어 가시기 바랍니다.

1.

2.

3.

4.

5.

(3) 인생여정

활 동 명	인생여정	적용단계	도입 단계
소요시간	10 - 20분	활동방법	개별적 발표형태
목 표	1. 자신을 뒤돌아보게 한다. 2. 현재의 자신의 모습을 파악하게 한다. 3. 미래에 대한 계획을 세우게 한다.		
단 계	활 동 내 용	준비-참고자료	
준비활동	1. 모두에게 실습지를 나누어준다. 2. 잠시 자신의 과거를 회상할 수 있도록 분위기를 조성한다. 3. 참가자들은 조용히 자신의 과거와 현재, 미래를 생각해 본다.	실습지 사인펜	
중심활동	1. 참가자들은 아래와 같은 실습용지에 자신이 살아온 생활에 대해 그래프를 그린다. ①지정된 나이(5세 단위로 지정 혹은 임의로 지정)에서 만족도를 점으로 표시한다. 해당시기가 좋았을 경우에는 긍정에, 그렇지 못할 경우에는 부정에 표시를 한다. ②각점을 이어 일정한 그래프를 만든다. ③인생에 있어서 중요한 사건들이 있는 시기에는 구체적으로 표시한다. 2. 현재의 자신의 위치를 표시한다. 3. 미래에 본인이 살아갈 예상도 마찬가지로 표시한다.		
정리활동	1. 인생여정 그래프를 완성한다. 2. 잠시 시간을 가지고 생각한다. 3. 여러 사람에게 자신이 살아온 이야기와 현재, 그리고 미래에 대한 계획을 발표한다. 4. 서로의 느낌을 발표한다.		
유의점	1. 억지로 장면 연출을 하지 않는다. 2. 시간을 충분히 준다. 3. 진지하게 경청하고 타인에 대한 이해의 폭을 넓히도록 한다.		
평가의 관점	1. 자신의 과거를 잘 객관화시켰는가? 2. 현재의 자신의 모습을 정확하게 이해하고 있는가? 3. 미래의 자신의 인생 설계를 구체적으로 수립했는가? 4. 다른 사람의 이야기를 잘 듣고 이해하였는가?		

게임 실습지

인생여정 그래프

※ 해당되는 연령에서 긍정이나 부정의 정도에 따라 점을 찍으세요.
※ 특별한 사건들이 발생된 시기에는 별도로 표시하시기 바랍니다.
※ 현재의 위치를 설정하고, 미래의 계획을 구체적으로 설계하시기 바랍니다.
※ 점들을 연결하여 그래프를 완성하여 주시기 바랍니다.

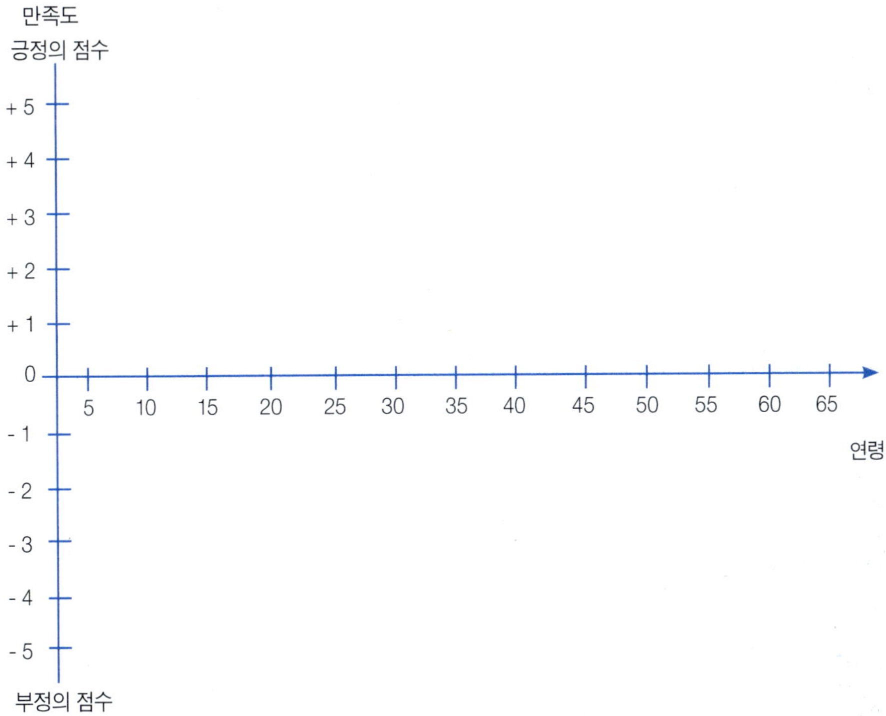

(4) 첫인상 메모

<table>
<tr><td>활 동 명</td><td>첫인상 메모</td><td>적 용 단 계</td><td>전개 단계</td></tr>
<tr><td>소 요 시 간</td><td>10분</td><td>활 동 방 법</td><td>개별적 발표형태</td></tr>
<tr><td>목 표</td><td colspan="3">1. 남을 이해하고 받아들인다.
2. 남에 대한 관심을 갖는다.
3. 주변사람과 원활한 인간 관계를 형성한다.</td></tr>
<tr><td>단 계</td><td colspan="2">활 동 내 용</td><td>준비-참고자료</td></tr>
<tr><td>준비활동</td><td colspan="2">1. 참가자들에게 실습용지와 사인펜을 나누어준다.
2. 참가자들을 서로 바라보거나 관찰할 수 있도록 한다.
3. 인간 관계에 대한 중요성을 멘트를 통해 알려준다.</td><td>실습지
사인펜</td></tr>
<tr><td>중심활동</td><td colspan="2">1. 도입 단계에서 참가자 상호 간에 충분한 관찰이 가능하도록 분위기가 형성되어 있어야만 한다.
2. 실습지에 자신의 이름을 크고 정확하게 기록한다.
3. 진행자가 하나 둘 셋 하면 실습지를 오른쪽으로 돌린다.
4. 자기에게 온 실습지의 이름을 보고 해당되는 사람에 대한 첫인상을 간단히 메모한다.
5. 진행자가 또 신호하면 다시 오른쪽으로 실습지를 보낸다.
6. 자기 실습지가 돌아오면 멈춘다.</td><td></td></tr>
<tr><td>정리활동</td><td colspan="2">1. 자신의 실습지를 확인해 보고 다른 사람들이 왜 이렇게 생각했을까를 생각해 본다.
2. 자신의 느낌을 이야기하고, 자신의 실제 모습과 다른 부분을 남들에게 발표한다.
3. 적당한 토론 후에 종결한다.</td><td></td></tr>
<tr><td>유의점</td><td colspan="3">1. 시간을 너무 길게 주지 않는다.
2. 짧은 시간에 떠오르는 느낌을 적을 수 있도록 사전 안내를 철저히 한다.
3. 장난스러운 행동을 금하고 진지하게 참여하게 한다.</td></tr>
<tr><td>평가의 관점</td><td colspan="3">1. 실제의 자기 모습과 다른 사람들의 눈에 비친 자신의 모습의 차이점을 발견할 수 있는가?
2. 다른 사람들을 잘 이해할 수 있는가?</td></tr>
</table>

실습지

첫인상 메모

※ 자신의 이름을 크고 정확하게 기록하여 주세요
※ 다른 사람에 대한 첫인상을 기록하여 주시기 바랍니다.

○○○ (이름)

1.

2.

3.

4.

5.

6.

7.

8.

(5) 주고 싶은 말

<table>
<tr><td>활 동 명</td><td>주고 싶은 말</td><td>적 용 단 계</td><td colspan="2">전개 단계</td></tr>
<tr><td>소 요 시 간</td><td>20 - 30분</td><td>활 동 방 법</td><td colspan="2">자유기입 형태</td></tr>
<tr><td>목 표</td><td colspan="4">1. 남에 대한 관심을 적극적으로 표현한다.
2. 타인과의 적극적인 인간 관계를 형성한다.</td></tr>
<tr><td>단 계</td><td colspan="3">활 동 내 용</td><td>준비-참고자료</td></tr>
<tr><td>준비활동</td><td colspan="3">1. 참가자들에게 실습용지와 볼펜을 나누어준다.
2. 타인에게 진심어린 편지를 보냄으로써 타인에 대한 적극적인 관심을 유도할 수 있도록 한다.</td><td>실습지
볼펜</td></tr>
<tr><td>중심활동</td><td colspan="3">1. 실습지에 자신의 이름을 기록한다.
2. 진행자는 실습지 전체를 회수하고, 본인에게 돌아가지 않도록 유의하면서 다시 배포한다.
3. 혹은 꼭 편지를 보낼 사람을 자신이 정하게 하여 편지를 보내게 할 수도 있다.
4. 실습지에 해당되는 사람에게 관심 어린 내용으로 편지를 쓴다.
5. 편지를 다시 거두어 본인에게 돌려준다.
6. 필요하다고 생각되면 상대방에게 답장을 쓸 수도 있다.</td><td></td></tr>
<tr><td>정리활동</td><td colspan="3">1. 편지를 받은 느낌을 발표하고, 상대방에게 고마움을 표시한다.</td><td></td></tr>
<tr><td>유의점</td><td colspan="4">1. 편지를 받는 사람을 자신들이 지정할 경우에는 특정한 사람들에게 편지가 집중되지 않도록 유의해야 한다.
2. 진실한 마음으로 편지를 보낼 수 있도록 한다.</td></tr>
<tr><td>평가의 관점</td><td colspan="4">1. 진심으로 상대방을 위하여 편지를 썼는가?
2. 상대방의 편지를 받고 느낌이 어떠했는가?</td></tr>
</table>

게임 실습지

주고 싶은 말

(6) 나와 사람들

<table>
<tr><th>활동명</th><td>나와 사람들</td><th>적용단계</th><td>전개 단계</td></tr>
<tr><th>소요시간</th><td>15 - 20분</td><th>활동방법</th><td>자유 기입 및 토론 형태</td></tr>
<tr><th>목 표</th><td colspan="3">1. 주변사람들과의 인간 관계를 개선한다.
2. 이웃과 사람들의 중요성을 안다.</td></tr>
<tr><th>단 계</th><th colspan="2">활 동 내 용</th><th>준비-참고자료</th></tr>
<tr><th>준비활동</th><td colspan="2">1. 실습지와 볼펜을 나누어준다.
2. 인간관계의 중요성과 지금까지 자신에게 도움을 주었던 사람들에 대하여 느낄 수 있는 내용의 멘트를 준비하여 제공한다.</td><td>실습지
볼펜</td></tr>
<tr><th>중심활동</th><td colspan="2">1. 자신과 관련이 있었던 많은 사람들에 대하여 조용한 음악을 들으면서 명상한다.
2. 자신에게 가장 고마웠던 사람들을 생각하고 해당되는 사람들에 대한 이름을 적고 그 이유를 기록한다.
3. 자신에게 가장 고통을 주었던 사람들을 생각하고, 그 이유를 기록해 본다.
4. 자신에게 가장 큰 영향을 끼쳤던 사람들에 대하여 생각하고, 그 이유를 기록한다.
5. 앞으로 만나고 싶은 사람들을 생각하고 그 이유를 기록한다.</td><td>명상음악</td></tr>
<tr><th>정리활동</th><td colspan="2">1. 기록이 모두 끝나면 다시 한 번 기록한 사람들을 생각해 본다.
2. 다른 사람들에게 발표하고 서로 느낌을 토론한다.</td><td></td></tr>
<tr><th>유의점</th><td colspan="3">1. 어떠한 사람들을 일방적으로 매도하는 행동을 적절히 규제한다.
2. 구체적이고 실제적인 이유를 기록하게 한다.
3. 현재의 입장에서 그때를 다시 한 번 검토해 볼 수 있게 한다.</td></tr>
<tr><th>평가의 관점</th><td colspan="3">1. 사람들에 대하여 다시 한번 객관적으로 생각할 수 있었는가?
2. 인간 관계에 있어서 나의 문제점은 무엇이었는가?</td></tr>
</table>

실습지

나와 사람들

※ 다음의 질문 항목에 해당된다고 생각하는 사람들의 이름을 기록하고, 그 이유를 간단히 기록후 설명하시기 바랍니다.

순서	질문	이름	이유
1	고마웠던 사람들		
2	고통을 주었던 사람들		
3	인생에 큰 영향을 준 사람들		
4	만나고 싶은 사람들		

요약

심성 계발은, 인간의 참된 본성을 의미하는 '심성(心性)'과 소질을 깨우쳐 열어주는 것을 의미하는 '계발(啓發)'의 합성어이다. 따라서 심성 계발이란 의미는 참되고 변하지 않는 마음의 본체를 이해하고 이를 깨우쳐 발현시키는 것을 의미한다.

흔히 청소년 지도 및 청소년 활동 영역에서 심성 계발 활동은 심성을 갖고 있는 본질적 주체인 '나'에 대한 이해와 탐색을 가장 기본적으로 하는 활동으로 이해해 왔다. 즉, "나 속의 나를 긍정적으로 이해하고 수용하게 하며 자존감을 향상시킴으로써 긍정적인 삶의 태도를 형성하는 활동"이 바로 심성 계발 활동이다.

심성 계발 활동은 때때로 참된 나와의 만남, 만남의 훈련, 인간 관계 훈련, 감수성 훈련, 인성 개발 활동 등으로도 일컫는다. 이는 심성 계발이 나와 타인과의 만남 즉, 자아를 발견하고 타인과의 상호작용을 강화하여 자신과 타인, 그리고 우리라는 공동체까지를 깨닫게 한다는 의미이다. 그래서 심성 계발 활동은 프로그램에 따라 참된 나를 발견하는 데 초점을 맞추는가 하면 어떤 프로그램은 자아발견 및 자기 성장에 터해 공동체의 중요성을 깨닫고 공동체의 발전을 도모하려는 적극적인 타인과의 관계 형성 및 유지에 초점을 맞추기도 한다.

청소년 심성 계발 활동 지도방법은 이러한 청소년 심성 계발 활동의 효율적 전개를 위해 청소년지도자가 활용할 수 있는 전문적인 지도 기법이나 기술을 의미한다. 청소년지도자는 청소년 심성 계발 활동을 전문적으로 지도하기 위한 자질을 우선적으로 갖추어야 하며 심성 계발에 대한 이론적 이해와 함께 전문적인 프로그램 개발 및 운영·지도방법과 기술 등을 숙지하여야 한다. 여기에는 심성 계발 활동의 개념과 의미, 심성 계발 활동의 목적과 역사, 심성 계발 활동이 미치는 영향과 효과와 같은 이론적 영역 이외에도 심성 계발 활동의 실제로써 심성 계발 활동의 기본 전제, 진행 단계별로 요구되는 지도 기법과 내용, 지도 시 유의점 등이 있다.

연습문제

1. 심성 계발 활동의 개념과 함께 청소년 지도 활동의 하나로써 심성 계발 활동이 갖는 의미에 대해 설명해 보자.
2. 청소년 심성 계발 활동의 목적에 대해 구체적으로 제시해 보자.
3. 심성 계발 활동이 청소년에게 미치는 영향에 대해 탐구해보자.
4. 심성 계발 활동의 기본 전제 세 가지를 이해하고 이를 설명해 보자.
5. 심성 계발지도자로서 갖추어야 할 자질에 대해 탐구해 보자.
6. 심성 계발 활동의 진행 단계를 제시하고 각 단계의 구체적인 내용들을 설명해 보자.
7. 심성 계발 프로그램 사례들을 살펴본 후 자신이 진행할 심성 계발 프로그램이라고 가정하여 직접 프로그램을 개발해 보자.

Chapter 08

리더십 계발

<제1절> 리더십과 청소년

리더십은 청소년기에 계발해야 하는 중요한 자질이다. 리더십 계발에 있어 청소년기의 감수성이 높고, 청소년기에 계발된 리더십은 오랫동안 지속되기 때문이다. 이런 점을 감안하여 아래에서는 리더십과 계발, 리더십 계발과 청소년의 특성, 청소년 리더십 계발의 장애 요인, 청소년 리더십의 내용 요소에 대해서 살펴보기로 하겠다.

1) 리더십과 계발

리더십은 '특정 상황 속에서 집단의 목표를 달성하기 위해 리더와 추종자들 간의 상호 작용 과정에서 리더가 추종자의 마음을 움직이고 동기화하는 영향력 행사 과정'이라고 할 수 있다. 이 의미에서 볼 때 리더십의 본질은 리더가 추종자와의 상호 작용 속에서 추종자의 마음을 움직이는 것이다. 추종자의 마음을 움직이기 위해서 리더는 상과 벌, 조직, 힘 등과 같은 다양한 수단을 사용할 수 있지만, 이보다 더 중요한 것은 추종자를 감동시키고 승복시킬 수 있는 능력과 인품을 갖추는 것이다. 리더로서 걸맞은 리더의 능력과 인품 없이는 추종자의 마음을 움직이고 동기화하는 영향력 행사는 불가능하기 때문에 영향력 행사 과정이라는 리더십의 정의에는 리더의 능력과 인품 함양이 전제되어 있다고 할 수 있다. 이는 리더십(leadership)이라는 말이 leader와 ship의 합성어라는 점에서도 알 수 있다. 언어적으로 leader는 지도자를 나타내고, ship은 명사에 붙여 상태·신분·직업·재직 기간·기술·수완·집단·층 등을 나타내는 명사를 만드는 기능을 한다. 언어적 측면에서 보면 리더십은 리더의 기술과 수완을 의미한다. 이를 보면 리더십의 언어적 의미 중 하나는 리더로서 갖추어야 하는 자질이라고 할 수 있다.

그렇다면 리더의 자질은 교육이나 학습을 통해서 계발될 수 있는가? 이는 리더십을 둘러싼 오랜 논쟁 중 하나인 "리더는 태어나는가? 아니면 만들어지는가?"와 관련된다. 전통적인 리더십 이론인 '영웅이론(great person theory)'에 따르면 리더는 선천적인 재능이나 운명에 의해서 태어나는 것이지, 인간의 인위적이고 후천적인 노력에 의해서 만들어지는 것은 아니다. 리더는 태어나는 것이라는 관점에 따르면, 리더는 일반 평범한 사람이 가지지 못한 선천적인 특성—거대한 체격, 뛰어난 지능, 범접할 수 없는 카리스마 등—을 가진다. "시대가 영웅을 만든다"는 견해도 이와 비슷하다. 이런 관점은 세상에 존재하는 사람들을 이분법적으로 리더와 추종자 두 집단으로 나누어 양자를 고정적인 것으로 본다. 리더가 될 수 있는 사람은 선천적인 요인에 의해서 정해져 있다는 것이다.

인간의 후천적인 노력이나 교육의 기능을 인정하지 않는 이와 같은 관점은 옳지 않다. 리더는 만들어지는 것이다. 물론 이 입장에서도 선천적인 요인을 인정한다. 인간으로서 기본적인 인지적 특성은 선천적으로 주어진 것으로 본다. 이 기본적인 인지적 능력을 갖추지 못하면 리더가 되기 어렵다. 또한 남보다 뛰어난 체격과 인지 능력은 리더가 되는 데 유리한 요인이 된다. 그렇지만 이런 뛰어난 체격과 인지 능력이 교육과 경험을 통해서 계발되지 않으면 리더십을 형성하지 못한다. 반면 남보다 불리한 체격이나 선천적 요인을 가진 사람도 부단한 계발을 통해서 리더십을 형성할 수 있다. 선천적인 잠재 능력의 차이는 분명 존재하는 것이지만, 후천적인 계발 과정이 수반되지 않으면 잠재 능력은 발현되지 않는다. 이런 점에서 리더십은 계발과 불가분의 관련을 가진다.

2) 리더십 계발과 청소년의 특성

골먼 등(2002)은 유용한 리더십을 배울 수 있는 최초의 시기를 사춘기에서 20대 초반까지로 보고 있다. 린덴과 페르트만(Linden and Fertman, 1998)도 청소년기를 리더십 발달의 결정적 시기로 보고 청소년기에 적절한 리더십을 발달시키는 것이 성공적으로 성인이 되는 발판이 된다고 주장하였다. 이와 같이 청소년기는 리더십 발달과 계발에 있어서 매우 중요한 시기라고 할 수 있다. 청소년기가 리더십 계발에 있어서 중요성을 지니는 이유는 청소년기에 본격적으로 리더십이 형성되기 시작하고 이렇게 형성된 리더십이 성인기로 이어진다는 점 때문이다.

이와 같은 청소년 리더십은 청소년기의 특성과 밀접한 관련이 있다. 린덴과 페르트만(1998)은 청소년기를 10세에서 14세 이하의 전기와 15세에서 19세 이하의 후기로 나누어 그 특성을 설명하고 있다. 이렇게 린덴과 페르트만이 구분한 특성을 보면 다음 〈표 8-1〉과 같다.

〈표 8-1〉 청소년기의 특성

청소년 전기(10세~14세)의 특성	청소년 후기(15세~19세)의 특성
• 사춘기 동안에 일어나는 신체적·정서적 변화의 이해 • 자기 수용: 존재적 자아와 당위적 자아 간의 갈등 시작, 삶의 목표와 목표 달성을 위한 계획 시작 • 타인의 수용과 타인에 의한 수용: 동료집단과의 수용 가능한 관계 형성과 차이 이해 • 중요한 성인으로부터 수용, 인정, 사랑 • 다른 사람에 대한 책임성: 자기중심성을 벗어나서 자기 통제에 대한 학습 • 의사 결정 및 독립적인 판단 방법의 발견 • 감정을 다루는 방법 이해 • 개인적인 가치체계 수립 시작	• 성적 관심: 성적 감정의 이해와 재생산 능력에 대한 지식, 성적인 표현에 대한 학습 • 지위: 유능감 획득 기회 필요, 더 많은 결정 기회와 이에 따른 책임 수용 • 사회성: 정체성 형성을 위해 다양한 역할 수행의 기회 • 가치와 도덕성: 수용적 분위기에서 동료, 성인과의 가치, 도덕, 생각, 감정 등에 대한 토론 기회와 세계관 형성

출처: Linden and Fertman(1998).

〈표 8-1〉을 중심으로 청소년의 특성을 보면 청소년 전기는 아동기에서 사춘기로 이행하면서 나타나는 급격한 신체적·정서적 변화에 대한 이해, 활동의 폭이 넓어지면서 나타나는 사회적 관계와 책임성에 대한 탐구, 인지 발달에 따른 자신의 삶과 정체성에 대한 관심 대두 등이 특징이라고 할 수 있다. 이런 청소년 전기의 특징은 후기로 들어서면서 이성(異性)에 대한 사랑과 재생산을 중심으로 하는 성적 관심, 사회적 관계의 확대에 따른 사회적 자아, 사회적 지위와 역할 수행에 따른 능력 획득, 가치와 도덕성 확립 등으로 확대되고 심화되어 간다.

청소년기에 나타나는 자아에 대한 관심과 사회적 관계의 확대는 리더십 계발과 밀접하게 관련된다. 먼저 청소년기는 자아에 대한 관심이 증가하면서 자신의 정체성 확립을 위해서 노력한다. "나는 누구인가?", "나는 무엇이 될 것인가?"와 같은 질문을 던지면서 자신의 모습에 대해서 진지하게 고민하고 탐구한다. 청소년은 자신을 거울에 비추듯이 대자(對自)화시켜 놓고 자신을 이끌어 나간다. 오늘날 리더십 논의에서 자신을 자기가 리드해가는 '1인 리더(self leader)'의 모습이 청소년 스스로 자아 정체성을 형성해 가는 과정에서 나타나는 것이다. 자신과의 관계에서 '1인 리더'로서의 역할은 청소년기뿐만 아니라, 성인기, 노년기에도 나타난다. 인생의 과정에서 '1인 리더'로서의 역할을 제대로 할 수 있는 리더십을 형성할 수 있게 되면, 자신의 삶을 성공적으로 이끌어 갈 수 있다.

리더십과 관련해서 더욱 중요한 것은 청소년기에 사회적 관계가 확대되어 다양한 사회적 지위와 역할을 수행하면서 리더와 추종자 관계에서 직·간접적으로 리더십을 체험하게 된다는 점이다. 청소년은 가정에서뿐 아니라, 또래 집단, 학교, 지역사회, 종교 집단, 인터넷 등에서 다양한 리더십을 체험하게 된다. 본인이 리더가 되어 직접적으로 리더십을 행사하기도 하지만, 집단의 구성원으로서 리더의 리더십을 경험하기도 한다. 이런 리더십 행사와 경험에 의해 청소년은 자연스럽게 리더십을 체험하고 리더십에 대해 판단할 수 있는 관점을 가지게 된다. 성공적으로 리더십을 행사하거나 존경할 만한 리더십을 경험하게 되면 리더십 형성에 대한 자신감과 긍정적인 관점을 가지게 되지만, 반대의 경우는 리더십에 대해 자신감을 상실하고 부정적인 관점을 가지게 된다. 청소년들이 리더십에 대해 자신감과 긍정적인 관점을 가지도록 하는 것은 청소년 리더십 형성에 있어서 매우 중요한 의의를 지닌다. 따라서 청소년들이 리더십에 대해서 자신감과 긍정적인 관점을 가질 수 있도록, 또 이런 자신감과 긍정적인 관점을 통해서 바람직한 리더십을 행사할 수 있도록 청소년 리더십 계발을 지도할 필요가 있다.

3) 청소년 리더십 계발의 장애 요인

청소년의 리더십을 계발하는 데 장애 요인은 여러 가지가 있을 수 있다. 이 중 하나가 리더십에 대한 청소년의 무관심과 소극적 자세이다. 청소년들은 리더십이 자신의 문제가 아니라 훌륭한 지도자가 될 수 있는 사람들만의 문제라고 생각하는 경향이 크다. 청소년들 스스로 자신은 리더가 아니고 될 수도 없다고 생각하는 경향이 있는 것이다. 이렇게 생각하게 되면, 청소년들은 리더가 될 수 없고 리더십을 형성할 수 없다. 미리 포기하고 자신의 리더십을 계발하려고 하지 않음으로써 자성 예언 효과가 그대로 나타나는 것이다. 그렇지만 청소년 각자는 리더가 될 수 있으며, 실제 지금도 크든 작든 리더 역할을 하고 있다. 대부분의 청소년들은 가정에서 형이나 누나로서, 친구 집단이나 동아리 활동에서 어떤 일을 추진하는 자로서, 인터넷 공간에서 토론이나 활동의 주도자로서 리더의 역할을 하고 있다. 또한 리더의 지위와 역할은 고정되어 있지 않고 일에 따라서 수시로 달라지기 때문에 청소년 모두는 리더 역할을 할 수 있는 기회를 가지게 된다. 더 나아가 모든 청소년들은 평생 자신의 삶의 리더 역할을 하게 된다. 이런 점을 청소년지도자는 청소년에게 인식시켜 리더십 계발에 동기를 부여할 필요가 있다.

청소년기에 강하게 나타나는 부정적 리더십 형성도 리더십 계발에 장애 요인이 된다. 일부 청소년들은 자신과 사회 발전에 바람직한 리더십 형성에는 소극적이지만, 말썽을 일으키고 일탈 행동을 하며, 문제 집단을 구성하는 데 있어서는 앞장서 주도하는 경우가 있다. 교사나 부모가 말려도 일부 청소년들은 이런 부정적 리더십을 형성하는 데 탁월한 능력을 보인다. 이런 청소년들은 다른 청소년들에게 강한 리더십을 행사하여 문제 행동을 일으키도록 하기도 한다. 부정적 리더십은 억압, 정신세계의 척박함, 폭력 등에 뿌리를 두고 있으며, 열악한 환경에서 살아남기 위한 행동 유형인 경우가 많다. 이런 부정적 리더십을 정확하게 이해하고 개선하기 위해서는 전체를 아우르는 생태학적 접근(ecological approach)이 필요하다. 부정적 리더십을 행사하는 청소년을 생태학적 관점에서 가정, 학교, 문화, 환경, 청소년 개인 등의 유기적 관계를 종합적으로 분석하여 원인과 대안을 찾아, 가정, 학교, 청소년지도자, 지역사회 등이 함께 개선 노력을 해야 한다. 또 부정적 리더십을 형성하고 있는 청소년들의 경우 동기와 에너지는 매우 강하지만 그 방향이 잘못되어 있는 경우임을 이해하여 동기와 에너지의 분출 방향을 재설정하도록 해야 한다.

청소년들에 대한 기성세대의 부정적인 관점도 청소년 리더십 계발의 장애 요인이다. 기성세대 중 일부는 청소년을 문제아, 보호의 대상, 미숙한 존재 등으로 보아 청소년이 지닌 강점을 적극적으로 계발하려 하지 않는다. 청소년을 문제아, 보호의 대상,

미숙한 존재 등과 같은 부정적인 관점에서 보게 되면 청소년의 리더십 계발은 설 땅이 없게 된다. 청소년이 문제를 일으키고 아직은 성인에 비해 능력이 떨어지는 면이 있을 수 있지만, 이것이 청소년의 주된 특징은 아니다. 일상생활에서 청소년은 자원봉사, 자기 계발, 학업 등과 같은 다양한 활동과 역할 수행을 통해서 사회 발전에 긍정적으로 기여하고 있다. 이런 청소년의 강점을 적극적으로 발굴하려는 긍정적인 관점을 가지고 청소년의 리더십을 계발하려는 자세를 가져야 한다.

청소년이 지닌 다양한 차이를 인정하지 않고 모든 청소년을 하나로 보아 동일하게 획일적으로 취급하는 풍토도 장애 요인이 된다. 청소년이라는 범주에 묶여 있을 뿐 그 안에 있는 청소년 개개인은 매우 다양한 차이를 지니고 있다. 개성과 능력의 차이, 신념과 가치관의 차이, 희망과 꿈의 차이, 성별과 사회경제적 지위의 차이 등 청소년이 지닌 차이는 모두 열거하기 어려울 정도로 다양하다. 이런 차이를 바탕으로 청소년들은 자신에게 맞는 다양한 리더십을 요구한다. 이런 점을 고려하면 청소년 각자의 차이에 적합한 리더십 계발이 필요하다. 차이와 다양성을 인정하지 않는 획일적인 리더십 계발의 방식은 오히려 청소년 리더십 계발에 역효과를 나타낼 수 있다.

4) 청소년 리더십의 내용 요소

청소년 리더십을 구성하는 요소는 매우 다양하고 일일이 열거하기 어려울 정도이다. 이런 점을 감안하면서, 본 글에서는 린덴과 페르트만(1998)이 제시한 리더십 정보, 리더십 태도, 의사 소통 기술, 의사 결정 기술, 스트레스 관리 기술을 중심으로 청소년 리더십의 요소를 살펴보기로 하겠다.

리더십 정보(leadership information)는 리더와 리더십에 대해서 청소년이 인식하고 아는 것으로서 모든 리더십 발달 단계에서 출발점이 된다. 리더십 정보는 리더십과 관련된 청소년의 선택에 있어서 매우 중요한 역할을 한다. 따라서 청소년은 정확하고 풍부한 리더십 정보를 가질 필요가 있다. 정보의 원천은 매우 다양하다. 예컨대, 사람, 경험, 출판물, 시청각 자료, 인터넷, 프로그램 등을 통해서 청소년은 리더십 정보를 얻을 수 있다. 특히 오늘날은 대중매체와 인터넷을 통해서 홍수처럼 넘쳐나는 정보에 접하게 된다. 정보의 과잉 상황에서 청소년과 청소년지도자들은 유용한 정보를 선택해서 활용해야 하는 과제에 당면한다. 청소년들은 지속적으로 리더와 리더십에 관련된 정보를 받아들이고 처리하여 일부는 저장하고 일부는 버리게 되는데, 이런 과정에서 청소년지도자의 적절한 도움과 안내가 필요하다. 유용하고 신뢰할 만한 리더십 정보를 가지게 될 때 청소년은 자신의 리더십 계발을 올바른 방향성 속에서 시작할 수 있다.

리더십 태도(leadership attitude)는 청소년이 스스로를 리더와 동일시하여 자신을 리더로 규정하려는 성향, 생각, 감정 등을 의미한다. 리더십 태도는 긍정적일 수도 부정적일 수도 있으며, 육체적인 성숙에 의해서 자연스럽게 나타나는 것이 아니라 학습되는 것이다. 리더십 태도는 청소년의 경험에 따라서 지속적으로 변화, 수정된다. 이런 리더십 태도에 관련된 학습과 변화는 다른 사람과의 상호 작용을 통해서 일어난다. 상호 작용은 사람과의 직접적인 접촉이나 책, TV, 영화 등을 통한 간접적인 접촉을 통해서 일어난다. 태도의 학습과 수정 과정은 역동적인 과정이며, 이 과정에서 청소년들은 능동적인 학습자로서 부모, 교사, 동료 등의 요구에 반응하고 어떤 사안에 대한 주의 집중 여부를 결정하며, 스스로 자신들의 관점을 정립하기 위해 노력한다. 청소년지도자는 청소년들의 이런 노력을 지원하며 적극적으로 안내해야 한다.

의사 소통 기술(communication skills)은 생각, 메시지, 정보 등을 교환하는 것에 관련된 언어·비언어적 기술이다. 의사 소통은 다른 사람과 지식, 태도, 의견, 감정, 아이디어 등을 교환하는 과정으로서 리더십의 필수적인 요소이다. 성공적인 의사 소통은 발신자와 수신자의 상호 이해 정도에 달려 있으며, 기술을 요한다. 이런 의사 소통 기술은 학습을 통해서 숙달되며 리더가 갖추어야 할 중요한 능력이다. 의사 소통을 통해서 리더와 구성원 간의 장벽은 무너지고 하나가 되어 목표를 위해 활동할 수 있다. 의사 소통은 습관, 정보, 지식, 태도, 편견 등의 복합적인 상호 작용과 관련되어 있다. 청소년들이 무엇을 어떻게 말하고, 다른 사람에 대해서 어떻게 반응할 것인가는 모두 청소년 자신의 복잡한 의사 소통 체제에 의해서 결정된다. 의사 소통 기술은 학습되는 것이기 때문에 청소년지도자는 청소년의 의사 소통 기술의 계발을 위해서 노력해야 한다.

의사 결정 기술(decision-making skills)은 여러 가지 대안 중에서 다른 사람들에게 영향을 미칠 수 있는 선택을 하는 것과 관련된다. 청소년은 점점 독립적이 되어 가면서 스스로 의사 결정을 할 기회가 많아진다. 의사 결정에 당면할 때, 청소년은 문제의 확인 → 가능한 대안 탐색과 목록 작성 → 대안이 발생시킬 가능한 결과 확인 → 각 결과들의 긍정적, 부정적 영향 평가 → 결과의 영향과 자신의 가치관을 종합하여 가장 매력적인 대안 선택 → 의사 결정 전반에 대한 반성의 과정을 거쳐 합리적으로 의사 결정을 할 필요가 있다. 청소년들은 이런 합리적인 의사 결정의 절차와 원리를 학습함으로써 리더로서 필요한 의사 결정 능력을 가지게 된다. 리더의 의사 결정 여하에 따라서 조직과 구성원들의 운명이 좌우되기 때문에 의사 결정 능력은 리더십의 중요한 요소가 된다. 청소년지도자는 체계적인 지도를 통해서 청소년기부터 합리적인 의사 결정 기술을 학습시킬 필요가 있다.

스트레스 관리 기술(stress-management skills)은 삶 속에서 발생하는 스트레스를 다루고 통제하는 방법에 관한 것이다. 스트레스는 어떤 사람이 지닌 내적 자원을 초과하는 외적 환경요인에 의해서 느끼는 부담감으로 정의될 수 있다. 스트레스는 생리적, 심리적, 신체적 반응으로서 나타나게 된다. 스트레스를 과중하게 받게 되면 사람들은 소진감을 느끼거나 의욕을 상실하고 감정을 잘 조절하지 못하게 되며 능력을 발휘하지 못하게 된다. 반면 감당할 만한 적절한 스트레스는 약간의 긴장감을 형성하여 일의 추진에 도움이 되기도 한다. 스트레스의 관리 기술은 자신의 감정 상태와 일을 통제하는 것과 밀접한 관련을 가진다. 이런 점에서 스트레스 관리 기술을 자기 관리 기술이라고 할 수 있다. 사전 계획 속에서 긍정적으로 일을 처리하고 평온한 감정 상태를 유지함으로써 스트레스를 사전에 예방하고 관리하는 기술을 리더십 계발을 통해서 함양할 필요가 있다.

<제2절> 리더십 계발 모형

리더십은 다양한 모형을 통해서 계발될 수 있다. 아래에서는 리더십 계발 모형으로서 자발적 학습 모형, 경험 순환 모형, 발달 단계 모형에 대해서 살펴보기로 하겠다.

1) 자발적 학습 모형

보이애치스(Boyatzis)는 리더십 계발을 위해서 자발적 학습이 이루어져야 한다는 것을 강조하면서 다음 [그림 8-1]의 자발적 학습 모형을 제시하였다.

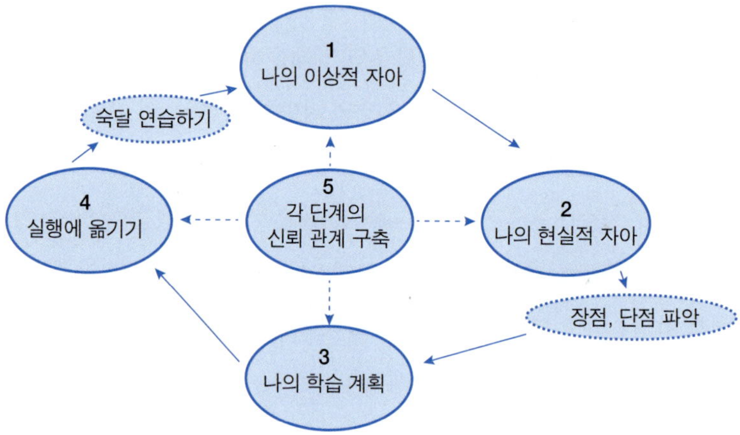

[그림 8-1] 보이애치스의 자발적 학습 모형

출처: Golman, D., Boyatzis, R. and McKee, A.(2002), 188쪽.

이 모형의 첫째 단계(그림의 1)에서는 "나는 어떤 사람이 되고 싶은가?"라는 질문에 대한 답을 찾음으로써 이상적인 자아상을 전망하게 된다. 이상적인 자아상은 리더십 계발에 동기와 에너지, 열정을 제공하는 원천이 된다. 둘째 단계(그림의 2)에서는 "나는 어떤 사람인가?"라는 질문에 대한 답을 찾음으로써 현실적인 자아 모습을 파악한다. 첫째 단계의 이상적인 자아와 둘째 단계의 현실적인 자아를 비교하여 일치된 부분은 장점, 일치되지 않는 부분은 단점으로 파악된다. 셋째 단계(그림의 3)에서는 "어떻게 장점을 살리고 단점을 극복할 것인가?"라는 질문에 대한 답으로써 구체적인 리더십 계발 학습계획을 세우게 된다. 학습계획은 구체적으로 세워져야 한다. 넷째 단계(그림의 4)는 구체적으로 계획을 세운 행동방식, 사고방식, 감정방식 등을 실천에 옮기는 단계이다. 반복적인 연습을 통해서 리더십 계발을 위한 구체적인 기술과 능력을 숙달한다. 다섯째 단계(그림의 5)는 자발적 학습 모형의 각 단계에 공통되는 것으로 각 단계에서 도움을 받을 수 있는 사람들과의 관계를 형성하여 도움을 받는 것이다. 자발적인 학습이라고 해서 전문가의 도움을 도외시하는 것은 아니다. 비고츠키의 근접 발달 영역 이론에서 보듯이 전문가의 도움은 발달을 촉진시킨다. 각 단계에서 이런 도움을 받을 수 있음을 나타낸다. 보이애치스가 리더십 계발에 있어서 강조하는 것은 나의 이상적 자아와 현실적 자아 간의 불일치를 발견하여 이래서는 안 된다는 절실한 자각과 경험을 하는 것이다. 그에 따르면 이런 절실한 자각이 자발적인 리더십 계발의 출발점이자 리더십 계발을 지속시키는 힘이 된다.

2) 경험 순환 모형(A-O-R 모형)

훅헤스 등(Hughes et al., 1999)은 리더십 계발에 있어서 핵심적인 열쇠로서 최상의 리더십 경험을 만드는 것을 주장하면서, 다음 [그림 8-2]와 같은 A(Action, 활동), O(Observation, 관찰), R(Reflection, 반성)의 경험 순환 모형을 제시하였다.

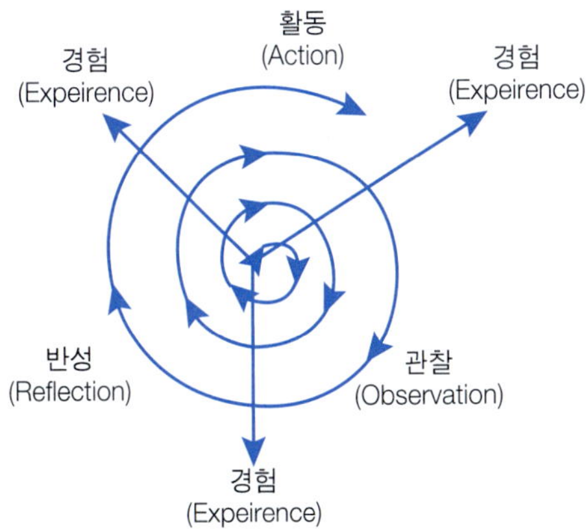

[그림 8-2] 경험 순환 모형(A-O-R 모형)

출처: Hughes, R. L., Ginnett, R. C., and Curphy, G. J.(1999). 81쪽.

활동 단계(A)에서는 청소년이 직접 또는 간접적으로 리더십을 행사하는 것을 경험하는 활동을 한다. 예를 들어, 학교에서 학생회장이나 반장이 되어 직접적으로 리더십을 행사하는 활동을 할 수도 있고, 지역사회의 지도자 사무실에서 견습생으로서 일을 도와주면서 리더십을 간접적으로 체험할 수도 있다. 관찰단계(O)에서는 이런 직·간접적인 리더십 체험 활동의 결과와 영향 등을 파악한다. 리더십 체험 활동을 하더라도 단지 활동으로 그치고 그 활동의 과정과 결과를 관찰하지 않으면, 그 리더십 체험 활동이 리더십 계발에 주는 의의는 크지 않을 수 있다. 반성 단계(R)에서는 관찰단계에서 파악된 결과와 영향, 활동 과정 등이 어떤 의미와 가치를 가지는가를 생각해 본다. 활동 과정에서 나타난 긍정적인 측면과 부정적인 측면을 파악하여 긍정적인 측면은 반복하여 내면화시키고 부정적인 측면은 개선하려는 것이다. 반성 단계는 어떤 리더십 체험 활동의 종결점이자 새로운 리더십 체험 활동의 출발점이 된다. 반성을 통해서 활동 경험을 다양한 측면에서 분석하고 통찰하게 된다. 경험 순환 모형은 리더십 계발이 이런 리더십 체험 활동의 연속적인 순환과정 속에서 이루어짐을 강조한다.

여기에서 주목할 것은 단순한 행위만을 통해서는 리더십 계발이 효과적으로 이루어질 수 없다는 점이다. 진정한 경험은 단순히 어떤 행위나 사건을 행하는 것이 아니라 그런 행위나 사건을 어떻게 지각하는가에 달려 있기 때문이다. 이런 측면에서 인간의 정신작용인 지각은 경험 순환 모형의 각 단계에 영향을 미치며 리더십 체험 활동으로부터 무엇을 추출하는가에 있어서 중요한 역할을 한다. 인간은 그들에게 일어난 체험 활동의 수동적인 기록자가 아니라 능동적으로 구성하고 형성하는데, 이런 과정에서 지각이 중요한 역할을 하는 것이다. 우리는 지각을 바탕으로 미래나 타인에 대한 기대를 하게 되는데 이는 활동의 모습에 많은 영향을 미친다. 또한 어떤 활동에 대한 지각을 통해서 내가 그 활동을 잘 할 수 있을지의 여부를 판단하게 된다. 즉 지각은 자성 예언 효과와도 관련된다. 관찰에 있어서도 우리는 선택적 지각을 하게 된다. 선택적 지각이란 우리가 모든 부분을 관찰할 수 있는 것이 아니라 주의를 집중하는 정보만 파악하게 된다는 것이다. 지각은 또한 본질적으로 의미를 형성하고 해석하는 과정에 관여하기 때문에 반성에도 영향을 미친다. 예를 들어 어떤 행위의 성공과 실패의 원인을 어떻게 지각하는가에 따라서 그 행위의 의미도 달라지게 된다.

3) 발달 단계 모형

린덴과 페르트만은 청소년 리더십의 단계적 발달을 주장하면서 다음 [그림 8-3]의 발달 단계 모형을 제시하고 있다(Linden and Fertman, 1998).

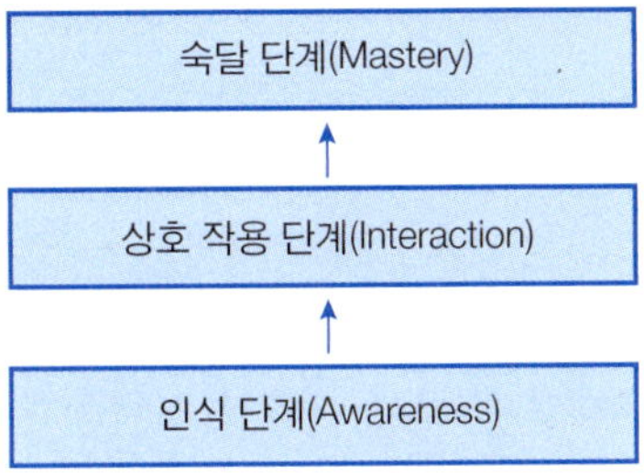

[그림 8-3] 리더십 발달 단계 모형

각 단계는 연속적이지만 단계 간의 이동은 유동적이다. 청소년은 일반적으로 낮은 단계에서 다음 차원의 단계로 이동하지만, 새로운 상황에 직면하게 되면 이전 단계로 되돌아가기도 한다. 각 단계에서 성인들의 지도와 지원이 있으면 청소년은 지속적이고 일관성 있게 리더십을 발달시킬 수 있다. 이런 점에서 리더십 계발에 있어 성인들의 지원은 중요하다. 각 단계에서 청소년들은 앞에서 살펴본 리더십의 내용 요소인 리더십 정보, 리더십 태도, 의사 소통 기술, 의사 결정 기술, 스트레스 관리 기술을 학습해 간다. 각 단계의 특성을 살펴보면 다음과 같다.

인식단계는 청소년 리더십 발달의 첫 번째 단계이다. 이 단계에서 청소년은 자신의 리더십 잠재성과 능력을 자각한다. 일반적으로 청소년들은 리더와 리더십은 자신의 삶과는 관계없는 문제로 생각하면서 관심을 가지지 않거나, 자신은 리더가 될 수 없다는 패배 의식을 가지고 있다. 이런 인식에서 벗어나지 않으면 청소년의 리더십은 계발될 수 없다. 따라서 청소년지도자나 성인은 청소년 각자가 리더로서 잠재성을 가지고 있으며, 학습을 통해서 리더십을 갖출 수 있다는 인식을 가지도록 도와야 한다. 이를 위해 청소년에게 자신의 삶과 관련된 구체적인 리더십 정보를 제공해야 한다.

아울러 리더가 될 수 있다는 것에 대한 자신감과 긍정적인 태도를 가지도록 청소년을 격려해야 하며, 의사 소통을 통해서 다른 사람들에게 영향력을 행사할 수 있다는 점을 인식하도록 해야 한다. 이 단계에 있는 대부분의 청소년은 의사 결정을 할 때 다양한 선택의 가능성이 있음을 인식하지 못하고 있다. 여기에서 벗어날 수 있도록, 청소년지도자는 의사 결정의 중요성과 의사 결정 시에 다양한 가능성이 있음을 자각하도록 격려해야 한다. 또한 청소년이 겪는 스트레스에 대해서도 인식을 전환시켜야 한다. 즉, 스트레스가 정상적인 삶의 일부이고 이들을 적절하게 관리하고 극복하는 것이 리더십 계발에서 중요함을 인식시켜야 한다.

상호 작용단계는 청소년 리더십 발달의 두 번째 단계이다. 이 단계에서 청소년은 가족, 학교, 친구 집단, 지역사회 등에서 다양한 사람들과 상호 작용을 통해서 리더십 잠재성과 능력을 확장하고 강화시켜 나간다. 이런 상호 작용을 통해서 청소년들의 세계관은 확장되고 리더로서 좀 더 능숙하게 될 수 있는 새로운 리더십 경험을 가지게 된다. 우리는 상호 작용을 통해서 리더십 기술이 성장하고 리더십에 대한 신념이 확고해지는 것을 볼 수 있게 된다. 이 단계의 청소년들은 리더십과 관련된 활동에 좀 더 적극적이 되고 리더로서의 역할을 맡기도 한다. 리더십 정보를 수집하여 활용하기 시작하며 경험과 적용 간의 필요한 연계고리를 만들기도 한다. 자신이 리더십 능력을 가지고 있다는 태도를 가지며, 타인에 대한 감수성과 다양성에 대한 수용 태도가 발달한다. 또 의사 소통에 있어서 주장과 경청에 대한 기술이 중요함을 인식하고 이를 연습한다. 의사 결정에 있어서도 다양한 선택이 가능함을 깨닫고 의사 결정모델의 학습을 통해서 이런 선택 가능성 중에서 최선의 안을 선택하려고 한다. 더 나아가 스트레스의 원천을 확인하고 스트레스를 극복할 수 있는 건강한 방안을 찾으려고 노력한다.

그렇지만 이 단계의 청소년들은 이상적인 원대한 생각을 가지고 있지만 이들을 실천하고 현실화시키는 방법을 모르는 경우가 많다. 겉으로 보기에 청소년들이 독립적이고 성숙한 것처럼 보이지만, 그들 스스로 모든 것을 하지는 못한다. 이런 상황을 극복하기 위해서 경험이 많은 청소년지도자나 성인들의 안내와 도움이 필요하다. 이런 도움을 받지 못해서 청소년들이 자신의 리더십 역량에 대한 회의를 하게 되거나 자신감을 상실하게 되는 경우 리더십 발달은 첫 번째 인식단계로 퇴행할 수도 있다.

숙달단계는 리더십 발달의 마지막 단계이다. 이 단계의 청소년은 리더십에 관련된 기술에 능숙하다. 이런 리더십 기술과 역량을 활용하여 새로운 관심 분야와 미래의 비전, 에너지를 창출한다. 이 단계에서 청소년은 자신의 관심영역에 집중하여 리더십 역량을 심화시키고 초점을 자신의 내면으로 전환한다. 역량의 심화를 위해서 무엇을 하고 무엇을 배우는가에 대한 성찰이 이 단계에서는 중요하다. 이런 성찰을 통해서 청소년은 자신에게 의미 있는 영역에서 창의적이고 경쟁력 있는 리더가 되도록 부단히 노력하게 된다. 첫 번째 단계에서 처음 소개되었던 리더십 정보가 내면화되고 지식은 행동으로 발현되게 된다. 아울러 미래에 대한 비전을 가지게 되며 리더로서 자신감을 가진다. 효과적인 의사 소통 기술과 주의 깊은 경청을 통해서 생각과 감정을 전달하고, 수준 높은 의사 결정 기술을 활용한다. 더 나아가 자신의 감정과 마음 상태를 잘 관찰하여 적절하게 스트레스를 관리하게 된다. 숙달단계에서도 성인들의 도움과 지원은 필요하고 중요하다. 이 단계에서 성인들은 파트너, 멘토, 역할 모델, 자원 등과 같은 다양한 역할을 한다.

린덴과 페르트만은 각 리더십 발달 단계에서 활용될 수 있는 리더십 계발 프로그램의 질을 높이기 위해서 다음 10가지 사항을 제시하고 있다. 청소년지도자는 이런 사항들을 리더십 프로그램 개발 시에 참고할 필요가 있다.

- 리더십에 대한 정의가 분명해야 한다.
- 목적이 명확하게 진술되어 있어야 한다.
- 리더십에 관련된 학습 방법은 다양해야 한다.
- 리더십 학습은 청소년의 욕구와 경험에 기반해야 한다.
- 리더십 기술을 연습할 다양한 기회가 있어야 한다.
- 프로그램 과정과 자료들은 연구되고 검증되어야 한다.
- 청소년에 대한 평가와 피드백이 제공되어야 한다.
- 추수지도와 계속적인 지원이 포함되어야 한다.

- 학교, 시설, 가족들과의 의사 소통이 강조되어야 한다.
- 지도자와 직원들이 잘 훈련되고 감독되어야 한다.

<제3절> 청소년 리더십의 유형과 계발

청소년 리더십의 유형은 보는 관점에 따라서 매우 다양하게 열거될 수 있다. 이 중에서 민주적 리더십, 봉사적 리더십, 창의적 리더십, 생태적 리더십, 윤리적 리더십, 글로벌 리더십에 대해서 살펴보기로 하겠다.

1) 민주적 리더십

> "개인적으로 히딩크식 전략의 가장 큰 핵심은 그가 우리 선수들의 영혼을 자유롭게 풀어준 점이 아닐까 싶다. 선후배의 위계질서나 상명하복의 엄격한 구조를 허물어 선수들이 가벼운 마음으로 자유롭게 경쟁할 수 있도록 한 점일 것이다. 경기를 보고 있으면 선수들의 자율성, 순발력, 상상력 등이 유난히 두드러져 보여, 아예 선수들의 영혼이 푸른 잔디 위에서 펄펄 날아다니는 듯하다. 예전에 선수들의 어깨에 얹혀 있던 모종의 억눌림, 조급증 등은 말끔히 사라졌다. …… 무엇보다도 한 개인의 잠재력을 최대한으로 발현시키기 위해서는 그 사람의 영혼을 자유롭게 풀어놓아야 한다."
>
> http://www.donga.com/docs/magazine/shin/

히딩크의 리더십을 평가한 소설가 김형경님의 글 중 일부이다. 히딩크는 당시 한국축구의 연고주의, 권위주의, 선·후배간의 위계주의, 상명하복 등과 같은 고질적인 병폐를 없애고 실력 중심의 공정성, 개인 인격의 존중, 양방향적인 의사 소통, 신뢰와 원칙 등과 같은 민주적인 리더십을 행사함으로써 월드컵 4강이라는 한국 축구의 기적을 이룬 것이다. 월드컵 4강이라는 한국 축구의 기적은 민주적 리더십의 가치와 중요성을 단적으로 나타내는 것이다.

리더십은 리더와 추종자가 비전과 목표, 이상과 가치를 공유함으로써 발현되는 영향력으로서, 물리적 위협과 강압에 의한 영도력(headship)과 구분되는 개념이다. 리더는 구성원의 인간적 존엄성과 인권을 존중하고, 양방향적이고 수평적인 의사 소통을 통해서 끊임없이 가치와 정보를 공유해야 한다. 권력을 독점하지 않고 필요한 곳에 분산시키며, 항상 구성원들의 자발적인 참여와 활동을 격려해야 한다. 리더는 설득과 대화를 통해서 구성원들의 에너지를 목표를 향해 결집시키고 다양성과 차이를 고려하여 정책을 펼친다.

이런 민주적 리더십은 하루 아침에 형성되는 것이 아니다. 청소년기부터 지속적인 민주적 리더십 교육을 통해서 민주주의 가치와 원리를 내면화하고 이를 실천할 수 있는 역량을 갖춤으로써 형성할 수 있다. 다음 사례는 '꿈나무 정치현장 체험'이라는 리더십 프로그램과 이에 관련된 기사를 소개한 것이다. 이 사례는 강의, 참여, 견학 등의 방식으로 구성된 현장 체험 리더십 프로그램을 통해서 청소년들이 민주적 리더십을 체험하고 형성해가는 과정을 보여주고 있다. 특히, 기사는 민주주의 지도자인 지방의원들의 의정 활동을 견학함으로써 민주적 리더십의 역할 모델을 체험하고 있는 것을 나타내고 있다.

'꿈나무 정치현장 체험' 프로그램

■ 교육 목표
- 미래 꿈나무 지도자에 대한 올바른 민주 시민 의식 및 리더십 함양
- 현장 체험을 통한 폭넓은 학습 기회 제공

■ 교육운영계획
- 대상: 중학교 학생회장
- 인원: 연간 1,280명
- 기간 및 횟수: 1일(집합),시·도위원회별 1회
- 일정: 연중

■ 중점교육내용
- 올바른 유권자 의식 및 청소년의 리더십 함양
- 국회·정당·지방의회 방문 등 현장 체험 학습

■ 교과목편성

교과목	계	강의	참여식
합계	7	1	6
학교 내 바람직한 임원선거	2	1	1
청소년의 올바른 리더십	2	-	2
국회·정당·지방의회 방문 등 체험 학습	2	-	2

출처: 선거연수원, http://www.civicedu.go.kr/index.html

"민주적 리더십·의회 역할 배웠어요"
-부산지역 중학교 학생회장 80여 명 시의회·선관위 견학-

"투표의 중요성과 민주적 리더십을 배웠어요."

12일 부산시선거관리위원회와 부산시의회 등에서 정치현장 체험을 하는 미래의 지도자들은 시종일관 진지한 표정이었다. 이들은 이날 오전 9시부터 오후 5시까지 하루 종일 시의회와 시선관위를 견학하면서 지루함을 느낄 겨를도 없이 질문을 쏟아냈다. 부산시선관위는 미래 우리 사회의 지도자가 될 중학교 학생회장 80여 명을 대상으로 '2006 꿈나무 정치 현장 체험' 행사를 처음으로 가졌다. 이 행사는 학생들에게 민주정치에 대한 올바른 이해를 돕고 정치와 선거에 대한 폭넓은 체험 학습의 기회를 제공하기 위한 것으로 선거와 정치 분야에 관심이 많은 부산지역 중학교 학생회장 등 임원으로부터 신청을 받아 개최한 것이다. 이날 체험 현장에서는 학생들이 시의회 본회의를 방청해 시의원들이 쏟아내는 시정 질문을 직접 현장에서 확인하고 의정활동에 대한 VTR를 시청하면서 지방의회의 역할에 대해 생각하는 시간을 가지기도 했다. 특히 시선관위는 '선거제도의 이해'와 '청소년과 민주적 리더십'이라는 주제로 강연을 실시하고 영상물을 보여 주었다. 이어 민주적 리더십이란 주제로 활기찬 토론도 열렸다. 또 막대한 선거 관리 비용을 절감하기 위해 추진 중인 '터치스크린 투표기' (전자투표)를 직접 체험해 보기도 했다. 이날 행사에 참석한 엄태섭(기장중 3년)군은 "말로만 듣던 정치 현장을 직접 체험해보니 시민의 손으로 뽑은 의원들이 국민의 권리 보호를 위해 어떤 일을 하는가에 대해 잘 알 수 있었다"면서 "이번 체험으로 참정권을 가진 성인이 됐을 때 어떻게 정치에 참여해야 하는지를 알 수 있어 건전한 민주 의식을 심어준 좋은 계기였다"고 소감을 밝혔다. (부산일보, 2006. 10. 13.)

2) 봉사적 리더십

"나병과 피부병의 권위자인 센 박사는 큰 병원에서 정년 퇴임한 뒤 테레사 수녀를 찾아왔다. 보수 같은 것은 전혀 필요 없으며 자신의 모든 경험과 능력을 살려 그녀를 돕고 싶다고 간청하였다. 마침내 센 박사는 그녀와 함께 인도의 가장 가난한 곳에서 가장 기피되는 나병환자들을 치료하고 돌보는 일에 합류했다. 편안히 여생을 즐기며 살아도 될 의사가 빈민굴에서 남은 능력과 정열을 불태우기 시작한 것이다.

(http://www.hani.co.kr)"

20세기의 성녀로 추앙받는 테레사 수녀와 관련된 일화이다. 테레사 수녀는 "스스로 낮아지라, 가장 낮은 이를 섬겨라."는 말을 삶의 지침으로 삼아, 가장 소외받고 가난한 인도의 빈민과 나병환자들을 돌보고 섬기는 일을 평생 동안 하였다. 자신을 낮추고 가장 힘없는 사람들을 섬김으로써 테레사 수녀는 세상에서 가장 존경받고 영향력 있는 리더가 된 것이다. 봉사적 리더십을 몸소 실천한 것이다.

그린리프(Greenleaf)는 리더십은 본성적으로 남을 섬기려는 사람에게 부여되는 것이라고 주장하면서 봉사적 리더십(servant leadership)을 주장하였다. 그에 따르면, 리더는 이타심을 가지고 추종자들의 입장에서 느끼고 생각하며 그들을 보살펴야 한다. 또한, 리더는 항상 추종자들의 말을 경청하고 공감하며 무조건적으로 수용해야 한다(이준형, 2002). 리더십은 사람을 돕는 것이지 사람 위에 군림하는 것이 아니라는 말에서 보듯이, 봉사성은 리더십의 본질 중 하나라고 할 수 있다. 특히, 이기주의와 무한경쟁, 갈등과 대립이 판치는 세상에 화해와 평화, 상생과 우정이 넘쳐나게 하기 위해서는 리더가 먼저 봉사적 리더십을 함양하고 실천해야 한다.

봉사적 리더십의 중요성을 인식하여 우리 학교와 사회에서도 자원봉사 활동이 활성화되고 있으며 봉사적 리더십을 기르기 위한 프로그램도 시도되고 있다. 다음 사례는 서울의 한 중학교에서 요선도 학생을 대상으로 봉사 활동 프로그램을 실시한 내용이다. 봉사 활동을 통해서 소위 문제아라고 하는 요선도 학생들이 자원봉사의 참 의미와 서로 돕고 나누는 삶의 가치를 깨닫고 자기문제를 극복하고 긍정적인 삶의 태도를 가지는 데 적지 않은 효과를 가져왔다고 평가하고 있다.

다음 사례는 봉사 활동 프로그램 사례이다. 청소년은 이런 봉사 활동 프로그램을 통해서 봉사적 리더십을 함양할 수 있다.

봉사A반 봉사 활동 프로그램

가. 개요

학생들이 봉사 활동에 대한 의미를 이해하고 복지시설, 지역사회, 봉사 대상자를 대상으로 다양한 체험 활동을 통해 자신과 이웃을 사랑하고 문제 해결 능력을 키우도록 돕는다.

나, 연간 활동 내용

일시	봉사 활동이란? 장애인체험 활동	활동 내용	준비물
4/7	봉사 활동 소개	- 자기 소개하기 - 봉사 활동에 대한 간단한 교육 - 장애인체험 활동: 동굴탐험, 말 전하기, 이름표 끼우기, 휠체어 이동	- 자기 소개판 - 이름표 - 동굴팜 - 말 전하기 - 휠체어
4/28	장애아동과 함께	- 경기도 광주에 위치한 한사랑마을 봉사 활동 - 언어, 신체장애 등의 중복장애 아동시설인 한사랑마을에서 3~7세 아동들을 대상으로 식사보조, 놀아주기, 외출하기, 청소 등의 봉사 활동 실시	- 차비 - 도시락
6/2	일일 손자손녀되기	- 영등포복지관 조리실을 활용하여 할머니, 할아버지들에게 전달할 반찬을 조리한다. - 반찬을 만든 후 각자 할머니, 할아버지댁 주소를 들고 가정을 방문하여 반찬과 함께 말벗을 해드리고 돌아온다.	- 반찬재료 - 가정방문일지
6/30	환경보호	- 모임의 중간평가 및 자연보호를 위해 관악산을 등반한다. - 등산 중에 쓰레기 줍기와 기타 환경정리를 실시한다.	- 비닐주머니 - 도시락
9/1	영아들과 함께 가을 나들이	- 노량진에 위치한 영아원 시설인 성노원아기집 아동들과 함께 사육신묘 가을 나들이를 실시한다. - 아이들이 진행하는 간단한 레크레이션과 함께 성노원아기집 대청소 실시	- 레크레이션 준비 - 다과류
10/6	아동학대 거리캠페인	- 영등포역 앞에서 아동학대사진전 및 캠페인 진행 - 사진전 진행 및 학대신고위원 서명활동에 행사보조로 진행	- 피켓 - 어깨띠 - 사진
11/3	우리가 하고 싶은 봉사 활동은? 평가 및 반성	- 마지막으로 하고 싶은 봉사 활동이나 다시 해보고 싶은 활동을 정하여 봉사 활동 후 반성 및 평가	- 소감문 - 평가지

출처: 사단법인 한국시민자원봉사회, http://www.civo.net

3) 창의적 리더십

동화 속 이야기가 현실이 되는 나라. 사막에 만들어진 별천지 - 두바이!

아랍에미레이트(UAE)의 수상인 세이크 모하메드는 '미래를 바꾸려고 시도하지 않는 사람은 과거의 노예 상태로 머무르게 될 것'이라면서 불모지 사막과 한적한 어촌에 불과했던 두바이를 탁월한 상상력과 창조 경영으로 기적의 장소로 탈바꿈시키기 시작했다. 섭씨 50도를 오르내리는 여름에도, 실내스키장에서 스키를 즐길 수 있으며, 사막 한가운데 잔디를 깔아 골프를 칠 수 있다. 또, 야자수 모양의 주거용 인공섬도 건설 막바지에 다다랐으며, 바다 속엔 수중호텔이 만들어지고 있다. 아라비안나이트 동화에서나 나올 법한 이야기가 두바이에서는 모두 현실이다. 인간 상상력의 한계에 도전하고 있다. (한국일보, 2006. 10. 24. 재구성)

위의 사례는 지도자의 창의적 리더십이, 불가능하게만 생각되었던 모습을 현실화시켜 세계적인 관광 명소 '두바이'를 만들고 있는 내용이다. 정보사회가 되면서 창의적 리더십은 더욱 중요해지고 있다. 산업사회의 자본을 대신하여 새로운 아이디어와 상상력이 세상을 변화시키고 사회를 발전시키는 원동력이 되고 있는 것이다. 앤더슨(Anderson)에 따르면, 창의성의 유형은 무(無)에서 유(有)를 만들어 내는 창조로서 창의성, 둘 이상의 무관한 요소를 상호 연결해 종합함으로써 새로운 것을 만들어 내는 창의성, 이미 존재하는 것의 기능을 향상시키거나 새로운 기능을 추가하여 변화시키는 창의성으로 나누어진다. 창의적 리더십은 이런 창의성을 바탕으로 새로운 변화를 주도해 가는 것이다. 따라서 창의적 리더십을 계발하기 위해서는 이러한 창의성을 향상시키는 학습이 필요하다.

창의성 학습에서 흔히 걸림돌이 되는 요인은 기존의 사고방식이나 틀을 견지하는 것, 변화나 새로운 시도를 싫어하는 것, 지나치게 논리적 사고만을 고집하는 것, 완벽을 추구하고 타인의 평가에 연연하는 것, 실패를 두려워하는 것, 전통을 고수하는 것, 다른 사람에 동조하는 것, 관료적 조직 구조와 태도 등을 들 수 있다. 창의적 리더십을 계발하기 위해서는 이런 요인을 해소하고, 상식적이고 당연한 것에 대해서도 항상 의문을 가지는 것, 사소한 아이디어라도 메모하는 것, 관련 없는 것들을 연관시켜 보는 것, 일상적인 방법을 뒤집어 시도해보는 것, 실수나 타인의 평가를 두려워하지 말고 항상 새로운 것을 시도해보는 것, 미래 지향적인 사고를 하는 것, 실험 정신과 개방적인 사고를 가지는 것 등을 생활화할 필요가 있다.

창의적 리더십의 핵심인 창의성의 구성 요소는 다양하게 분류될 수 있다. 길포드(Guilford)는 창의성과 밀접한 관련을 가진 확산적 사고의 요소로 유창성, 융통성, 독창성, 정교성을 들고 있으며, 프록터(Proctor)는 유창성, 유연성, 정교성, 독창성을 제시하였다(이석재, 2006). 이런 창의성에 대한 선행 연구들을 종합하여 이종연 외(2005)는 통합적 관점에서 창의성의 요소를 크게 창의적 사고 능력과 창의적 성향의 2범주로 나누어 제시하였다. 창의적 사고 능력에는 확산적 사고(유창성, 융통성, 상상력, 독창성)와 논리적·비판적 사고(정교성, 비판 및 평가, 논리와 추론, 분석, 종합)가 속하고, 창의적 성향에는 개방성, 과제 집착력과 집중력, 호기심, 자발성, 자기 신뢰감, 민감성이 속한다(이종연 외, 2005). 이종연 외의 분류에 따른 창의성 구성 요소와 각 개념을 정리하면 다음 〈표 8-2〉와 같다.

〈표 8-2〉 **창의성 구성 요소와 개념**

구성 요소			개념
창의적 사고 능력	확산적 사고	유창성	• 생각의 한계를 정하지 않고 특정 문제 상황, 즉 일정한 범주 내에서 많은 아이디어와 대안을 다양하게 만들어 내는 능력
		융통성	• 고정관념이나 고정적 형식, 고집과 타성을 탈피하여 다양한 범주에서 다양한 관점과 방식으로 생각하여 다양하고 많은 아이디어와 대안을 만들어 내는 능력
		상상력	• 실제로 경험하지 않은 현상이나 사물, 계획 등에 대해서 마음속으로 자유롭게 표상하여 그려보는 능력
		독창성	• 기존의 것에서 벗어나 자기만의 특이하고 새로운 것을 만들어 내는 능력
	논리적·비판적 사고	정교성	• 생각한 아이디어와 대안을 발전시켜 세부적으로 뼈와 살을 붙여 구체화, 명료화, 세밀화하는 능력
		비판 및 평가	• 좋고 나쁨, 옳고 그름을 따져 기존의 아이디어와 대안을 발전시키려는 심층적 사고 능력

구성 요소			개념
창의적 사고 능력	논리적·비판적 사고	논리 및 추론	• 경험적 증거나 타당한 논리를 근거로 생각의 흐름·연결·순서 등을 일관성 있게 하는 능력
		분석	• 하나의 개념이나 사물을 속성, 요소 등으로 분해하여 이해하는 능력
		종합	• 흩어져 있는 여러 생각이나 내용을 하나로 통일시켜 간단하게 정리하는 능력
창의적 성향	개방성		• 생각이나 태도가 기존의 틀에 얽매이지 않고 거리낌 없는 열려진 성향
	과제 집착력과 집중력		• 특정 문제나 주제에 주의를 집중하여 문제가 해결될 때까지 잊지 않고 끈질기게 매달리는 성향
	호기심		• 주변 사물이나 상황에 대해 끊임없이 의문을 갖고 질문을 제기하는 성향
	자발성		• 스스로 내적 동기에 의해서 능동적이고 적극적으로 아이디어와 대안을 창출하려는 성향
	자기 신뢰감		• 자신이 창출한 아이디어나 대안에 대해 믿음을 가지고 흔들리지 않는 성향
	민감성		• 일상적인 문제나 내용에 대해서 예민한 감수성을 가지고 세심하게 파악하는 성향

출처: 이종연 외(2005).

창의성을 계발하는 방법은 다양하다. 이 중 중요한 것을 정리하면 〈표 8-3〉과 같다.

〈표 8-3〉 창의성 계발 방법

구분	의미
브레인스토밍 (brainstorming)	• 문제 해결을 위한 아이디어나 대안을 자유롭게 말하도록 하고, 발표에 대해 평가나 비판은 유보하는 방법
브레인라이팅 (brainwriting)	• 브레인스토밍과 취지와 원리가 같지만 브레인스토밍은 말로 하는 것이라면, 브레인라이팅은 아이디어나 대안을 글로 종이에 쓰도록 하는 방법
속성열거법 (attribute listing)	• 어떤 사안이나 대상의 속성을 최대한 많이 나열하고, 이것을 개선, 변형, 대치해보는 방법
마인드 맵 (mind map)	• 어떤 주제나 문제를 중심으로 유기적으로 연관되는 생각을 정리하는 방법
PMI	• 아이디어나 대안에 대한 장점(Plus), 단점(Minus), 흥미로운 점(Interesting)을 분석하여 생각해보도록 하는 방법

이와 같은 창의성 계발 방법 중에서 브레인스토밍 방법을 일반적으로 많이 사용한다. 브레인스토밍 방법을 구체적으로 설명하면 다음과 같다.

〈브레인스토밍 방법〉

원리
- 판단을 유예한다.
- 양이 질을 낳는다.

규칙
- 가능한 많은 아이디어를 내도록 격려한다.
- 기존의 아이디어를 조합시키도록 격려한다.
- 아이디어가 거칠고 자유분방한 것일수록 더 좋다.
- 질과 관계없이 아이디어의 수가 많을수록 더 좋다.
- 아이디어에 대해서는 비판하지 않고 평가는 최종까지 보류한다.

절차
① 5~10명 정도의 소집단을 구성한다.
② 사회자와 기록자를 정한다.
③ 주제를 정하고, 그 의미를 명확하게 정의한다.(회의 시작 전에 주제가 정해진 경우에는 주제의 의미를 명확히 하여 인식을 공유한다.)
④ 주제에 대해 각자 생각한다.
⑤ 생각한 아이디어를 자유롭게 발표한다. 기록자는 기록한다. 아이디어에 대한 평가나 토론은 하지 않는다.
⑥ 아이디어의 발표가 끝나면 발표된 아이디어를 정리하고 평가한다.
⑦ 평가된 아이디어를 항목별로 분류한 후 선택한다.

창의적 리더십은 이렇게 길러진 창의성을 바탕으로 하지만, 여기에 머물지 않는다. 창의적 리더십은 창의성을 활용하여 사회와 역사를 새롭고 발전적인 방향으로 개혁하는 것이다.

4) 생태적 리더십

생태적 리더십의 내용에는 생태계의 한 부분으로서 인간 존재 인식, 지속 가능한 관점에서 생태계의 이용, 친생태적인 인식과 가치관 확립, 친생태적인 생활의 습관화 등이 포함되어야 한다. 생태적 리더십을 기르기 위해서는 생태 교육, 생태 체험 활동 등이 활성화될 필요가 있다. 다음 사례는 어린이를 대상으로 생태적 리더십을 기르기 위해서 한 시민단체에서 실시하려고 하는 '어린이 숲 해설가' 프로그램의 개요이다.

이 프로그램을 통해서 어린이는 생태계에 대한 이해를 깊이 하고 생태적 리더십을 함양하여 자신들의 또래들에게 숲의 중요성을 알려주는 생태 지도자로 성장하게 된다.

〈어린이 숲 해설가〉

■ 어린이 숲 해설가란?

숲에 대한 지식과 경험을 쌓고 학교나 지역사회의 또래집단 내에서 스스로의 눈높이에 맞는 자연안내와 숲 해설을 할 수 있는 능력을 갖춘 어린이를 '어린이 숲 해설가'라 부릅니다. 다시 말해서 어린이 스스로가 주체가 되어 나무와 풀꽃, 곤충과 야생동물 등 숲과 환경에 대한 지식과 경험이 또래집단에서 전수되고 공유될 수 있도록 하는 생태적 리더십과 멤버십을 갖춘 어린이 생태지도자라고 할 수 있습니다.

■ 어린이 숲 해설가 양성의 취지

어린이는 단지 미래세대의 주역만이 아니라 지금 여기의 사회구성원입니다. 어린이가 언제까지나 자연 체험교육 등의 대상으로만이 아니라 스스로 교육의 주체가 될 수 있도록 하여야 합니다. 오늘날의 급속한 계발과 도시화의 흐름 속에서 자연환경과의 단절을 가져오고 노인과 장년, 청년으로 이어지는 숲과 자연 체험의 소중한 자산이 사라지고 있습니다. 어른이 어린이에게 일방적으로 가르쳐 주는 숲 생태 교육과 체험 학습은 이제 고학년 어린이가 리더십을 갖는 생태지도자가 되어 저학년 어린이를 이끌어 주게 하는 교육의 중층적이고 원활한 전통적 시스템으로 복원될 필요성이 제기되고 있습니다.

■ 어린이 숲 해설가 양성의 목적

- 어린이로 하여금 숲과 자연 환경에 대한 소양을 기르도록 돕는다.
- 어린이로 하여금 또래집단의 숲체험과 자연안내를 할 수 있는 경험과 지식을 전수한다.
- 어린이로 하여금 또래집단과 사회에 대한 책임과 리더십 그리고 공동체 의식을 함양하도록 돕는다.
- 어린이로 하여금 자연과 환경에 대한 책임감을 기르도록 돕는다.

■ 어린이 숲 해설가 양성의 추진방향

- 리더십의 원칙: 어린이의 숲 해설 소양과 역량의 함양
- 맴버십의 원칙: 생명과 환경의 공동체적이고 생태적인 감수성 배양
- 지속성의 원칙: 4계절의 생태적 변화 체득을 위한 지속성의 유지
- 연계성의 원칙: 시간적(성장 과정), 공간적(지역적 네트워크) 연계성 유지

■ 교육내용

- 2박3일 숲학교를 통한 집중교육: 4계 4회
- 숲학교 후속 심화학습: 월3회 총12회
- 특별심화 교육 프로그램: 2회
- 어린이 숲과 문화 행사 프로그램: 1회

출처: 풀빛문화연대, http://gcnet.or.kr

5) 윤리적 리더십

> 사람을 대할 때, 애정을 쏟아도 상대가 친근함을 느끼지 못한다면 자신이 '인(仁)'으로 대했는지 반성하라. 상대를 이끌어도 따라오지 않으면 '지(智)'로 이끌었는지 반성하라. 노력해도 성과가 없다면 자신에게 원인이 있지는 않은지를 반성하라. 자신이 옳지 않으면 사람을 이끌 수 없다. -맹자-

맹자는 사람을 이끄는 최종적인 근거를 리더의 옳음에서 찾고 있다. 리더가 옳을 때 사람들을 진정으로 복속시켜 따라오게 할 수 있다는 것이다. 맹자 외에도 동양의 사상가들은 군주의 덕을 중시하고 덕(德)을 갖출 때 천하를 얻을 수 있음을 강조한다. 옳음이나 덕을 오늘날 용어로 말하면 윤리라 할 수 있다. 이렇게 보면 리더의 윤리성이 리더십의 가장 근본임은 오래 전부터 강조돼 온 것이라 할 수 있다. 특히 오늘날 물질주의의 팽배에 따라 야기된 많은 사회적 문제를 극복하기 위한 대안으로 윤리적 리더십이 강조되고 있다.

윤리적 리더십은 리더의 행위와 자질 두 가지 측면에 관련된다. 먼저, 리더의 행위가 윤리적이어야 한다. 리더의 행위가 윤리적인지 여부는 목적론과 의무론 두 가지 관점에서 판단된다. 목적론은 행위의 결과를 중시하여 행위의 결과가 윤리적 목적에 적합할 것을 요구한다. 행위결과의 윤리성을 판단하는 기준으로 이기주의(자신에게 최선의 이익이 창출되도록 하는 것), 공리주의(최대 다수에게 최선의 이익이 창출되도록 하는 것), 이타주의(타인에게 최선의 이익이 창출되도록 하는 것)를 들 수 있다. 일반적으로 리더의 행위 결과가 공리주의적이거나 이타적일 때 윤리적이라 한다. 의무론은 행위 결과의 바람직성 여부는 따지지 않고 행위 자체가 도덕적 법칙 즉 도덕적 의무에 부합하는가만을 따진다. 행위 자체가 도덕적 의무에 부합할 때 의무론에서는 윤리적이라 한다.

리더의 자질을 중시하는 입장에서는 사람의 행위보다는 존재에 초점을 두어 사람을 사람되게 하는 덕성(德性)을 갖추는 것을 강조한다. 덕성은 용기, 절제, 관용, 정직, 성실성, 공정, 정의, 인내, 자비심, 충실성, 겸손 등과 같은 덕을 함양함으로써 갖추어지게 된다. 이런 덕성은 선천적인 것이 아니라 후천적인 노력과 학습을 통해서 길러진다.

이상의 논의를 종합해 보면 윤리적 리더십을 갖추기 위해서는 행위가 도덕법칙에 어긋나지 않아야 하고 많은 사람들에게 이익이 될 뿐 아니라, 덕성을 함양해야 한다. 이런 행위습관과 덕성은 교육을 통해서 길러지는 것이다. 오늘날 자본주의 발달의 부작용으로 나타난 도덕적 타락상을 감안할 때 윤리적 리더십은 앞으로 더욱 중요해질 것이다. 도덕적 감수성이 풍부한 청소년기부터 체계적인 교육과 프로그램을 통해서 윤리적 리더십을 계발해야 한다. 청소년의 윤리적 리더십을 계발하는 방법으로는 도덕적 딜레마 상황의 제시와 토론, 도덕적 지도자의 사례 분석과 토론, 역할극, 도덕성 함양 캠프 등을 들 수 있다. 다음 사례는 1박 2일의 도덕성 함양 캠프 프로그램의 대강을 소개한 것이다.

〈표 8-4〉 **도덕성 함양 캠프 프로그램**

일정	과 정	활 동 내 용	비고
1일차	도덕성 캠프를 여는 의식	• 개회사 • 참여 지도자 소개 • 캠프 활동의 취지와 과정 설명 • 참여 지도자와 모둠장 역할 발표 • 캠프 생활의 규칙 발표와 합의	• 캠프 생활의 규칙은 지도자가 초안을 발표한 후 청소년들의 의견을 들어 수정한 후 합의함
	모둠원 알기 활동	• 모둠원 알기 질문지 • 모둠원 이름 예쁘게 써서 숙소 앞에 붙이기 • 좋은감정/나쁜감정 • 아이스브레이킹 • 모둠캐릭터, 모둠 가(歌), 모둠 구호 만들기	• 자유로운 분위기에서 모둠별 구성원의 벽 트기에 주력함
	역할극 준비	• 도덕적 사태를 설정하여 이를 역할극으로 표현 • 대본 준비, 연출과 배역 연습	• 지도자의 적절한 지도로 모둠 구성원들이 모두 참여할 수 있도록 함
	역할극 시연	• 모닥불 점화와 레크리에이션 • 각 모둠에서 연습한 '도덕적 사태' 역할극 공연하기	
	도덕적 사고와 토론하기	• 자기 모둠과 다른 모둠에서 발표한 역할극에 나타난 도덕적 쟁점을 분석하고 토론하기	

일정	과 정	활 동 내 용	비고
2일차	윤리적 리더십 상상하기	- 역할극에서 나타난 쟁점 중 하나를 선정하여 이를 해결하기 위해 어떤 윤리적 리더십을 발휘해야 할지에 대해서 탐구	
	윤리적 리더십 발표와 토론하기	〈모둠 내 토론〉 - 자신이 생각한 윤리적 리더십을 모둠 내에서 발표하고 토론 - 모둠 내 입장 정리 〈모둠 간 토론〉 - 모둠 별로 정리된 윤리적 리더십을 발표하고 토론	
	평가회	〈모둠 내〉 - 자신의 윤리적 리더십 다짐문 쓰기 - 캠프활동에 대한 평가서 작성 〈전체〉 - 윤리적 리더십 다짐문과 평가서 발표 - 격려와 시상	• 전 구성원들이 참여하도록 하고 자기 성찰과 타인에 대한 격려가 되도록 함

6) 글로벌 리더십

> 맷돌은 봉건영주사회를 가져왔고, 증기 제분기는 산업자본가사회를 가져왔다. 제트기와 전화, 인터넷은 다국적기업과 세계경제포럼이 있는 전 지구적 사회를 가져왔다. 이런 지구촌 사회에서 다른 사람의 빈곤은 곧 자기 자신의 문제가 된다. 즉, 자신의 생산물을 내다팔 시장의 부족, 불법이민, 환경오염, 전염병, 치안불안, 광신, 테러리즘 등의 문제를 가져온다. 이런 문제를 해결하기 위해서 우리는 진정 하나의 공동체라는 의식을 가질 필요가 있다. 그리고 서로를 죽이지 못하도록 금지하는 강제력뿐만 아니라, 서로를 도우려는 의무감을 이끌어내는 것도 필요하다는 의식을 가져야 한다.
>
> (Peter Singer, 김희정 옮김(2003). 『세계화의 윤리』 발췌 재구성)

피터 싱어의 글에 나타난 것처럼, 교통·통신기술의 발달에 의해서 오늘날 전세계는 하나의 생활권이 되었으며, 국가와 국가간, 사람과 사람간의 상호 의존성은 심화되었다. 전세계는 지구촌이란 말이 상징하듯이 하나의 운명공동체가 되어 가고 있다. 특히, 전쟁, 테러, 핵무기, 빈부의 격차, 환경오염, 자원고갈 등의 문제가 심화됨에 따라서 지구의 위기는 높아지고 인류의 생존은 위협받고 있다. 앞으로도 이런 지구촌화 현상은 지속적으로 진행될 것이다.

이런 점을 감안하면, 청소년의 활동무대는 국내에 머물지 않고 전 지구사회가 되어 갈 것이다. 지구촌 사회에서 청소년 자신의 꿈을 펼치고 인류 발달에 기여하기 위해서는 글로벌 리더십의 계발이 필요하다. 글로벌 리더십은 세계적 비전과 목표를 가지고 지구촌을 무대로 지구촌의 사안과 문제 해결을 주도해 가는 능력이기 때문이다. 글로벌 리더십을 세계시민으로서의 소양과 지구촌 조직 리더로서의 소양으로 세분화하여 보는 관점도 있다(문화관광부·한국 청소년개발원, 1999). 전자는 개인의 자아실현을 목표로 인류의 보편성과 세계시민으로서의 역할 및 자질을 강조하는 관점이고, 후자는 지구촌의 각 분야를 이끄는 조직의 리더로서의 역할과 능력을 강조하는 관점이다.

청소년이 글로벌 리더십을 계발하기 위해서는 세계체제, 세계문제, 타문화 등에 대한 지식과 이해, 의사 소통을 위한 외국어능력과 기술, 지구촌문제의 해결 능력을 가져야 하고 타문화 및 다양성에 대한 존중과 관용적 태도를 가짐과 아울러 인류애, 지구촌문제 해결을 위한 적극적인 참여 자세를 가져야 한다. 이를 위해 국제 교류, 해외연수, 지구촌문제와 다문화 등에 대한 워크숍과 세미나, 지구촌 캠프, 지구촌 봉사 등에 참여하여 글로벌 리더십을 함양할 필요가 있다. 글로벌 리더십 계발에는 역할극, 모의게임, NIE(신문활용교육) 등도 활용될 수 있다. 다음은 HOBY의 글로벌 리더십 프로그램과 세계시민으로서 상호 의존 개념 이해에 대한 사례이다.

〈HOBY의 글로벌 리더십 프로그램: WORLD LEADERSHIP CONGRESS (WLC)〉

■ 연혁

1958년 Hugh O' Brian Youth Foundation (HOBY)가 창립된 이래, 매해 여름마다 Washington D.C.에서 개최됨.

■ 목적

정치, 경제, 문화, 교육 등의 전문 분야에서 활약하고 있는 세계 리더들과의 만남을 통해 학생들에게 올바르게 사고하고 판단할 수 있는 능력을 배양시켜 줌으로서 진정한 리더십에 대해 일깨워 준다.

■ 일정

매년 7월 중순 중 이 주일간

■ 참가자

세계 25개국에서 선발된 350여 명의 학생 대표단

■ 주요 활동:

- 세계 유명 인사와의 만남 및 강연 경청
- 여러 주제에 대한 세미나 형식의 토론
- 미국의 정치, 교육, 경제의 중심지 견학
- 자국을 알리는 프레젠테이션 시간

■ WLC 위원 리스트

- Bill Clinton 미 전 대통령, Hillary Clinton 현 의원, Gerald Ford 전미 대통령, Boutros Ghali UN 보좌관, John Glenn 상원의원 외 다수

■ 홈페이지

www.hoby.org

〈상호 의존 개념에 대한 이해〉

■ 소요시간: 약 2시간

■ 준비물: 세계적 쟁점을 담은 신문과 잡지

■ 진행방식
- 참가자들을 5~6명씩 나눈다.
- 신문이나 시사 잡지를 훑어보고 세계의 어느 다른 지역이 우리 사회에 영향을 주거나 우리나라가 다른 나라에 영향을 주고 있음을 보여주는 기사들을 오려낸다. 예를 들면, 다음과 같은 내용의 기사들이 있을 수 있다

■ 진행방식
- 참가자들을 5~6명씩 나눈다.
- 신문이나 시사 잡지를 훑어보고 세계의 어느 다른 지역이 우리 사회에 영향을 주거나 우리나라가 다른 나라에 영향을 주고 있음을 보여주는 기사들을 오려낸다. 예를 들면, 다음과 같은 내용의 기사들이 있을 수 있다
  - 우리나라와 다른 나라에서 외국 노동자의 이동을 유발하는 경제적 상황
  - 우리나라에 영향을 주는 다른 나라의 환경오염 문제 혹은 그 반대의 경우
  - 우리나라와 다른 나라의 음악, 영화 및 패션의 교류
  - 여러 가지 이유로 인한 우리나라의 외국 관광객의 증가 또는 감소
  - 우리나라 사람들의 외국관광의 증가 또는 감소
  - 우리나라와 다른 나라의 외환시장과 증권시장이 상호 영향을 미치는 경우
  - 우리나라와 다른 나라의 무역 또는 기술경쟁 등
- 오려낸 기사들의 제목들을 세계지도 주위의 여유 공간에 적어 넣고 각 기사에서 해당하는 나라로 줄을 긋는다.
- 어떤 분야에서 다른 나라와 연결되어 있고 교류가 이루어졌는가를 보기 위해 기사의 제목을 분야별로 분류한다. 제목의 예를 들면, 무역, 문화 교류, 관광 및 환경들이 있을 수 있다.
- 여기까지 활동이 이루어지면 다음과 같은 질문을 중심으로 토론을 하고 집단별 보고서를 제출한다.
  - 우리나라와 가장 관련이 많은 세계의 국가(지역)들은 어떤 곳인가?
  - 관련이 적거나 없는 지역들이 있는가? 그것은 왜 그런가?
  - 어떤 분야에서 관련이 가장 빈번하였는가? 이것은 왜 그런가?
  - 한 개인이나 한 집단이나 또는 한 국가가 상호 의존관계 없이 생존(번영)할 수 있는가?
  - 상호 의존 관계에서 경쟁과 협력의 사례들은 어떤 것들이 있을 수 있는가? (개인, 집단, 국가 수준에서)

출처: 문화관광부(2002), 세계시민의식함양활동.

요약

린덴과 페르트만은 청소년기를 리더십 발달의 결정적인 시기로 보았다. 청소년기가 리더십 계발에 있어서 중요성을 지니는 이유는 청소년기에 본격적으로 리더십이 형성되기 시작하고 이렇게 형성된 리더십이 성인기로 이어진다는 점 때문이다. 청소년기에 나타나는 자아에 대한 관심과 사회적 관계의 확대는 리더십 계발과 밀접하게 관련된다. 청소년은 가정에서뿐 아니라 또래집단, 학교, 지역사회, 교회와 같은 종교집단, 인터넷 등에서 다양한 리더십을 체험하게 된다. 청소년들이 자신감과 긍정적인 관점을 리더십에 대해서 가질 수 있도록 또 이런 자신감과 긍정적인 관점을 통해서 바람직한 리더십을 행사할 수 있도록 청소년 리더십 계발을 지도할 필요가 있다. 그러나 청소년의 리더십을 계발하는 데 몇 가지 장애 요인이 있다. 첫째, 리더십에 대한 청소년의 무관심과 소극적 자세, 둘째, 청소년기에 나타나는 부정적 리더십 형성, 셋째, 청소년들에 대한 기성세대의 부정적인 관점, 마지막으로 청소년이 지닌 다양한 차이를 인정하지 않고 하나로 보아 동일하게 취급하는 자세 등이다. 청소년의 리더십을 계발하기 위해서는 이런 장애 요인을 제거해야 한다.

청소년이 계발해야 하는 리더십의 유형은 민주적 리더십, 봉사적 리더십, 창의적 리더십, 생태적 리더십, 윤리적 리더십, 글로벌 리더십이 있다.

첫째, 민주적인 리더십은 리더가 구성원의 인간적 존엄성과 인권을 존중하고, 양방향적이고 수평적인 의사 소통을 통해서 끊임없이 가치와 정보를 공유해야 한다. 권력을 독점하지 않고 필요한 곳에 분산시키며 항상 구성원들의 자발적인 참여와 활동을 격려해야 한다. 리더는 설득과 대화를 통해서 구성원들의 에너지를 목표를 향해 결집시키고 다양성과 차이를 고려하여 정책을 펼치는 것이다.

둘째, 봉사적인 리더십은 리더가 이타심을 가지고 추종자들의 입장에서 느끼고 생각하며 그들을 보살펴야 한다. 또한, 리더가 항상 추종자들의 말을 경청하고 공감하며 수용하고 섬기는 리더십을 말한다.

셋째, 창의적 리더십은 창의성을 바탕으로 새로운 변화를 주도해 가는 것이다. 따라서 창의적 리더십을 계발하기 위해서는 먼저 창의성을 향상시키는 학습이 필요하다.

넷째, 생태적 리더십은 생태계의 한 부분으로서 인간 존재 인식, 지속 가능한 관점에서 생태계의 이용, 친생태적인 인식과 가치관 확립, 친생태적인 생활의 습관화 등을 확립하고 이를 바탕으로 자연과 인간의 조화를 지향한다. 생태적 리더십을 기르기 위해서는 생태 교육, 생태 체험 활동 등이 활성화될 필요가 있다.

다섯째, 윤리적 리더십은 도덕성을 바탕으로 한다. 윤리적 리더십을 갖추기 위해서는 행위가 도덕법칙에 어긋나지 않아야 하고 많은 사람들에게 이익이 될 뿐 아니라, 덕성을 함양해야 한다. 이런 행위습관과 덕성은 교육을 통해서 길러지는 것이다. 청소년의 윤리적 리더십을 개발하는 방법으로는 도덕적 딜레마 상황의 제시와 토론, 도덕적 지도자의 사례 분석과 토론, 역할극, 도덕성 함양 캠프등을 들 수 있다.

여섯째, 글로벌 리더십은 세계적 비전과 목표를 가지고 지구촌을 무대로 지구촌의 사안과 문제 해결을 주도해 가는 리더십이다. 청소년이 글로벌 리더십을 계발하기 위해서는 국제 교류, 해외연수, 지구촌문제와 다문화 등에 대한 워크숍과 세미나, 지구촌 캠프, 지구촌 봉사 등에 참여할 필요가 있다.

연습문제

1. 청소년 리더십 계발의 필요성을 설명하시오.
2. 청소년 리더십 계발의 장애 요인을 설명하시오.
3. 린덴과 페르트만이 제시한 리더십 내용 요소에 대해 설명하시오.
4. 봉사적 리더십을 사례를 들어 설명하시오.
5. 창의성 계발방법을 네 가지 이상 들어 설명하시오.

Chapter 09

사회성 계발

<제1절> 사회성과 청소년

인간은 사회적 존재이다. 사회적 존재로서 살아가기 위해서는 사회성을 계발하여 갖추어야 한다. 사회성은 선천적으로 주어져 있는 것이 아니기 때문이다. 이런 점을 염두에 두고 아래에서는 인간의 본질적 속성인 사회적 존재로서 청소년, 사회성의 계발 필요성에 대해서 살펴보기로 하겠다.

1) 사회적 존재로서 청소년

한자어 人間은 人(사람 인)과 間(사이 간)의 합성어이다. 이 말에서 드러나듯이 인간은 본질적으로 사람과 사람 사이에 존재하는 사회적 동물이다. 인간은 혼자 존재하는 것이 아닌 '나와 너'의 '우리'로서 존재함을 나타내는 것이다. '나와 너'의 '우리'로서 존재한다는 것은 인간의 본질적인 상호 의존성을 나타내는 것이기도 하다. 인간은 태어나자마자 부모에 의존하고, 성장하면서 스승, 친구, 동료, 남편 또는 아내, 자식 등에게 상호 의존하면서 살아간다. 오늘날 사회적 관계가 복잡해지고 세계화가 가속화되면서, 이런 상호 의존성은 점점 심화되어 가고 있다. 인간은 거미줄 같은 관계망 속에서 서로 의존하면서 살아가는 존재인 것이다. 이런 인간의 상호 의존적인 존재적 특성을 표현하여 'Homo Reciprocus(상호 의존하는 인간)'라고 하기도 한다.

인간의 상호 의존적이고 관계적인 특성은 불교의 연기사상(緣起思想)을 통해서도 잘 알 수 있다. 연기사상은 우주만물의 이치를 설명하는 불교의 핵심원리로서, 구체적인 내용은 "이것이 있으면 저것이 있고, 이것이 생기면 저것이 생긴다. 이것이 없으면 저것도 없고, 이것이 사라지면 저것도 사라진다.(此有故彼有 此生故彼生 此無故彼無 此滅故彼滅)"는 것이다. 이것을 그대로 인간 사회에 적용하면 '나'와 '너'의 필연적이고 존재론적인 상호 의존성을 확인할 수 있다. 인도의 사상가 크리슈나무르티(Krishnamurti)도 "삶이란 관계 안에서 끊임없이 움직이는 과정이므로 관계를 이해하지 못하면 우리는 혼란과 다툼과 헛수고만 할 뿐이다."고 하여, 인간의 사회적 존재성을 강조하고 있다.

인간이 관계적이고 사회적 존재라 함은 우리의 생활이 끊임없는 남과의 만남으로 이루어져 있다는 것을 나타낸다. 독일의 철학자 부버(Buber)의 "모든 참된 삶은 만남이다."는 말에서도 만남의 필연성과 중요성을 알 수 있다. 우리는 만남을 통해서 사회적 관계를 형성하고 사회적 관계를 통해서 자아를 발견하고 변화하며 행복 또는 불행을 경험한다. 미드(Mead)는 타자가 부여한 의미로서 Me(타자의 입장에서 나를 인식하는 것을 반영하는 객체로서 성찰적 자아)와 내가 부여한 의미로서 I(타자를 고려하지 않고 내가 나에게 부여한 능동적 자아)의 상호 작용에 의해서 자아 정체성이 형성된다고 주장하였다. 이와 같은 맥락에서 쿨리(Cooley)는 거울 자아론(looking glass self)을 통해서 타자는 나를 비추는 거울로서 타자와의 만남과 관계를 통해서 비로소 나는 타자라는 거울에 나타난 나를 인식할 수 있다고 하였다. 이런 미드나 쿨리의 주장은 자아 정체성까지도 다른 사람과의 관계와 만남에 구속되는 인간의 사회적 존재성을 나타내는 것이다.

이와 같은 사회적 존재성에 있어서 청소년도 예외일 수 없다. 특히, 청소년기는 가정이란 울타리를 벗어나 다른 사람과의 다양한 만남, 다양한 사회적 관계를 본격적으로 형성하는 사회적 존재로서의 입문시기이기 때문에 인생의 과정에서 중요성을 가진다. 청소년들은 "나는 누구인가?"라는 질문에 대한 답을 사회적 관계에서 찾아 자신의 정체성을 형성하며, 사회적 존재로서 필요한 사회적 기술을 배우고 사회성을 본격적으로 형성하기 시작한다. 감수성이 강한 청소년기에 누구를 만나는가, 어떻게 사회적 관계를 형성하는가, 어떤 사회성을 함양하는가에 따라서 자아의 모습이 형성되고 삶의 행로가 달라지게 된다.

2) 사회성 계발의 필요성

사회성은 주어진 사회적 상황에서 사회적으로 수용되고 가치를 부여 받고 있는 방법으로 타인과 상호 작용하는 능력이라고 할 수 있다(김명희, 2004). 앞에서도 살펴본 것처럼 인간은 사회적 존재이기 때문에 사회성은 인간이 갖추어야 할 매우 중요한 능력이다. 오늘날 사회성의 중요성이 감안되어 SQ(Social Quotient, 사회성지수, 사회적 지능)라는 새로운 개념이 만들어져 전통적인 IQ(지능지수) 못지않게 널리 사용되고 있다. 학교에서 우등생이 사회에서 우등생이 되지 못하는 요인을 학자들은 SQ의 차이로 보기도 한다. IQ보다는 SQ가 뛰어난 사람이 사회에서는 성공할 가능성이 높다는 것이다.

본질적으로 인간이 사회적 존재라 하더라도 사회생활에 필요한 사회성을 모두 갖추고 태어나지는 못한다. 이는 인간이 Homo Sapiens(지혜로운 존재, 생각하는 존재)라 하더라도 사회생활에 필요한 IQ를 태어날 때부터 갖추고 있지 못한 것과 마찬가지 원리이다. 부단한 지적인 학습과 계발을 통해서 지적능력이 함양되는 것처럼, 지속적인 노력을 통해서 사회적 능력 즉 사회성은 계발된다. 사회성이 계발되지 않으면 겉으로는 사회적 관계에서 사는 것처럼 보이지만 실제로는 고립된 존재가 되고 만다. 고립된 존재에게는 만남과 관계라는 것이 있을 수 없다. 여기에 "모든 참된 삶은 만남이다"는 부버의 말을 적용하면, 고립된 존재는 참된 삶이 없다고도 할 수 있다. 참된 삶을 영위하고 사회적 존재로서 자신의 자아를 실현하기 위해서는 체계적인 지도와 학습을 통해서 사회성을 계발해야 한다. 특히 다양한 사회적 관계를 체험하면서 성인기를 준비하는 청소년의 사회성 계발은 사회적으로나 개인적으로나 중요한 의의를 지닌다.

사회성의 하위 요소에는 다양한 능력들이 속할 수 있지만, 이것들이 어떤 능력인지에 대해서는 하나의 합의를 찾기 어렵다. 본 글에서는 사회성의 하위 요소들 중 중요한 것으로 여겨지는 감정 조절 능력, 공감 능력, 의사 소통 능력, 인간 관계 형성 능력을 다루기로 한다.

<제2절> 감정 조절

인간의 사회생활은 이성에 기반한 것처럼 보이지만, 실제는 상당 부분 감정에 토대를 두고 있다. 인간 관계를 형성하거나 어떤 선택을 할 때 알게 모르게 감정에 의존하는 경우가 많은 것이다. 감정은 인간 관계를 부드럽게 하고 인간적인 면을 고려한 선택을 가능하게 하지만, 때로는 증오와 분노, 슬픔과 좌절감에 짓눌려 일을 그르치게 하는 경우도 적지 않다. 이런 부정적인 면을 최소화하고 감정의 긍정적인 측면을 최대화하기 위해서는 감정 조절 능력을 기를 필요가 있다. 감정 조절 능력에 대한 이해를 증진하기 위해서 감정 조절의 중요성, 감정 조절 능력의 계발에 대해서 살펴보기로 하겠다.

1) 감정 조절의 중요성

인간은 이성과 감정의 서로 상반된 2가지 성질로 구성된 이중적 존재이다. 그럼에도 불구하고 전통적 사유체계에서는 인간을 이성적 존재로 규정하고 감정의 측면을 부차적인 것으로 취급하여 왔다. 또한 감정의 본능적이고 충동적인 점을 하급적인 것으로 여겨 감정을 억눌러야 하는 것으로 보아 왔다. 근대에 이르러서 이런 경향에 대한 반발로 인간은 피와 살을 가진 감정적 존재로서 감정을 이성보다 우위에 두어야 한다는 견해가 등장하였지만, 이성 중심의 주류적 견해를 극복하지는 못하였다. 현대에 들어 포스트모더니즘이라는 새로운 사유경향이 등장하면서 인간의 욕망, 신체 등에 대한 관심과 연구가 본격화되기 시작하면서, 감정의 가치와 위상에 대한 인식이 전환되기 시작하였다.

우리는 흔히 냉철한 머리와 따뜻한 가슴의 조화를 강조한다. 이 말에서 보듯이, 이성과 감정은 인간의 삶에 있어 없어서는 안 될 양 날개이다. 특히, 감정은 동기의 근원적인 기반이고, 문제 해결과 다양한 활동에 참여를 자극하는 본질적인 적응 능력으로서 생존에 기여한다. 생활의 실제를 보면 이성보다는 감정에 지배되는 경우가 많다. 기분이 나빠서, 인상이 좋지 않아서, 욱하는 충동으로 어떤 결정이나 선택을 하는 경우가 적지 않다. 경우에 따라서는 좌절과 슬픔을 이기지 못해서 생을 마감하기도 한다.

다른 이유 없이 오로지 호감 또는 동정심 때문에 거액을 자선사업에 쾌척하는 경우도 있다. 이렇게 이성적인 눈으로 보면 이해할 수 없는 행동을 하는 것이다.

이렇게 감정에 기반하여 자살에서 선행에 이르기까지 다양한 행위를 하는 것은 감정이 하나의 성질이 아니고 여러 가지 성질을 동시에 가지고 있음을 나타내는 것이다. 이런 점을 반영하여 독일의 철학자 막스 셸러(Max Scheler)는 감정의 고유 법칙과 논리를 인정하고, 다음 〈표 9-1〉처럼 감정을 감관적 감정, 생명적 감정, 심정적 감정, 정신적 감정으로 구분하였다(이성록, 2008, 재인용). 감관적 감정은 고통, 쾌락 등과 같은 감각적 가치에 작용하면서 감성적이고 향락적인 삶을 지향하며, 생명적 감정은 허약, 갈증 등과 같은 신체적 가치에 작용하면서, 신체적·생명적으로 건강한 삶을 지향한다. 심정적 감정은 슬픔, 기쁨 등과 같은 심정적 가치에 작용하면서 심정적으로 안락한 삶을 지향한다. 마지막으로, 정신적 감정은 양심의 가책, 황홀 등과 같은 정신적 가치에 작용하며, 진·선·미적인 삶을 지향한다. 감관적 감정, 생명적 감정, 심정적 감정, 정신적 감정으로 갈수록 위계성, 고귀성, 지속성은 높아진다. 셸러는 이렇게 감정을 여러 가지 유형으로 구분하면서 감정을 통해서 가치를 감지하고 윤리적 가치를 실현하자는 주장을 하였다. 감정의 긍정적인 측면을 부각한 것이다.

〈표 9-1〉 감정의 종류

	작용하는 가치	지향하는 삶	위계성	고귀성	지속성
감관적 감정	• 고통, 쾌락, 불안 등과 같은 감각적 가치	감성적·향락적 삶	저 ↑	저 ↑	저 ↑
생명적 감정	• 허약, 갈증, 상쾌함 등과 같은 신체적 가치	신체적·생명적 안위			
심정적 감정	• 슬픔, 기쁨, 분노, 수치심 등과 같은 심정적 가치	심정적 안락과 행복			
정신적 감정	• 실망, 양심가책, 황홀, 후회 등과 같은 정신적 가치	진리·윤리·미적 삶	고 ↓	고 ↓	고 ↓

셸러가 말한 것처럼 감정을 통해서 윤리적 가치를 실현하기 위해서는 감정을 높은 단계로 순화하고 조절하는 능력이 필요하다. 감정을 조절하지 않으면, 감정의 체계는

이성적인 체계에 비해서 뇌에서 몇 배 빠르게 작동하여 어떤 자극에 대해서 순간적·즉물적으로 반응을 보이기 때문에 실수를 범할 가능성이 높기 때문이다. 순간적이고 즉물적인 반응에 의한 실수를 줄이기 위해서는 감정 조절 능력이 필요한 것이다. 감정 조절 능력은 필요시 자발적인 반응을 지연시키고 조절하여 사회적으로 용납할 수 있고 충분히 융통성 있는 방식으로 감정의 유형과 범위를 정해서 사회적 요구에 반응할 수 있는 능력이기 때문이다. 감정은 동기와 열정을 통한 에너지의 원천, 감성 경영을 통한 고객 감동과 효율성 증진, 감정 이입을 통한 사회적 유대와 결속, 따뜻함과 배려 등 긍정적인 측면을 가짐과 동시에 분노와 증오에 의한 파괴적 에너지 발산, 저급한 시기심과 질투에 의한 분열과 갈등, 좌절 등 부정적인 측면을 가진다. 감정의 부정적인 측면을 최소화하고 긍정적인 측면을 최대화하기 위해 감정 조절 능력은 더욱 필요하다.

다행스럽게도 인간은 자신의 감정을 인식하고 평가하며 조절할 수 있는 잠재적인 능력이 있다고 한다. 또 사회마다 문화적인 감정 규칙(feeling rules)을 수립해서 구성원들에게 감정 조절 능력을 함양시키려고 한다. 감정 규칙은 감정을 표현하고 규제하는 문화적인 양식으로, 예를 들면 상가(喪家)에서는 슬픔을 결혼식에서는 기쁨을 표현하는 것이다. 이 감정 규칙이 있기 때문에 사회 구성원들 상호 간의 감정을 예측할 수 있게 된다. 이런 감정 규칙은 교육을 통해서 가르쳐지고 내면화된다. 사회적인 생활을 원만하게 하기 위해서는 감정 규칙을 따를 필요가 있다. 감정 규칙에 어긋나게 감정을 표현하게 되면, 사회적으로 비난을 받고 다른 사람들과 조화롭게 생활을 하기 어렵기 때문이다. 사회생활 이전에 자신의 인격을 완성시키기 위해서도 감정을 조절하는 것은 중요하며, 감정 조절 능력을 기를 필요가 있다.

2) 감정 조절 능력의 계발

격한 감정에 지배되지 않고 감정의 주인이 되는 일은 쉽지 않다. 감정은 거의 자동적으로 유발되고 작동되어 세심한 주의와 충분한 수양을 하지 않으면 조절되지 않기 때문이다. 특히 격한 감정은 순식간에 타오르는 불과 같아서 한번 점화되면 진정되기 어렵다. 따라서 격한 감정이 촉발되기 전에 예방하는 것이 최선의 길이다. 감정의 부정적인 측면이 나타나는 것을 막기 위해서는 평상시에 심신의 건강과 평온함을 유지하기 위한 자기조절 훈련을 해야 한다. 이를 위해서는 마인드 컨트롤, 명상, 마음 공부 등의 방법이 좋다. 이런 방법들을 통해서 자신의 감정을 관찰하고 그 원인을 파악하여 다스리는 훈련을 꾸준히 하여 숙지하면 감정 조절 능력이 계발될 수 있다. 이외에 자신의 감정 스타일을 사전에 파악하여 감정의 부정적인 측면이 나타나지 않도록 주변 환경을 관리하는 습관의 형성도 필요하다. 이런 습관은 어렸을 때부터 길러주어야 한다. 감정이 흐트러지고 격해지려 할 때는 길게 심호흡을 하여 마음을 가라앉히는 방법도 유용하다. 항상 자신의 마음을 성찰하고 이를 닦아 나가는 마음 수련 방법을 어렸을 때부터 가르칠 필요가 있다.

감정의 평온함을 깨뜨려 맹목적인 격정 속으로 빠뜨리는 대표적인 요인 중 하나가 분노이다. 감정이 분노 상태가 되지 않도록 평상시 훈련해야 하다. 다음은 분노를 다스리는 능력을 키우는 방법이다. 분노에 대한 사후적인 성찰을 통해서 분노를 일으키는 원인과 상황에 대해서 파악하여 분노가 일어나지 않도록 조절하는 능력을 키우는 방법이다.

〈분노 조절능력 키우기〉

활동

1단계: 분노 기록지를 청소년 각자에게 배부하여 기록하도록 한다.

분노 기록지

1. 여러분이 정말 화가 났던 최근의 상황을 간단히 기술하라.
   1-1. 여러분은 그것을 어떻게 다루었는가?
2. 여러분이 화가 났던 최근의 상황을 간단히 기술하라.
   2-1. 여러분은 그것을 어떻게 다루었는가?
3. 일반적으로 무엇이 여러분을 화나게 하는가?
4. 여러분은 대체로 화를 어떻게 다루는가?
5. 여러분의 분노를 다루기 위한 더 좋은 방법은 없을까? 만약 있다면 여러분의 분노를 보다 적절하게 다룰 수 있는 방법에 대해 기술하라.

2단계: 청소년들을 3~4명의 소집단으로 나누어 분노 기록지에 기술한 내용에 대해서 각각 발표하고 이야기하도록 한다.
3단계: 보통 수준의 분노를 다루기에 적절한 방법에 대해 토론하고 목록을 작성한다.
4단계: 심한 수준의 분노를 다루기에 적절한 방법에 대해 토론하고 목록을 작성한다.
5단계: 전체 앞에서 소집단별로 작성한 분노 다루기 목록을 발표하고 토론하여 가장 적절한 방법들의 목록을 작성한다.

정리하기
1단계: 각 청소년들에게 잠시 명상을 하도록 하면서 자신의 분노 대처방법을 성찰하게 하고 앞으로 화가 치밀어 오를 때 어떻게 대처할 것인지를 생각하도록 한다.
2단계: 명상을 정리한 대처방법과 이 프로그램에 대한 소감을 발표하도록 한다.

출처: Perlstein·Thrall 저. 정종진 외 역(2006).

<제3절> 공감

인간은 사회생활을 하면서 항상 감정의 교류를 하고 있다. 이런 감정의 교류를 통해서 서로 의사를 주고받으며 소통을 한다. 감정의 교류를 통해서 서로를 진정으로 느끼고 이해할 수 있을 때, 즉 공감할 수 있을 때, 사람은 행복감을 느끼고 사회는 통합되며 발전할 수 있다. 이런 점에서 오늘날 감정의 교류를 통한 공감 능력은 점점 중요해지고 있다. 이런 점을 감안하여 아래에서는 공감의 의미, 공감의 가치, 공감의 구성 요소, 공감 능력 계발 방법에 대해서 살펴보기로 하겠다.

1) 공감의 의미

공감(共感, empathy)의 언어적 의미를 먼저 알아보자. 공감을 나타내는 한자어 共感은 "느낌을 함께 한다"는 의미이다. 좀 더 풀어보면 공감은 '남의 감정, 의견, 주장 따위에 대하여 자기도 그렇다고 느끼는 것, 또는 그렇게 느끼는 기분'이다. 공감의 영어 말 empathy는 그리스어 empatheia에서 유래하였다. empatheia는 'en(안)'과 'pathos(고통, 열정)'의 합성어로서 '안에서 느끼는 고통 또는 열정'을 의미한다(박성희,

2004). 이 때 '안'은 상대방의 내면적인 감정 상태에 들어가 봄을 나타내는 것으로 공감의 핵심을 나타내는 것이다. 공감을 '다른 사람의 신발에 발을 넣었다가 다시 발을 빼어 자신의 신발을 신어보는 능력'이라고 하기도 하는데, '안'은 다른 사람의 신발에 발을 넣어보는 것을 의미하는 것이라 하겠다.

공감에 대한 학자들의 정의는, 공감의 인지적, 정서적, 의사 소통적 측면 중에서 어느 것을 더 강조하는가에 따라서 다양하다. 예를 들면, 학자들은 공감을 '타인의 감정적 체험을 적극적으로 이해하는 것', '다른 사람의 고통을 목격한 결과로서 경험하는 염려, 자비, 온정 등 타인 지향적인 느낌', '상대방의 느낌과 느낌에 대한 이유 모두에 대해 이해하고 이를 상대방에게 의사 소통하는 능력' 등으로 정의하고 있다. 이런 정의의 공통적인 것은 나의 입장에서 타인인 상대방의 감정을 있는 그대로 체험하는 것이다.

공감은 타인의 감정에 대해 매우 민감하고 감수성이 높은 상태이며 내가 만일 타인이라면 어떨까에 대한 답을 찾아 타인을 이해하는 것이지만, 타인의 감정을 그대로 받아들여 나의 감정을 대치하거나 같게 하는 것은 아니다. 나의 감정과 타인의 감정은 다르지만, 타인의 입장에서 그의 감정을 이해하고 체험해 보는 것이 공감이다. 공감은 상대방의 감정 상태가 출발점이 되어 그 감정 상태가 나에게로 흘러와 내가 대리적으로 체험해 보는 것이다. 이때, 나의 감정이나 정체성이 없어지는 것이 아니며 그대로 있다. 공감은 물리적 세계의 공명과 같은 것이라 할 수 있다. 물리적 세계에서 물체의 재질은 상이한 상태로 그대로 있지만, 서로 그 진동의 주파수가 같을 때 공명하게 된다.

2) 공감의 가치

공감은 인간의 사회생활 여러 측면에 긍정적으로 기여한다. 구체적인 내용을 살펴보면 다음과 같다.

첫째, 공감은 인격적인 인간 관계를 촉진한다.

우리는 인격적인 만남, 평화롭고 상호 배려하는 인간 관계를 바람직하게 여긴다.

여기서 인격적인 관계는 마틴 부버가 말하는 '나와 너(I and You)'의 관계이다. '나와 너'의 관계는 인간이 수단이 아니고 그 자체가 목적인 관계, 도덕적 존재로서 존엄성을 인정하고 마음으로 서로를 존중하는 관계, 상대를 나처럼 아끼고 제2의 나로 받아들이는 관계이다. '나와 너'의 관계와 반대되는 관계는 '나와 그것(I and It)'의 관계이다. '나와 그것'의 관계에서 상대방인 인간은 인격체가 아닌 그것, 즉 사물이다. 따라서 '나와 그것'의 관계에서 인간은 목적이 아닌 돈벌이나 권력 유지를 위한 수단이고, 돈이나 권력 같은 물화된 것들이 목적이 된다. 결국 '나와 그것'은 사랑과 인간적인 유대가 없는 물화된 비인격적인 관계를 나타낸다. 인간 관계가 '나와 너'의 관계가 될 때 인간은 행복할 수 있고, 사회는 평화로울 수 있다(Buber, 김천배 옮김, 2007). 공감은 '나와 너'의 관계가 형성될 수 있도록 마음의 문을 열어주는 계기가 된다. '나와 너'같은 인격적인 관계는 공감을 통한 상호 이해를 전제로 하기 때문이다.

둘째, 공감은 협동성을 증진시키고 갈등을 해소한다.

인간 관계에서 이해의 폭이 넓어질수록 서로 힘을 모으는 협동은 쉬워진다. 협동이 이루어지려면 목표가 같아야 하고 서로 공감할 수 있어야 하기 때문이다. 공감 없이 목표만 같을 때는 형식적인 협동은 이루어질 수 있을지 모르지만 마음과 마음을 합치는 협동은 불가능하다. 공감이 수반될 때 의(意)와 기(氣)의 투합이 가능해져 상승효과를 거둘 수 있다. 아울러 공감은 사회적·개인적 갈등을 감소시킨다. 대부분의 갈등은 오해와 감정적인 대립에서 발생하고 격화된다. 앞에서 보았듯이 공감은 서로 입장을 바꿔서 상대방의 감정을 대리 체험하는 작용이다. 공감은 역지사지(易地思之)해 보는 것이다. 역지사지하게 되면 서로 이해의 폭이 넓어져 갈등의 원인이 해소될 가능성은 높아진다.

셋째, 공감은 대인 관계 능력을 향상시킨다.

공감은 말이 없이도 상대방의 마음과 감정을 알고 이해하는 작용이다. 불교에서 단박에 사람의 마음을 아는 것을 직지인심(直指人心)이라고 하는데 공감은 이와 비슷하다. 공감을 통해서 단박에 사람의 마음과 감정을 알고 이를 또한 전할 수 있게 된다면, 마음과 마음, 감정과 감정이 물 흐르듯이 흘러 이심전심(以心傳心)과 같은 상태가 될 수 있다. 공감은 마음과 감정을 바탕으로 하는 의사 소통 기제라고 할 수 있다. 따라서 공감을 할 수 있는 사람의 대인 관계는 원활해지고 향상될 수 있다.

넷째, 공감은 이타심과 이타적인 행동을 증가시킨다.

맹자는 인간의 본성 중 하나로 측은지심(惻隱之心)을 제시하였다. 인간은 타인의 고통과 어려움에 대해서 동정심을 본성적으로 가진다는 것이다. 한편 레비나스(Levinas)의 경우는 타인의 고통에 대한 연대와 책임을 통해서 인간은 인간으로서 진정한 주체성을 가질 수 있다고 하였다. 아울러 레비나스는 '나와 너'의 우리가 아닌 우리 밖에 존재하는 이방인으로서 '그'에 대한 윤리적 책임을 강조하였다. 맹자의 측은지심, 레비나스의 타자인 '그'에 대한 윤리적 책임의 바탕에는 공감이 있다. 타인의 곤경과 고통에 대해서 공감할 수 있기 때문에 우리는 측은지심을 일으킬 수 있고, 타인에 대한 윤리적 책임을 각성할 수 있다. 타인의 고통에 공감을 하게 되면, 자비, 선행, 도움, 배려 등과 같은 이타심과 이타적인 행동은 증가한다. 한편, 공감은 인간의 잔인성을 억제하는 가장 원초적인 특징이기 때문에 이타적인 행동을 저해하는 공격적인 행동을 줄이는 역할도 한다.

3) 공감의 구성 요소

공감을 구성하는 요소는 크게 인지적 요소, 정서적 요소, 의사 소통적 요소로 분류된다(박성희, 2004).

첫째, 인지적 요소는 공감에서 인지적 추론·예측·판단·종합 등과 같은 인지적 기능의 작동을 의미한다. 공감을 위해서는 타인의 감정 상태를 알아내고 식별하는 감정 인지 능력이 필요하다. 일반적으로 상대방의 언어 및 비언어에 담겨 있는 내용과 상황적 단서를 포착하여 감정 상태를 추론하고 식별한다. 인지 능력의 연속적인 발달을 주장하는 피아제 중심의 인지 발달론 입장에서는 공감 능력도 인지 발달과 궤를 같이 하여 변화·발달한다고 한다. 공감은 타인의 감정 상태를 이해하는 것이기 때문에 인지 발달론에서는 공감 능력은 자기중심적인 사고를 벗어나 탈 자기중심적인 사고가 발달하는 시기부터 나타난다고 한다. 인지 능력의 발달은 공감의 형태를 유기적 공감에서 반성적 공감으로 변화시키기도 한다. 유기적 공감이란 신체적 고통이나 슬픈 표정 등과 같은 외형적인 신체적 표현에 대해 보이는 공감 반응으로서, 이 유기적 공감 상태에서는 상대방의 내면적인 심리적 특성에는 공감 반응을 보이지 않는다. 반면 반성적 공감은 상대방 내면의 심층적인 심리 상태의 추론을 바탕으로 하는 공감 반응으로서, 주로 인지적 추론과 판단 등과 같은 인지적 요소에 의존한다.

둘째, 정서적 요소는 공감에서 즉시적인 정서적 반응, 무의식적인 모방, 원초적 감정 이입, 직감 등과 같은 정서적이고 감각적인 기능의 작동을 의미한다. 골먼(2006)에 따르면, 인간에게는 특정 순간에 직감적으로 감정을 공유할 수 있는 능력, 즉 정서적으로 공명할 수 있는 능력이 있다고 한다. 이는 정서적 요소에 의해서 공감이 이루어지는 것을 말한다. 정서적 요소에 의한 공감은 인지적 기능의 매개 없이 즉각적으로 이루어진다. 신생아와 산모간의 공감이 단적인 예이다. 감정은 전염된다는 말도 정서적 요소에 의한 공감 현상을 나타내는 것이다.

셋째, 의사 소통적 요소는 공감에서 나타나는 언어적·비언어적 반응을 의미한다. 공감은 공감 주체의 내부적 체험으로만 그치는 것이 아니고, 공감 주체와 상대방의 관계에서 나타나는 감정의 교류이자 공유 현상이다. 의사 소통적 요소는 언어적·비언어적 수단에 의한 이런 감정의 교류와 전달, 즉 공감적 표현을 공감에서 중요시하여 나타난 개념이다. 일상적인 관계에서 공감은 언어적·비언어적 수단에 의한 명시적·묵시적인 피드백에 의해서 더욱 강화된다.

공감은 이처럼 인지적·정서적·의사 소통적 요소들이 복합적으로 작용하여 이루어지는 것이다. 따라서 공감 능력을 기르기 위해서는 이런 요소들에 관련된 기능을 향상시킬 필요가 있다. 이 3요소가 복합적으로 작용하여 공감이 이루어져 강화되는 순환적인 과정을 보면 다음과 같다.

- 1단계 공감적 주의 집중: 상대방의 표현에 능동적으로 관심과 주의를 가지는 것
- 2단계 공감적 공명: 상대방의 표현을 통해서 상대방의 감정 상태를 내적으로 이해하는 것
- 3단계 공감의 표현: 자신이 공감한 내용을 상대방에게 표현하는 것
- 4단계 공감의 지각: 자신이 표현한 공감 내용을 상대방이 지각하는 것
- 5단계 새로운 표현: 지각된 공감을 바탕으로 상대방이 새로운 내용을 표현하는 것

5단계는 다시 새로운 1단계인 공감적 주의 집중으로 이어져 공감은 순환적으로 강화되어 간다.

4) 공감 능력 계발 방법

공감 능력을 계발하기 위해서 공감교육이 행해지고 있다. 공감교육에 있어서 가장 기본적인 것은 항상 상대방에 대한 진지한 관심과 존경심, 진실성과 개방적 태도를 가지도록 하는 것이다. 의도적이고 가식적인 태도와 감정 표현은 오히려 반감만 불러일으킬 뿐이다. 공감 능력을 기르기 위해서는 상대방의 주관적인 언어 습관과 논리의 파악, 상대방에 대한 공감적 반응 양식(시선 맞추기, 적절한 맞장구, 반응의 타이밍 등) 계발, 상상력을 통한 이해 능력 증진 등이 필요하다.

공감 능력 계발을 위한 구체적인 방법으로 청소년지도자가 중심이 되어 공감의 요소인 인지적·정서적·의사 소통적 기술에 대해 설명을 하고 이해시키는 강의 방법, 체험적 방법, 역할 놀이, 모델링, 공감 게임, 시나 영화 감상과 토론법 등을 들 수 있다.

다음은 게임 중심 공감 훈련 프로그램을 소개한 것이다.

〈게임 중심 공감 훈련 프로그램〉

회기	공감단계	주제	공감 요소	활동명	공감 훈련방법	활용 게임
1 (60분)	오리엔테이션	• 오리엔테이션	예비 공감	우리들의 첫 만남	-	• 별칭 기억하기
2 (60분)	공감적 주의 집중	• 주의집중기술 훈련하기	인지 표현	집중력이 쑥쑥!	• 미시적 훈련	• 틀린 그림 찾기 • 도깨비그리기 게임
3 (60분)	정서적 공명	• 역할수용을 통한 타인의 관점 수용하기	정서 인지	서로 다른 우리	• 관계 증진 훈련, 관점 수용	• 생존자 게임
4 (60분)		• 감정의 종류를 알고 자신의 감정 표현하기		감정주사위 굴리기	• 대인실험실 훈련: 자기 개방, 느낌과 감정 표현	• 감정주사위 굴리기 • 감정단어 스피드 게임
5 (60분)	표현된 공감	• 공감적 의사 소통방법을 익히고 표현하기	인지 표현	나의 마음 표현하기	• 지시 경험적 훈련 • 관계 증진 훈련: 대인 행동 가르치기	• 마음 전달 게임
6 (60분)		• 친구 마음 이해하고 마음 표현하기	표현 인지	친구 마음 이해하기	• 대인실험실 훈련 • 지시 경험적 훈련: 역할 놀이	• 친구 마음 맞추기
7 (60분) 8 (60분)	공감의 3국면	• 친구 마음 표현해주기	표현 정서	친구 마음 표현해주기	• 대인실험실 훈련: 느낌과 감정 표현, 기본적 수준 공감, 자기 개방	• 공감 반응 골든벨
9 (60분)	공감순환과정	• 자기 개방 및 공감 반응하기	표현 정서	지금 여기까지의 나	• 대인실험실 훈련: 느낌과 감정 표현, 자기 개방	• 타임머신을 타고 친구 마음 맞추기
10 (60분)		• 친구와 공감적 지지와 반응 주고받기		보물을 찾아서	• 대인실험실 훈련: 느낌과 감정 표현	• 칭찬 우편배달부
11 (60분)	마무리	• 공감의 생활화 다짐하기	-	공감의 생활화		

출처: 고소미(2007).

이 프로그램 중 6회차 '친구 마음 이해하고 마음 표현하기'의 진행 사례를 소개하면 다음과 같다.

제6회	친구 마음 이해하고 마음 표현하기
과정/시간	활동 내용
마음 열기 (7분)	▣ 내 마음을 알아줘! - 2인 1조가 되어 한 사람은 감정을 나타내는 표정을 짓고, 다른 한 사람은 감정을 추측한다. - 감정을 알아주었을 때의 느낌과 몰라주었을 때의 느낌을 나눈다. - 타인의 감정을 알아주는 것이 왜 중요한지에 대해서 대화를 나눈다.
본활동 (35분)	▣ 1단계(10분): 친구 마음 이해하기 제1탄 - 짝과 역할 놀이를 한 후 감정을 나타내는 단어를 이용하여 활동지에 자신의 기분을 적는다. - 활동지①의 대화 1과 대화 2의 차이점을 알아보고, 상대방의 마음을 공감하는 표현하는 방법을 숙지한다. ▣ 2단계(15분): 친구 마음 이해하기 제2탄 - 자신이 활동지②의 다양한 상황에 처하면 어떨지에 대해 생각한다. - 동일한 상황에서 친구가 그 상황에 처해 있다면 친구는 어떤 생각과 느낌을 갖게 될지 생각하며 활동지를 작성한다. ▣ 3단계(10분): 친구 마음 맞추기 게임 - 활동지 작성 후 종소리와 함께 자유롭게 돌아다니면서 마음 맞추기 게임을 한다. - 자신의 마음을 맞춘 친구에게 '고마워' 쪽지를 1장 준다. - 자신이 친구의 마음을 맞춘 경우에는 친구로부터 '고마워' 쪽지를 1장 받는다. - 공감점수 계산: '고마워' 쪽지 1장당 공감점수 1점 획득
정리 (12분)	▣ 느낌 나누기(6분) - 자신이 상대방의 마음을 맞추었을 때 느낌을 이야기한다. - 상대방이 자신의 마음을 이해해 주었을 때의 생각이나 느낌을 이야기한다. - 자신의 마음을 이해받고 상대방의 마음을 이해하는 것의 중요성과 좋은 점을 이야기한다. ▣ 모둠 구성원 칭찬하기(6분) - 활동 중 친구의 마음을 잘 이해한 공감점수가 높은 모둠원을 칭찬한다. - 자신의 실수와 잘못을 반성하고 새로운 다짐을 한 친구를 칭찬한다.

출처: 고소미(2007).

<제4절> 의사 소통

인간 관계와 상호 작용은 의사 소통을 필수적인 전제로 한다. 의사 소통을 통한 감정과 생각의 교류 없이는 함께 하는 것이 불가능하기 때문이다. 한편, 우리의 삶을 보면 의사 소통의 부재나 오해에서 문제나 갈등이 발생하고, 인간 관계가 단절되는 경우가 많다. 이렇게 의사 소통이 중요함에도 불구하고 의사 소통을 잘 하기 위한 능력을 계발하는 것에 소홀한 경우가 많다. 이런 모습에서 탈피하여 어린이와 청소년기부터 체계적으로 의사 소통 능력을 기를 필요가 있다. 아래에서는 의사 소통과 관련된 발신하기(말하기), 수신하기(듣기), 해석 및 피드백하기와 의사 소통 능력 계발에 대해서 살펴보기로 하겠다.

1) 발신하기

의사 소통에서 발신은 언어적 방법과 비언어적 방법을 통해서 메시지를 창출하여 전달하는 활동이다.

발신에서 언어적 방법은 음성언어와 문자언어를 활용하는 것이다. 일상적으로는 음성언어, 즉 말하기를 통해서 대부분의 발신이 이루어지기 때문에 말하기를 중심으로 살펴보도록 하겠다. "말 한 마디로 천 냥 빚을 갚는다."는 옛말이 있듯이 말하기는 일상생활에서 매우 중요하다. 이런 말하기를 잘하기 위해서는 제2장에서 언급한 의사 소통의 원리인 진실성의 원리, 관련성의 원리, 적량성의 원리, 명료성의 원리, 일관성의 원리 등을 따를 필요가 있다. 말하기에서 가장 기초적인 것은 정확하게 발음하는 것이다. 발음이 정확하지 않으면 의미의 전달이 불가능하기 때문이다. 상대방을 존중하면서 말하는 것이 필요하며, 명령조, 강요조, 훈계조, 논쟁조, 비평조, 비난조, 심문조로 말하는 것은 피해야 한다. 또 대화적 말하기에 있어서는 상대방을 주체로 하는 것보다는 자신을 주체로 하여 자신의 생각, 느낌 등을 표현하는 방식이 좋다. 즉, '너'로 시작하는 '너(YOU) 메시지'보다는 '나'로 시작하는 '나(I) 메시지'를 사용하는 것이 상대방에게 부담이나 감정적 자극을 주지 않고 상대방을 방어적으로 만들지 않아 좋다. 예를 들어, "너는 왜 그렇게 게으르고 공부를 못해."보다는 "나는 네가 조금 더 부지런하고 공부를 열심히 했으면 좋겠어."라고 표현하는 것이 좋다.

의사 소통에서 눈빛, 태도, 어조, 표정, 목소리 크기, 몸짓 등과 같은 비언어적 방법은 우리가 생각하는 것보다 비중이 높고 중요하다. 학자에 따라서 다르지만, 일반적으로 우리의 의사 소통에서 비언어적 방법의 비중은 65~90% 정도를 차지한다고 한다. 더 중요한 것은 언어적 방법으로 표현되지 않는 미묘한 감정과 정서, 마음 등이 비언어적 방법으로 표현된다는 것이다. 일반적으로는 언어적 표현과 비언어적 표현이 일치하지만, 양자가 일치되지 않는 경우도 드물지 않다. 이런 경우 비언어적 방법에 담긴 메시지를 중심으로 의미를 파악할 필요가 있다. 말하는 사람의 입장에서 보면 언어보다는 비언어적 방법을 통제하기 어려워 비언어적 방법에 의사 소통의 솔직한 의미가 담겨 있기 때문이다. 예를 들어, 부드러운 표정으로 약간 눈을 흘기면서 "너 미워"라는 말을 하는 경우 언어보다는 비언어 메시지에 중심을 두어 사랑과 투정으로 의미를 해석하는 것이 보다 더 정확하다. 비언어적 방법에는 시각적인 요소(표정, 눈빛, 몸짓, 포즈, 옷차림 등), 청각적인 요소(목소리의 크기, 어조 등), 촉각적인 요소(악수, 포옹 등과 같은 신체 접촉), 시간적 요소(침묵 등), 물리적 요소(장소, 대화자간의 거리 등) 등이 포함된다.

2) 수신하기

수신하기는 발신자의 메시지가 수신자에게 도착하는 현상이다. 수신을 위해서, 언어적 방법으로는 듣기, 비언어적 방법으로는 시·청각 등과 같은 오감을 사용한 직감적 판단을 주로 사용한다.

이 중에서 듣기가 중요하다. 듣기는 '단순한 듣기', '분석적 듣기', '공감적 듣기'의 3가지 유형으로 구분될 수 있다(Beebe and Masterson, 2003).

'단순한 듣기'는 듣기의 가장 기초적인 단계로서, 음성을 귀로 듣고 비언어적 표현 요소를 이에 관련시켜 말하는 사람이 의도한 명시적인 메시지를 이해하는 것이다.

'분석적 듣기'는 '단순한 듣기'를 통해서 수신된 메시지를 바탕으로 발신자의 목적을 이해하기 위해서 비판적이고 창조적인 판단을 활용하는 것이다. '분석적 듣기'는 대화의 맥락뿐 아니라 발신자가 명시적으로 말하지 않은 메시지에 대해서도 판단하여 적절하게 반응한다. 분석적 듣기에서는 '메시지를 있는 그대로 정확하게 듣기 → 명시된 의도를 확인 → 묵시적 의도를 추론 → 비판적 또는 창조적인 판단의 필요성 여부 결정 → 의미 파악과 적절하게 응답'하는 단계를 거친다.

'공감적 듣기'는 '단순한 듣기'와 '분석적 듣기'를 포함하면서도, 여기에서 더 나아가 메시지의 정서적 측면과 상대방 입장을 고려하여 명시적·묵시적으로 담긴 상대방의 생각과 느낌을 공감하면서 이해하는 것이다. 공감적 듣기는 '메시지를 있는 그대로 정확하게 듣기 → 명시되지 않은 의도 파악 → 판단 보류 → 발신자의 관점에서 세상 보기 → 발신자가 말하지 않은 내용 이해 → 공감적으로 의미를 파악하고 응답'하는 단계를 거친다. 듣기 중 '공감적 듣기'가 가장 어려운 단계이지만 가장 바람직하다.

의사 소통 과정에서 잘 듣기 위해서는, 다음에 제시된 단계를 참고할 필요가 있다.

- 첫 단계: 멈추고 집중하기
  - 자신이 하는 일을 멈추고 상대방에 완전히 집중함.
- 둘째 단계: 의도 파악하기
  - 상대방의 감정과 의도를 파악하기 위해서 얼굴 표정, 목소리의 톤과 속도, 몸짓 등과 같은 비언어적 요소에 주목함.
- 셋째 단계: 공감적으로 이해하기
  - 언어적 요소와 비언어적 요소를 관련짓고, 제3자의 말에도 유의하여 자신의 입장이 아닌 상대방의 입장에서 메시지를 해석함.
- 넷째 단계: 질문 활용하기
  - 추가적인 정보 확보, 명확하지 않은 어구의 확인, 이해한 내용의 확인 등을 위해서 이에 관련된 내용을 질문함(예: 네가 말한 청소년지도자는 청소년지도사를 의미하는 거야?).
- 다섯째 단계: 내용 바꿔 말하기

- 상대방이 말한 내용을 자신의 말로 바꾸어서 말해 봄(예: 갑-난 청소년상담일을 하는 것이 버거워. 을-너 스스로 상담 기술이 부족하다고 생각하는구나.).

• 여섯째 단계: 감정 바꿔 말하기

- 상대방의 메시지에 담긴 감정이나 정서에 대해서 자신의 말로 바꿔서 말해 봄(예: 갑-난 청소년상담일을 하는 것이 버거워. 을-너는 지금 하는 일에 좌절하고 있구나, 그렇지?).

3) 해석 및 피드백하기

해석은 수신된 메시지의 의미를 파악하는 활동이다. 발신자의 의도가 수신자에게 어떻게 전달되는가는 궁극적으로 수신자의 해석에 달려 있다. 수신자는 발신자의 명시적·묵시적 의도, 언어적·비언어적 방법, 맥락 등을 종합적으로 고려하여 발신자의 입장에서 메시지의 의미를 해석해야 한다. 메시지의 의미를 정확하게 해석하기 위해서는 편견, 고정관념, 흑백적 사고방식, 권위주의, 문화적 차이에 대한 오해, 자기중심주의, 선택적인 듣기 등을 배제해야 한다.

메시지가 해석되면 이를 상대방에게 피드백하게 된다. 이 때 피드백은 상대방의 발신에 대한 반응으로 나타난다. 상대방의 말을 끊지 않으면서 적절한 시점에 피드백을 할 수 있어야 의사 소통이 자연스럽게 이어지면서 상호 이해를 깊게 할 수 있다. 적절하게 맞장구를 치면서 상대방의 말에 호응할 필요가 있는 것이다.

4) 의사 소통 능력 계발

우리는 일상적으로 자연스러운 말하기와 듣기 등을 중심으로 메시지의 발신과 수신을 하기 때문에 의사 소통은 저절로 이루어지는 것으로 생각하는 경향이 있다. 그러나 좀 더 주의 깊게 관찰하면 의사 소통과정에서 의미가 제대로 전달 또는 해석되지 않아 오해가 생기고 갈등이 발생하는 등과 같은 많은 문제가 생기는 것을 알 수 있다. 이런 문제를 극복하여 의사 소통을 잘 하려면 의사 소통 능력을 계발해야 한다. 의사 소통 능력에 있어서 가장 기본적인 것은 상호 존중심과 개방적인 자세를 가지는 것이다. 존중과 개방성이 전제되지 않고는 원만한 의사 소통을 하기 어렵다. 말하기를 위해서 큰 소리로 읽기 연습, 자신의 말하기 녹음과 반성, 비언어적 방법의 표현을 위해서 기쁨·동의·분노·슬픔·고통·실망 등과 같은 감정 표현을 거울 보고 연습하기, 듣기를 위해서 말 듣고 전달하기, 정확한 의미 해석을 위해서 고정관념·편견 등과 같은 장애 요인이 없는지 자신 성찰하기 등의 방법을 활용할 수 있다. 역할 놀이, 시청각 매체를 통한 의사 소통 관찰과 분석하기 등의 방법도 유용하게 활용할 수 있다.

다음은 '나 -메시지'와 '너-메시지'의 차이점의 이해와 '나-메시지' 숙달을 위한 사례이다.

활동

① 청소년들을 3인 1팀으로 나누어 각각 역할극 활동자료에 있는 '화자', '나-메시지', '너-메시지'의 역할을 맡도록 한다.
② '화자' 역할을 맡은 청소년에게 그 대본을 읽도록 한다.
③ '너-메시지'의 역할을 맡은 청소년에게 '화자'에 대한 응답으로 자신의 대본을 읽도록 한다.
④ '나-메시지'의 역할을 맡은 청소년에게 '화자'에 대한 응답으로 자신의 대본을 읽도록 한다.
⑤ '너-메시지'와 '나-메시지' 이후에 전개될 가능한 결과에 대해 토론하도록 한다. 어느 것이 의사 소통에서 효과적이고 그 이유는 무엇인지에 대해 발표하도록 한다.

역할극 활동자료

상황: 화자는 다음 주 월요일까지 완성해야 하는 청소년 프로젝트를 수행하고 있는 집단의 구성원 중 1인이다. 화자는 항상 바쁘다는 핑계로 저녁 모임에 나타난 적이 없다. 다른 구성원들은 빠짐없이 모임에 나오고 있다. 구성원들 중 1명이 화자에게 오늘 저녁 모임은 매우 중요하니 꼭 참석하라고 알려주었다.
화자: 나는 오늘 저녁 모임에 가려고 노력하겠지만, 갈 수 있을지는 모르겠어.
너-메시지: 너는 언제나 해야 할 다른 일들을 찾고 있어. 너는 모임에 온 적이 한 번도 없고, 우리의 프로젝트에 기여한 바도 없어. 너는 옳지 못해.
나-메시지: 우리들은 좋은 프로젝트 수행결과를 위해서 너의 도움이 필요해. 우리 모두가 좋은 점수를 받기 원하기 때문에 네가 모임에 오지 않을 때 나는 기분이 상해.

출처: Perlstein·Thrall 저. 정종진 외 역(2006).

<제5절> 인간 관계 형성

우리는 인간 관계를 떠나서 살아갈 수 없다. 관계적 존재인 우리는 인간 관계를 통해서 생존하고, 인간 관계를 통해서 행복과 불행, 성공과 실패를 경험한다. 따라서 성공적인 행복한 삶을 이루기 위해서는 인간 관계를 성공적으로 형성할 수 있는 능력이 있어야 한다. 이런 점을 염두에 두고 아래에서는 인간 관계의 중요성, 인간 관계와 자아, 인간 관계 능력의 계발에 대해서 살펴보겠다.

1) 인간 관계의 중요성

인간의 삶은 인간 관계의 연속이다. 관계의 측면에서 인생을 보면, 출생은 새로운 관계를 맺는 것이고, 성장은 관계를 확장하는 것이며, 죽음은 관계를 끝내는 것이다. 인간 관계는 출생과 더불어 사적 영역에서부터 시작된다. 출생으로 부모와 자식, 형제 자매 등의 가족관계가 맺어지고 유아기, 아동기로 성장하면서 가족관계는 또래관계로 확대되기 시작한다. 청소년기에 이르면, 인간 관계는 사적 영역에서 사회적 영역으로 발전하면서 다양해진다. 청소년기에 인간 관계의 발전에 따른 인간 관계 능력을 계발하지 않으면 성인기의 사회적 관계 형성에 장애가 생기기도 한다. 성인기에 사회적 영역에서의 관계는 성숙하고 노년기에 이르면 축소된다. 이 과정에서 형성되는 인간 관계의 질은 삶의 질을 좌우한다.

인간 관계는 대상, 영역, 성질 등에 따라서 매우 다양하다. 대상에 따라서는 부부 관계, 친구 관계, 동료 관계 등으로, 영역에 따라서는 경제 관계, 교육 관계, 정치 관계 등으로, 성질에 따라서는 상생 관계와 적대 관계, 경쟁 관계와 협동 관계, 신뢰 관계와 불신 관계 등으로 나눌 수 있다. 이 중에서도 삶의 질과 관련하여 중요한 것은 성질에 따른 관계라 할 수 있다. 예를 들어, 부부 관계라 하더라도 상생 관계가 아닌 적대 관계라면 그 관계 속에 있는 부부는 불행할 것이기 때문이다. 인간을 행복하게 하는 인간 관계는 상생 관계, 협동 관계, 신뢰 관계이다. 반면 적대 관계, 경쟁 관계, 불신 관계는 관계 속에 있는 타인이 지옥으로 느껴지는 관계이자, 인간을 피폐하게 하는 관계라고 할 수 있다.

생태계의 모습을 보더라도 상생 관계와 협동 관계, 신뢰 관계가 발전의 원동력이라고 할 수 있다. 진화론으로 잘 알려진 다윈은 동물 사회에서 협동과 공생과 같은 상호 의존적인 관계가 진화의 중요한 원천이라고 생각하였다. 상호 협동과 공생 관계를 만듦으로써 살아남는다는 것이다. 같은 생태계에서 같은 생태적 지위를 놓고 경쟁을 벌이면 한 종만 살아남고 다른 종은 멸종한다고 한다. 이를 피해 살아남기 위해서 생물 종들은 서로 다르게 진화하여 보완할 수 있는 공생 관계를 만든다고 한다.

오늘날 인간 사회에서 상생 관계와 협동 관계, 신뢰 관계의 중요성은 이들을 물적 자본, 인적 자본에 대비하여 사회 자본(social capital)이라고 칭하는 데서도 잘 드러난다. 더 나아가 미래 사회에서는 인간의 공생적 관계의 형성이 매우 중요하며 이를 통해서 인간의 본질적 특성이 구현될 것이라는 점에서 인간을 Homo Sapiens(생각하는 인간)에 대비하여 Homo Symbious(공생하는 인간)라 칭하기도 한다. 아울러 IQ(지능지수, Intelligence Quotient)보다 NQ(공존지수, Network Quotient)가 중요하다고 강조하기도 한다. 이런 점들을 고려할 때, 상생 관계와 협동 관계, 신뢰 관계는 가치 있고 중요하다고 할 수 있다.

2) '조하리의 창'을 통해서 본 인간 관계 형성

'조하리의 창(Johari Window)'은 심리학자인 Joseph Luft와 Harry Ingham에 의해서 만들어진 것이다. '조하리의 창'은 나를 타인에게 공개하는 것에 의해서 타인이 나에 대해서 아는 정도(그림 9-1의 세로 축)와 타인의 반응과 평가를 통해서 내가 나에 대해서 아는 정도(그림 9-1의 가로 축)의 조합을 통해서 [그림 9-1]에 나타난 것처럼 4개의 창으로 구성된다(구현정·전영옥, 2007, 재인용).

자기 공개를 통해 \ 타인의 피드백을 통해	내가 아는 것	내가 모르는 것
타인이 아는 것	개방 영역 open self	맹인 영역 blind self
타인이 모르는 것	은폐 영역 hidden self	미지 영역 unknown self

[그림 9-1] 조하리의 창

'개방 영역'은 나도 알고 타인에게도 알려져 있는 나의 모습이다. 이 개방 영역의 크기는 인간 관계의 성격에 따라서 달라진다. 친밀한 인간 관계에 있는 사람들 간에는 개방 영역이 넓고, 그렇지 않은 사람들 간에는 좁다. 인간 관계가 상생적, 협동적, 신뢰적이 될수록 개방 영역은 넓어진다.

'맹인 영역'은 나는 모르지만 타인에게는 알려져 있는 나의 모습이다. 무의식적으로 행하는 말버릇, 습관 등이 이에 속한다. 일반적으로 둔감하거나 잘난 체하는 사람, 독선적인 사람은 맹인 영역이 넓다. '맹인 영역'에 속하는 사람의 경우, 개선할 점이 많지만 자신은 잘 모르는 경우가 많다. 또, 본인은 노력하지만 인간 관계가 원만하지 않을 수 있다.

'은폐 영역'은 나는 알지만 타인에게는 알려져 있지 않은 나의 모습이다. 개인의 사생활, 비밀 등이 이에 속한다. 일반적으로 표현력이 부족한 사람, 소심한 사람, 권위주의적인 사람 등은 은폐 영역이 넓다.

'미지 영역'은 나도 모르고 타인에게도 알려져 있지 않은 나의 모습이다. 심층적이고 무의식적인 세계가 이에 속한다. 일반적으로 자신도 모르는 사이에 돌출적인 행동을 하여 다른 사람들을 곤란하게 만들면서 인간 관계를 잘 풀어나가지 못하는 사람은 미지 영역이 넓다.

'조하리의 창'을 통해서 자아 이미지와 대인 관계 유형을 추론해 볼 수 있다. 이런 추론을 통해 인간 관계 개선에 도움을 받을 수 있다. 자아 이미지와 대인 관계 유형을 추론하기 위해서는 먼저 다음 질문 ①, ②에 대한 자신의 상태를 9점 척도로 표시된 수직선에서 진단한다. 그런 다음, 이 진단결과로 확인된 질문 ①의 점수를 [그림

9-2]의 가로선으로, 질문 ②의 점수를 세로선으로 표시하여 자신의 자아 이미지와 대인 관계 유형을 추론해 본다(구현정·전영옥, 2007).

〈질문〉

① 나는 타인에게 나에 관한 이야기를 잘 하고 나의 속마음을 잘 나타내 보이는가?
② 나는 타인의 말에 귀 기울이고 타인이 나를 어떻게 생각하고 평가하는지에 대해 알고 있는가?

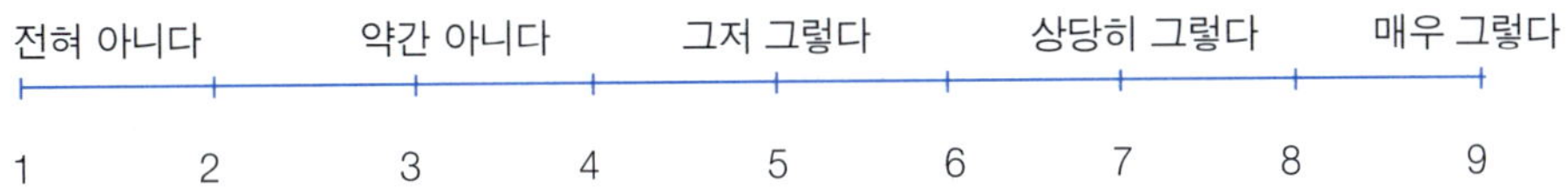

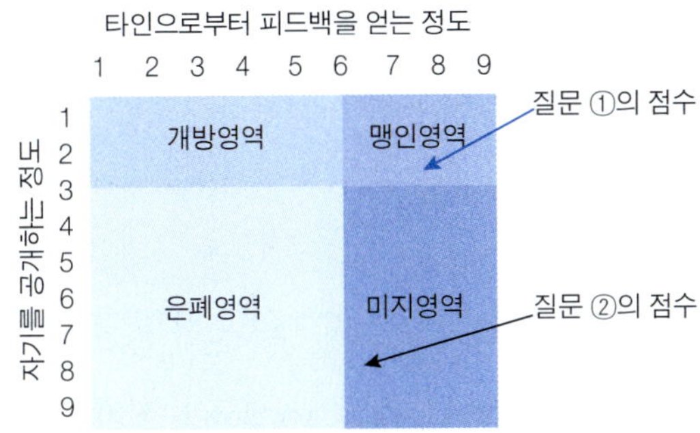

[그림 9-2] '조하리의 창'을 통한 자아 이미지 평가

평가 결과 개방 영역이 가장 넓은 사람은 인간 관계가 생산적이고 원만하다고 할 수 있다. 단 너무 말이 많고 가볍다고 평가될 수도 있다는 점을 유의할 필요가 있다. 맹인 영역이 가장 넓은 사람은 솔직하고 화통하지만, 자기주장이 강하고 독단적이어서 사람들에게 거부감을 불러일으킬 수 있다. 이를 개선하기 위해서 타인의 주장에 귀 기울이고 배려할 필요가 있다. 은폐 영역이 가장 넓은 사람은 타인의 말을 경청하고 배려하지만 실리적이고 자신의 속마음을 드러내지 않아 인간 관계의 폭이 넓지 않다. 이를 개선하기 위해서 자신에 대해서 좀 더 개방적이고 사교적인 자세를 가질 필요가 있다. 미지 영역이 가장 넓은 사람은 스스로 고립적이고 잘 적응을 하지 못하며 타인과의 교류를 불편해 한다. 좀 더 적극적이고 긍정적인 자세를 가지고 사람들과 관계를 개선할 필요가 있다. 궁극적으로 인간 관계를 개선하기 위해서는 개방 영역을 넓혀 나가는 노력을 해야 한다.

3) 인간 관계 능력의 계발

다양한 인간 관계 중 바람직한 상생 관계, 협동 관계, 신뢰 관계를 형성하기 위해서는 무엇보다도 모든 것을 '나'로 환원시켜 생각하고 판단하여 강요하는 자기중심적 관점에서 벗어나서, 다양한 차이를 인정하고 상대방을 존중하는 자세가 필요하다. 이런 기본적인 자세를 바탕으로 상생적인 인간 관계를 형성하기 위해서 공감의 능력, 의사소통 기술 등을 숙달시킬 필요가 있다.

카네기(D. Carnegie)는 인간 관계의 기본원칙으로 3가지를 들고 있다(Carnegie 지음, 최염순 옮김. 2006).

첫째는, "비난이나 비평, 불평을 하지 말라."는 것이다. 카네기에 따르면, 상대방에 대한 비난이나 불평은 부메랑 효과가 있어 자신에게도 그대로 돌아온다. 비난과 불평은 사람들간의 불신과 적대감을 키워 경쟁적이고 적대적인 인간 관계만을 조장할 뿐이다. 비난과 불평 이전에 상대방의 입장에 서서 이해하려는 노력이 필요하다고 한다.

둘째는, "솔직하고 진지하게 칭찬하라."는 것이다. 칭찬은 고래도 춤추게 하고 무쇠도 녹인다고 한다. 칭찬은 사람의 마음을 부드럽게 만들고 서로에 대해 호의를 가지게 한다. 상생과 협동, 신뢰 관계를 형성하기 위해서는 상대방의 장점을 먼저 찾아 인정하는 노력이 필요하다.

셋째는, "상대방의 입장에서 사물을 보라."는 것이다. 자기 입장만 내세우고 합리화하려고 해서는 원만한 인간 관계를 형성할 수 없다. 한 때 유행했던 노래 가사 중 "그런 핑곌 대지마 입장 바꿔 생각을 해봐."라는 내용이 있는데, 이 노랫말처럼 입장을 바꿔 생각할 수 있어야 상생적이고 신뢰적인 관계를 만들어 갈 수 있다.

카네기의 세 원칙은 단순해 보이지만 생활화하여 실천하기는 쉽지 않다. 일상생활에서 이 세 원칙을 준거로 청소년 스스로 자신의 인간 관계를 평가하고 개선하는 자세를 습관화시킬 필요가 있다.

다음 사례는 인간 관계 개선을 위해 칭찬하기를 연습하는 것이다. 연습과 교육을 통해서 칭찬하는 방법을 습득하고 습관화할 수 있다면 상생적인 인간 관계를 형성할 수 있다.

도입활동

청소년지도자는 인간 관계에 있어서 칭찬의 중요성에 대해 설명한다. 칭찬하기 활동방법에 대해 설명하고 활동 과정에서는 서로에게 비난의 말을 하지 않도록 한다.

칭찬하기 활동

1단계: 동심원 만들기

청소년들을 두 집단으로 나누어 서로 마주 보는 두 원을 만들게 한다.

2단계: 칭찬하기

안쪽 원의 청소년들이 먼저 칭찬하도록 한다. 안쪽 원의 청소년은 마주 보고 있는 청소년이 잘한 일을 찾아서 30초 동안 진지하게 칭찬을 하도록 한다. 바깥쪽 원의 청소년은 경청한다. 30초 후 벨을 울려 칭찬을 종료시키고 안쪽 원의 청소년을 우측으로 이동하도록 하여 바깥쪽 원의 다음 청소년에게 같은 방법으로 칭찬을 하도록 한다.

3단계: 역할 바꾸기

안쪽 원의 청소년들이 바깥쪽 원의 청소년 모두에 대해 칭찬을 마치면, 이제는 바깥쪽 원의 청소년이 안쪽 원의 청소년에 대해 칭찬하도록 한다. 방법은 2단계와 같다.

반성활동

활동이 종료된 후 칭찬을 받았을 때의 기분과 인간 관계에서 칭찬의 중요성에 대해서 1명씩 돌아가면서 자유롭게 소감을 이야기하도록 한다.

요약

인간은 사회적 존재이다. 청소년도 예외가 아니다. 사회적 존재로서 살아가기 위해서는 사회성을 갖추어야 한다. 오늘날 사회성의 중요성은 IQ 못지않은 SQ의 강조에서도 엿볼 수 있다. 청소년들은 "나는 누구인가?"라는 질문에 대한 답을 사회적 관계에서 찾아 자신의 정체성을 형성하고 사회적 존재로서 필요한 사회적 기술을 배우며 사회성을 본격적으로 형성하기 시작한다. 청소년들은 사회적 존재로서 자신의 자아를 실현하고 사회를 발전시키기 위해서 체계적인 지도와 학습을 통해서 사회성을 계발해야 한다.

감정 조절 능력은 필요시 자발적인 반응을 지연하고 조절하여 사회적으로 용납할 수 있고 충분히 융통성 있는 방식으로 감정의 유형과 범위를 사용하여 사회적 요구에 반응할 수 있는 능력이다. 감정은 이성 못지않게 사회생활을 해나가는 데 있어 중요한 인간의 특성이다. 감정을 잘 조절하지 못하면 정상적인 사회생활을 해나가는 것은 불가능하다. 감정의 부정적인 측면을 최소화하고 긍정적인 측면을 최대화하기 위해 감정 조절 능력은 필요하다. 감정 조절을 위해서는 마인드 컨트롤, 명상 등의 방법이 좋다. 감정의 부정적인 측면이 나타나지 않도록 자신의 감정 스타일을 사전에 파악하여 분노와 충동, 스트레스 등이 나타나지 않도록 예방하고 주변 환경을 관리하는 습관의 형성도 필요하다.

나의 감정과 타인의 감정은 다르지만, 타인의 입장에서 그의 감정을 이해하고 체험해 보는 것이 공감이다. 공감은 인간의 사회생활에 있어서 여러 가지 측면에서 긍정적으로 기여한다. 공감은 인격적인 인간 관계를 촉진한다. 또한 공감은 협동성을 증진시키고 갈등을 해소하며 대인 관계 능력을 향상시킨다. 공감은 이타심과 이타적인 행동을 증가하게 하여 공격적인 행동을 줄이는 역할도 한다. 이런 공감 능력을 기르기 위해서는 상대방의 주관적인 언어 습관과 논리의 파악, 상대방에 대한 공감적 반응 양식(시선 맞추기, 적절한 맞장구, 반응의 타이밍 등) 계발, 상상력을 통한 이해 능력 증진 등이 필요하다.

인간 관계와 상호 작용은 의사 소통을 필수적인 전제로 한다. 의사 소통의 요소에는 발신하기(말하기), 수신하기(듣기), 해석 및 피드백하기 등이 있다. 발신하기(말하기)에서 가장 기초적인 것은 정확하게 발음하는 것이다. 대화할 때 나-메시지 방법을 활용하여 자신을 주체로 자신의 생각, 느낌 등을 표현하는 것이 좋다. 수신하기는 단순한 듣기, 분석적 듣기, 공감적 듣기가 있는데, 이 중 공감적 듣기가 가장 바람직하다. 해석은 수신된 메시지의 의미를 언어적·비언어적 방법, 맥락 등을 종합적으로 파악하여 메시지의 의미를 파악하는 것이다. 메시지가 해석되면 상대방에게 피드백을 한다. 의사 소통 능력을 계발하기 위해서 가장 기본적인 것은 상호 존중심과 개방적인 자세를 갖는 것이다.

인간의 삶은 인간 관계의 연속이어서 인간 관계의 성패가 인간 삶의 성패를 좌우한다고 해도 과언이 아니다. 청소년기에 이르면 인간 관계는 사적 영역에서 사회적 영역으로 발전하면서 다양해진다.

청소년기에 이런 인간 관계 발전에 따른 인간 관계 능력을 계발하지 않으면 성인기의 사회적 관계 형성에 장애가 생기기도 한다. 조하리의 창에 나타나는 개방 영역, 맹인 영역, 은폐 영역, 미지 영역을 통해서 자신의 인간 관계 모습을 진단해 볼 수 있다. 다양한 인간 관계 중 바람직한 상생 관계, 협동 관계, 신뢰 관계가 바람직하다. 이런 인간 관계를 형성하기 위해서는 모든 것을 '나'로 환원시켜 생각하고 판단하여 강요하는 자기중심적 관점에서 벗어나서, 다양한 차이를 인정하고 상대방을 존중하는 자세가 필요하다. 이런 기본적인 자세를 바탕으로 상생적인 인간 관계를 형성하기 위해서 공감의 능력, 의사 소통 기술 등을 숙달시킬 필요가 있다.

연습문제

1. 청소년의 사회성 계발의 중요성을 설명하시오.
2. 사례를 들어 분노조절방법을 설명하시오.
3. 공감의 구성 요소를 설명하시오.
4. 상생적 인간 관계를 형성하기 위한 방법을 설명하시오.
5. 셀러가 제시한 감정의 종류를 사례를 들어 설명하시오.

Chapter 10

자연 체험 활동 지도

<제1절> 청소년 자연 체험 활동에 대한 이해

1) 청소년 자연 체험 활동의 개념과 의의

청소년 자연 체험 활동은 오늘날 청소년기에 자연 체험의 필요성이 증대하는 현대 사회의 변화와 요구에 부응하여 그 중요성이 높아지는 활동 분야이다. 청소년 자연 체험 활동은 "청소년들로 하여금 자연과의 체험을 통해 자연·환경의 중요성을 이해하고, 자연과의 호응 속에서 생태적 환경과 생명의 신비로움을 체득케 하여 궁극적으로 전인적인 성장을 이룰 수 있도록 도와주는 체험 중심의 청소년 활동"이다. 과거에는 청소년 야외 활동의 하나로 자연에서 청소년이 수행하는 각종 모험 활동과 체험 활동을 일컬었으나(강대근·전성민, 1993: 266-267), 최근에는 자연과 인간의 관계를 성찰하는 생태 교육, 생태 체험의 차원에서 새로이 부각되고 있다(이경자 외, 2007).

자연 체험 활동을 통해 청소년들은 대자연에서 호연지기를 기르고 자연과 환경의 중요성을 깨달으며 협동과 공동체 의식을 함양한다. 즉, 자연 체험 활동은 청소년들에게 창조적이고 내재적인 자아를 발견하고 미래 지향적인 역량과 능력을 배양하며 더불어 살아가는 생명체에 대한 이해와 함께 자연과 환경의 중요성을 인식하여 궁극적으로는 자연에 호응하고 자연과 상생하는 건강한 인격체로 성장, 형성케 하는 데 그 의의가 있다. 한편 자연 체험 활동과 같은 야외 활동의 목적과 의의에 대해 유네스코 한국위원회(1988)는 다음과 같은 의의가 있음을 논의한 바 있다.

- 자연에 대한 이해와 사귐
- 신체적, 정신적 건강
- 인간 관계의 개선
- 민주적 생활의 훈련
- 창의성 개발과 기술 습득

이상의 논의를 참고하여 자연 체험 활동이 청소년에게 미치는 영향과 의의를 정리하면 다음과 같다.

첫째, 자연 체험 활동은 청소년에게 대자연을 체험케 함으로써 인간성을 회복하고, 자연과 더불어 살아갈 수 있음을 깨닫게 한다. 따라서 자연 체험 활동의 장은 아름다운 대자연이며, 자연을 느끼고 체험할 수 있는 프로그램들로 구성되어 실시되어야 한다.

둘째, 자연 체험 활동은 청소년들에게 다양한 인간 관계 경험을 갖게 하고 공동체 의식을 형성케 한다. 자연 체험 활동은 자연과의 관계 형성뿐만 아니라 프로그램에 참여한 참가자들 간의 관계 형성, 지도자와 참가자들 간의 관계 형성 등을 통해 인간과 자연, 인간과 인간 사이의 바른 관계를 정립하여 온전한 공동체적 관계를 형성시키는 인간 관계 훈련·심성 계발 프로그램이기도 하다.

셋째, 자연 체험 활동의 다양한 프로그램을 통해 청소년들은 지적, 사회적, 신체적, 정서적으로 균형 있게 발달할 수 있다.

넷째, 자연 체험 활동을 통해 청소년들은 소박하고 검소하며 절제하는 생활습관을 형성할 수 있다. 자연과 함께 하는 야영 활동이나 탐사 활동을 통해 청소년들은 자연 그대로의 생활이 갖는 소박함과 순리의 절제를 인식할 수 있다. 더욱이 환경의 중요성은 생태계 보존의 가치를 깨닫게 하고 이로 인해 물품을 아끼고, 절약하며, 절제하는 생활의 의식과 행동도 형성할 수 있다.

다섯째, 소그룹 활동을 통해 민주적인 시민정신을 함양하는 데에도 도움을 준다. 자연 체험 프로그램의 집단적 활동을 통해 자신이 맡은 역할을 수행하고, 약속을 지키는 중요성을 인식하며 구성원으로서 지켜야 할 민주적 가치들을 형성할 수 있기 때문이다.

2) 자연 체험 활동의 유래와 유형

청소년 자연 체험 활동의 개념은 초기 '청소년 수련 활동'이란 용어로부터 유래한다. 1991년에 제정된 「청소년기본법」 제3조 제3항에서 청소년 수련 활동은 "청소년이 생활권 또는 자연권에서 심신 단련, 자질배양, 취미개발, 정서함양과 사회봉사로써 배움을 실천하는 체험 활동"이라 정의하였다. 이에 따르면 청소년 체험 활동은 청소년 수련 활동의 하나로 이해되었으며, 주로 자연권에서 배움을 실천하는 청소년 체험 활동으로 받아들여졌다.

청소년 체험 활동이 수련 활동으로부터 유래하였던 그 과정을 당시의 수련 지표에 근거해 살펴보면 다음과 같다. 당시 정부는 1991년 청소년기본계획에 의거하여 1992년부터 1997년까지 총 93종의 수련거리 기본 모형을 개발하였다(김영지 외, 2003). 수련거리 기본 모형은 당시 「청소년기본법」에 명시된 6대 덕목(수련지표)에 의해 개발·보급되었는데, 개인적 덕목인 건강·정서·용기와 사회적 덕목인 예절·협동·긍지 등 6개 덕목과 이를 종합한 복합수련거리 등 총 7개 영역에서 다시 24개의 하위 세부지표로 나누어진다. 수련 활동은 이러한 지표에 따라 각각 6개 영역에서 다시 구분되어진다. 이를 청소년기의 변화 양상과 비교하여 살펴보면 아래 〈표 10-1〉과 같다. 〈표 10-1〉을 살펴보면, 자연 체험 활동은 청소년기의 변화 양상 중 정서적 적응과 심리적·육체적 적응과 밀접하며, 지표상으로도 정서, 용기와 밀접하다. 따라서 청소년 체험 활동은 정서와 용기라는 지표에 근거하여 수행되는 수련 활동으로 이해되어진다. 이러한 지표는 다시 「청소년기본법」이 개정되고 제2차 청소년 육성 5개년 계획에서 그 내용이 변화되었다. 이 지표는 2000년까지 이어져 오다가 2001년부터 새로운 지표에 따라 다음과 같은 수련 활동의 영역으로 변화되었다.

- 문화적 감성을 함양하기 위한 수련 활동
- 과학 및 정보화 능력을 함양하기 위한 수련 활동
- 봉사와 협력 정신을 배양하기 위한 수련 활동
- 모험심과 개척 정신을 키울 수 있는 수련 활동
- 전문적 직업 능력을 준비할 수 있는 수련 활동
- 국제 감각을 고양하기 위한 수련 활동
- 환경 의식을 함양하기 위한 수련 활동

- 기타 청소년 건전 육성에 필요한 수련 활동

이 중 오늘날 청소년 자연 체험 활동과 밀접한 수련 활동은 모험심과 개척 정신을 키울 수 있는 수련 활동과 환경 의식을 함양하기 위한 수련 활동에 모아진다. 물론 이러한 구분이 명확한 것은 아니어서 자연 체험 활동이 여타의 다른 능력을 함양하는 것과 별개의 활동은 아니다. 다만 이와 같은 논의는 수련 활동의 개념과 수련지표에 터해 초기에 어떤 좌표에 위치하여 왔는가를 보여주기 위해서이다. 즉, 오늘날 청소년 자연 체험 활동이 굳이 과거의 청소년 수련 활동 중 어느 영역에 위치하는지를 보자면, 모험 활동 및 개척활동에 가장 가까우며, 최근의 생태 교육 및 생태 환경체험의 중요성이 높아짐에 따라 환경 의식을 함양하는 수련 활동에도 근접하다고 이해하는 것이 옳을 것이다.

〈표 10-1〉 **청소년기의 변화 양상과 초창기의 수련지표**

구분	개인성지표			사회성지표		
청소년기의 변화 양상	육체적 적응	정서적 적응	심리적·육체적 적응	사회적 적응		사회적·심리적 적응
6대지표	건강	정서	용기	예절	협동	긍지
세부지표	체력 영양 위생 안전	독서 특기 감상 관람	인내 정의 책임 창의	공경 예의 신의 정직	질서 봉사 자율 근검	애국 전통 통일 국제
수련 활동	체력단련	정서함양 **자연 체험**	체력단련 **자연 체험** 사회봉사	예절수양	사회봉사 체력단련	전통 문화
	복합수련					

초기 자연 체험 활동 프로그램 유형은 자연에서 이루어지는 각종 탐사 활동(무인도 탐험, 국토 탐사, 강 탐사 활동 등), 자연을 가꾸고 보존하는 활동(식목 행사, 자연농장 활동, 환경 보존 활동 등), 자연 탐구 중심의 야외 활동(자연 관찰 하이킹, 청소년 이동캠프·고정캠프 등과 같은 야영 활동, 오리엔티어링 등)으로 구분하였다(박성희, 1993: 16).

그러다가 최근에는 자연 생태를 직접 체험하는 자연 체험 활동으로 그 영역과 범주를 확장하고 있는 추세이다. 여기서는 대표적인 자연 체험 활동의 하나로 야영 활동(캠핑)과 생태 체험 활동 중심으로 논의하였다.

(1) **야영 활동**(캠핑)

흔히 캠핑(camping)이라 하는 야영 활동은 청소년으로 하여금 대자연에서 1박 이상의 숙식을 직접 체험케 하는 대표적인 야외 활동 분야의 하나이다. 청소년 야영 활동을 지도하는 캠프 지도자는 집단(캠퍼)에 대한 이해를 갖고 안전, 교육적 효과, 자각, 행복과 성장 등에 관심을 기울여야 한다. 이를 구체적으로 정리하면 다음과 같다. 캠프 지도자는 첫째, 활동과 안전을 관리하는 기술 등을 갖춰 캠퍼들의 안전에 만전을 기해야 한다. 여기에는 안전 관리 능력·응급 처치 능력·스트레스 관리 능력 등이 포함된다. 둘째, 캠퍼들의 활동을 관리하기 위해 필요한 자원이나 정보를 갖고 이를 조직하는 조직기술도 가지고 있어야 한다. 셋째, 캠퍼들이 활동하게 될 활동의 내용을 미리 숙지하고 이를 가르치는 등 적정한 지도기술도 갖춰야 한다. 넷째, 야영을 통해 발생하는 집단응집력에 대한 이해와 집단의 역동성, 개인의 성장 등을 관리하고 다룰 수 있는 능력과 지도방법을 갖춰야 한다. 여기에는 구체적으로 효과적인 의사소통 기술, 인간 간의 신뢰 형성 및 유지 기술, 집단의 협동심, 집단 성장에 대한 이해가 필수적이다. 다섯째, 경험에 근거한 판단기술은 캠프에서 지도자로서의 역할을 효과적으로 수행할 수 있는 지도방법 기술이다(Priest, 1987: 24-27). 이 외에도 야영 활동 지도방법에는 캠프 프로그램 개발 및 운영 능력을 비롯해 책임감·자립심·솔선수범과 같은 리더십, 문제 해결 능력·의사 결정 능력·창의적 사고 능력, 자연 이해·적응 능력과 환경 보전 활동 실천 방안 등이 있다.

(2) **자연 생태 체험 활동**

자연 생태 체험 활동은 자연 체험 활동의 대상으로써 생태 환경을 설정하고 이를 체험하는 청소년 체험 활동이다. 최근 환경과 생태에 대한 사회적 주목이 커지면서 청소년 활동 영역 중 하나로 자리잡게 된 활동 분야이다. 청소년 자연 체험 활동 지도자는 주제 분야에 대한 전문성을 갖추고 있어야 하며, 이를 지속적으로 신장시킴으로써 자연 생태 전문가로서의 입지와 능력을 굳게 가져야 한다.

자연 생태 체험 활동은 주제 분야에 따라 자연 현상을 이해하고 심층적으로 탐사하는 활동(천문 활동, 자연 다큐 활동), 자연 체험에서 보다 생태접근이 강화된 활동(숲 해설, 늪지 생태계 이해, 제주 오름 생태계 이해 등), 동식물 복원 및 탐사 활동(황새 복원 및 탐사 활동, 철새 탐사 활동, 야생화 탐사 활동), 공예 등을 접목하는 자연 공작 체험 활동(압화 활동, 인두화 활동, 허브 공예 활동), 생태 환경 보호를 위한 사회 참여 활동(공기 오염 방지 활동, 물 오염 방지 활동, 소음 감소 캠페인 등), 에너지 보존 및 절약 등 과학과 접목한 자연 체험 활동(태양광 발전 이해, 풍력 발전 이해 등), 세계 환경 문제 해결 활동(사막화 방지 활동, 기후협약 등) 등으로 그 유형과 영역이 넓어지고 있는 추세이다.

초기 자연 체험 활동은 모험 및 개척활동의 한 분야였다. 산악훈련(왼편 위와 아래)과 야영 활동(오른편 위) 등이 대표적인 자연 체험 활동 분야이다. 최근에는 생태와 결합하여 자연 생태 체험 활동장면으로 그 범주와 영역이 넓어지고 있다(오른편 아래)

3) 자연 체험 활동의 최근 추세

최근 자연 체험 활동은 그 중요성이 높아지면서 실시기관이 다양화되고 전문성이 가미된 프로그램 개발 및 운영이 이루어지고 있으며, 참여 청소년의 연령과 유형도 다양화되고 있다. 또한 전문화된 프로그램에 따라 활동장도 다양화되고 있는 추세이다.

(1) 실시 기관의 다양화

전통적으로 자연 체험 활동은 청소년분야에서 자연권 수련 시설을 중심으로 진행되어 왔다. 전문적으로 자연 체험 활동을 하는 청소년 단체가 없었던 것은 아니지만 그 수와 규모는 많지 않았고, 1990년대 들어와 비로소 「청소년기본법」에 따라 청소년 시설의 설치가 확대되며 대체로 자연권 시설을 중심으로 자연 체험 활동이 실시되어 왔기 때문이다. 그러다가 자연과 생태계의 중요성이 사회적으로 널리 인식되면서 최근에는 청소년 단체 및 시설은 물론이고 각종 시민 사회 단체, 교육 관련 기관 및 단체, 종교 기관 및 단체, 사회 복지 시설 및 기관, 언론 매체 등에서 자연 체험 활동을 널리 실시하고 있는 추세이다. 특히 교육 환경의 변화와 맞물리면서 청소년들의 환경교육 및 자연 체험 활동을 권장하면서 이제 자연 체험 활동은 보편화되어 가고 있는 실정이다.

(2) 프로그램의 전문화 현상

과거 청소년 야외 활동의 일환으로 모험 및 개척 활동, 극기 훈련 등으로 인식되었던 자연 체험 활동은 최근 각종 영역과 결합하면서 전문적인 분야로 변모하기 시작하였다. 즉, 초기 종합적이고 단순히 모험 중심적인 프로그램에서 점차 그 영역과 범주가 넓어지고 특정 영역 내에서 전문성이 심화되고 세분화되어 가는 현상을 보이고 있다. 환경, 생태, 에너지, 자연 문화 유산 등의 개념이 널리 사용되고 그 가치가 높게 평가되면서 자연 체험 활동의 영역은 물론이고 프로그램의 전문성도 높아진 것이다. 특히 과학-게임-환경-교육 등이 자연과 접점을 이루면서 청소년 자연 체험 활동 프로그램은 이제 특정 영역에서 전문성을 확보하는 프로그램으로 자리를 잡아가고 있는 추세이다. 여기에는 자연 체험 활동을 실시하는 기관의 전문성도 함께 작용하는 것으로 보인다.

(3) 참가 청소년의 다양화 현상

1990년대까지만 해도 자연 체험 활동은 주로 어린 아동이나 초기 청소년들을 주 대상으로 실시되었으나 최근에는 중고등학생에 이르기까지 참가연령이 높아지고 있다. 이는 주5일제 수업 실시와 함께 자연 체험 활동에 대한 교과교육의 체험 학습 비중이 높아진 점과 밀접하다. 제7차 교육 과정 개편 이후 특별활동 및 창의적 재량활동의 시수가 확대되고 주5일제 수업 이후 체험 활동 비중이 높아진 점이 자연 체험 활동 참가 청소년의 다양화를 이끈 동인이 된 셈이다. 나아가 봉사 활동, 동아리 활동, 단체활동 등 다양한 청소년 활동 등이 자연 체험 활동을 소재로 하여 함께 실시된 것도 무시 못할 이유이기도 하다. 최근에는 생태 및 환경의 중요성이 높아지면서 유아부터 성인에 이르기까지 그 참가 폭이 넓어지고 있다. 특히 가족캠프 등이 자연 체험 활동과 함께 프로그래밍되면서 전반적인 참가자 다양화 현상을 이끈 것으로 보인다.

(4) 활동장의 증가

전반적으로 자연 체험 활동에 대한 수요가 늘어나고 체험 활동 영역이 확대되면서 활동 장면도 증가하였다. 과거 풍광이 수려한 곳에서의 자연 체험 활동은 물론이고, 자연환경과 생태 여건을 확인할 수 있는 활동장도 새로이 추가되었다. 여기에 더해 사회적 관심을 증폭시킬 만한 변화도 있었다. 예컨대 제주도의 오름이 세계 자연 유산으로 지정되면서 자연 체험 활동 장면으로 각광을 받는 것도 하나의 사례이다. 농촌의 폐교를 자연 학습장으로 전환하고 시·도가 자연 학습원을 건립하고 정부가 자연권 수련 시설을 새로 설치하는 것도 자연 체험 활동장의 증가와 무관치 않다.

<제2절> 자연 체험 활동의 실제

1) 자연 체험 활동 지도자의 자질

자연 체험 활동 지도자는 활동 지도를 위한 전문적인 능력과 자질을 갖추어야 한다. 이때 요구되는 지도방법에는 다음과 같은 기법이 요구된다.

첫째, 자연 체험 활동 지도자는 참가 청소년들이 자연에 대한 이해와 적응 능력을 함양하도록 하기 위해서는 무엇보다 자연에 대한 기본이해가 선행되어야 한다. 자연에 대한 남다른 철학과 관심을 가져야 하며, 자연에 대한 무한한 애정이 있어야 한다.

둘째, 지도자는 자연 그 자체뿐만 아니라 자연의 원리, 환경 생태계의 법칙 등에 대해서도 깊은 관심을 갖고 관련 지식과 기술을 연마해야 한다. 특히 분야별로 천문학, 숲, 늪지, 오름, 갯벌 등 자연 현장 및 생태계에 대한 원리를 숙지하고 있어야 한다.

셋째, 자연 체험 활동 지도자 역시 다른 분야의 청소년지도자와 마찬가지로 청소년들의 인간 관계 능력을 함양시키고 지도력을 길러주며 의사 소통 능력을 배양해 줄 수 있는 지도 기법을 갖춰야 한다. 자연 체험 활동을 통해 청소년이 경험하고 체험하는 역동적인 집단원리에 대한 기본 이해와 능력을 갖추고 있어야 한다.

넷째, 청소년 개인의 안전과 위생, 보건에 대한 세심한 주의와 전문적인 위기관리 기술 등을 갖추어야 한다. 자연 체험 활동은 때때로 위기적인 상황에 직면할 수 있다. 가장 최선의 방법은 미리 예방할 수 있는 능력과 기술이며, 만약 불시의 상황이 닥치게 되더라도 안전 관리 능력·응급 처치 능력·스트레스 관리 능력 등과 함께 응급 보건 의료 체계 구축 등 평소 지도자가 갖춰야 할 기술과 기법, 정보 등을 숙지하고 있어야 한다.

다섯째, 체험 활동 지도자는 본인 스스로가 책임감·자립심·솔선수범과 같은 태도를 지니고 있어야 한다. 책임감·자립심·솔선수범은 자연 체험 활동 참가 청소년들이 프로그램 과정에서 함양해야 할 품성이다. 이러한 품성을 계발토록 하기 위해서는 지도자 본인이 이러한 품성을 미리 갖춰 타의 모범이 되어야 하기 때문이다.

여섯째, 체험 활동 지도자는 문제 해결 능력을 갖추어 갈등발견 및 해결에 신속히 대처해야 한다.

일곱째, 체험 활동 지도자는 분야에 따른 전문지도 기법을 갖추어야 한다. 야영 활동 지도자라 한다면 야영 활동 전반에 필요한 기법들 이를테면 텐트 설치법이나 매듭법을 잘 숙지하고 있어야 하며, 천문 활동 지도자는 관측 활동 기법을 잘 알아야 한다. 특히 생태 체험 활동의 경우 각 지도자들은 주제 분야에 따른 전문 지식과 기법을 반드시 갖추어야 한다.

마지막으로 체험 활동 지도자는 프로그램 성격에 따른 교육기자재 활용기법도 잘 알아야 한다. 자연 다큐 프로그램 지도자라 한다면 캠코더와 디지털 카메라, LCD 프로젝터 등 시청각 기자재를 잘 다룰 수 있어야 하고 식물 및 동물도감과 같은 자료를 잘 활용할 수 있어야 한다.

2) 자연 체험 활동 프로그램사례

이 프로그램은 김민(2004)이 개발한 원흥이 생태탐사 프로그램 사례이다. '원흥이'란 충북 청주시 산남동에 소재하는 방죽의 이름으로 도시개발을 통해 이 방죽이 자칫 없어지게 됨에 따라 지역 환경 운동 시민 단체들이 적극 원흥이 방죽을 보존하는 운동을 벌이게 되었다. 이 프로그램은 생태보존 및 체험을 함께 하는 프로그램으로써 기획, 운영되었다.

(1) 활동의 개요

가. 원흥이 생태탐사 프로그램 기획 배경(참가청소년에게 제시된 팜플렛 내용)

우리가 살고 있는 도시인 청주는 예로부터 맑은 고을이며, 교육의 도시라 일컫습니다. 여기에는 여러 가지 이유가 있겠지만, 오늘 아홉 마리 용의 전설이 서려있는 구룡산 아래 아늑하게 자리잡고 있는 원흥이 마을을 소개하려 합니다.

고려시대 때 원씨 성을 가진 사람들이 많이 살아서 이곳은 원흥이 마을이란 이름이 붙여졌습니다. 원흥이 마을의 깊은 역사가 말해주듯 세계문화유산으로 등재된 직지심체요절보다 72년이나 빠른 금강반야바라밀경이라는 목판 인쇄물을 만들어낸 원흥사라는 큰 절도 있지 않았을까? 하는 추측으로 지금도 열심히 발굴작업을 하고 있습니다. 그리고 그곳에는 두꺼비들의 산란지인 원흥이 방죽도 있습니다. 뿐만 아니라 개구리, 도롱뇽 또 법정 보호종인 맹꽁이, 그 외 수 없이 많은 새들과 곤충들의 집단 서식지이며 점점 사라져 가고 있는 생물들의 보금자리가 바로 원흥이 방죽입니다.

이렇게 오랜 역사와 자연 생태들의 보금자리인 이곳이, 청주시민들의 발길이 끊임없이 이어지고 있는 이곳이, 개발이라는 이름으로 무자비하게 파괴되어 가고 있습니다. 오늘도 원흥이 마을을 사랑하는 많은 분들이 이곳 생물들의 보금자리인 원흥이 방죽 주변을 지켜주기 위하여 눈물 흘리며 개발 저지 운동을 펼치고 있습니다...(중략)... 이번 생태탐사를 통하여 원흥이 마을 주변에 사는 자연친구들을 많이 사귀고 또 그들의 생명도 참으로 소중하다는 사실을 '가슴에' 꼭 품고 갔으면 합니다.

나. 목적

① 아이들의 훌륭한 스승이자 친구인 자연을 직접 체험함으로써 그 속에서 추억을 간직한 아이들이 자연을 소중히 여기는 아름다운 심성을 가진 어른으로 성장할 수 있도록 함. 더불어 자연 속에서의 체험을 통해 생태적, 과학적 사고를 발달시키는 '산 교육'으로 자리매김.

② 다양한 자연 체험을 통해 환경에 대한 아름다운 영상(Image)들을 간직하고 자연과 생명에 대한 경외감을 갖는 아름다움을 배울 수 있는 기회를 부여하며 더불어 자연 사랑에 대한 가치관을 정립하며 자연의 중요성을 깨닫고 자연을 구성하고 있는 모든 생명체의 존귀함과 호기심을 유발하여 개인의 심성 및 정서 발달을 도모.

다. 기대 효과

① 자연 사랑에 대한 가치관 정립 및 환경 의식 배양을 통한 올바른 인격형성
② 자연을 구성하는 모든 생명체의 존귀함을 알게 하고 호기심을 유발하여 과학적 탐구 능력 배양
③ 환경에 대한 소중함을 인식하고 환경을 지켜가는 환경 의식 함양
④ 우리 주변의 환경에 대한 소중함을 인식.
⑤ 자연과 인간이 어우러진 쾌적한 생태도시를 가꾸어 나가고, 사람과 사람들이 더불어 사는 공동체 형성

라. 운영기간: 20××년 ××월 ××일, 토요일

마. 장소: 구룡산 원홍이 마을

바. 대상: 한국 스카우트 연맹 충북단원 42명(00중학교 1~3학년생)

(2) 활동의 실제

가. 구룡산을 등반하며 숲 속의 나무와 풀에 대하여 이야기 나누기

□ 숲이란 무엇인가요?

숲이란 수풀의 준말이고 나무가 무성하게 들어찬 곳이라고 한글사전에서 풀이하고 있습니다. 그러나 숲에는 나무뿐만 아니라 많은 종류의 풀과 여러 가지 동물들도 살고 있답니다. 즉, '숲'은 살아 숨쉬는 커다란 생명체라는 것이죠. 숲에는 온갖 생명이 들어있습니다. 나무, 풀, 온갖 새와 산짐승, 이루 헤아릴 수 없이 많은 미생물들, 이들은 생산자(나무와 풀들) → 소비자(산짐승들과 새들) → 분해자(각종 미생물과 버섯들) → 생산자로서 각각의 역할을 담당하여 끊임없이 이어가는 순환의 고리를 만들며 조화롭게 살아가고 있어요. 그리고 이런 사슬을 우리는 '생태계'라고 부른답니다. '숲'이라고 하는 생태계는 아끼고 가꾸어 주면 깨끗한 공기와 맑은 물, 갖가지 건축 재료와 건강에 이로운 먹거리를 만들어 주지만, 훼손하고 무관심하면 몸살을 앓고 죽기도 하는 커다란 생명체에요.

생태계에서의 숲은 어머니와 같은 존재이며 건강한 어머니가 아이에게 많은 젖을 물릴 수 있듯이 숲이 건강하여야 인간을 비롯한 모든 생태계의 식구들이 풍족하게 살아갈 수 있도록 많은 것을 줄 수 있답니다. 그럼 우리 친구들 앞으로 숲을 아끼고 보살펴 줘야겠죠? 여러분 주위를 둘러보세요. 많은 풀과 나무들이 반갑다고 손짓하고 있죠?

나무와 풀은 이런 차이점이 있답니다(아래의 표에 직접 기술하게 함).

나무의 특징	풀의 특징

□ 자, 이제 여러분 주위에 있는 나무와 풀의 이름을 알아볼까요?

상수리 나무(도토리 나무): 모든 참나무는 열매가 열리고 그것을 도토리라고 하는데 옛날에는 상수리라고도 불렀어요. 나이가 들어서 열매를 맺기 때문에 시골에서는 노총각 나무라고도 한답니다. 상수리 나무는 조선시대 임진왜란때 의주로 피난가신 선조 임금께서 제대로 먹을 음식이 없자 상수리열매로 만든 묵을 만들어 드셨다는데 너무 맛이 좋아 그 후에도 상수리 묵을 즐겨 찾아 항상 임금님의 수랏상에 빼놓지 않고 올려졌다고 하여 상수리라고 불린 것이 지금까지 상수리라고 한답니다(이하 생략).

꽃반지 끼고 만나는 우리 들꽃: 여러분이 서있는 주위를 둘러보세요. 여기저기 예쁜 풀꽃들이 있지요. 우리 친구들은 풀꽃의 이름을 몇 가지나 알고 있나요. 산과 들에 살고 있는 풀들은 우리들처럼 각기 다른 예쁜 이름들을 갖고 있어요. 그래서 우리가 그냥 풀이라고 부르는 것보다 "애기똥풀아~! 토끼풀아~! 민들레야~!"하고 이름을 불러주면 너무 좋아서 우리에게 손을 살살 흔들어 준답니다.

나. 원흥이 방죽 생태 탐사

□ 원흥이 방죽에는 어떤 생물이 살까요?

옛날 사람들은 먹을 수 있는 물과 먹지 말아야 되는 물을 그 곳에 사는 생물을 보고 판단하였다고 합니다. 그렇다면 우리가 오늘 찾아온 이곳 원흥이 방죽에서 사는 생물은 어떤 것이 있는지 알아보고 수질도 살펴볼까요?

붕어: 고여 있는 물에 많이 살고 우리나라 어디에서나 만날 수 있습니다. 환경 변화에 견디는 힘이 강해서 3급수에서도 잘 살지요.

□ 구룡산 자락 좌측에 흐르는 작은 실개천

가재: 가재는 가슴에 열 개의 다리가 있어요. 큰 집게 다리로 먹이를 잡고 나머지 다리로 걸어 다닙니다. 낮에는 돌 밑에 숨어 있다가 밤에 주로 다니지요. 암컷이 알을 낳아 배에 붙이고 다니며, 알에서 깨어난 새끼는 어느 정도 클 때까지 어미 배에 붙어 자랍니다. 새끼 때는 물풀을 먹고 자라며 죽은 생물들을 먹어주는 물 속 청소부랍니다. 가재가 사는 곳은 옹달샘물이 흐르는 곳이므로 이곳은 1급수 깨끗한 물입니다.

〈표 10-2〉 물 속 생물로 알아보는 물의 등급

급수	물의 맑기	사는 생물
1급수	• 수정같이 맑아서 그냥 마실 수 있는 물	• 옆새우, 가재, 플라나리아, 반딧불이 버들치, 열목어, 날도래애벌레 등
2급수	• 목욕을 할 수 있고 끓여 먹을 수 있는 물	• 다슬기, 쉬리, 꺽지, 쏘가리 등
3급수	• 탁한 물로 화학처리를 해야 먹을 수 있는 물	• 거머리, 붕어, 잠자리애벌레, 우렁이 등
4급수	• 오염이 심해서 물고기가 살 수 없는 물	• 실지렁이, 모기애벌레, 깔따구애벌레

※ 그럼 원홍이 방죽 뒤쪽 실계천의 수질은 몇 급수인지 알았나요. 또 옆새우의 먹이는 무엇인지도 알았나요? 구룡산 자락에서 자라고 있는 나무들을 모두 다 베어 버리면 이곳에 살고 있는 생물들은 어떻게 될까요?

(3) 활동 지도안

활동목표	- 우리 주변의 환경에 대한 소중함을 인식함 - 자연과 인간이 어우러진 쾌적한 생태도시로 가꾸어 나가고, 사람과 사람들이 더불어 사는 공동체 형성 - 자연 사랑에 대한 가치관 정립			
지도과정	**지도내용**	**세부내용**	**소요시간**	**준비물 및 유의점**
준비	준비단계	지도자 사전회의	30분	프로그램
		원흥이 생태탐사-미니북 제작	10분	자료
		모둠 편성(1,2,3학년별 편성)	5분	참가자 명단
도입	만남의 시 간	생태 체험지도교사 소개 및 인사	5분	지도자명찰
		참가한 학생들과의 인사	5분	참가자 명찰
		대학생자원봉사자 소개 및 인사	5분	자원봉사자 명찰
	전체 일정 안내	구룡산 등반 및 원흥이 방죽 생태 체험탐사 프로그램 소개	5분	미니북 45부
전개	구룡산 등반하기	• 선생님의 안내에 따라 구룡산 등반하기 1. 구룡산의 유래에 대한 설명 듣기 2. 숲속에 살고 있는 동·식물을 관찰하며 등반하기 3. 나무의 특징 및 풀의 특징을 주어진 자연 생태 체험 워크숍에 적기 4. 내가 알고 있는 나무 이름 및 들꽃 말하기 5. 선생님께 나무 이름 및 들꽃말의 유래에 대하여 듣는다. 6. 약간의 휴식 시간 동안 스크랩할 식물 채취하기 7. 구룡산 자락 좌측에 흐르는 작은 실개천에 사는 물고기, 생물 관찰하기	60분	미니북
	원흥이 방죽 생태탐사	1. 구룡산에서 자연스럽게 내려와 원흥이 방죽 도착 2. 원흥이 방죽 마을에 대한 설명 듣기 3. 원흥이 방죽에 사는 생물에 대하여 알기 (물고기, 생물) 4. 물 속 생물로 알아보는 물의 등급 알아보기 5. 원흥이 방죽 수생식물 만나보기	50분	디지털 카메라
	제 작	1. 자연식물을 이용한 나무 목걸이 제작 2. 풀잎을 이용한 동물인형 만들기 3. 나뭇잎을 이용하여 흰 손수건에 물들이기	20분	나무 원형판, 줄, 풀잎, 흰 손수건, 나뭇잎
정리	소감문 작 성	• 원흥이 방죽 생태탐사에 대한 전반적인 소감문 작성	15분	소감문 양식, 볼펜
	소감문 발 표	• 각 조에서 2명을 선정하여 오늘의 프로그램에 대한 소감 발표	10분	-
	정 리	• 정리 및 해산	5분	-

요약

청소년 자연 체험 활동은 오늘날 청소년기에 자연 체험의 필요성이 증대하는 현대사회의 변화와 요구에 부응하여 그 중요성이 높아지는 활동 분야다. 청소년 자연 체험 활동은 '청소년들로 하여금 자연과의 체험을 통해 자연·환경의 중요성을 이해하고, 자연과의 호응 속에서 생태적 환경과 생명의 신비로움을 체득케 하여 궁극적으로 전인적인 성장을 이룰 수 있도록 도와주는 체험 중심의 청소년 활동'이다. 과거에는 청소년 야외 활동의 하나로 자연에서 청소년이 수행하는 각종 모험 활동과 체험 활동을 일컬었으나, 최근에는 자연과 인간의 관계를 성찰하는 생태 교육, 생태 체험의 차원에서 새로이 부각되고 있다.

자연 체험 활동을 통해 청소년들은 대자연에서 호연지기를 기르고 자연과 환경의 중요성을 깨달으며 협동과 공동체 의식을 함양한다. 즉, 자연 체험 활동은 청소년들에게 창조적이고 내재적인 자아를 발견하고 미래·지향적인 역량과 능력을 배양하며 더불어 살아가는 생명체에 대한 이해와 함께 자연과 환경의 중요성을 인식하여 궁극적으로는 자연에 호응하고 자연과 상생하는 건강한 인격체로 성장, 형성케 하는 데 그 의의가 있다.

청소년 자연 체험 활동의 개념은 초기 '청소년 수련 활동'의 하나로 이해되었으며, 주로 자연권에서 배움을 실천하는 청소년 체험 활동으로 받아들여졌다. 여기서는 대표적인 자연 체험 활동의 하나로 야영 활동(캠핑)과 생태 체험 활동 중심으로 논의하였다. 먼저 야영 활동은 청소년으로 하여금 대자연에서 1박 이상의 숙식을 직접 체험케 하는 대표적인 야외 활동 분야의 하나이다. 청소년 야영 활동을 지도하는 캠프 지도자는 집단(캠퍼)에 대한 이해를 갖고 안전, 교육적 효과, 자각, 행복과 성장 등에 관심을 기울여야 한다. 자연 생태 체험 활동은 최근 환경과 생태에 대한 사회적 주목이 커지면서 청소년 활동 영역 중 하나로 자리잡게 된 활동 분야이다. 특히 청소년자연 생태 체험 활동 지도자는 주제 분야에 대한 전문성을 갖추고 있어야 하며, 이를 지속적으로 신장시킴으로써 자연 생태 전문가로서의 입지와 능력을 굳게 가져야 한다. 자연 생태 체험 활동은 주제 분야에 따라 자연 현상을 이해하고 심층적으로 탐사하는 활동부터 세계환경 문제 해결활동 등에 이르기까지 그 유형과 영역이 넓어지고 있는 추세이다. 최근에는 자연 체험 실시 기관이 다양화되고 전문성이 가미된 프로그램 개발 및 운영이 이루어지고 있으며, 참여 청소년의 연령과 유형도 다양화되고 있다. 또한 전문화된 프로그램에 따라 활동장도 다양화되고 있는 추세이다.

청소년 자연 체험 활동 지도자가 갖추어야 할 자질과 능력, 지도방법은 첫째, 지도자는 자연에 대한 기본 이해가 선행되어야 하며 둘째, 지도자는 자연뿐만 아니라 자연의 원리, 환경 생태계의 법칙 등에 대해서도 깊은 관심을 갖고 관련 지식과 기술을 연마해야 한다. 셋째, 자연 체험 활동 지도자 역시 다른 분야의 청소년지도자와 마찬가지로 청소년들의 인간 관계 능력을 함양시키고 지도력을 길러 주며 의사 소통 능력을 배양해 줄 수 있는 지도 기법을 갖춰야 한다. 넷째, 청소년 개인의 안전과 위생, 보건에 대한 전문적인 위기 관리 기술 등을 갖추어야 한다. 다섯째, 체험 활동 지도자는 본인 스스로 책임감·자립심·솔선수범과 같은 태도를 지니고 있어야 한다. 여섯째, 체험 활동 지도자는 문제 해결 능력을 갖추어 갈등발견 및 해결에 신속히 대처해야 한다. 일곱째, 체험 활동 지도자는 분야에 따른 전문지도 기법을 갖추어야 한다.

연습문제

1. 청소년 자연 체험 활동의 개념에 대해 설명해 보자.
2. 청소년 자연 체험 활동이 청소년에게 미치는 영향과 의의에 대해 설명해 보자.
3. 자연 체험 활동의 유래와 관련하여 수련거리 기본형과 초창기의 수련지표를 중심으로 탐구해 보자.
4. 자연 체험 활동의 유형에 대해 설명해 보자.
5. 자연 체험 활동의 최근 추세에 대해 탐구해 보자.
6. 자연 체험 활동 전문지도자로써 갖추어야 할 지도자의 자질과 기법에 대해 설명해 보자.

Chapter 11

문화 예술 활동 지도

<제1절> 청소년 문화 예술 활동에 대한 이해

청소년 문화 예술 활동이란, "청소년이 다양한 문화 예술 활동, 문화 콘텐츠 창작 활동 등을 통해 창의적이고 주체적인 문화적 역량을 증진하고 문화적 감수성을 함양하도록 하는 활동"을 말한다. 청소년 문화 예술 활동은 청소년 지도의 핵심적인 활동 영역으로서, 21세기 문화 기반 시대가 도래하고 문화 예술 산업이 차세대 전략 산업으로 부각됨에 따라 청소년의 문화 예술 역량 강화를 위해 중요성이 부각되고 있는 영역이다.

청소년 문화 예술 활동 지도방법이란 청소년이 다양한 문화 예술 활동, 문화 콘텐츠 창작 활동 등을 통해 창의적이고 주체적인 문화적 역량 증진과 문화적 감수성을 함양하게 하는 일련의 지도 과정에서 적용되는 전문적 지도 기법이나 기술을 의미한다. 따라서 청소년지도자는 청소년 문화 예술 활동을 효과적으로 지도할 수 있기 위하여 청소년 문화 예술 활동에 대한 전반적인 이해, 외국의 문화 예술 활동 지원 사례 등에 대해 숙지하여야 하고 이에 따른 전문적인 지도 능력과 자질을 갖추어야 한다.

1) 청소년 문화 예술 활동의 개념정의

청소년 문화 예술 활동이란 개념은 「청소년기본법」과 「청소년활동진흥법」을 통해 '청소년'과 '청소년 활동' 그리고 이의 하위개념으로서의 '문화 활동'을 살펴볼 수 있고, '문화 예술'이란 개념은 「문화예술진흥법」을 통해 살펴볼 수 있다.

우선, 청소년은 「청소년기본법」 제3조 제1호에 따라 "9세 이상 24세 이하의 사람"을 말한다. 인구 연령을 중심으로 9세 이상 24세 이하의 청소년이 활동의 주체 혹은 대상이 됨을 말한다. 아울러 청소년 활동이라 함은 동법 제3조 제2호에 따라 청소년 육성 개념의 하위 영역으로 자리잡고 있다. 「청소년기본법」에 따르면, 청소년 육성이란 "청소년 활동을 지원하고 청소년의 복지를 증진하며, 근로청소년을 보호하는 한편, 사회 여건과 환경을 청소년에게 유익하도록 개선하고 청소년을 보호하여 청소년에 대한 교육을 보완함으로써 청소년의 균형 있는 성장을 돕는 것"으로 규정하고 있다. 즉, 청소년 육성의 한 요소인 청소년 활동은 청소년기의 균형 있는 성장을 돕기 위해 청소년에 대한 교육적 측면에서 실시하는 활동이다.

여기서 법령은 청소년 활동에 대한 개념을 다시 수련 활동·교류 활동·문화 활동 등으로 구분하여 정의하고 있다. 즉, 청소년 활동이라 함은 "청소년의 균형 있는 성장을 위하여 필요한 활동과 이러한 활동을 소재로 하는 수련 활동·교류 활동·문화 활동 등 다양한 형태의 활동"으로 구분된다(「청소년기본법」 제3조 제3호 및 「청소년활동진흥법」 제2조). 이 중 청소년 문화 활동에 대해 「청소년활동진흥법」은 "청소년 문화 활동이라 함은 청소년이 예술 활동·스포츠 활동·동아리 활동·봉사 활동 등을 통하여 문화적 감성과 더불어 살아가는 능력을 함양하는 체험 활동"으로 정의하고 있다(동법 제2조 제5호). 따라서 「청소년기본법」과 「청소년활동 진흥법」에 근거하는 개념으로서 청소년 문화 예술 활동이란 개념은, "9세 이상 24세 이하의 인구 연령(청소년)이 균형 있는 성장을 위해 필수적으로 요구되는 활동의 하나로 특히 문화적 감성과 더불어 살아가는 능력을 함양하는 체험 활동"이다. 한편, '문화 예술'이란 개념은 「문화예술진흥법」 제2조 제1호 규정에 의해 문학, 미술(응용 미술을 포함한다), 음악, 무용, 연극, 영화, 연예, 국악, 사진, 건축, 어문, 출판 및 만화를 말한다.

그러므로 관련 법령들에 의해 청소년 문화 예술 활동이라는 개념을 종합적으로 정의하면 "9세 이상 24세 이하의 인구 연령(청소년)의 균형 있는 성장을 위해 필수적으로 요구되는 활동의 하나로, 특히 문화적 감성과 더불어 살아가는 능력을 함양하는 문학, 미술, 음악, 무용, 연극, 영화, 연예, 국악, 사진, 건축, 어문, 출판 및 만화 등의 장르에서 청소년들이 체험하는 활동"이라 할 수 있다.

2) 청소년 문화 예술 활동의 효과와 의의

(1) 문화 감수성 함양

문화 예술 활동은 기능적 측면에서 문화적 감성 및 더불어 살아가는 능력(공동체 의식)의 함양과 밀접하다. 여기서 문화적 감성이란 문화 감수성(cultural sensitivity)을 의미하는데, 문화 감수성이란 "오감을 통해 문화를 수용하는 능력"을 말한다. 그러나 문화 감수성이란 개념에는 이 의미 이상으로 더욱 중요하고 본질적인 의미가 내재되어 있다. 즉 문화가 지녀야 할 두 가지 전제조건인 문화의 보편성과 특수성, 오감능력이 지니고 있어야 할 철학적 조건인 주체성 등이 그것이다. 이와 같은 조건들에 의해 문화 감수성 개념을 정의하면 "문화 감수성이란 신체 외부로부터 들어오는 다양한 문화적 자극들을 문화의 보편성과 특수성의 관점에 입각하여 주체적으로 구성하고 수용할 수 있는 능력"(최원기 외, 2000: 23-24)을 말한다.

문화 감수성의 정도는 사회속의 한 개체가 문화적 자극에 대해 주체적으로 어떻게 대응하는가의 문제이며 또한 그 주체의 실천 정도와 밀접하다. 즉 문화에 대한 주체적 수용능력이 바로 문화 감수성의 정도이다. 현재 우리나라의 경우 청소년의 문화 감수성 실태에 대한 선행 연구는 의외로 많지 않은 편인데, 최근까지의 연구 경향을 살펴보면, 조명한 외(1993)의 연구를 비롯하여 안귀덕 외(1997)의 연구, 최원기 외(2000)의 연구, 문화관광부·한국문화관광정책연구원(2003)과 최근 문화체육관광부(2014)의 연구 등을 들 수 있다. 이 중에서도 청소년 관련 문화 감수성 실태를 중점적으로 살펴본 연구에는 최원기 외의 연구와 문화관광부·한국문화관광정책연구원의 연구, 그리고 문화체육관광부의 연구가 있다.

문화 감수성 함양에 미치는 문화 예술 활동의 효과와 영향에 대한 실증적인 연구도 많지 않은 편이다. 다만 김문환(1999), 이재현(2001), 김세훈(2005) 등의 연구에서 일부 보여지는데 여기에도 실증적 증거는 많지 않다. 실증적 근거가 부족한 이유는 그간 문화 예술 활동에 대한 사회적 관심과 지원이 미비하였거나 혹은 문화 예술 활동 영역이 정책적 이슈에 집중된 나머지 연구 영역에서 홀대받거나 간과된 경우가 컸기 때문이라 하겠다. 실제로 최근 문화 예술 활동을 진작하고 청소년의 문화 감수성을 함양하기 위해 문화 예술 교육이 활발히 전개되고 있지만 이를 뒷받침할 만한 이론적 근거로 문화 예술 교육 활동이 청소년의 신체적·정서적 측면에 어떠한 영향과 결과를 미치는지에 대해서는 그리 큰 관심을 보이지 않고 있다.

이러한 결과는 문화와 예술의 다양한 활동 경험들이 인류와 사회에 어떤 긍정성을 갖느냐에 주목하기 보다는 일종의 소비적인 행위의 하나로 문화 예술 활동을 간주하여왔다는 이야기에 다름 아니다. 특히 문화 예술 활동이 인간의 문화 감수성에 어떤 영향을 미치는가에 대한 연구적 관심은 문화 예술 활동이란 개념이 균형 있는 인간적 성장과 함께 문화적 감성과 더불어 살아가는 능력의 함양에 도움을 준다라는 개념적 정의를 이론적으로 성립케 하는 주요한 지점이기 때문에 그 의의는 적지 않다.

반면에 외국의 경우에는 이른바 문화 활동과 예술 활동이 성장 세대에게 미치는 영향을 고려하여 공교육 내 문화 예술 교육 여건 개선 및 학습자의 다양한 체험 학습을 이끄는 동인(動因)으로 '문화 교육'과 '예술 교육'을 일찍이 주목하고 있다(Hirsch,1988: 110-133) 즉, 리터러시(문활: literacy)[1] 중에서도 문화적 리터러시(cultural literacy)의 중요성을 각인하고 문화적 리터러시를 함양하기 위한 공교육 내 교육 과정의 편제전략 수립과 학습장면에서의 효과와 효율성을 고려하였다.

여기서 '문화 예술 교육'을 '문화 교육'과 '예술 교육'으로 이원화시킨 이유는 실제로 문화 예술 교육이란 개념이 이 두 개념의 합성어이기 때문이다. 이와 관련하여 양현미(2004)는 문화 교육과 예술 교육이란 개념을 다음과 같이 설명하였다. 먼저 '문화 교육'이라 함은 "다양한 인종과 민족이 함께 살아가야 하는 다문화사회에서 서로를 이해하고 소통하는 데 필수적인 문화적 리터러시(cultural literacy)를 길러주는 교육"이고 '예술 교육'이라 함은 "음악, 미술, 연극교육 등 개별 장르들에 대한 교육"을 통칭하는 개념이다.

한편, 예술 활동은 아동과 청소년의 정서에 순기능을 미치며 문화 활동은 인종적 편견의 소거와 자아 정체감 수립 및 인간 관계에 긍정적 기능을 미치는 것으로 나타나고 있다. 특히 정서적 문제를 안고 있는 아동 및 청소년에게 다문화적 경험과 예술적 체험은 일반 아동 및 청소년에 비해 높은 효과를 미치는 것으로 나타났다(Winkley, 1996). 이 중에서도 예술적 체험을 통한 교육적 성취(교사의 인정, 본인의 성

1) 우리나라에서는 리터러시를 그간 다양하게 해석해 왔다. 가장 보편적인 해석은 유네스코를 중심으로 한 '문해(文解)'란 해석이며 1990년대 들어와서는 리터러시를 보편적인 생활기술(life skill)을 포함한 모든 것을 아우르는 개념으로 문활(文活)로 번역하기 시작하였다(송영경, 1999). 여기서는 리터러시를 원어 그 자체로 기술하였다.

취 만족도 등)는 아동 및 청소년의 정서적 순화를 이끄는 데 탁월한 효과를 보이는 것으로 증명된다. 즉, 경험의 주체들에게 문화 예술 활동의 교육적 전략은 긍정적 순기능을 보이는 것으로 나타났다.

이러한 점들을 통해 향후 청소년 지도 현장에서 청소년지도자들은 문화 예술 활동을 통해 청소년 개인이 어떠한 문화 감수성의 변화가 있는지에 대한 평가과정을 마련할 필요가 있다. 이를 통해 문화 예술 활동이 청소년의 문화 감수성 향상에 미치는 영향 정도에 대한 실증적이고 이론적인 검토와 확인이 이루어져야 한다.

(2) 공동체 의식의 조성과 강화

문화 예술 활동이 개인적 수준에서 일정한 성취와 만족을 가져온다면 집단적 수준에서는 공동체 의식을 조성하고 이를 강화한다. 특히 다양성과 차이에 대한 이해와 수평적 관계 맺기 등을 주요 요소로 삼는 다문화적 경험은 사회공동체의 형성과 강화에 긍정적 기능을 갖는다. 최근 국가의 경계를 넘는 다인종·다문화 시대의 흐름과 함께 우리 사회도 점차 문화적 취향에 따라 개개인의 가치관과 라이프스타일이 다양화되는 경향이 심화되고 있다. 그럼에도 불구하고 여전히 잔존하고 있는 수직적 위계 문화로 인해, 성 정체성, 인종, 연령, 신체 조건 등에 따른 '차이'가 '차별'로 전이되어 공동체 내부의 갈등이 빈번히 발생되고 있으나 사회 전반적으로 타인과의 소통을 통한 문제 해결 능력은 미흡한 실정이다.

이와 같은 맥락에서 문화 예술 활동은 개인적 측면에서 문화 예술에 대한 취향과 향유 능력을 배양할 뿐만 아니라 공공적 측면에서 문화를 통한 타인·타문화와의 소통 능력을 길러줌으로써 공동체 의식 및 민주 의식의 형성과 강화에 도움을 준다. 이와 관련하여 유네스코는 '문화 다양성 선언문'에서 상호 신뢰와 이해의 여건 속에서 문화의 다양성, 관용, 대화 및 협력을 존중하는 것이 국제 평화와 안전을 보장하기 위한 최선의 책임임을 확인하며 문화 다양성을 존중하는 것은 모든 사람이 평화롭게 공존하고 서로를 포용하기 위한 출발점임을 선언하고 있다(유네스코 한국위원회, 2004: 6). 즉 제2조(문화 다양성에서 문화 다원주의로)에 따르면 "점차 다양화되는 우리 사회에서는 공존에 대한 의지와 더불어 다원적이고 다양하며, 역동적인 문화정체성을 지닌 사람들과 집단의 조화로운 상호 작용을 보장하는 것이 필수적이다. 모든 시민을 포용하고 그들의 참가를 보장하는 정책은 사회적 단결과 시민사회의 역동성 및 평화를 위한 선행조건이므로 문화 다원주의는 문화 다양성의 실현을 위한 기반인 것이다. 그 성격상 민주주의와 밀접한 관련을 맺고 있는 문화 다원주의는 문화 교류와 공공의 삶을 유지하는 창조적인 역량을 풍성하게 하는 데 이바지 할 수 있다."고 규정하고 있다.

<제2절> 청소년 문화 예술 활동의 배경과 현황

1) 청소년 문화 예술 활동의 제기 배경

문화 예술 교육이라고 할 때, 현재 통용되고 있는 용어는 입장에 따라 조금씩 다른 의미로 사용되고 있다. 특히 문화 예술 활동이 문화 활동과 예술 활동을 같이 포괄하고 있기 때문에 이에 대한 교육적 전략 역시 어디에 방점을 찍느냐에 따라 상이한 입장을 지니고 있다. 즉, 예술 교육의 입장을 기본으로 할 것인지, 문화 교육의 입장을 기본으로 할 것인지에 따라 다르다. 그러나 새로운 문화 정책 패러다임에 의하면 문화 예술 교육의 개념은 예술 교육과 문화 교육의 단순한 합 이상의 의미를 지향하고 있다. 이러한 지향은 사회 변화를 반영한다. 「청소년기본법」의 개정이나 청소년 활동 패러다임의 변화가 필요하다는 주장들 역시 미묘한 사회변화를 반영한 결과라 할 수 있으며, 청소년 문화 예술 활동이 최근 들어 더욱 강조되는 맥락도 여기에서 찾아볼 수 있다.

다양화하고 복잡해진 사회변화는 문화환경을 변화시키고, 사회 차원에서 '변화된 문화 환경에 대한 중·장기적 전망'을 확보할 필요를 제기한다. 다시 말하면 '사회 전체의 문화비전'이라는 차원이 강조되는 것이다. 일찍이 제안된 바 있는 문화 예술 교육정책은 이런 맥락 속에서 '창의적인 시민', '다원적인 문화사회', '역동적인 문화국가'라는 키워드를 중심으로 5대 기본 방향과 27대 추진과제를 제시하였다(문화관광부, 2004a).

문화관광부(2004b)가 역시 펴낸 〈문화 정책 백서〉는 문화 예술 교육이 부각되는 배경으로 다음의 네 가지 측면을 제시하고 있다. 첫째, 우리 사회의 경제구조가 문화 감수성을 바탕으로 지식과 정보를 재가공함으로써 부가가치를 창출해내는 경제구조로 전환하고 있다는 점, 둘째, 주5일 근무제 실시 확대 등에 따른 여가시간의 증대로 생활에 새로운 요구가 생겨나고 있다는 점, 셋째, 우리 사회에 뿌리 깊은 공교육 현실에 대한 대안적 논의로서 문화 예술 교육의 중요성이 확산되고 있다는 점, 넷째, 우리 사회에는 여전히 국가의 경계를 넘는 다인종, 다문화 시대가 확산되고 있는 상황과 걸맞지 않게 여전히 수직적 위계 문화와 폐쇄적 경계 만들기가 잔존하고 있어 문화 예술 활동을 통해 효과적으로 이를 불식시킬 필요가 있다는 점 등이다.

특히 문화가 사회 발전의 측면에서 중요한 요소로 부각되고 있다는 점은 유의해 볼 필요가 있다. 왜냐하면 이러한 현상은 우리나라에만 국한된 것이 아니라, 외국의 사례에서도 유사하게 나타나고 있기 때문이다. 문화적 가치에 대한 경제적 관점의 강조와 관련하여 EU(2001)에서는 일찍이 '경제의 문화화와 문화의 경제화' (Culturalization of the Economy and Economization of Culture)란 의미로 설명한 바 있다. 다시 말해 경제 활동에서 문화적 요소의 중요성이 높아지는 동시에, 과거 비경제적 측면이 강조되었던 문화 분야에서도 문화 산업의 경제사회적 영향력이 높아지고 있음을 의미한다. EU(2001)에서는 이러한 현상의 주요 원인으로 ① 서비스 섹터의 중요성 증가와 개인 지출 중 서비스 지출 비중의 증가, ② 기대 수명 연장과 고령자의 문화 활동 증가, ③ 교육 수준 향상과 문화 향수 욕구의 증대, ④ 여가시간 증대와 문화소비 기회의 확대, ⑤ 도시화의 진전에 따른 도시인의 문화생활 수요 증가, ⑥ 앞의 여러 요인들과 연계된 문화 활동 참여 방식의 다양화 등을 들고 있다. 특히 이 과정에서 총체적 국가경쟁력의 원천으로서 '창의성'의 정책적 의의에 대한 주목도 나타나고 있다. 예를 들어 영국은 이미 오래 전인 1998년에 창의적인 영국(Creative Britain)을, 미국은 2000년 창의적인 미국(Creative America)을 발표한 바 있다. 마찬가지로 우리나라에서도 콘텐츠(Contents), 창의성(Creativity), 문화(Culture)의 3C를 중심으로 문화

강국을 실현하겠다는 포부를 밝힌 바 있다.

이와 같은 각 국의 입장은 최근의 사회문화적 변화와 흐름에 대한 적극적인 대응이라 할 수 있으나, 한편으로는 자칫 문화 예술의 도구적, 기능적 가치에 우선을 두는 기능주의적 입장에 경도될 가능성도 있음을 보여준다. 이는 곧 우리 사회가 전향적으로 문화 예술 활동/교육에 대한 구상을 내놓았지만, 아직 그 철학적 기반을 제대로 정립하지 못하고 있다는 말과 같다. 삶의 질적인 고양이나 문화 예술의 공공성 등과 같은 가치가 전면에 나오지 않고, 경제논리가 앞서 제기되는 가운데 문화 예술 활동/교육이 제안되고 있다는 점은[2], 앞으로 정책방향에 대한 사회적 합의를 하는 데 있어서 무수한 쟁점들이 등장할 것을 암시한다. 새로운 문화 정책이 비록 '창의적인 시민', '다원적인 문화사회', '역동적인 문화국가'라는 목표를 소리 높여 주창하고 있으나, 아직 그것들을 통합적으로 실현하기 위해 모두가 합의할 만한 철학과 정책이 마련되었다고 볼 수는 없다.

문화 예술 활동/교육이 통합적인 개념으로서 새로운 문화 정책의 패러다임을 구현하는 역할을 다하기 위해서는, 무엇보다도 그것이 추구하는 교육적 성취의 내용을 분명히 해야 할 것이다. 이 점을 강조하는 이유는 청소년 문화 예술 활동/교육은 청소년의 성장을 중심 목표로 하며, 이를 기준으로 성취를 판단하고 발전의 계획을 수립하는 것이 중요하기 때문이다.

그러나 문화 예술 활동/교육이 추구하는 교육적 성취의 내용에 대한 논의는 그 정체성이 확립되지 않은 관계로 미진한 상황이다. 문화 예술 교육이 정식적인 사회적 의제로 제안되기 이전부터 우리 사회에서는 예술 교육과 문화 교육의 논의가 별도로 진행되어 왔기 때문이다. '예술 교육'은 주로 장르별 교육을 강조하고 전체 교육의 철학

2) 문화 예술 활동의 중요성이 제기된 배경 중의 하나는 최근의 사회 및 경제구조가 지식·문화를 중시하는 방향으로 전환되는 것과 밀접하다. 이는 다시 문화관련 산업 및 인력을 국가문화자본(national cultural capital)의 형성과 인적 자원의 확보와 개발(human resources development)의 관점으로 바라보려는 신자유주의적 경향과도 같이 맞물린다. 실제로 문화산업의 영역에서 나타나는 고부가가치의 생산능력과 창의적인 인력 양성의 문제는 지식정보사회로의 편입과정에서 중요한 사회 발전의 함수가 되었다. 그러나 이 과정에서 간과되어진 것은 사회적 합의-혹은 합의를 위한 민주적 절차-와 철학적 고민이다.

적 측면에 대해서는 상대적으로 적은 관심을 두었던 반면, '문화 교육'은 이념과 철학의 측면을 주로 논의하였다. 특히 문화 교육 담론은 지식 위주 교육에 대한 대안적인 의미를 가지고 사회운동의 차원에서 제기되고 확장되었다.

양분화된 논의에도 불구하고 예술 교육과 문화 교육은 각기 교육적 성취를 표현하는 개념으로서 '문화 리터러시'(Cultural Literacy)라는 개념을 사용하고 있다. 문화 리터러시는 예술 교육과 문화 교육 각각의 입장에서 그 풀이가 조금씩 다르다. 예를 들어 김문환(1999)은 예술 교육이 문화 교육의 개념을 통해 더욱 확장되어야 한다는 주장과 함께 문화 리터러시를 제안한 바 있고[3], 이재현(2001)은 문화 교육의 맥락에서 국가 교육 과정의 변혁 필요성을 언급하면서 변혁의 중심축으로서 문화 리터러시를 제안한 바 있다. 아직 정리되지는 않았지만, 문화 예술 활동/교육이 지향할 바를 논의하고, 문화 교육과 예술 교육의 상이한 초점을 조율하는 데 있어서 '문화 리터러시' 개념은 핵심적인 개념으로 자리잡을 것으로 예상된다.

이처럼 제각각 이루어져 온 논의를 통합하기 위해서는 더욱 충분한 이해와 합의의 과정이 필요하다. 문화 예술 활동/교육이 다소 복잡하고 정리되지 않은 이러한 현실 속에서 제안, 강조된다는 점은 한편으로는 성급함을 지적할 수 있겠지만, 다른 한편으로는 그만큼 문화 예술 활동/교육에 관한 사회적 요구가 크다는 반증이다. 문화 예술 활동/교육의 내용과 방향의 정체성을 찾기 위해서는, 구체적인 실현 모델이 마련되어야 할 것이다. 그리고 그 실현의 성취 목표이자 내용이 될 문화 리터러시 개념에 대한 통합적 논의도 충분히 되어야 할 것이다. 문화 예술 활동/교육을 체험하고 발전한다는 것은 다른 말로 하면, 문화적 이해와 표현의 총체인 문화 리터러시를 제고한다는 것과 동일하기 때문이다.

3) 김문환은 현재의 교육이 예술적인 부분에 치중하고 미적인 부분은 소홀히 하고 있음을 비판하면서 예술 교육의 문제가 '문화적 리터러시'(Cultural Literacy)의 문맥에서 논의되어야 한다고 지적하였다.

2) 청소년 문화 예술 활동의 현황

(1) 학교 교육 과정에서의 문화 예술 활동 관련교과의 위축

전통적으로 청소년 대상의 문화 예술 관련 활동과 교육은 초중등학교 교육 과정의 예체능 교과를 중심으로 수행되어 왔다. 그러나 학교 교육 과정의 예체능 교과는 현재의 입시 위주 교육으로 인해 정규 수업 시수가 축소 또는 선택 교과로 전환됨으로써 정상적인 교육 목표 달성이 쉽지 않은 실정이다. 더욱이 담당 교원의 전문성 강화를 위한 사회적·교육적 지원이 타 교과에 비해 부족하고, 다양한 문화 예술 장르의 교육 기회도 많지 않다. 이를 위해 최근 현장 문화 예술인과 학교와의 연계를 확보하고 늘리는 청소년 문화 예술 교육이 실시되고 있으나 아직까지 연계가 미진하고 관련 장르(연극, 영화, 국악, 만화 에니메이션, 무용 등)도 다양하지 않은 실정이다. 특히 학교를 중심으로 전문 인력과 기관과의 연계는 앞으로도 주요한 과제로 대두될 전망이다.

(2) 문화 기반 시설 미비 및 청소년 문화 향수 기회의 부족

최근 들어 국민소득의 증가와 주 5일 수업제의 정착 등 문화 향유의 여건 조성과 기회가 증가하고 있으나, 아직까지 늘어난 여가시간에 비해 문화적 인프라 및 문화 기반시설 활용 및 향유 능력은 미비한 실정이다. 특히 기성세대들은 성장 과정에서 문화 향유 능력을 충분히 학습 받지 못하여 삶의 질에 대한 만족도는 낮고 이로 인한 비문화적 환경에 익숙해진 실정이다(문화관광부, 2006; 문화체육관광부, 2014). 이러한 상황은 곧 성장 세대에게도 이어져 청소년을 위한 문화 기반시설도 충분히 갖춰져 있지 못하고 이들 역시 아직까지는 저급한 문화 향유 능력을 갖고 있는 것으로 보고되고 있다(문화체육관광부, 2014).

정부는 문화 기반시설을 확충하기 위해 1990년대 이후 문화 시설을 지속적으로 확충하고 있으나 농어촌 등 문화소외 지역에서는 도시지역과 비교해 여전히 충분한 문화 향유가 힘든 실정이다. 공공문화 시설 가운데 가장 대표적인 것으로 시·군·구민회관, 문화 예술회관, 박물관, 미술관, 문예회관, 도서관, 문화원 등을 들 수 있다. 이러한 시설들은 국가 정책에 의해 지속적으로 그 수가 확충되고 있으며 공연이나 전시와 같은 고유의 기능 이외에도 다양한 영역에서의 문예 교육 프로그램을 제공하고 있다.

하지만 문화 시설 이용률과 문화 행사 참여율, 예술 행사 관람률은 그다지 높지 않고 추세 역시 명백하게 증가하고 있는 추세라고 보기 어렵다(참고: 표 11-1과 표 11-2). 〈표 11-1〉은 2010년부터 2012년, 2014년 등 2년씩 문화 시설 이용률과 참여율을 조사한 결과이다. 대부분의 문화 시설 이용률과 문화 행사 참여율이 정체하고 있거나 혹은 감소하고 있음을 알 수 있다. 특히 이용률에 비해 참여율이 적은 편이며 그 비율 역시 점차 감소되고 있는 경향을 보이고 있다. 문화 시설 중 2010년 대비 2014년의 이용률을 중심으로 살펴보면, 박물관, 사설문화센터, 주민자치센터가 다소 증가한 편이고 참여율은 모두 감소하고 있다.

〈표 11-1〉 문화 기반시설의 이용과 행사참여 변화

지역문화 시설	문화 시설 이용률			문화 행사 참여율		
	2010년	2012년	2014년	2010년	2012년	2014년
전체	52.2%	39.4%	52.0%	38.7%	32.2%	30.1%
시/군/구민회관	11.5%	8.0%	8.8%	11.3%	8.3%	7.8%
문화 예술회관	11.5%	6.6%	6.6%	12.3%	10.6%	9.9%
복지회관	11.4%	4.6%	4.5%	6.7%	4.6%	5.3%
청소년회관	4.2%	5.1%	2.2%	4.1%	3.6%	2.4%
문화원	2.1%	2.7%	1.2%	2.2%	2.1%	1.7%
도서관	20.5%	12.8%	10.4%	6.1%	7.1%	5.5%
박물관	14.8%	9.3%	16.6%	9.8%	10.8%	8.8%
문화의 집	1.2%	1.0%	0.4%			
대학교부설 사회문화교실	1.7%	1.4%	1.4%	2.3%	1.7%	1.0%
사설문화센터	6.0%	5.3%	7.7%	8.8%	4.4%	3.3%
주민자치센터	-	9.2%	33.9%			
민간공연장	-	8.8%	-			

출처: 문화관광체육부(2014). 문화 향수실태 조사.

〈표 11-2〉 역시 2010년부터 2년씩 예술 행사 관람률과 연평균 예술 행사 관람횟수의 변화를 보여주고 있다. 표에 따르면 예술 행사 관람률은 대부분의 장르에서 고르게 증가하고 있는 추세이다. 특히 연극과 뮤지컬, 무용 등은 2010년에 비해 두 배 정도 높아졌고, 문학행사, 영화, 대중가요 콘서트 등도 전반적으로 증가한 추세이다.

반면에 청소년 연령기가 문화 예술 장면에 관람하거나 참여하는 정도는 그다지 높지 않은 것으로 나타났다. 특히 〈표 11-3〉을 보면 청소년과 관련하여 학교 교육 이외의 문화 예술 경험의 장면들은 대부분 정체하거나 오히려 감소하고 있는 추세임을 확인할 수 있다. 이는 전반적인 문화 시설 이용률과 참여율, 예술 행사 관람률과는 별도로 청소년 인구 연령 세대에 대한 문화 향유 정도를 확인할 수 있는 근거이다. 따라서 청소년들에게 문화적 기반을 확충하는 일도 중요하지만, 이와 함께 청소년 세대의 문화 향수율을 지금보다 획기적으로 높일 수 있도록 여건을 마련해 주는 일이 시급하다.

〈표 11-2〉 예술 행사 관람률 변화

지역문화 시설	예술 행사 관람률			연평균 예술 행사 관람횟수		
	2010년	2012년	2014년	2010년	2012년	2014년
문학행사	3.8%	6.1%	6.2%	0.1%	0.1%	0.1%
미술전시회	9.5%	10.2%	10.6%	0.2%	0.2%	0.2%
클래식음악회/오페라	4.4%	4.8%	4.9%	0.1%	0.1%	0.1%
전통예술공연	5.7%	6.5%	5.7%	0.1%	0.1%	0.1%
연극	11.2%	11.8%	12.6%	0.2%	0.2%	0.2%
뮤지컬	11.2%	11.5%	11.5%	-	0.2%	0.02%
무용	0.7%	2.0%	2.4%	0.04%	0.04%	0.05%
영화	58.9%	64.4%	65.8%	3.3%	3.6%	3.6%
대중가요콘서트/연예	10.0%	13.5%	14.4%	0.1%	0.3%	0.5%

출처: 문화관광체육부(2014). 문화 향수실태 조사.

〈표 11-3〉 학교 교육 이외의 문화 예술 경험 변화

교육분야	2012년	2014년
문학	2.2%	2.1%
미술	2.2%	1.9%
서양음악	1.5%	1.5%
전통예술	0.9%	0.6%
무용	0.7%	0.4%
연극	0.9%	0.5%
뮤지컬	0.7%	0.4%
영화	2.1%	1.3%
가요/연예	1.6%	0.8%
역사문화유산	2.1%	1.4%

출처: 문화관광체육부(2014). 문화 향수실태 조사.

〈제3절〉 외국의 청소년 문화 예술 활동의 현황

외국의 청소년 문화 예술 활동은 창의적인 문화인력 확보 및 개발에 초점을 맞춰 활발히 진행되고 있는 것으로 보고되고 있다. 여기서는 프랑스와 캐나다를 중심으로 특징적인 측면들을 중심으로 기술하였다.

1) 프랑스

프랑스는 1980년대 공교육의 위기 상황을 학교에서의 예술 교육 강화정책을 통해 해결하였다. 학교가 갈수록 단순지식만을 전달하고 학생들의 창의적 감성을 극대화할 수 있는 교육방법이 한계를 맞게 되자 1983년 당시 자크랑 문화부장관은 알랭 사바리 교육부 장관과 함께 부처 간 협약을 맺어 학교에서의 예술 교육을 활성화하는 협약을 체결하였다. 이를 통해 학교에서 처음으로 문학수업이 열리게 되었고, 그 수업 중에는 문화유산수업, 아르캉시엘(무지개; 다문화 이해)수업, 음악수업 등이 포함되

어 진행되었으며 많은 예술가들이 학교로 진출하게 되는 계기가 되었다. 또한 초등학교 예술 교육에서 의무 예술 교육이 대폭 강화되었고, 이동 문화강좌나 1,000여 개의 예술 아틀리에를 활용하여 청소년들이 선택할 수 있는 문화 예술 활동 기반도 단단히 구축하게 되었다.

프랑스는 1988년에도 새로운 국면 전환이 일어났다. 조스팽 전 총리가 당시 교육부 장관으로 취임하면서 고등학교 선택과목으로 예술 교육을 강화했고, 문화부의 적극적인 지원과 더불어 문화수업 및 예술실기활동이 증가하게 되었다. 이후에 자크랑 전 문화부 장관이 교육부 장관에 취임하면서 2000년 12월에 예술 교육 5개년 계획을 설립하여 학교에서의 예술 교육 정책 과제를 제시하고 학교 교육의 방향을 새롭게 정립하였다. 이를 통해 청소년들을 위해 학교 교육과 문화 예술 교육이 상호 교류하고 연계될 수 있는 기반과 기회가 더욱 강화되고 있는 추세이다. 이를 테면, 예술가 및 문화 전문가가 학교 수업에 참여할 수 있도록 지원하는 내용 등이 강조되어졌는데, 이는 문화 예술 관련 교과가 확장된 것도 있지만, 방과후 문화 예술 교육 프로그램을 학교와 연계하여 학교 내외에서 실시하는 등 교육 과정 내에서 문화 예술 교육 프로그램과의 연계 전략을 확충한 데에 있다. 특히 중등학교에서의 예술 교육과 관련하여서는 중학교에서의 의무 예술 교육 여건 개선, 전국 고교 예술 선택과목의 균형 있는 배분, 아틀리에 활동을 통한 선택 예술 교육 강화, 실업계 고등학교를 통한 3,000개의 예술수업 실시, 일반계 및 기술계 고등학교에서의 예술수업 계획 시범 도입 등이 제시되고 있는 실정이다.

2) 캐나다

캐나다는 청소년 문화 예술 활동 및 교육장면에 유관한 전문인력을 인적 자원 개발의 관점에서 포괄하여 인적 자원을 개발하고 확충하는 총체적인 전략을 세우고 있다. 캐나다의 문화 관련 분야 협의회인 Cultural Human Resources Council(2004)은 캐나다 문화 관련 발전을 위한 인적 자원 개발 전략을 관리의 문제, 자영자의 문제, 평생학습의 문제 등 세 가지 쟁점을 중심으로 정리하고 있다. 〈표 11-4〉는 캐나다의 문화 관련 발전을 위한 인적 자원 개발 전략을 세 가지 쟁점 중심으로 정리한 것이다. 특히 각각의 전략을 배경-목표-행동전략 중심으로 세분하여 살펴보고 있다. 캐나다의 이러한 정책 제안은 우리나라 상황에서도 유사하게 적용될 수 있으나, 우리나라의 문화 관련 인력 정보인프라가 특히 취약하다는 점에 비춰 여기에 정보인프라의 확충·교육기관 특성화와 내실화를 추가할 필요가 있다.

〈표 11-4〉 **캐나다의 문화 관련 인적 자원 개발 전략**

쟁점	배경	목표	행동 전략
관리의 문제	• 문화부문의 관리역량 취약은 관리 분야에 자격을 갖추지 못한 사람들 혹은 자격은 있으나 이 부문을 떠나는 사람들로 인해 발생	• 기존 문화부문 인력 중 관리에 흥미와 책임이 있는 사람들에게 관리 관련 지식·기술 습득 유도 • 관리 관련 지식·기술이 탁월한 사람의 문화부문 유도	• 문화부문에 맞춤형 관리 관련 지식·기술 향상 프로그램 개발 제공 • 관리 분야에 재정 자원을 확충
자영자의 문제	• 문화부문의 높은 자영자 비중이 특징 • 평균 이하 수입과 낮은 훈련 접근성	• 자영자에게 보다 효율적인 훈련 제공 필요 • 문화부문 자영자 대상의 보다 효과적인 사회안전망 필요	• 훈련접근성 제고를 위해 ① 훈련 정보 확충, ② 훈련 가이드 강화, ③ 비문화 분야 훈련의 적합성 평가, ④ 문화 감수성이 높은(culture-sensitive) 훈련 콘텐츠개발 등 필요
평생 학습의 문제	• 문화 인력의 문제는 사람이 없는 것이 아니라 "적절한" 지식·기술을 가진 사람들이 충분치 않다는 것	• 평생학습을 위해 훈련=투자, 생애에 걸친 임무라는 점 인식 필요 • 문화 특수적 지식·기술을 넘어선 능력 배양 • 문화 특수적 지식·기술(새로운 기술 등) 개선·확장	• 기존 교육 과정과 훈련내용에 대한 검토 필요 • 훈련요구 파악, 훈련유형 제공, 진로 경로(career path)에 따른 훈련을 유도하는 문화부문 평생학습체제 개발 필요 • 지식·기술 향상은 실제 직업적 맥락하에서 이루어져야 함

출처: Cultural Human Resources Council(2004)에서 정리

<제4절> 청소년 문화 예술 활동의 실제

1) 문화 예술 활동의 지도방법

청소년지도자가 문화 예술 활동을 지도하기 위해서는 다음과 같은 점들을 유의하여 지도하여야 한다.

(1) 청소년 문화 특성에 대한 이해

문화 예술 활동을 지도하는 지도자는 청소년들의 새로운 문화적 의식과 특성에 대해 이해하고 있어야 한다. 소위 신세대 문화라는 새로운 청소년들의 문화적 가치관, 의식, 행동 특성에 대해 지도자는 항상 개방된 관점과 자세로 이들의 문화적 특성을 이해하고 수용할 수 있어야 한다.

(2) 전통 문화 활동에 대한 이해 및 지도방법

문화는 역사의 산물이다. 새로운 문화가 형성되더라도 그 문화의 뿌리는 과거의 문화에 존재한다. 특히 한 사회의 문화적 정체성은 전통 문화의 계승과 보존에 의해 그 기반을 마련하기 때문에 전통 문화 예술 활동을 통해 문화적 정체성을 청소년에게 지도하려는 노력은 중요하다. 이런 맥락에서 문화 예술 활동 지도자는 전통 문화 예술 활동에 대한 지속적인 관심을 가져야 하고, 그에 따른 지도방법과 전문적인 숙련 기술을 유지할 필요가 있다.

(3) 뉴미디어 문화 활동 지도방법

문화는 미디어를 통로로 삼아 전파와 확산을 거듭한다. 특히 청소년 세대의 문화는 뉴미디어의 속성과 깊은 관련성을 갖는다. 최근 청소년들이 컴퓨터와 인터넷을 활용한 새로운 문화적 게토(ghetto)를 형성하려는 것은 이러한 문화의 의미와 미디어의 의미가 결합한 양상이라 할 수 있다. 따라서 문화 예술 활동 청소년지도자는 뉴미디어를 통한 문화 예술지도방법에 대해서도 숙련된 지식과 기술을 가져야 한다.

(4) 청소년 소비 문화 및 경제 활동 지도방법

소비 문화는 청소년 문화를 살펴보는 주요 측면의 하나이다. 전통적으로 청소년들은 그들의 독특한 소비양식을 통해 자신의 문화적 특성을 보여주기 때문이다. 서구 사회에서도 대중 문화와 청소년 문화간의 긴밀한 관계를 소비 문화를 통해 분석하고 파악하려는 노력이 오래전부터 있었던 이유가 여기에 있다. 특히 대중 음악, 대중 영화, 뉴미디어 문화(휴대폰, MP3)의 소비 문화양식은 오늘날 청소년 문화를 읽는 새로운 텍스트로 꼽히기도 한다.

(5) 청소년 문화의 역기능 예방 지도방법

문화는 항상 긍정적인 영향만을 주지는 않는다. 때때로 문화수용자에게 역기능을 미치기도 한다. 최근 인터넷 중독(게임 중독 포함), 휴대폰 중독과 같은 중독적 성향은 대표적인 문화 역기능이다. 따라서 청소년지도자는 이와 같은 문화의 역기능에 대해서도 관심을 기울일 필요가 있다. 나아가 역기능의 예방과 치유에 대한 전문적인 지식과 기법을 습득하는 것도 필요하다.

2) 문화 예술 활동에 대한 신념

청소년지도자는 문화 예술 활동이 청소년에게 긍정적인 영향을 미칠 것이란 굳은 신념을 가져야 한다. 이러한 신념은 문화 예술 활동을 계획하고 전개하는 전 과정에서 적지 않은 영향을 미치기 때문이다. 특히 문화와 예술의 중요성은 전통적으로 인간이 동물과 다른 인간만의 본성이라 할 수 있는 '창의성'을 발현시키는 근본 기제이자 동시에 인간의 창의성을 근간으로 인간만의 고유특성인 휴머니즘을 형성한다고 믿어 왔다. 또 다양한 문화적 산물과 예술적 창작물을 창조하고 경험하는 과정을 통해 인간은 자연스럽게 사회화되고 이 과정 속에서 문화와 예술을 향유하는 기회를 통해 인간은 자신의 삶의 질 향상을 기대할 수 있기 때문이다. 이는 곧 예술의 창의성을 통한 문화적 가치 구현, 문화를 통한 사회적 통합 가치 구현의 구조이다. 따라서 문화와 예술을 통해 청소년을 지도한다는 것은 기존의 '공공선'으로서의 문화 예술에 대한 맹목적 지도가 아니라 문화 예술의 사회적 기능에 초점을 맞춰 이루어지는 교육 활동이기도 하다. 또한 창작-매개-향유라는 생태학적 개념을 기본으로 문화 예술이 청소년을 중심으로 사회적 가치를 온전히 구현할 수 있도록, 또 사회 속에서 문화 예술의 창조성이 구현될 수 있는 방향으로 청소년 문화 예술 활동은 이루어져야 한다.

문화 예술 활동을 향유할 수 있는 여건과 기반 조성은 문화 예술 발전의 순환 관계와 문화와 예술의 통합적 발전 관계를 이루는 데 가장 기초적인 부분이다. 지금까지의 문화 예술 활동이 단순히 문화 산업을 진작하고 이를 대비하기 위한 사업 중심, 성과물 중심, 물리적 기반 조성 중심이었다면 이제는 창작-매개-향유라는 문화 예술 활동의 고유 과정을 통해 청소년과 문화·예술 모두가 발전할 수 있는 상승모델을 목표로 할 필요가 있다. 이러한 관점은 문화와 예술을 살리는 동시에 이의 주체이자 객체인 청소년도 아울러 살리는 길이다. 이러한 관점과 맥락에 서서 청소년지도자는 문화 예술 활동이 청소년에게 미치는 긍정적 기능을 극대화하고 부정적 역기능을 최소화할 수 있는 지도방법의 숙련과 연마에 게을리하지 말아야 한다. 이러한 노력들을 기울여야 청소년 문화 예술 활동은 가치가 있다. 즉, 청소년 문화 예술 활동과 그의 교육적 전략은 문화 예술의 사회적 가치를 구현하는 동시에 청소년의 균형 있는 성장과 더불어 살아가는 능력의 함양을 가능케 할 수 있기 때문이다. 청소년들이 문화와 예술영역에서 체험하고 그 체험들을 상호 공유함으로써 청소년기의 올바른 성장과 발달을 기대할 수 있어야 한다. 이런 맥락에서 청소년들이 문화 예술을 향유할 수 있는 기반을 적극 조성하고 각 시설들의 운영을 합리화할 수 있는 다양한 방안을 개발하고 지원하는 노력 역시 오늘날 청소년 문화 예술 활동 현장의 지도자에게 부여되는 새로운 사명이다.

3) 문화 예술 활동 프로그램 사례

이 프로그램은 청소년들이 지하철 콘서트를 기획하고 실제 진행까지 맡아 운영하는 '청소년 문화 콘서트 프로그램' 사례이다. 이 콘서트를 진행하기 위해 청소년들은 동아리 모집부터, 사전 교육과 훈련, 섭외, 콘서트 진행 등 프로그램 전반을 맡아 수행하였다.

■ 목적

청소년들이 스스로 기획하고 진행하는 문화 콘서트를 통해 창조적이고 능동적인 문화 활동 기회를 제공하고 체험케 함으로써 청소년의 창의력과 문화 향수성을 진작시킨다.

■ 목표

가. 청소년들의 자율적 참여를 유도하여 능동적인 자아성취감을 함양한다.

나. 청소년 문화 콘서트의 활성화를 통해 지역 내 건강한 청소년 문화의식과 활동을 신장시킨다.

다. 센터 및 지역청소년 문화동아리의 활성화 및 연계방안을 적극 모색한다.

■ 개요

가. 기간: 연중 실시

나. 장소: 센터 및 지역사회, 지하철 역

다. 대상: 센터 및 지역 청소년 동아리

라. 주요내용

- 준비 단계: 사업 계획서 작성
- 홍보 및 모집단계: 콘서트가 가능한 지역 청소년 문화동아리 대상 홍보 및 모집과 선정, 홍보방안으로는 현수막, 포스터 게시, 센터소식지, 홈페이지 팝업창, 지역언론 매체 등을 활용. 최종 선정된 동아리의 콘서트 내용에 따라 세부 사업 계획서(실행 계획안) 수정, 자원봉사자 섭외, 지하철 역사와 협의 후 콘서트 일정 확정
- 운영 단계: 콘서트 진행, 센터 주요프로그램 지원, 자원봉사자와 함께 운영
- 평가 단계: 콘서트 진행 동아리 중심 평가(평가 도구 미리 개발 후 사용), 운영 지도자 및 자원봉사자 중심 평가.

요약

청소년 문화 예술 활동은 청소년 지도의 핵심적인 활동 영역으로서, 21세기 문화 기반 시대가 도래하고 문화 예술 산업이 차세대 전략 산업으로 부각됨에 따라 청소년의 문화 예술 역량 강화를 위해 국가적으로 중요성이 부각되고 있는 영역이다. 여기서 청소년 문화 예술 활동이란, "청소년이 다양한 문화·예술 활동, 문화 콘텐츠 창작 활동 등을 통해 창의적이고 주체적인 문화적 역량을 증진하고 문화적 감수성을 함양하도록 하는 활동" 을 말한다. 특히 관련 법령들에 의해 청소년 문화 예술 활동이라는 개념을 종합적으로 정의하면 "9세 이상 24세 이하의 인구 연령(청소년)이 균형 있는 성장을 위해 필수적으로 요구되는 활동의 하나로, 문화적 감성과 더불어 살아가는 능력을 함양하는 문학, 조형예술, 공연예술, 전통예술, 문화유산, 문화 산업, 생활문화 등의 장르에서 체험하는 활동"을 말한다. 청소년 문화 예술 활동은 청소년들에게 문화 감수성을 함양하고 공동체 의식을 조성하며 강화하는 효과와 영향을 갖는다.

청소년 문화 예술 활동이 제기된 배경에는 첫째, 우리 사회가 문화 감수성을 바탕으로 지식과 정보를 재가공함으로써 부가가치를 창출해내는 경제구조로 전환하고 있다는 점, 둘째, 주5일 근무제 실시 확대 등에 따른 여가시간의 증대로 생활에 새로운 요구가 생겨나고 있다는 점, 셋째, 우리 사회에 뿌리 깊은 공교육 현실에 대한 대안적 논의로서 문화 예술 교육의 중요성이 확산되고 있다는 점, 넷째, 여전히 우리 사회에는 수직적 위계 문화와 폐쇄적 경계 만들기가 잔존하고 있다는 점 등이 있다. 그러나 이런 배경에도 불구하고 여전히 우리나라 청소년 문화 예술 활동의 현황은 학교 교육 과정에서 관련교과가 위축되고, 청소년들이 문화를 향유할 만한 기반과 시설이 미비할 뿐만 아니라 청소년들의 문화 향수 기회 자체도 부족한 상황이다. 따라서 향후 청소년 문화 예술 활동 활성화를 도모하기 전에 청소년 문화 예술기반을 지금보다 더욱 확충하고 청소년들에게 실질적인 문화 향수 기회를 늘릴 필요가 있다. 특히 외국의 문화 예술 활동의 현황을 참조할 필요가 있는데 프랑스처럼 교육부와 문화부 등 관계부처의 긴밀한 연계가 이루어지거나 캐나다처럼 문화부문에서도 인적 자원 개발계획을 수립할 필요가 있다.

청소년 문화 예술 활동 지도방법이란 청소년이 다양한 문화·예술 활동, 문화 콘텐츠 창작 활동 등을 통해 창의적이고 주체적인 문화적 역량 증진과 문화적 감수성을 함양하게 하는 일련의 지도 과정에서 적용되는 전문적 지도 기법이나 기술을 의미한다. 따라서 청소년지도자는 청소년 문화 예술 활동을 효과적으로 지도할 수 있기 위한 전문 지도방법과 유의점에 대해서도 잘 숙지하고 있어야 한다. 특히 청소년 문화 예술 활동에 대한 전반적인 이해는 물론이고, 전문적 능력과 자질, 문화 예술 활동에 대한 신념 등을 갖추어야 한다.

연습문제

1. 청소년 문화 예술 활동의 개념과 관계된 법령에는 무엇이 있는지를 설명해 보자.
2. 각 법령에 따른 청소년 문화 예술 활동의 개념 정의와 함께, 최종적으로 청소년 문화 예술 활동에 대한 개념을 종합해 정리해 보자.
3. 청소년 문화 예술 활동이 청소년에게 미치는 효과와 의의를 문화 감수성 함양과 공동체 의식 조성·강화 두 차원에서 비교하여 설명해 보자.
4. 최근 청소년 문화 예술 활동이 등장하게 된 사회적·문화적 배경에 대해 논의해 보자.
5. 오늘날 우리나라 청소년 문화 예술 활동의 현황과 실태를 학교 교육 과정과 문화 향수권을 중심으로 탐구해 보자.
6. 외국의 청소년 문화 예술 활동의 실태와 현황을 파악하고 우리나라와 비교해 논의해 보자.
7. 청소년지도자로서 문화 예술 활동 지도에 요구되는 유의점에 대해 논의해 보자.

Chapter 12

교류 활동 지도

〈제1절〉 청소년 교류 활동에 대한 이해

〈제2절〉 청소년 교류 활동의 실제

<제1절> 청소년 교류 활동에 대한 이해

법무부(2016)에 따르면, 2015년 우리나라의 출입국자 수는 전년도 대비 7.7%가 늘어난 총 6,637만 2,908명으로 나타났다. 이중 우리나라 국민인 내국인 출입국자(승무원 포함)의 규모는 3,911만 1,816명이고 외국인 출입국자(승무원 포함)는 2,726만 1,092명이었다(외국인 입국자는 203개 국가의 1,335만9,701명). 우리나라는 2010년 출입국자 4,000만명 시대를 연지 4년 만인, 2014년 다시 6,000만 명을 넘어섰다. 특히 그 이듬해인 2015년에는 우리나라를 휩쓴 중동호흡기증후군(메르스) 여파로 외국인 출입국자가 대폭 감소했음에도 불구하고 6,000만 명 출입국자 규모를 지켰다. 이 규모는 1997년의 1,805만 9,783명과 비교해 보면 약 3배 이상 증가한 것이다.

즉, 우리나라 전체 인구를 기준으로 살펴보면 적어도 우리나라 시민 두 사람 중 한 사람은 다른 문화권에서 문화 배경이 다른 사람과 교류하였고, 약 1천3백여 만명의 외국인과 우리 시민은 우리나라 어디에선가 문화적 교류를 한 셈이다. 더욱이 요즘은 TV와 초고속 인터넷, 스마트폰 등을 통한 간접경험의 문화 교류도 쉬운 세상이다.

교류의 폭과 범주에 있어 지역 간 교류, 국가 간 교류 등으로 나누지만 모든 교류(혹은 교류 활동)는 문화 간 교류의 형식과 내용을 담고 있다. 다양한 문화적 교류는 인간의 삶에 적지 않은 영향을 미친다. 이러한 교류 활동의 긍정적 순기능을 청소년기에 제공하기 위해 청소년 활동의 주요 영역으로 자리잡은 활동이 바로 청소년 교류 활동이다. 청소년 교류 활동은 청소년 세대로 하여금 세계화·국제화·지방화 시대로의 시대적 환경 변화에 적응하고, 국제 무대에서의 글로벌 리더십을 함양하기 위해 그 중요성이 부각되고 있는 청소년 지도 활동 영역이다. 따라서 청소년지도자는 청소년 교류 활동을 효과적으로 전개하고 지도할 수 있는 전문적 능력과 자질을 갖추어야 한다. 이때 청소년 교류 활동 지도방법이란 지역 간·남북 간·국가 간의 다양한 교류를 통해 청소년들이 국제적 감각과 공동체 의식을 함양하고, 글로벌 리더십을 배양하게 하는 청소년 교류 활동을 효과적으로 지도할 수 있는 전문적인 지도 기법이나 기술을 의미한다.

1) 청소년 교류 활동의 개념

흔히 청소년 활동이라 하면, 청소년의 제반 활동 모두를 지칭하는 용어로 생각하기 쉽지만, 우리나라의 경우 청소년 활동은 일찍이 법령에 규정되어 활동의 범주를 명확히 하고 있다. 「청소년기본법」 제3조 제3호에 따르면, 청소년 활동이라 함은 "청소년의 균형 있는 성장을 위하여 필요한 활동과 이러한 활동을 소재로 하는 수련 활동, 교류 활동, 문화 활동 등 다양한 형태의 활동"을 말한다. 여기에는 청소년 봉사 활동, 수련 활동, 자치 활동, 교류 활동, 청소년 단체활동, 문화 활동, 동아리 활동, 보호 활동, 수련 활동(인증받은 활동) 등 청소년의 건강한 성장을 목적으로 수행하는 청소년 활동 모두를 아우르는 활동을 의미한다.

청소년 교류 활동의 개념을 살펴보면, 「청소년활동진흥법」 제2조 제4호에 따라, "청소년이 지역 간, 남북 간, 국가 간의 다양한 교류를 통하여 공동체 의식 등을 함양하는 체험 활동"을 뜻한다. 이 조항은 현재 청소년 교류 활동의 개념은 물론이고 그 유형과 특성을 다음과 같이 구체적으로 제시하고 있다. 즉, 청소년 교류 활동은 국내 지역 간 교류, 남한과 북한 간의 교류, 국가 간의 교류(국제 교류) 등으로 구분할 수 있고, 교류 활동은 청소년으로 하여금 공동체 의식 함양을 활동의 목표로 삼는 체험 활동이란 점이다. 한편, 이민희(2004: 39)는 청소년 교류에 대한 개념을 "청소년의 간 문화적 이해 증진, 심신과 기능의 발전적 변화, 민족의 화합과 정체성 확립, 평화적 공동체 삶의 창조를 목적으로 청소년들이 외국이나 국내의 지역 간 상호 직접 방문이나 기타 수단을 통해 일정 시간동안 다양한 내용으로 구성된 계획된 만남에서 이루어지는 모든 활동들과 관계들"로 정의한 바 있다.

2) 청소년 교류 활동의 목표와 의의

청소년 교류 활동에 대한 구체적인 목표에 대해 전성민(2005)은 문화 간 교류 혹은 문화 간 소통이라는 관점에서 "특정 문화 상황에서 처신할 수 있는 행동기술의 증진과 관련되기 보다는 개인의 전반적인 능력 향상과 관련된 것으로 문화적 차이에 대한 인식증진을 통해 문화 간 감수성을 발달시키고 문화 간 오해에 관한 가능성에 대해 배움으로써 한 개인의 소통잠재력을 증진시키는 것"이라고 논의하였다. 이는 청소년 교류라는 개념이 학술적으로 논의하게 된 역사가 대단히 일천하여 청소년 교류 자체의 개념과 목표, 의의에 대한 선행 연구가 많지 않은 면도 있지만 전통적으로 서구사회에서는 청소년 교류 활동만을 독립적으로 보지 않고 교류 자체를 문화 간 교류(intercultural exchange)의 차원에서 보았기 때문이다. 이런 맥락에서 청소년 교류를 문화 간 교류의 관점에서 살펴봄으로써 청소년 교류 활동의 목표를 추론하고자 한다.

먼저, Gudykunst와 Hammer의 연구(1983)에서는 문화 간 소통이 새로운 문화 환경에서의 생활 적응, 문화적으로 다양한 환경에서 다른 집단 구성원들과의 효과적인 상호 작용을 통한 의사 소통 능력 개발, 감수성 발달 등에 긍정적인 영향과 변화를 가져오므로, 이를 통상 목표로 삼을 것을 주장하였다. 따라서 같은 맥락에서 청소년을 대상으로 하는 문화 간 소통 혹은 청소년 교류 활동 역시 새로운 문화에 대한 이해와 적응, 의사 소통 능력 개발, 감수성 발달 등을 활동의 목표로 삼는다. Ouellet는 문화 간 훈련의 포괄적 목표를 첫째, 현대사회에서 문화들에 관한 보다 더 포괄적인 이해를 돕고(문화 이해), 둘째, 다른 문화 배경을 갖는 사람들 간의 소통 능력을 증진하도록 하며(문화 간 소통), 셋째, 사회에 존재하는 문화 다양성의 맥락에 대해 보다 유연한 태도를 갖도록 하고(문화 다양성), 넷째 사회적 상호 작용에 보다 나은 참여능력과 인류의 공동 유산에 대한 인식을 증진(참여와 인류 공동 유산에 대한 인식 증진)하는 데 있다고 논의하였다(전성민, 2005에서 재인용). 이런 맥락에서 보자면 청소년 교류는 단순히 청소년들이 지역 및 국가 간의 물리적인 이동만을 의미하는 것이 아니라, 그 과정에서 청소년들이 문화를 중심으로 다양한 이해와 소통을 키우고, 문화 다양성 및 인류 공동 유산에 대해 인식을 증진시키는 활동이란 의미와 맞닿아 있음을 알 수 있다.

한편, 청소년 교류 활동의 의의는 다음과 같다(김민, 2005, 9-10).

첫째, 청소년 교류 활동은 다양한 청소년 활동 중 핵심적인 활동이다. 교류 활동은 청소년 활동의 여러 영역 중 그 특성이 분명하고 전통적으로 기획과 수행의 전 과정과 결과가 다른 활동과 두드러진 차이점을 갖는 활동이다. 2003년에 「청소년활동진

홍법」이 새로이 제정되면서 청소년 활동의 하나로 명시될 정도로 청소년 활동 영역 중 핵심적인 활동이라 할 수 있다.

둘째, 교류 활동은 여타 활동과 비교하여 자기 주도성이 크게 요구되는 활동이다. 교류 활동에는 다양한 자기실행능력(관계 형성, 상황 파악 및 판단 능력 등)이 요구되는데 이에 따른 프로그램 내 자기 주도력이 요구되는 활동이기 때문이다. 물론 이러한 측면은 다분히 개인 간의 편차가 있고 프로그램의 성격에 따른 편차도 있지만, 상대적으로 다른 청소년 활동에 비해 자기 주도성이 큰 활동임에는 분명하다.

셋째, 청소년 교류 활동은 대표적인 체계적·조직적인 청소년 활동이다. 특히 국제 교류 프로그램들은 대단히 체계적이고 조직적이며 구조적인 활동이며 국제 교류 활동 중 무계획적이거나 비체계적인 교류 활동은 거의 존재하기 어렵다 해도 과언이 아니다.

넷째, 청소년 교류 활동은 다른 어떤 활동보다 전문성이 요청되는 청소년 활동이다. 교류 활동에 기본적으로 필요한 외국어 구사능력 이외에도 문화적 다양성 및 다문화 이해 능력, 지역전문성 및 프로그램 기획·실행·평가 능력, 인적 자원 개발 및 조직능력, 의사 소통 능력, 리더십 능력 등이 요구되는 전문적인 영역이다. 이러한 전문성은 청소년지도자로 하여금 다양한 전문 인력으로 스스로를 열심히 개발할 것을 끊임없이 주문한다. 그러나 교류 활동의 전문성은 단순히 청소년지도자 개인의 노력여하에 달려있지는 않다. 지도자가 속한 기관이나 단체에서 지도 인력의 전문성 개발을 위한 지속적인 지원이 없다면 아무리 개인의 노력이 있다 하더라도, 그러한 전문성을 기관 내 프로그램으로 풀어내기에는 한계가 있기 때문이다. 상당히 많은 청소년 단체나 시설에서 국제 교류 활동을 추진하고 싶어 하지만, 이 분야를 담당하는 청소년 지도 인력의 전문성을 평소에 개발·지원하지 않으면 쉽지 않은 이유가 여기에 있다.

다섯째, 교류 활동은 그 자체로 훌륭한 체험 활동이며 체험 학습의 기회이자 장면으로의 전환이 용이하다. 교류 활동은 학교 교육 과정 중 교과교육장면에서 체험 학습으로의 전환이 용이한 편이다. 이를테면 교류 활동의 하나인 학습 여행(study tour: 역사 기행, 수학여행, 국토 순례 대행진, 환경 보호 활동 등)은 교과교육장면 뿐만 아니라 비교과교육장면에서도 체험 학습으로의 전환이 가능한 활동 분야이기 때문이다. 따라서 청소년 시설이나 단체 중심만의 교류 활동이 아닌, 학교와 연계한 프로그램으로서 청소년 교류 활동의 잠재력은 무궁무진하다 할 수 있다.

여섯째, 교류 활동 중 국제 교류 활동은 다문화 이해(국제 이해) 및 문화적 관용, 글로벌 리더십을 신장하는 데 훌륭한 체험 활동의 기회로 활용되어질 수 있다. 세계화의 확산에 따른 글로벌 리더십이 청소년의 새로운 상으로 대두되는 요즘, 국제 청소년 교류 활동을 통해 청소년들에게 글로벌 리더십을 신장시키고 이를 직간접적으로 체험할 수 있는 통로이자 기회로써 청소년 교류 활동을 활용할 수 있다.

일곱째, 교류 활동은 청소년의 균형 있는 성장과 발달에 긍정적인 영향을 미치며 사회적 참여의 실질적 기회를 제공할 수 있다. 청소년기의 다양한 삶의 체험은 균형 있는 성장과 발달에 순기능을 미치며 교류 활동 프로그램의 성격에 따라 적극적인 사회적 참여의 기회와 사회에 대한 소통의 기회로도 작용할 수 있다.

3) 청소년 교류 활동의 유형

(1) 지역 간 청소년 교류 활동

지역 간 청소년 교류 활동은 청소년들이 국내 지역 간 교류를 수행하는 활동을 말한다. '교류 방식'을 기준으로 살펴보면, 여기에는 세 가지의 하위 유형이 있다.

첫 번째의 유형은, 두 지역 이상의 청소년들이 각각의 지역이 아닌 어느 다른 지역에서 만나 상호 교류하는 방식의 유형이다. 여기에는 대표적으로 캠핑 프로그램을 통한 청소년 교류, 해외 동포 청소년 교류 활동 등이 있다. 즉, 참여 청소년들이 각자의 삶의 터전이 되는 자기 지역을 떠나 약속된 어느 다른 지역에서 함께 만나 상호 교류하는 방식의 교류 활동을 말한다.

두 번째 유형은, 두 지역 이상의 청소년들이 상대방의 지역을 상호 방문하여 함께 교류하는 활동을 말한다. 대표적으로 도시 청소년이 농산어촌 등에 찾아가 체험을 하는 농산어촌 체험 활동(일명 farm stay program)과 농촌 청소년의 도시방문 프로그램 등 '도농청소년 교류 활동' '도서-육지 간 청소년 교류 활동' 등이 여기에 속한다. 이때 도농 혹은 도서 육지 간 청소년 교류 활동 중 어느 한 지역(도시나 농촌 혹은 도서나 육지 중)이 둘 이상의 복수인 경우도 있다.

세 번째 유형은, 어느 한 지역의 청소년이 주제에 따라 일정 지역을 방문·여행하는 프로그램 유형을 말한다. 주제에 따라 특정지역을 방문하여 이동하는 이 교류 활동의 경우 대표적으로는 국토 순례 대행진, 휴전선 동서 프로젝트 등이 있다. 이외에도 낙동강과 한강의 원류와 백두대간을 탐사하는 생태여행 프로그램, 도보나 자전거를 통한 문화순례단 프로그램 등이 그 예라 할 수 있다.

(2) 남북 간 청소년 교류 활동

남북 간 청소년 교류 활동은 분단국가라는 우리나라의 특수한 사정에 의해 나타난 교류 활동 유형이다. 여기에도 남한의 청소년이 북한을 방문하거나 북한의 청소년이 남한을 방문하는 교류 활동 유형(남북 청소년 교류 활동)과 함께 제3국 혹은 제3지대(판문점 등)에서 남북의 청소년이 만나 교류하는 유형(제3 유형)이 있다. 정치적, 사회적 상황에 따라 다른 유형에 비해 그리 활발하지 않지만, 통일을 지향하는 미래의 관점에서 그리고 성장 세대의 문화적 교류 경험이 진정한 통일을 앞당길 수 있다는 차원에서 비중이 적지 않은 청소년 교류 활동 유형이다.

(3) 국가 간 청소년 교류 활동(국제 청소년 교류 활동)

「청소년활동진흥법」에서는 국가 간 청소년 교류 활동을 국제 청소년 교류 활동이라고 규정하고 있다(동법 제54조). 국제 청소년 교류는 광의적인 의미와 협의적 의미로 나눌 수 있다. 먼저 광의적 의미로는 "청소년들의 지적, 신체적·정신적 면에 있어서의 바람직한 변화를 목적으로 일정 기간 동안 청소년 개인, 청소년 대표 또는 청소년 써클, 청소년 단체나 사회단체 중 청소년 집단에 의해 이루어지는 외국과의 인적, 물적, 문화적, 사상적인 교류 활동"을 말한다. 반면 협의적으로는 "청소년 집단이 외국과의 직접적 접촉을 통해 조직적으로 이루어지는 활동"을 말한다. 흔히 우리나라에서는 전자와 후자의 의미 모두를 포괄하여 사용하고 있으나 청소년 활동 현장에서는 특별히 후자의 경우를 국제 청소년 교류 활동으로 생각하는 경우가 많다.

국제 청소년 교류는 '프로그램을 개최하는 지역'과 '교류방식', '주최기관의 성격'에 따라 다양한 유형으로 나뉜다. 먼저, 개최지역에 따라 국내에서 열리는 국제 청소년 교류 활동과 해외에서 개최하는 국제 청소년 교류 활동으로 나눌 수 있다.

교류방식에 따른 유형분류는 앞서 지역 간 교류에서 논의한 것과 같다. 즉, 제3국에서 만나는 방식, 국가 간 상호 교류방식, 일정 지역을 탐사·여행·순례하는 방식 등으로 구분할 수 있다.

주최기관의 성격에 따라서는, 교류 활동을 정부 혹은 공공기관에서 진행하는지, 아니면 민간 부문에서 진행하는지에 따라 다르다. 현재 우리나라 정부에서 진행하는 국제 청소년 교류는 다시 해외 파견과 국내 개최로 나뉘는데, 먼저 해외 파견에는 국가 간 청소년 교류, 한중 청소년 교류, 한중일 청소년 우호의 만남, 청소년 해외 봉사단, 국제회의 행사 참가단 등이 진행되고 있다. 국내 개최는 국제 행사 개최 지원이 있다.

이 중 국가 간 청소년 교류는 1979년 한국과 말레이시아 문화협정에 따라 처음 실시된 이후 2012년에는 21개국과 교류를 실시하였고, 그동안 21개국에 303명 파견, 317명 초청 등 총 620명과 교류를 실시하였다. 2012년 현재 청소년 교류 약정 체결국은 총 32개국으로 아시아 10개국, 유럽 10개국, 중남미 3개국, 중동과 아프리카가 9개국이다. 국제회의 행사 참가단은 "청소년을 세계의 주역으로"라는 모토로 청소년의 국제적 능력을 배양하고 국가 경쟁력 제고 차원에서 2008년부터 추진해 왔다(여성가족부, 2013: 112~116).

4) 청소년 교류 활동의 전망과 과제

청소년지도자를 양성하는 대학 교육 과정이 설치되고 적지 않은 기관에서 다양한 지도자 양성과정을 개설하고 있지만, 실제로 전문가 수준의 교류 활동 지도자 양성과정을 쉽게 찾을 수 없는 게 현실이다. 특히 국제 교류와 같은 청소년 교류 활동에 대한 수요는 적지 않지만 이를 실질적으로 제공해주는 프로그램은 많지 않은 편이다. 실제로 국제 교류 활동은 그동안 유네스코 한국위원회(KNCU), 한국스카우트 중앙연맹, YMCA, YWCA 등 국제기구 성격을 갖고 있는 청소년 단체 등에서 실시하거나 정부 차원, 혹은 한국 청소년 활동 진흥원 등에서 수행하는 국제 교류 활동이 대부분이다. 나아가 교류 활동이 국가 간 교류 활동을 포함해 향후 남북 청소년 교류 활동 등 다양한 국내 지역교류 활동으로 그 영역을 넓혀가야 하고 또 그렇게 될 것을 감안한다면, 이제 교류 활동 전문가에 대한 구체적인 관심과 양성과정에 주목할 필요가 있다. 이러한 맥락에서 향후 청소년 교류 활동 활성화를 도모하기 위한 과제들과 대응전략을 살펴보면 다음과 같다.

첫째, 청소년 교류 활동 전문가의 절대 부족현상을 극복할 필요가 있다. 국제 교류, 남북 청소년 교류 등 다양한 교류 활동 장면이 사회적으로 요청되고 그 요구가 앞으로 더욱 커질 것을 예상한다면, 이제 청소년 교류 활동 전문가의 양성을 제도적으로 구안할 필요가 있다. 마침 「청소년활동진흥법」에 따라 한국 청소년 활동 진흥원 내에 교류센터를 설치한 바, 향후 이 센터를 중심으로 청소년 교류 전문가의 조직적인 양성에 대해 구체적으로 고민하고 실행할 필요가 있다.

둘째, 교류 전문가를 위한 지속적인 교육과 연수기회가 늘어날 필요가 있다. 최근 들어 여러 기관에서 국제 교류 전문가 연수과정 및 교육 기회가 개설되고는 있으나, 청소년 단체 및 시설 등 청소년 관련 기관의 현재 수요와 비교하면 아직은 미흡한 실정이다. 지도자 연수과정을 개설하는 국립 중앙 청소년 수련원과 국립 평창 청소년 수련원, 그리고 한국 청소년 단체 협의회와 한국 청소년 수련 시설 협회 등의 협의기구 등에서 일차적으로 교류 전문가를 위한 다양한 교육 및 연수과정을 개발하여 수행할 필요가 있다.

셋째, 다양한 교류 프로그램 진행을 위한 매뉴얼 및 교재를 개발할 필요가 있다.

청소년 프로그램 경진대회, 프로그램 매뉴얼 등 다양한 청소년 프로그램 개발 진작을 위한 노력들이 수행되고 있지만 교류영역은 미비한 실정이다. 따라서 다양한 교류 활동 프로그램 매뉴얼 및 교재를 개발하여 실질적으로 단체와 시설 차원에서 진행하기 위한 기반을 확보할 필요가 있다.

넷째, 시범적인 청소년 교류 활동 프로그램의 개발 및 적극적인 전파 활동이 필요하다. 모범적인 청소년 교류 활동이 기관별로 진행되고는 있으나, 어떤 프로그램이 어떤 단체에서 실시되고 있는지에 대해서는 최근까지 종합적인 정보망 구축이 이루어지지 않아 쉬이 알 수가 없었다. 다행히 청소년 국제 교류 네트워크(IYEN: International Youth Exchange Network, iye.youth.go.kr)가 구축되면서 다양한 국제 청소년 교류 활동 프로그램을 안내하는 정보망은 축조된 상황이다. 이를 통해 향후 시범적인 새로운 교류 프로그램의 개발과 발굴, 홍보와 전파 활동 등이 이루어질 필요가 있다.

다섯째, 국제 교류 프로그램의 경우 포괄적인 행·재정 지원 및 국가 간 협력 시스템이 필요하다. 단위 프로그램 별로 수행되어야 하는 소모적인 행·재정 지원 요청 및 국가 간 협조 요청을 시스템으로 구축하여 안정적으로 제도화시키고, 이러한 제도의 안착을 위한 정부의 적극적인 협력이 요청된다. 또 프로그램 매뉴얼 개발을 통해 발견된 공통적인 행·재정 지원 부문과 국가 간 협력 부문을 제도화하는 노력 역시 필요하다.

여섯째, 공적 개발 지원(ODA: Official Development Assistance) 사업을 비롯해 최근 그 비중과 영향이 커지는 국제 개발 협력 사업에 적극적으로 대응하고 준비할 필요가 있다. 공적 개발 지원 사업의 일환으로 청소년 센터 설립 및 프로그램 개발 지원 등의 후속 사업들이 이루어지면서(김민, 2011) 이제 공적 개발 지원 사업의 하나로 청소년 부문이 자리를 잡아가고 있는 실정이다. 청소년 정책을 총괄하는 주무 부처는 이런 움직임에 적극 대응하여 필요한 인적 자원의 역량 개발 및 전문성 증진·강화 방안과 이외의 필요한 지점들을 면밀히 검토하고 준비해야 한다. 민간 부문도 마찬가지다. 국제개발협력에 대한 기본 이해와 인식을 넓히고 그에 따른 전문성을 확보할 필요가 있다.

끝으로 중장기적인 청소년 교류 활동에 대한 마스터플랜을 수립할 필요가 있다. 향후 국가 간 외교는 정부 차원의 외교도 중요하지만 민간 차원의 외교 활동 역시 중요하다. 특히 청소년 교류 활동은 남북 교류, 국제 교류의 측면에서 보자면 장기적인 민간 부문의 안정적인 외교 활동이라 할 수 있다. 청소년기부터 국제적 감각을 익히게 하는 개인적 차원의 프로그램 효과만 생각할 것이 아니라 청소년 간 교류 활동을 통해 얻는 사회적 효과와 결과에 대해서도 장기적인 안목을 갖고 치밀하고 꼼꼼한 마스터플랜을 기획·수행할 필요가 있다. 이를 기반으로 청소년 국제 교류 활동 주무 및 조정 기관을 설치하고 여기에 따르는 정부 차원의 지원이 무엇인지를 너른 시각에서 살펴볼 필요가 있다.

<제2절> 청소년 교류 활동의 실제

여기서는 청소년 교류 활동의 실제 부분으로 우선 청소년 교류 활동 지도자가 갖추어야 할 자질과 지도자의 역할을 살펴본 후 청소년 교류 활동의 지도방법을 정리하여 논의하였다. 이어 청소년 교류 활동의 실제 사례로 준비 일람의 예들과 함께 청소년 교류 유형 중 흔치 않은 남북간교류 프로그램의 실례를 들었다.

1) 청소년 교류 활동 지도자의 자질과 역할

우영숙(2005)은 청소년 교류 활동 지도자가 갖추어야 할 자질을 다음과 같이 다섯 가지로 정리한 바 있다.

첫째, 청소년 교류 활동 지도자는 타문화에 대한 수용적 태도와 함께 다양성을 인정할 수 있는 포용력이 있어야 한다. 타문화를 이해하기 위해서는 다른 문화, 곧 삶의 양식을 이해하기 위한 다양한 정보와 지식을 갖추어야 한다. 타문화를 옳고 그름, 또는 우열의 방식이 아닌 다름으로 인정하여야 한다.

둘째, 타인과의 의사 소통 능력이 요구된다. 이를 위해서는 언어능력과 함께 원활한 의사 소통 능력 전반이 요구된다. 이를 위해 어학적 능력, 인간 관계에 대한 이해, 자기주장 표현방식, 타인에 대한 배려 등의 사회기술 능력 등이 요구된다.

셋째, 긍정적 사고방식이 필요하다. 우선 지도자 자신에 대한 신뢰가 있어야 하며 상황을 읽어내는 통찰력과 위기 상황에 당황하지 말고 좌절하기보다는 이를 희망적 상황으로 만들 수 있는 여유로움과 긍정적 사고가 요구된다.

넷째, 문제를 발견하고 문제를 해결할 수 있는 능력이 있어야 한다. 문제를 발견하였다면 문제로부터 연유되는 각종 갈등을 해결하는 등 문제를 해결하는 능력이 있어야 한다. 교류 활동은 이질적인 문화간 충돌과 갈등이 일어날 소지가 크다. 따라서 소통과 이해, 존중과 나눔의 장면으로 상황을 전환할 수 있는 문제 해결 능력이 있어야 한다.

다섯째, 타인과 사물에 대한 호기심과 일에 대한 열정이 필요하며 모험을 두려워하지 않는 용기 또한 필요하다.

청소년 교류 활동 지도자의 역할은 간단히 정의하기는 어려우나 활동 단계별로 살펴보면, 교류 활동 프로그램 개발자이면서 동시에 조정자(coordinator)의 역할을 수행한다. 실행 단계에서는 리더이자 프로그램 지휘자(program director)의 역할을 수행하여야 하며 프로그램의 목적이 제대로 달성되었는지를 살펴보는 평가자의 역할도 같이 갖추어야 한다. 지도자의 성격에 기초한 역할은 일반적인 청소년지도자와 마찬가지로 청소년들의 안내자이자 촉진자이며 전문가이자, 격려자, 전달자의 역할을 수행한다(강대근, 1983). 특히 교류 활동이 다양한 요소들을 고려하고 검토해야 하는 차원에서 교류 활동 지도자는 꼼꼼한 세심함과 배려깊은 지도자의 역할이 요청된다.

2) 청소년 교류 활동의 준비와 프로그램 사례

청소년 교류 활동은 다른 활동 프로그램과 달리 프로그램을 준비하는 단계에서부터 상당히 복잡하고 분주하다. 교류 활동의 성격상 청소년들을 한 장소에서 다른 장소로 이동시켜야 하고 이동에 따른 상황전개에도 고려해야 할 요소가 많다. 특히 청소년지도자의 우선적인 고려 요소인 청소년의 안전과 보건 등 일차적인 참가자의 안녕에 유념해야 할 절차와 요건들이 많고, 그에 따른 꼼꼼한 검토와 확인이 반드시 뒤따라야 하기 때문이다.

여기서는 손민영(2005)이 논의한 청소년 교류 초청사업 준비 사항과 함께 정부 간 청소년 교류 파견사업의 준비 사항을 일목요연하게 파악할 수 있도록 일람표 형태로 제시하였다.[1)]

(1) 청소년 교류 활동 초청사업 준비 일람

준비 사항	확인점검
1. 초청(방한)시기 협의 및 확정 통보 • 방한 시기에 관해 상호 합의되면 방한 체류 일정 작성을 위해 필요한 기한을 정해, 상대국 교류단의 입국·출국 일시 및 항공편명과 명단, 민박조 편성표, 희망 프로그램을 알려주도록 공문으로 요청 • 명단에는 성명·성별·연령·소속기관 등 포함	
2. 상대국으로부터 먼저 입출국 항공시각 및 항공편명 입수(공문, 팩스, 이메일 등)한 후 명단 입수	
3. 방한 체류 일정 작성(국문, 영문) 및 상대국 송부 • 전년도 보고서를 참고하여 방문 기관, 단체, 시설 등 선택 • 방문 기관과 전화로 확인하면서 작성	
4. 사업 시행 계획 기안(초청 1개월 전까지 완료) • 초청 개요, 체류 일정, 교류단 명단 예산 집행 계획 등 작성	
5. 방문 기관 협조 사항 기안 및 공문 발송	
6. 1일 일정 작성(국문, 영문)	
7. 방문 기관 연락처 작성(담당자 이름, 전화번호)	
8. 통역사(전문 통역사 또는 통역 자원 봉사자) 선정 • 전체 일정, 부분 일정	
9. 숙소 선정	
10. 음식점 선정 및 이용메뉴 계획 작성 • 외국인 식성(채식주의자 등)과 종교와 관련해 금지메뉴와 이용메뉴 선정 • 넉넉하고 쾌적한 실내공간, 청결한 화장실, 간담회 시 조용한 곳 고려	
11. 이동차량 선정(견적 검토 후 선정)	
12. 홍보책자 및 안내 팜플렛 준비(국정홍보처, 한국관광공사 등)	
13. 기념품 구입(쇼핑백 포함)	

1) 손민영(2005). 청소년 교류 및 사업준비 일람. 서울청소년 문화 교류센터 미지 편, 문화간 교류워크숍: 청소년 교류 전문가 교재에서 인용하되 필자가 부분적으로 수정 가감함.

준비 사항	확인점검
14. 민박 프로그램 및 민박 대면식 준비 • 교류 한국참가자 또는 한국 LABO 등에 의뢰-명단 송부	
15. 환영오찬, 환영만찬장 선정 • 한국의 집(Korea House) 등 전통한옥 등 고려	
16. 환영행사 계획 자료 작성 및 준비 • 행사장 선정 및 확보조치 • 행사순서 및 좌석 배치도 • 초청개요, 체류일정, 교류단 명단 • 진행 시나리오 작성 • 현수막 사양 작성 및 제작 의뢰 • 환영사 말씀자료 • 상대국가 개황	
17. 지방시도 기관방문 협의 및 환영행사, 오찬 지원	
18. 환영행사장 준비 및 설치 • 좌석배치도 • 마이크, 명패, 현수막, 음료, 자료, 기념품, 사진촬영 준비 • 참가국 국기 확인 및 준비	
19. 공항 영접 환영문구 및 차량부착용 문안 준비	
20. 이동차량 번호, 기사 휴대폰 등 확인	
21. 익일 차량이동 시간계획 기사에게 통지	
22. 모든 음식점 약도 확보 및 사전확인 철저	
23. 체류일정 설명회를 위한 숙소 내 장소 확보 및 자료준비 • 체류일정(전체, 1일), 홍보책자, 안내 팜플렛 등	
24. 택시, 지하철 등 대중교통 체험기회 고려 • 교류단 규모가 10명 이하인 국가의 경우는 일정이 단순한 날(자유활동의 날 환송 만찬 시) 버스 임차보다 경제적·심리적 효과 감안하여 대중교통 활용	
25. 매일 하루 일정 및 교류단 건강상태 확인 점검 및 보고	
26. 교류단 귀국 항공권 확인 조치	
27. 민박 대면식장 선정 및 준비 • 사전 준비출처: 민박가정 배부용으로 초청사업 개요, 교류단 명단, 체류일정을 준비하고, 교류단 배부용으로 민박가정 명단(인적사항, 직업)과 주소 배부.	
28. 환송만찬 말씀자료 작성	
29. 상비약 준비(교류단 규모에 맞춰 준비) • 귀 뒤에 붙이는 멀미예방약, 소화제 등	
30. 심야에 대형할인시장 쇼핑 등 night tour 고려	
31. 초청사업 결과 정리 및 정산, 보고서 작성	

(2) 청소년 교류 프로그램 사례(남북 청소년 교류)

1. 행 사 명: 제XX회 금강산 대학생 야영대회

2. 행사기간: 200X년 X월 X일-X월 X일(X박X일)

3. 로버무트 휘장:
- 스카우트의 상징인 왼손을 의미, 왼손악수가 화해의 의미
- 손으로 쉽게 그림자 모형을 만들 수 있는 비둘기는 평화를 상징
- 손은 자연 속에서 개척해 나가는 스카우트 정신을 의미

4. 사업 목적
- 로버스카우트들이 한자리에 모이는 축제의 장을 통하여 로버스카우트 활성화 및 역량 개발과 청소년을 지도할 수 있는 자질을 마련하는 기회 제공
- 남북한 문화 교류를 통해 분단으로 인한 이질감 해소
- 로버참가자들이 주체적으로 참여함으로써 고정화된 통일관을 극복하고 새로운 경험을 통해 평화통일의 열기를 만들고 공유하는 계기 제공
- 마지막 분단국가인 우리나라의 분단현장을 체험케 하여 평화의 소중함을 느끼게 하고, 세계평화에 앞장서는 미래의 주역이 되게 하는 계기를 제공

5. 장소: 금강산 일원 및 강원도 세계잼버리수련장
6. 주최: 한국스카우트연맹
7. 주관: 한국스카우트연맹 로버중앙협의회
8. 참가인원: XXX명 (국내 XXX명, 국외 XXX명)
9. 참가자격
- 2005년도 스카우트 등록을 필하고 상해보험에 가입한 로버스카우트
- 로버스카우트 중앙협의회에 등록, 가입한 로버스카우트
- 금강산 출입에 결격사항이 없는 자

10. 참가비: 국내 참가자(0000원), 외국 참가자: (US$ 000)

11. 운영조직

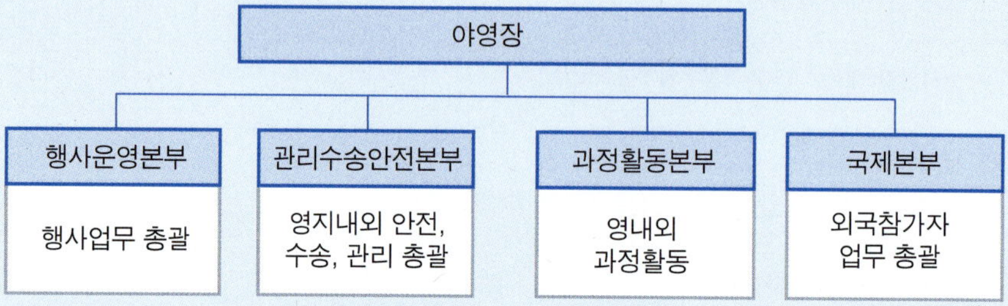

12. 일정표

<table>
<tr><th>구분</th><th>7.11 (월)</th><th>7.12 (화)</th><th>7.13 (수)</th><th>7.14 (목)</th><th>7.15 (금)</th><th>7.16 (土)</th></tr>
<tr><td>06:00</td><td rowspan="9"></td><td colspan="5">기상 체조 세면</td></tr>
<tr><td>07:00</td><td colspan="5">아 침 식 사</td></tr>
<tr><td>08:00</td><td>아침조회</td><td>출발준비</td><td>아침조회</td><td>단체촬영
(금강산)</td><td>단체촬영
(잼버리장)</td></tr>
<tr><td>09:00</td><td rowspan="3">과정활동</td><td>통일전망대 이동</td><td colspan="2" rowspan="3">과정활동</td><td rowspan="16">집으로</td></tr>
<tr><td>10:00</td><td>출국심사</td></tr>
<tr><td>11:00</td><td>점심식사</td></tr>
<tr><td>12:00</td><td>점심식사</td><td rowspan="3">도보행진</td><td colspan="2">점심식사</td></tr>
<tr><td>13:00</td><td rowspan="5">과정활동</td><td rowspan="4">과정활동</td><td>출국심사</td></tr>
<tr><td>14:00</td><td rowspan="2">이동</td></tr>
<tr><td>15:00</td><td rowspan="2">잼버리장
집결</td><td>휴식</td></tr>
<tr><td>16:00</td><td rowspan="2">설영</td><td rowspan="2">잼버리장
도착</td></tr>
<tr><td>17:00</td><td>운영요원
발대식</td><td>교예관람</td></tr>
<tr><td>18:00</td><td colspan="5" rowspan="2">저녁식사</td></tr>
<tr><td>19:00</td></tr>
<tr><td>20:00</td><td rowspan="2">개영식</td><td rowspan="2">로버
가요제</td><td rowspan="2">국제의 밤</td><td rowspan="2">폐영식</td><td rowspan="2">운영요원
평가회의</td></tr>
<tr><td>21:00</td></tr>
<tr><td>22:00</td><td colspan="5">대 별 친 교</td></tr>
<tr><td>23:00</td><td colspan="5" rowspan="2">정 리 및 취 침</td></tr>
<tr><td>24:00</td></tr>
</table>

(3) 청소년 교류 프로그램 사례(국제 청소년 교류)

Ⅰ. 개요

1. 행 사 명: 몽골 청소년 자원봉사 체험여행

2. 행사기간: 20XX년 XX월 XX일-XX월 XX일(XX박XX일)

3. 장소: 몽골 울란바토르 및 테를지

4. 대상: 지역내 중고생

5. 참여인원: 00명

6. 목적: 청소년들에게 해외 자원봉사 및 문화체험을 통해 국제적인 감각을 양성하고 다문화 열린 교육을 통해 글로벌 리더십을 갖춘 세계시민으로 육성하는 데 그 목적이 있음

7. 주요 내용
- 오리엔테이션 및 자원봉사, 문화 교류 준비
- 자원봉사
- 문화체험여행
- 프로그램 평가활동

Ⅱ. 사업추진내용

1. 단계별 추진내용

1) 준비 단계: 3월~7월

• 사업기획서 작성

• 여행사 연계
- 교류 나라와 관련된 여행사 연계
- 준비 과정 및 프로그램 일정 및 내용 계획

• 외부기관 관련 프로그램 모니터링
- 법인 또는 관련기관에서 우수한 국제 교류 사업을 진행하고 있는 외부 프로그램을 모니터링하여 운영

• 홍보방법 및 시기
- 온라인 홍보: 센터, 지역관련기관 홈페이지 게시(팝업창)
- 오프라인 홍보: 센터 월별 소식지 게재(소식지 온라인 발송 포함), 지역 내 현수막 부착

• 모집방법 및 시기
- 홈페이지에서 양식 다운로드 후 직접 방문 접수
- 신청접수자 중 면접심사를 통해 00명 내외 선발

• 물품준비
- 국외활동을 위한 단체 티셔츠, 명찰(name tag), 자료집 등

• 여권 및 비자발급
- 청소년 여권기간 확인 및 신규발급
- 여행 한 달 전 여권 수합 및 여행사 연계
- 여권 사본 및 여분의 여권사진 확보

• 비상연락망 및 현지 연락처 확인

• 가정통신문 발송

2) 운영 단계: 7월 XX일~XX일(X박일)

• 활동장소
- 사전 교육: 센터 내
- 현장 체험: 몽골 울란바토르 사랑의 학교 샛땅 봉사지

• 활동 내용
- 사전 준비: 몽골에 대한 문화 교육, 자원봉사교육, 모둠별 활동을 통한 교류 활동 계획, 한국전통 문화 숙지
- 자원봉사: 사랑의 학교 샛땅 봉사지 학교 건물보수
- 교류 활동: 전통 문화 교류, 몽골 현지인 가정방문
- 체험여행: 테를지, 몽골전통공연, 자연사 박물관 등

3) 평가 단계: 7월 00일-00일

• 참가청소년 및 자원봉사자 활동평가서 작성

• 청소년 평가회의(2회) 실시

• 지도자 및 여행사 연계 평가회의 실시

요약

청소년 교류 활동은 청소년으로 하여금 세계화·국제화·지방화 시대로의 시대적 환경 변화에 적응하고, 국제 무대에서의 글로벌 리더십을 함양하기 위해 그 중요성이 부각되고 있는 청소년 지도 활동의 영역이다. 청소년 교류 활동은 「청소년기본법」 제3조 제3항에 따라 문화 활동, 수련 활동과 함께 주요한 청소년 활동의 하나이다. 특히 그 개념과 관련하여 「청소년활동진흥법」 제2조 제4호는, "청소년이 지역간, 남북간, 국가간의 다양한 교류를 통하여 공동체 의식 등을 함양하는 체험 활동" 으로 규정하고 있다. 이는 곧 청소년 교류 활동이 지역간 교류, 남북간 교류, 국가간 교류(국제 교류) 등으로 그 유형이 나누어지고, 교류 활동은 청소년으로 하여금 공동체 의식 함양을 활동의 목표로 삼는 체험 활동이란 점을 의미한다.

청소년 교류 활동의 목표는 문화 간 교류의 관점에서 특정 문화 상황에서 처신할 수 있는 행동기술의 증진과 관련되기 보다는 개인의 전반적인 능력 향상과 관련된 것으로 문화적 차이에 대한 인식 증진을 통해 문화 간 감수성을 발달시키고 문화 간 오해에 관한 가능성에 대해 배움으로써 한 개인의 문화소통의 잠재력을 증진시키는 것이다. 또한 청소년 교류 활동은 ① 청소년 활동 중 핵심적인 활동 ② 자기 주도성이 크게 요구되는 활동, ③ 대표적인 체계적·조직적인 청소년 활동, ④ 다른 어떤 활동보다 전문성이 요청되는 청소년 활동, ⑤ 그 자체로 훌륭한 체험 활동이며 체험 학습의 기회이자 장면으로의 전환이 용이한 활동, ⑥ 교류 활동 중 국제 교류 활동은 다문화 이해(국제 이해) 및 문화적 관용, 글로벌 리더십을 신장하는 데 훌륭한 체험 활동, ⑦ 교류 활동은 청소년의 균형 있는 성장과 발달에 긍정적인 영향을 미치며 사회적 참여의 실질적 기회를 제공하는 활동이란 점에서 의의를 갖는다.

이 글에서는 청소년 교류 활동의 현황과 과제를 다음과 같이 크게 일곱 가지로 정리하였다. 첫째, 청소년 교류 활동 전문가의 절대 부족현상에 따른 조직적인 양성방안 구안, 둘째, 교류 전문가를 위한 지속적인 교육과 연수기회 제공, 셋째, 다양한 교류 프로그램 진행을 위한 매뉴얼 및 교재 개발, 넷째, 시범적인 청소년 교류 활동 프로그램의 개발 및 적극적인 전파 활동 필요, 다섯째, 국제 교류 프로그램의 경우 행·재정 지원 확충 및 국가간 협력 시스템 구축, 여섯째, 공적 개발 지원 사업에 대한 대응과 준비, 마지막으로 중장기적인 청소년 교류 활동에 대한 마스터플랜 수립 등이 그것이다.

청소년 교류 활동은 교류 활동에 기본적으로 필요한 언어능력 이외에도 문화적 다양성 및 다문화 이해 능력, 지역전문성 및 프로그램 기획·실행·평가 능력, 인적 자원 개발 및 조직, 의사 소통 능력, 리더십 능력 등이 요구되는 전문적 영역의 활동장면이다.

한편, 교류 활동 지도자가 갖추어야 할 자질은 다음과 같다. 첫째, 타문화에 대한 수용적 태도와 함께 다양성을 인정할 수 있는 포용력이 있어야 한다. 둘째, 타인과의 원활한 의사 소통 능력(언어능력 포함)이 요구된다. 셋째, 긍정적 사고방식을 갖춰야 한다. 넷째, 문제발견 및 해결 능력이 있어야 한다. 다섯째, 타인과 사물에 대한 호기심과 일에 대한 열정이 필요하며 모험을 두려워하지 않는 용기를 가지고 있어야 한다.

연습문제

1. 법령에 근거하는 청소년 교류 활동의 개념을 살펴보고 그 유형과 특성을 제시해 보자.
2. 청소년 교류 활동이 갖는 다양한 목표와 의의를 설명해 보자.
3. 청소년 교류 활동의 유형과 각 유형의 사례들을 구체적으로 탐구해 보자.
4. 현재 청소년 교류 활동의 현황을 살펴보고 향후 과제를 논의해 보자.
5. 청소년 교류 활동을 진행하는 청소년지도자로서 갖추어야 할 자질과 능력에 대해 탐구해 보자. 특히 문화간 교류의 관점에서 국제 교류 활동 지도자가 갖추어야 할 자질과 능력에 대해 설명해 보자.
6. 청소년 교류 활동 프로그램 사례를 참조하여 프로그램을 개발해 보자.

Chapter 13

봉사 활동 지도

<제1절> 봉사 활동에 대한 이해

1) 봉사 활동의 의미

'봉사 활동(奉仕活動)'의 핵심단어인 '봉사(奉仕)'는 받들 봉(奉)과 섬길 사(仕)가 합해진 글자로서 "국가나 사회 또는 남을 위하여 자신을 돌보지 아니하고 힘을 바쳐 애쓴다"는 의미를 가진다. 영어로 봉사 활동은 'voluntarism' 또는 'service'로 표현된다. 'voluntarism'은 자유의지라는 뜻을 가진 라틴어 'voluntus'에서 유래된 말로(김정배 외, 1999), 자원 활동, 자발적인 활동 등을 의미하고, 'service'는 봉사, 돌봄 등을 의미한다. 이런 언어적 의미를 종합하면, 봉사 활동은 '자발적인 자유의지를 바탕으로 자신을 돌보지 않고 타인, 지역사회, 국가, 인류 사회에 공헌하는 행위'라고 할 수 있다. 봉사 활동에서 자발적인 의지의 측면을 강조하는 입장에서는 봉사 활동을 자원봉사 활동, 자원(自願) 활동이라 하기도 한다.

봉사 활동은 사회 속에서 이루어지는 이타행위의 의미뿐만 아니라, 남과 함께 나누는 행위로서 의미도 지닌다. 남과 함께 나누는 행위로서 봉사 활동은 남을 위한 행위이기도 하지만 나를 위한 행위라는 의미도 함축하고 있다. 이때 나를 위한 행위라는 의미는 물질적인 반대급부를 말하는 것이 아니라, 봉사 활동을 통해서 보람, 자아실현, 행복감 등을 얻는다는 것을 말한다.

봉사 활동의 중요성을 인정하여 국가에서는 2005년 「자원봉사 활동 기본법」을 제정하였다. 「자원봉사 활동 기본법」에는 봉사 활동을 '개인 또는 단체가 지역사회·국가 및 인류 사회를 위하여 대가 없이 자발적으로 시간과 노력을 제공하는 행위'로 정의하고 있다. 이런 봉사 활동이 활성화되기 위해서는 모든 국민은 연령·성별·장애·지역·학력 등 사회적 배경에 관계없이 누구든지 봉사 활동에 참여할 수 있어야 한다. 이를 위해서 국가는 민·관 협력의 기본 정신을 바탕으로 하여 봉사 활동 진흥정책을 추진해야 함을 「자원봉사 활동 기본법」에서는 명시하고 있다.

2) 봉사 활동의 필요성

(1) 개인적 차원

봉사 활동은 개인적 차원에서 자기 계발의 계기가 된다. 지역사회, 국가, 지구촌 등의 장에서 다양한 사람들과 다양한 사안을 가지고 교류하고 탐구하며 봉사 활동을 한 경험은 봉사 활동자의 지적·정의적·행동적 역량을 변화시키게 된다. 봉사 활동을 통해서 자신 속에 감추어져 있던 잠재적 역량을 발견하여 이를 개발할 수 있으며, 다른 사람들의 경험과 지식을 전달받을 수 있다.

또한 봉사 활동은 세상과 소통하는 계기가 된다. 봉사 활동을 통해서 자신만을 생각하던 좁은 가치관과 관점에서 벗어나게 된다. 세상 사람들의 다양한 가치관과 관점을 접하게 되면서 이런 다양한 가치관과 관점을 지닌 사람들과 교류하고 소통하는 방법을 터득한다. 봉사 활동을 하면서 나만의 울타리에서 벗어나고 나와 다른 사람들 간의 장벽이 허물어지게 됨으로써 생각과 감정이 물 흐르듯 흐르게 된다. 봉사 활동 이전에는 이해하지 못했던 사람과 문화에 대한 이해와 공감의 폭이 넓어지게 되고 세상에 대한 책임감과 함께 나눔을 배우게 된다.

더 나아가 봉사 활동은 도덕적 존재로서 봉사자의 자아를 실현하게 한다. 인간은 다른 생물체와는 달리 사회적 약자와 고통 받는 사람들에 대해 도덕적 연민과 의무감을 느끼는 도덕적 존재다. 도덕적 존재로서 인간은 자신의 이익을 양보하거나 포기하면서 타인을 위한 이타적 행위를 하며 보람을 느낀다. 봉사 활동을 통해서 삶의 가치를 발견하고 도덕적 인격을 완성해 가며 자아실현을 향해 나가게 된다.

(2) 사회적 차원

봉사 활동은 공동체 정신을 바탕으로 이웃에 대한 배려와 관심을 나타내는 것이기 때문에 사회적인 유대와 결속력을 강화한다. 아무런 조건 없이 이웃과 사회를 위해서 자신의 시간과 노력을 들이는 것이기 때문에 봉사 활동은 분열과 대립을 종식시키고 적대감과 증오심을 치유하는 역할을 한다. 모래알처럼 흩어져 있던 구성원들에게 상호 이해와 존경심을 심어주고, 상호 연대와 우정으로 뭉쳐 있던 사회에는 이를 더욱 심화시킴으로써 사회적 통합성을 제고한다.

봉사 활동은 상호 이해와 결속, 신뢰와 정직을 높임으로써 사회 자본(social capital) 형성에도 기여한다. 유형의 재화를 중심으로 한 물적 자본, 인간의 능력을 토대로 하는 인적 자본 못지않게 오늘날은 사회조직과 관계에 내재해 있는 신뢰, 정직성, 유대감 등과 같은 사회 자본이 역사와 국가 발전에 있어 중요한 역할을 한다. 봉사 활동은 사회적 신뢰와 연대감을 높임으로써 현대 사회의 발전에 없어서는 안될 사회 자본 형성에 기여하는 것이다. 또한 봉사 활동은 다양한 사회 문제를 활동 내용으로 하여 이를 해결함으로써 사회 변화와 발전에 기여한다.

(3) 국가적 차원

봉사 활동은 국가가 처리하지 못하는 틈새를 메꾸는 역할을 한다. 현대국가는 국민의 복지 증진을 목표로 국민 생활과 시장에 적극적으로 개입하는 정책을 펼쳐 왔다. 그렇지만 국가가 국민의 생활과 관련된 모든 일을 처리할 수는 없다. 그러기엔 국가가 지닌 행정·재정자원이 부족하다. 더 나아가 국민 생활의 자발적인 영역까지 국가가 항상 간섭하고 개입하는 것도 바람직하다고 볼 수 없다. 봉사 활동은 국민들이 자발적인 역량을 토대로 스스로의 문제를 처리하는 것으로서 국가의 행정·재정자원의 부족을 보충하며, 민주국가의 기초라 할 수 있는 국민들의 자치 역량을 강화한다. 특히, 봉사 활동은 민간의 다양한 자원을 동원하여 국가가 미처 배려하지 못하는 영역의 문제를 해결한다는 점에서 국가가 가진 자원의 전체적인 효율성을 증진하게 된다.

봉사 활동은 민주국가가 지향하는 참여 민주주의의 토대와 문화를 형성하는 데 기여한다. 봉사 활동은 자신의 주변에 있는 이웃이나 지역사회의 문제를 스스로의 힘으로 해결하기 위한 참여 활동이기 때문에 봉사자는 봉사 활동을 통해서 책임 있는 참여적 시민성을 함양하게 된다. 봉사 활동은 타인 또는 지역사회를 위한 자발적인 사회 체험·참여 행위이다. 봉사 활동 참여를 통해서 청소년이나 성인들은 자신의 삶이 타인과 밀접하게 관련되어 있으며 지역사회의 일원임을 경험하고 지역사회 문제를 민주주의 절차에 따라서 해결해 가는 경험을 하게 된다(Wade, 2001). 작은 일에 대한 이런 참여 활동의 경험을 통해서 국가의 정치과정에 민주적으로 참여하여 시민으로서 권리와 책임을 다 할 수 있는 자세를 수립하고 역량을 키우게 된다. 이는 참여 민주주의 발전에 소중한 밑거름이 된다.

(4) 인류적 차원

봉사 활동은 전 지구적 차원에서도 활발하게 행해지면서 지구인들 간의 인류애 형성과 소통을 돕는다. 세계화 이전에도 국제사회에서 봉사 활동은 있었지만, 최근에 세계화 영향으로 국제사회의 봉사 활동은 더욱 활발하게 이루어지고 있다. '국경 없는 의사회', '유니세프', '해비타트', '지구촌나눔운동(GCS)' 등과 같은 국제사회의 NGO, 자발적인 개인과 집단들을 중심으로 한 지구촌 봉사 활동을 그 예로 들 수 있다. 국제사회는 그동안 인종간, 민족간, 종교간 분쟁과 갈등이 끊이지 않았다. 이런 분쟁과 갈등은 증오심을 증폭시키고, 증오심은 또 다른 분쟁과 갈등을 낳는 현상을 반복해 왔다. 분쟁과 갈등은 크게는 전쟁으로, 작게는 테러로 끊임없이 자신을 표출해 왔다. 봉사 활동은 이런 분쟁과 갈등을 화해와 평화로, 증오심을 상호 이해와 사랑으로 바꾸는 계기가 된다. 봉사 활동은 지배와 패권을 넘어선 섬김의 정신을 바탕으로 하기 때문이다. 지구촌 사회의 사람들은 봉사 활동을 통해서 서로의 문화와 생각을 이해하게 되고, 겸손과 섬김의 정신을 매개로 하여 서로 소통하는 방법을 배우게 된다. 봉사 활동은 인류애와 평등으로 전 인류를 묶어세우는 접착제의 역할을 하며, 증오와 분노로 날카로워진 사람들의 마음을 치유하여 부드럽게 만드는 윤활유의 역할을 한다.

3) 봉사 활동의 특징

봉사 활동은 자발성, 공익성, 무보수성, 학습성, 행위성 등을 특징으로 한다(김영인, 2007).

자발성은 봉사 활동이 국가 권력이나 어떤 권위에 의해서도 통제되거나 강압되지 않은 자발적인 활동임을 나타내는 것이다. 봉사 활동의 의미에서도 살펴보았듯이 봉사 활동의 본질은 자유의지를 바탕으로 하는 자원활동이라는 점이다. 자발성은 이 자유의지에서 비롯되는 것이다.

공익성은 봉사 활동이 사익보다는 공익정신에 의한 활동임을 나타내는 것이다. 봉사 활동은 자신보다는 타인이나 사회를 위한 것으로서 이타적인 시민정신이 활동의 중요한 전제가 된다.

무보수성은 봉사 활동이 아무런 물질적인 반대급부 없이 이루어지는 활동임을 나타내는 것이다. 봉사 활동은 봉사자의 자아실현, 만족, 신념의 충족 등이 중요한 동기가 되는 것이지, 물질적인 대가를 추구하는 것은 아니다. 봉사 활동은 섬김의 정신에서 비롯되는 것으로 물질적인 보수나 영리를 추구하지 않는다.

학습성은 봉사 활동이 봉사자의 능력을 변화시키고 시민성을 함양하는 교육적 경험을 본질적으로 내포하는 활동임을 나타내는 것이다. 봉사자는 봉사 활동을 통해서 자신의 내면적인 정신세계와 외면적인 행동을 변화시키는 학습 경험을 하게 된다. 봉사 활동을 통해서 문제 해결력을 기르고 이웃에 대한 관심과 사랑을 키우며, 시민으로서 참여적 자세와 태도·책임성을 형성하게 된다. 이런 봉사 활동의 학습성을 강조하여 봉사 학습(service-learning)이라 하기도 한다. 특히, 청소년들에게 봉사 활동을 강조하는 것은 봉사 활동에 학습성이라는 특징이 있기 때문이다.

행위성은 봉사 활동이 단순히 심리적인 지식, 태도, 신념 등과는 다른 운동, 실천, 노력 등을 나타내는 인간의 구체적인 행동임을 나타내는 것이다. 지식, 태도, 신념 등과 같은 심리적인 요소는 봉사 활동의 전제요소일 수는 있지만, 봉사 활동 그 자체일 수는 없다. 봉사 활동은 실천적인 행위로 나타날 때에만 의미가 있다.

<제2절> 봉사 활동과 청소년

오늘날 봉사 활동은 청소년의 삶과 밀접한 관련을 가진다. 봉사 활동이 지니는 학습성이라는 특징 때문에 세계 각국은 청소년들에게 다양한 봉사 활동 기회를 제공하며 장려하고 있다. 봉사 활동을 통해서 청소년을 건강한 시민으로 자라게 하자는 취지에서이다. 우리나라에서도 학교에서 봉사 활동을 비교과활동으로서 장려하고 있으며, 국가와 청소년 단체에서도 다양한 청소년 봉사 활동 프로그램을 운영하고 있다. 아래에서는 봉사 학습, 봉사 활동의 유형, 봉사 활동 실태에 대해서 살펴보기로 하겠다.

1) 봉사 학습(service learning)

봉사 활동의 가장 큰 특징 중의 하나가 시민성을 함양시키는 학습 효과가 있다는 점이다. 이런 학습 효과가 나타나는 이유는 봉사 활동이 '행함으로서 배움(learning by doing)'을 가장 잘 드러내는 사회 체험 활동이기 때문이다. 봉사 학습은 봉사 활동의 이런 학습성에 주목하여 그 학습 효과를 강화하기 위한 것이다. 봉사 학습은 봉사 활동이 지닌 학습성이 더욱 잘 드러나도록 학습적 측면을 고려하여 봉사 활동을 설계한 경험학습의 일종인 것이다. 이런 봉사 학습이 효과를 거두기 위해서는 봉사 활동은 실제적이어야 하고, 청소년의 발달 단계와 흥미에 적합하여야 하며, 충분한 기간 동안 지속되어서 대인 관계가 발달되고 사람들 간에 신뢰와 이해가 쌓일 수 있어야 한다. 또한 사려 깊고 역량 있는 성인 지도자의 안내와 더불어 세밀하게 계획되고 지속적으로 성찰되어야 한다(Claus and Ogden, 1999).

페리와 카투라(Perry & Katula, 2001)에 따르면, 봉사 학습의 구조는 선행 요인(antecedents), 봉사 활동의 특성(attributes of service), 봉사자의 속성(attributes of the server), 개인의 변화(individual changes), 제도(institutions)의 5가지 요소로 구성되어 있다. 한편 웨이드와 삭스(Wade and Saxe, 1996)에 따르면, 봉사 학습은 봉사 활동 경험의 성찰, 봉사 활동 시간, 봉사자의 속성, 봉사 활동 영역의 4요소에 의해 효과가 결정된다.

이를 종합하면, 봉사 학습 효과를 결정하는 봉사 학습 구조의 요소로 선행 요인, 봉사 활동의 특성, 봉사자의 속성, 성찰과 반성, 개인의 변화, 제도의 여섯 가지를 들 수 있다.

첫째, 선행 요인은 봉사 학습의 출발점이자 봉사 활동이 이루어지는 맥락으로서, 주로 가정 또는 가족적 요인과 관련된다. 구체적으로 부모의 교육 수준, 사회경제적 지위, 지역사회의 문화, 종교 유무와 헌신성 등을 들 수 있다. 이런 선행 요인에 의해 봉사 학습은 촉진되기도 하고 제약되기도 한다.

둘째, 봉사 활동의 특성은 봉사 활동 프로그램의 질, 효과적인 실행, 봉사 활동 경험의 적절성과 관련된다. 프로그램의 질은 봉사와 학습이 동시에 이루어질 수 있도록 봉사자의 발달과 사회적 조건을 고려하여 체계적으로 구조화되어 있는 정도에 의해서 판단될 수 있다. 프로그램의 효과적인 실행은 목표에 맞는 양질의 프로그램이 설계되어 프로그램의 논리에 맞게 봉사자들에게 제공되는 것을 의미한다. 이렇게 실행되면 봉사자들은 봉사 활동 프로그램을 통해서 구체적인 경험을 하게 된다. 이런 봉사 활동의 경험을 통해서 봉사자의 역량을 유효하게 계발하려면 봉사 활동에 충분한 활동시간이 주어져야 한다.

셋째, 봉사자의 속성은 봉사자 각 개인이 지닌 특징으로서 개인마다 다르다. 구체적으로 연령, 인성, 인지 구조 등을 들 수 있다. 이는 봉사 학습 효과를 결정하는 데 있어서 중요한 요소이다. 봉사자의 속성과 봉사 활동의 특성이 상호 작용을 하여 개인의 변화를 가져오게 된다.

넷째, 성찰과 반성은 봉사 활동 과정과 후에 이루어지는 사고작용으로서 봉사 학습의 핵심적인 요소이다. 단순한 봉사 활동 체험만으로는 충분한 봉사 학습 효과를 거두기 어렵다. 많은 학자들과 교육자들은 봉사 학습 효과를 위해서는 지속적인 성찰이 필수적임을 강조하고 있다. 봉사 활동의 교육적 힘은 이타적이고 인간적인 봉사 경험 과정에서 봉사자 스스로 탐색하고, 분석하고, 비판하고, 계획하고, 결정해보도록 하는 성찰적 경험에서 나온다(Claus and Ogden, 1999). 이런 성찰과 반성의 중요성은 듀이의 경험 중심 학습론에 의해서 잘 뒷받침된다. 듀이의 경험 개념에는 이미 성찰과 반성이 내포되어 있으며, 성찰과 반성은 경험학습의 핵심적 요소이다. 듀이에 따르면, 성찰과 반성에 의해서 경험의 질이 변화된다. 이는 경험이 교육적으로 의미 있는 것이 되려면, 성찰 자체가 경험의 요소로서 위치를 가져야 됨을 나타내는 것이기도 하다. 행위가 경험의 외부적 요소라면, 성찰은 경험의 내부적 요소가 되어야 한다.

다섯째, 개인의 변화는 봉사 활동의 특성, 봉사자의 속성, 성찰과 반성이라는 일련의 종합적인 상호 작용 과정을 거친 후 나타난다. 여기에서 개인의 변화는 봉사 활동에 의한 심리적·행동적 특성의 변화로 나타난다. 이런 개인의 변화는 봉사 활동 과정에서 경험하게 되는 지적 자극, 사회화, 실천(practice) 등에 의해서 나타나게 된다. 봉사 활동 과정에서 직면하는 다양한 인지 과정의 자극에 의해서도 개인의 변화는 촉진된다. 봉사자는 이런 인지 과정의 자극을 받는 과정에서 피아제(Piaget)가 말하는 인지적 불균형을 경험하게 되고, 인지 구조의 동화와 조절의 순환적인 과정을 되풀이하게 된다. 이 과정을 통해서 봉사자의 지적 능력이 향상된다. 또한 봉사 활동 과정에서 성인이나 동료 청소년들로부터 칭찬·보상 등의 강화를 받음으로써 바람직한 행동을 반복하여 내면화하기도 한다.

마지막으로, 제도는 봉사 학습 효과를 거르는 여과 장치로서 기능을 한다. 제도는 봉사자가 봉사 학습을 통해서 함양한 지식이나 가치·태도 등의 사회적 수용 여부를 결정한다. 제도는 사회적으로 인정될 수 있는 행동과 지식, 가치와 태도에 대한 합의된 틀이기 때문에, 이 제도의 틀을 벗어나는 지식이나 가치·태도 등은 일반적으로 용인되기 어렵다. 청소년이 봉사 학습을 통해서 얻게 되는 지식이나 가치·태도 등도 이 제도의 틀 내에서 합당성이 인정될 때에 최종적으로 사회적으로 수용된다. 물론 이런 제도가 불변의 것은 아니다. 제도는 안정적이긴 하지만 시민들의 사회 참여 활동에 의해서 변화되기도 한다. 따라서 제도의 여과 기능은 계속되지만, 그 여과의 준거는 시대와 사회의 맥락, 시민들의 노력에 의해서 변화된다.

이상의 봉사 학습 구조를 간략하게 나타내면 [그림 13-1]과 같다.

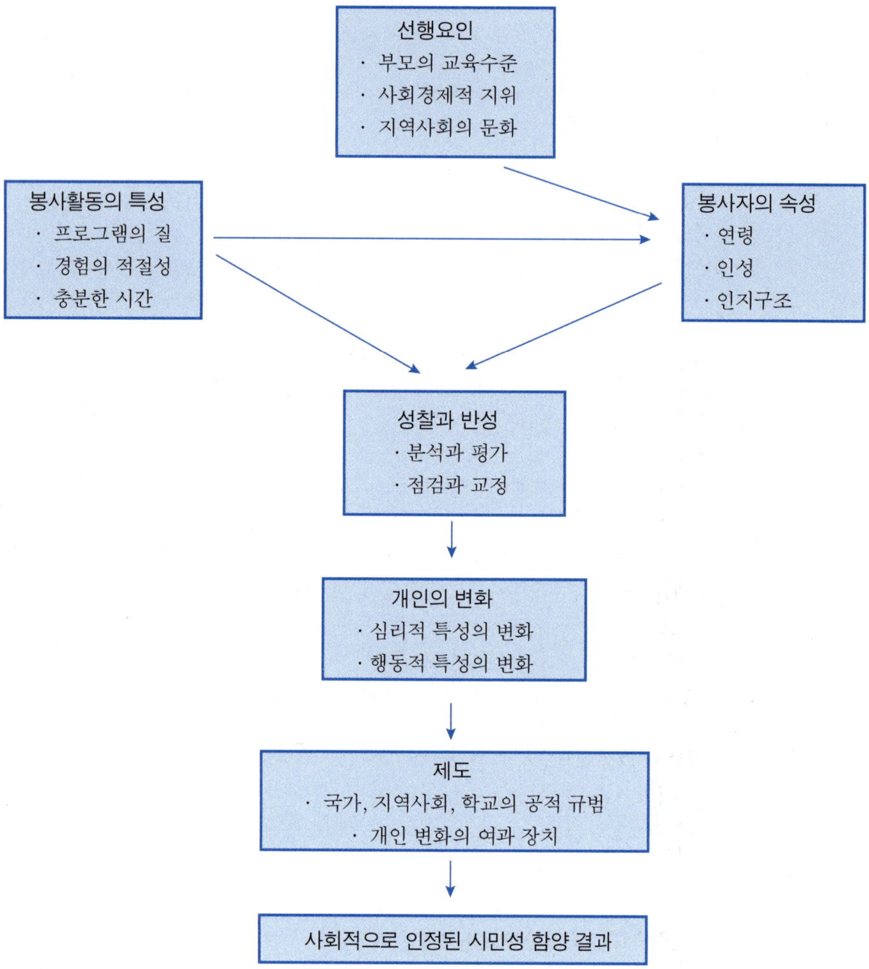

[그림 13-1] **봉사 학습 구조**

자료: Perry and Katula(2001)의 그림을 토대로 수정

2) 청소년 봉사 활동의 유형

청소년의 봉사 활동 유형은 크게 활동 분야, 활동 터전, 참여 경로에 따라서 분류될 수 있다.

먼저 활동 분야별 봉사 활동 유형을 살펴보면, 봉사 활동은 일손 돕기, 위문 활동, 지도 활동, 캠페인, 자선 구호, 환경시설 보존, 지역사회 개발, 기타로 유형화될 수 있다.

일손 돕기는 일손이 모자라는 공공기관, 복지시설, 병원, 학교, 농·어촌 등을 찾아 도움을 주는 봉사 활동으로서, 공공기관 일손 돕기, 복지시설 일손 돕기, 병원 일손 돕기 등이 그 예이다. 위문 활동은 우리 사회에서 소외되어 외롭고 힘들게 살아가는 사람들을 방문하여 위로·위문하는 봉사 활동으로서, 양로원 위문 활동, 장애인 위문 활동, 고아원 위문 활동 등이 그 예이다. 지도 활동은 청소년들이나 성인들에게 운동, 문화, 레크리에이션 등을 지도하는 봉사 활동으로서, 학업지도, 사회 복지 시설 아동 지도, 교통안전 지도 등이 그 예이다. 캠페인 활동은 특정 사안이나 사회적 이슈에 대해서 사람들에게 정보를 주고 계몽하기 위한 활동으로서, 공공질서 확립 캠페인, 교통안전 캠페인, 환경 보전 캠페인 등이 그 예이다. 자선 구호 활동은 재난, 재해, 질병, 빈곤 등으로 어려움에 처한 난민, 병자, 노약자, 빈민, 고아 등을 돕고 구제하기 위한 활동으로서, 불우 이웃 돕기 활동, 난민 구호 활동 등이 그 예이다. 환경·시설 보존활동은 환경 오염과 파괴로부터 자연 환경과 동·식물을 보호하고, 주변 환경이나 시설들을 깨끗하게 유지·보호하기 위한 활동으로서, 자연 보호 활동, 문화재 보호 활동등이 그 예이다. 지역사회 개발 활동은 지역사회 주민의 요구를 파악하고 반영하여 지역사회의 환경을 개선하고 지역사회의 문화 활성화, 지역사회 주민 활동 프로그램 개발 등과 같은 지역사회를 발전시키기 위한 활동으로서, 지역사회 조사 활동, 지역사회 가꾸기 활동 등이 그 예이다.

이상의 7가지 활동에 속하기 어려운 여러 가지 활동을 묶어서 기타 봉사 활동이라고 한다.

활동 터전은 청소년들에게 봉사 활동의 기회를 제공해 주는 시설과 기관, 지역사회, 산·강·들과 같은 자연환경을 포괄적으로 지칭한다. 이런 활동 터전에 따른 봉사 활동의 유형은 공공기관 및 시설 봉사 활동, 사회 복지 시설 봉사 활동, 행사장 봉사 활동, 농·어촌 봉사 활동, 하천·산 봉사 활동 등으로 구분될 수 있다.

참여 경로는 청소년들이 봉사 활동에 접근하여 봉사 활동을 하게 되는 통로를 의미한다. 청소년의 참여 경로에 따라 봉사 활동 유형은 크게 4가지로 분류된다. 이 중 가장 대표적인 유형은 학교를 통해 봉사 활동에 참여하는 것이다. 청소년의 90% 이상이 학생이고, 학교가 봉사 활동이 지닌 봉사 학습 효과를 인정하여 적극적으로 봉사 활동을 권장하고 있기 때문이다. 두 번째 유형은 청소년 단체와 시설, 시민단체 등과 같은 사회시설과 단체를 통해 봉사 활동에 참여하는 것이다. 청소년들의 봉사 활동을 장려하기 위한 다양한 봉사 활동 관련 단체가 있고, 흔히 NGO로 불리는 시민단체에서도 청소년들의 봉사 활동 활성화를 위한 프로그램을 운영하고 있다. 세 번째 유형은 교회, 성당, 사찰 등과 같은 종교 기관을 통해서 봉사 활동에 참여하는 것이다. 종교 기관은 이념상으로 보면 봉사 활동과 가장 친화력이 높은 곳이다. 종교가 추구하는 것이 소외된 이웃에 대한 배려와 구제이기 때문이다. 실제로 종교 기관에서는 다양한 봉사 활동 프로그램을 운영하고 있는데, 이런 프로그램을 매개로 청소년들이 봉사 활동에 참여하기도 한다. 마지막으로 들 수 있는 유형은 특정한 매개 기관 없이 청소년들이 개인적으로 직접 봉사 활동 분야와 터전을 물색하여 참여하는 것이다.

3) 봉사 활동 참여 실태

청소년 봉사 활동은 1995년 대통령 자문기구인 교육개혁위원회가 제시한 '5·31 교육개혁방안'에서 입시중심의 지식교육에서 탈피하여 청소년들로 하여금 다양한 체험 활동을 통해 인성을 계발하고 공동체 의식을 함양시키기 위해 제도적으로 도입되었다. 봉사 활동의 내용과 참가시간을 '학교생활기록부'에 기재하고 상급학교 진학 시에 반영하도록 하면서, 학교를 중심으로 봉사 활동은 활성화되기 시작하였고 점차 사회적으로 확산되었다. 청소년 자원봉사 활동 관리를 위해 2005년도에 청소년 봉사 활동 관리시스템(CS버전)을 구축하여 시·도청소년 자원봉사센터가 지역별 봉사 활동 기관 및 봉사 활동 프로그램, 실적 등을 보다 쉽게 관리·지원할 수 있도록 하였다. 2008년 청소년 봉사 활동 관리시스템은 기존 지역별로 운영·관리되었던 시스템(CS버전)에서 통합 시스템(WEB버전)으로 개편되었으며, 기존 청소년 봉사 활동 관리시스템에서 청소년 자원봉사 포털사이트로 발전시켜 청소년 봉사 활동 관리의 안정성, 편리성, 정보 제공 확대 등을 꾀하였다. 2012년에는, 여성가족부 청소년 통합정보시스템과 통합 작업을 추진하여 기존 청소년 자원봉사 포털사이트를 개편(dovol.youth.go.kr)하였으며, 정부3.0의 일환으로 2013년 9월부터 여성가족부 청소년 자원봉사 포털사이트(Dovol)와 안전행정부 자원봉사 통합관리시스템(1365나눔포털)의 연계 사업을 추진하였다(여성가족부, 2014).

2014 청소년백서에 따르면 2002년에서 2013년까지 청소년 봉사 활동 현황은 [그림 13-2]와 같다. 2002년부터 2013년까지를 보면 2009, 2010년도를 제외하고는 매년 참여인원이 증가하고 있으며 2013년에는 290만 명을 넘어서고 있다.

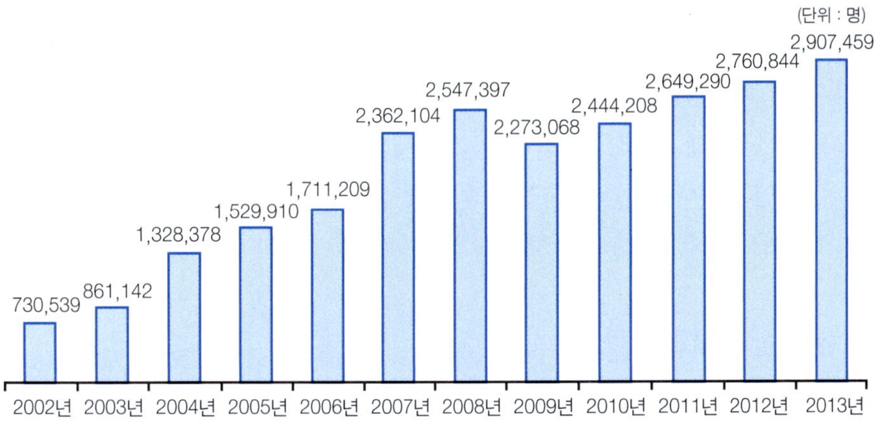

[그림 13-2] 연도별 청소년 봉사 활동(교육과 연수 포함) 현황

청소년 봉사 활동을 활성화하기 위해 매년 4월 셋째 주 주말을 세계 청소년 자원봉사의 날(Global Youth Service Day)로 지정하여 봉사 활동 행사를 벌이고 있다. 이 행사는 1998년에 시작되었고, 한국도 2001년부터 한국 청소년 활동 진흥원이 주관하여 세계 청소년 자원봉사의 날 행사를 운영하고 있다(여성가족부, 2014). 2011년부터 2015년까지의 세계 청소년 자원봉사의 날 행사 주제와 참여인원을 보면 〈표 13-1〉과 같다.

〈표 13-1〉 세계 청소년 자원봉사의 날 운영 현황

연도	주제	참여인원
2011년	가족과 함께하는 자원봉사/성년의날 청소년 자원봉사	5,733명
2012년	소외계층 함께하는 자원봉사/가족과 함께하는 자원봉사	7,876명
2013년	소외계층과 함께하는 자원봉사	10,300명
2014년	소외계층과 함께하는 자원봉사	8,366명
2015년	지역사회와 함께하는 자원봉사 활동	10,269명

출처: 한국 청소년 활동 진흥원, https://www.kywa.or.kr.

〈제3절〉 봉사 활동 지도방법

청소년기부터 봉사 활동의 가치와 중요성을 인식하여 자발적으로 봉사 활동을 하는 습관을 형성하게 할 필요가 있다. 이를 위해서 청소년에 대한 체계적인 봉사 활동 지도가 필요하다. 이런 점을 고려하여 아래에서는 청소년에 대한 봉사 활동 지도의 목표, 봉사 활동 지도의 단계, 봉사 활동 지도 사례에 대해서 살펴보기로 하겠다.

1) 봉사 활동 지도의 목표

청소년에게 봉사 활동을 체계적으로 지도하는 목표를 인성 측면, 공동체 측면, 민주주의 측면에서 정리할 수 있다.

인성 측면에서 봉사 활동 지도는 이타성, 약자에 대한 배려, 나눔 등과 같은 따뜻한 인간성을 기르는 것을 목표로 한다. 봉사 활동은 나의 능력과 재산, 시간을 희생하는 이타적인 활동이다. 이런 나눔의 봉사 활동은 청소년에게 인간에 대한 사랑과 신뢰를 체험하는 소중한 기회가 된다. 물질주의와 기계문명의 발달에 의해서 인간이 수단시되고 인간 관계가 척박해지는 현실을 극복하기 위해서는 인간에 대한 사랑과 신뢰를 회복하는 것이 필요하다. 봉사 활동을 통해서 청소년은 인간에 대한 사랑과 신뢰의 회복, 따뜻한 인간성 함양을 경험하면서 체득하게 된다.

공동체 측면에서 봉사 활동 지도는 청소년의 공동체 의식 함양과 사회통합성 제고를 목표로 한다. 봉사 활동은 이웃, 지역사회, 국가, 인류의 문제를 타인과 함께 해결하려는 활동이기 때문에 나만을 생각하는 이기성을 벗어나 공동체 의식을 함양하는 데 유용하다. 청소년지도자는 봉사 활동을 통해서 청소년으로 하여금 공동체의 일원임을 자각하도록 하고, 공동체 구성원들 간의 연대를 강화함으로써 공동체의 통합력을 높일 수 있다.

민주주의 측면에서 봉사 활동 지도는 청소년에게 참여적 시민성을 함양시키고, 청소년을 참여적이고 능동적인 시민으로 성장시키는 것을 목표로 한다. 봉사 활동은 지역사회, 국가, 지구촌의 문제에 직접 참여하여 이를 해결하려는 활동이기 때문에 오늘날 민주주의가 요구하는 참여적 시민성을 함양시키는 데 유용하다. 청소년지도자는 봉사 활동을 통해서 참여적 시민을 기르는 것을 지향함으로써 궁극적으로 민주주의 발달에 기여하게 된다.

2) 봉사 활동 지도의 단계

봉사 활동 지도는 봉사 학습 효과가 최대화되도록 하여야 한다. 봉사 학습 효과가 최대화되기 위해서는 앞에서 살펴본 봉사 학습 구조의 요소, 특히 봉사 활동의 특성, 봉사자의 속성, 성찰과 반성이 유기적으로 연결되도록 봉사 활동이 지도되어야 한다. 봉사 학습 효과가 최대화되는 봉사 활동 지도는 [그림 13-3]에서 보는 것처럼, 일반적으로 준비 단계(Preparation)-활동 단계(Action)-반성 단계(Reflection)-발표와 격려 단계(Demonstration and Celebration)를 거친다(Kaye, 2004).

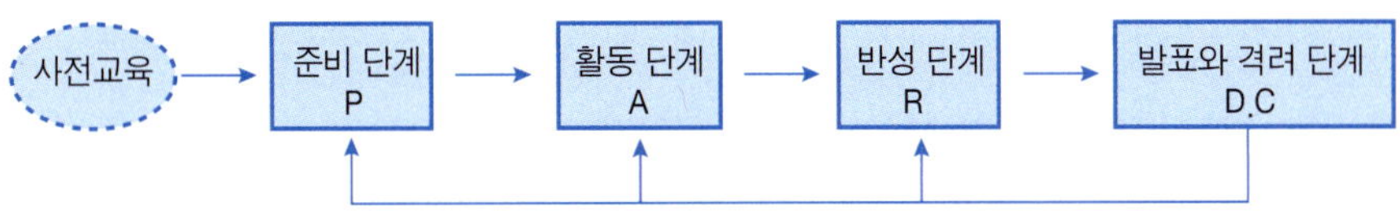

[그림 13-3] 봉사 활동 지도 단계

이 네 단계가 상호 유기적으로 연결될 때 봉사 활동 지도는 소기의 성과를 거둘 수 있다. 이 네 단계에 본격적으로 들어가기 전에 봉사 활동의 취지를 설명하는 사전 교육이 필요하다. 사전 교육을 통해서 청소년지도자는 봉사 활동의 취지와 가치, 중요성을 청소년에게 인식시킬 필요가 있다. 이런 인식의 공유를 통해서 청소년 스스로 내재적인 동기를 유발할 때 봉사 활동은 효과적으로 이루어질 수 있다.

각 단계에서 이루어지는 구체적인 활동 내용을 살펴보면 다음과 같다.

준비 단계(P)는 봉사 활동이 본격적으로 시작되는 단계이다. 준비 단계에서 청소년은 봉사 활동을 하기 위해서 지역사회의 요구를 조사하고 분석하여 이를 해결하기 위한 방안을 모색하고 봉사 활동 계획을 수립한다. 봉사 활동 계획을 수립할 때 봉사자인 청소년이 가지고 있는 선행 요인 및 속성, 봉사 활동의 특성이 종합적으로 고려되어야 한다. 준비 단계에서 봉사 활동이 이루어질 지역사회나 시설의 파트너와 함께 논의하는 것도 필요하다. 준비 단계에서부터 봉사 활동에 참여하는 청소년이 모두 적극적으로 참여할 수 있도록 적절한 역할 부여가 필요하고, 청소년지도자의 세심한 관찰과 배려가 있어야 한다.

활동 단계(A)는 준비 단계에서 마련된 계획이 직접적으로 실천되는 단계이다. 이제 청소년들은 자신의 계획과 생각을 실제 현장에 뛰어들어 실현하게 된다. 이 과정에서 청소년은 다양한 인간 관계를 형성하고 경험을 하게 된다. 사람들 간에 신뢰감이 형성되고 경험 속에서 의미를 발견할 수 있도록 충분한 시간이 주어져야 한다. 봉사 활동이 일회적으로 끝나지 않고 지속적인 활동이 될 수 있도록 지도되어야 한다. 지역사회 또는 지역사회 기관과 파트너십을 발달시키고, 필요한 경우 지역사회 인사나 집단들이 청소년 봉사 활동을 지도 또는 안내하도록 한다. 봉사 활동의 주도권을 봉사자인 청소년이 갖도록 하여 봉사 활동의 주체가 되도록 하고, 어려운 점이 발생하면 교사나 지역 봉사 활동 관련자는 즉시 도울 수 있도록 하여야 한다. 봉사적 요소와 학습적 요소가 동시에 구현될 수 있도록 봉사라고 하는 활동 경험 자체가 하나의 학습 구조로 운영되도록 교사나 지역 봉사 활동 관련자는 세심하게 배려하여 지도하여야 한다(김정배 외, 1999). 활동 과정 중에도 성찰과 반성의 시간을 가질 수 있도록 활동일지나 소감문을 쓰도록 지도한다.

반성 단계(R)는 봉사 활동에서 경험하고 느낀 내용을 내면적인 성숙과 각성으로 이어지게 하는 매우 중요한 단계이다. 또한 봉사 활동의 전 과정을 뒤돌아보면서 봉사 활동의 장·단점을 파악하여 다음 봉사 활동의 발전을 위해서 피드백하는 단계이기도 하다. 청소년은 반성을 통해서 봉사 활동 경험에서 획득한 지식, 기능, 경험 등이 자신의 삶과 지역사회 발전에 어떻게 연관되는지를 생각하게 된다. 반성 단계에서 청소년은 봉사 활동에서 얻은 경험의 인지적, 정서적, 사회적, 도덕적 측면의 의미가 무엇인지를 다시 음미하고 평가한다. 반성을 통해서 다른 사람과 공감 영역을 확대시키고 그들의 봉사 활동이 다른 사람이나 사회에 준 영향을 이해하게 된다. 봉사 활동에 참여한 청소년 및 청소년지도자 상호 간의 자유로운 토론과 질문에 의해서도 반성은 촉진된다. 반성 단계는 봉사 활동의 봉사 학습 효과를 최대화하기 위해서 필수적이고 핵심적인 요소이다(Wade, 2001; Hollis, 2002).

발표와 격려 단계(D·C)는 봉사 활동을 통해서 얻은 성과를 공중에게 알리고 공유함으로써 서로 인정하고 격려하는 마무리 단계이다. 발표는 다양한 방법으로 하는 것이 좋으며 축제적 분위기에서 이루어지도록 한다. 봉사 활동 성과에 대한 격려와 인정은 청소년들에게 자신감과 용기를 가지게 하여, 다음 봉사 활동에 대해 적극적인 동기를 가지도록 한다. 따라서 청소년지도자는 청소년 각자의 봉사 활동 성과를 부각시켜 많은 사람들로부터 격려와 인정을 받을 수 있도록 해야 한다.

3) 봉사 활동 지도 사례

'복지관 일손 돕기 봉사 활동'을 사례로 하여 구체적인 지도방법을 봉사 활동 지도 단계에 따라서 제시하면 다음과 같다.

〈복지관 일손 돕기 봉사 활동 지도〉

사전 교육

• 강의와 토론
- 봉사 활동의 의미, 특성, 이념 소개
- 청소년 봉사 활동의 필요성 설득
- 청소년 봉사 활동에 대한 자기 생각 발표, 토론

• 동기부여
- 감동적인 청소년 봉사 활동 비디오 시청을 통해서 동기 유발
 예) '아름다운 세상을 꿈꾸며'(중앙일보사), '봉사하며 배운다'(한국자원봉사연합회), '그늘진 곳에서도 우리 아이들'(MBC), '청소년봉사대'(EBS) 등

• 안내
- 복지관 소개
- 복지관 일손 돕기 봉사 활동 진행 단계

준비 단계

• 복지관 각 프로그램별 봉사 활동자 수요 조사
- 복지관의 각 프로그램별 활동 내용, 1일 필요 봉사 활동인원, 봉사 활동 시간, 봉사자 자격, 기타 유의사항 조사
- 조사된 자료를 토대로 '프로그램별 자원봉사수요 현황표' 작성

예) 프로그램별 자원봉사수요 현황표

프로그램명	봉사 활동 내용	필요 인원	봉사 기간	1회 봉사시간	비고	희망자
장미 어린이집	아동보육, 간식 지도, 교구제작, 청소, 담당교사 업무보조 등	5	1주에 3회	3시간 (오전/오후/저녁 중 선택)	동생을 돌본 경험이 있는 자 우대	
노인건강 센터	핫팩, 운동치료, 기계작동, 시각장애인보조	5	1주에 3회	3시간		
상록수 아카데미	장애·정신지체·자폐아 사회적응 돕기	5	1주에 2회	3시간 (오전/오후 중 선택)	장애에 관련된 사전 교육 1시간 이수	
도시락 배달서비스	독거노인들 도시락 배달	10	1주에 4회	2시간 (점심/저녁 중 선택)		
나눔과 돌봄의 방	초등학생 학습 지도, 한글지도, 놀아주기	5	1주에 3회	3시간	고등학생 이상	

• 각 프로그램별 봉사 활동팀 구성
- '프로그램별 자원봉사수요 현황표'의 프로그램별로 봉사 희망자 파악
- 각 프로그램별로 봉사 활동팀을 구성하여 같은 자리에 배치
• 봉사 활동팀별로 활동 계획 수립
- 프로그램의 특성을 파악
- 봉사 활동 계획 수립
- 복지관 프로그램 담당자의 조언과 안내

활동 단계
• 자신이 선택한 프로그램영역에서 봉사 활동 전개
예) 장미어린이집 프로그램 봉사팀
: 아동보육, 간식지도, 교구제작, 청소, 담당교사 업무보조 등 활동 전개
• 활동일지 기록
- 매일 봉사 활동 내용과 소감 기록

반성 단계
• 개인별 반성
- 먼저 개인별로 자신의 봉사 활동 과정을 뒤돌아보게 한 후 인지적, 정서적, 사회적, 도덕적 측면에서 배운 것, 좋았던 것 파악
- 고쳐야 할 것 파악
• 팀별 반성
- 개인별 반성을 토대로 팀별로 자유롭게 의견발표와 토론으로 봉사 활동 평가
• 발표준비
- 봉사 활동 성과를 중심으로 발표 준비
- 팀의 모든 구성원들이 발표에서 역할하도록 분담

발표 및 격려 단계
• 각 팀별로 봉사 활동 성과 발표
- 다양한 방법(역할극, 비디오, 사진 등)으로 발표
- 발표시 팀 구성원이 전원 참여할 수 있도록 역할 분담
• 상호 격려와 인정
- 각 팀별로 잘된 점 하나씩을 찾아 칭찬하고 격려하기

요약

봉사 활동은 '자발적인 자유의지를 바탕으로 자신을 돌보지 않고 타인, 지역사회, 국가, 인류사회에 공헌하는 행위' 라고 할 수 있다. 봉사 활동에서 자발적인 의지의 측면을 강조하는 입장에서는 봉사 활동을 자원봉사 활동, 자원(自願)활동이라 하기도 한다. 이런 봉사 활동은 개인의 계발, 공동체의 통합, 국가 기능의 부족한 부분 보충, 지구인들 간의 인류애 형성과 소통 등을 위해서 필요하다. 봉사 활동은 자발성, 공익성, 무보수성, 학습성, 행위성 등을 특징으로 한다.

봉사 활동의 가장 큰 특징 중의 하나는 시민성을 함양시키는 학습 효과가 있다는 점이다. 이런 학습 효과가 나타나는 이유는 봉사 활동이 '행함으로서 배움(learning by doing)'을 가장 잘 드러내는 사회 체험 활동이기 때문이다. 봉사 학습이 효과를 거두기 위해서는 봉사 활동은 실제적이어야 하고, 청소년의 발달 단계와 흥미에 적합하여야 하며, 충분한 기간 동안 지속되어서 대인 관계가 발달되고 사람들 간에 신뢰와 이해가 쌓일 수 있어야 한다. 또한 사려 깊고 역량 있는 성인 지도자의 안내와 더불어 세밀하게 계획되고, 지속적으로 성찰되어야 한다. 봉사 활동 지도의 목표는 인성 측면, 공동체 측면, 민주주의적 측면으로 나누어 정리될 수 있다. 인성 측면에서 봉사 활동 지도는 이타성, 약자에 대한 배려, 나눔 등과 같은 따뜻한 인간성을 기르는 것을 목표로 한다. 공동체 측면에서 봉사 활동 지도는 청소년의 공동체 의식 함양과 사회통합성 제고를 목표로 한다. 마지막으로, 민주주의 측면에서 봉사 활동 지도는 청소년에게 참여적 시민성을 함양시키고, 청소년을 참여적이고 능동적인 시민으로 성장시키는 것을 목표로 한다.

봉사 활동 지도는 봉사 학습 효과가 최대화되도록 해야 한다. 봉사 학습 효과가 최대화되기 위해서는 봉사 학습 구조의 요소 특히, 봉사 활동의 특성, 봉사자의 속성, 성찰과 반성이 유기적으로 연결되도록 봉사 활동이 지도되어야 한다. 이를 위해서 일반적으로 준비 단계-활동 단계-반성 단계-발표와 격려 단계를 거친다. 이 네 단계가 상호 유기적으로 연결될 때 봉사 활동 지도는 소기의 성과를 거둘 수 있다.

연습문제

1. 봉사 활동의 필요성을 설명하시오.
2. 봉사 활동의 특징 다섯 가지를 기술하시오.
3. 봉사 학습에 관련된 요인을 설명하시오.
4. 봉사 활동 지도의 단계를 구체적으로 설명하시오.

Chapter 14

자치 활동 지도

<제1절> 청소년 자치 활동에 대한 이해

청소년 자치 활동은 청소년들이 공통의 목적과 관심사에 의해 스스로 조직하고 운영하는 활동을 말한다. 청소년 자치 활동은 동아리 활동을 포함해 최근 청소년 특별회의, 청소년 참여위원회, 청소년 운영위원회 등 활발하게 그 폭을 넓혀가는 청소년 활동 분야 중 하나이다. 청소년 자치 활동 지도방법은 이러한 자치 활동들을 효율적이고 효과적으로 전개할 수 있도록 하기 위해 청소년지도자가 적절하게 개입하는 전략이자 지도 기법, 기술 등을 의미한다. 특히 청소년 자치 활동은 청소년들의 시민성 계발, 민주적 의식 함양 등과 연결되어 사회 구성원으로의 안착을 도모하는 시민교육 방법의 하나이기도 하다. 따라서 청소년지도자는 청소년 자치 활동을 촉진하고 활성화시키기 위한 전문적인 지도 기법과 개입 전략을 갖추어야 한다.

1) 청소년 자치 활동의 개념

청소년 자치 활동은 청소년의 자율적 참여를 기반으로 외부의 간섭이나 압력 없이 구성원 자신의 합의와 의사 결정에 의해 운영하는 청소년 활동들을 말한다. 과거에는 흔히 '자치 활동'이라 하면 학생 자치 활동이라 하여, 학생 신분에서 요구되는 자치 활동으로 제한하여 인식해 단순히 학생회 활동을 포함한 학급 활동, 클럽 활동(CA)[1)]

1) 흔히 클럽 활동(club activity)과 동아리 활동(circle activity)을 같은 개념으로 보는 경우가 많다. 그러나 동아리 활동은 학교라는 제한된 공간 내에서 이루어지는 클럽 활동과는 달리 학교 내외에서 이루어지는 포괄적인 청소년 자치 활동을 말한다. 동아리 활동 중에는 학교연합동아리도 있을 뿐만 아니라 지역사회의 청소년 단체, 전국적 혹은 국제적 조직으로서의 청소년 단체에서 주관하는 동아리 활동도 포함되기 때문이다. 또 청소년 동아리 활동은 학업청소년 이외의 청소년들이 활동 주체가 될 수 있으므로 대체로 학업청소년중심의 클럽 활동과는 대비된다. 반면에 클럽 활동이란 학교에서 음악·미술·연극·스포츠 등에 공통된 흥미나 관심을 가진 '학생'이 자치 활동 조직을 만들어 수행하는 교육 활동을 뜻한다. 그래서 클럽 활동은 교과교육과 함께 교육 과정을 구성하고 있는 특별교육 활동의 한 분야로 실시된다. 다만 클럽 활동은 취미나 흥미를 함께 하는 집단활동이므로 학급이나 학년의 테두리를 두지 않으며, 교과학습이 일정한 교과과정에 의해서 실시되는 자발적·창조적인 활동이라는 특성을 가진다.

으로 구분하였다. 이는 청소년시기를 '학교에서 학습하는 시기'라는 이른바 학령인구의 관점으로 제한하였기 때문이다. 즉, 청소년시기의 생활양식을 학교라는 공간과 학생이란 사회적 지위에 제한하려는 기존 사회규범의 개입에 의한 결과였다.

그러나 오늘날 학교 교육에서 다양한 체험 학습이 강조되고, 청소년 생활장면에서 학교 이외의 생활영역이 확장, 그 의미가 중시되면서 단순히 자치 활동의 내용과 공간을 학교 안으로 한정짓기는 어렵게 되었다. 청소년 특기적성교육, 청소년 자원봉사 활동, 청소년 동아리 활동 등이 학교 이외의 장면과 유기적으로 연계·협력해야 할 필요성이 대두되고 커지게 된 것이 그 방증이다. 더욱이 주 5일제 수업이 실시되면서 학교를 포함한 지역 중심의 청소년 활동 활성화가 요구되면서 단순히 교육은 곧 학교 교육이며 청소년은 곧 학생이란 등식을 더 이상 고집할 수 없게 되었다.

이러한 현실들을 감안해 본다면 지금껏 청소년 자치 활동을 단순히 학생 자치 활동이라 제한하여 규정하는 것은 무리이다. 오히려 학교 외의 다양한 장면에서 요구되는 모든 자치 활동을 아우르는 포괄적인 용어로써 청소년 자치 활동이라 칭하는 것이 보다 바람직하다. 이런 측면에서 청소년 자치 활동은 학생 자치 활동이란 개념보다 '청소년 권리'와 지금 현실에 대한 '적극적이고 자율적인 참여 활동'이란 의미를 더욱 강조하고 생활의 장면을 보다 확장한 개념이다. 이러한 개념의 변화에는 청소년의 참여와 권리에 대한 세계적 흐름이 씨줄로, 이질적이고 독자적인 세대문화의 폭발적인 산출과 그 확산력이 날줄로 작용하였다.

따라서 자치 활동을 지도하는 지도자라 한다면 이러한 개념에 대한 인식이 분명해야 한다. 즉, 청소년 자치 활동이란, 학교생활뿐만 아니라 모든 삶의 현장에서 청소년들의 자율적 참여의 기반 위에 자신의 권리를 보장하고 스스로의 생각과 행동에 책임을 지도록 하는 자세를 길러줄 필요가 있다. 통상 자치 활동의 내용에는 학교장면에서 요구되는 학급 활동, 학생회 활동, 클럽 활동뿐만 아니라 청소년 동아리 활동, 청소년특별회의, 청소년 참여 위원회, 청소년 운영위원회 등의 자치회 모임도 포함된다. 그러나 여기서는 청소년 자치 활동을 장면(학교—학교 외)과 내용(학생회, 동아리, 위원회 등) 중심으로 구체적으로 구분하지는 않았다. 다만 청소년 자치 활동이란 제목으로 각 장면과 내용에서 응용과 변용이 가능한 원칙적 활동을 중심으로 논의하였다. 특히 이 글은 지도자뿐만 아니라 청소년 스스로도 자치 조직을 운영할 수 있도록 하기 위하여 때로는 청소년의 관점에서 논의하기도 하였다. 이때 지도자는 이와 같은 내용을 참조하여 적정한 개입과 지도의 방법을 탄력적으로 변용하여 지도 과정에 임할 수 있어야 한다.

2) 청소년 자치 조직의 구성 단계

자치 조직을 구성하기 위해서는 성급히 모든 것을 이루려 하기보다는 차근차근 다가가는 단계별 접근이 필요하다. 구체적으로는 [그림 14-1]과 같이 첫째 탐색 및 준비 단계, 둘째, 자치 활동의 초기 단계, 셋째, 자치 활동 안정화 단계로 구분할 수 있다.

(1) 탐색 및 준비 단계

탐색 및 준비 단계는 자치 활동 기반을 준비하는 단계로 활동의 목적과 목표를 설정하고 구성원을 확보하는 단계이다. 처음엔 몇몇 친구들을 중심으로 대략적인 자치 활동의 목적을 가다듬고 더 많은 회원 확보가 필요하다고 생각되면 친구들에게 널리 알려 같이 동참하기를 권유하기도 해야 한다. 이 단계에는 자치 활동 목적에 대해 공감하는 다른 친구들과 토론과 협의를 통해 활동 목표를 다시 한번 다듬고 선정하면서 동시에 활동에 도움이 될 조언과 관련 정보·자료를 수집하고, 외부적으로 활용 가능한 자원들을 수집·획득하는 활동들이 모두 포함된다.

구체적으로는 구성원들의 흥미와 관심에 기초한 활동 목표를 구안하기 위해 효과적인 조직 내부의 의사 소통을 보장하고, 욕구 조사 등을 실시하여 구성원들의 흥미와 관심을 사전에 파악하는 것이 필요하다. 특히 이 단계에서는 구성원들의 관심과 지지를 받는 자치 기구 혹은 자치 활동이 될 수 있도록 최대한 노력을 기울여야 한다(TIP 1 참조). 또, 구안된 활동 목표와 관련된 기초적인 정보와 자료들을 가급적 최대한 확보하여 활용한다. 한편으로는 외부적으로 자치 활동의 효과를 극대화하기 위해 참여와 협력이 가능한 인적 자원(교사, 청소년지도자, 문화 활동전문가 등)과 물적 자원(예산 지원, 물품지원 등) 등의 지원체제를 구축한다. 특히 준비 단계에서 활동 목표가 동일하거나 유사한 선행 자치 활동 경험을 갖고 있는 사람들의 도움을 받는 것은 비용과 노력 등의 시행착오 경비를 줄이는 면에서 효과적이다. 이 단계에서 지도자는 문제 인식을 갖고 있는 청소년들이 이와 같은 과업들을 잘 수행할 수 있도록 조력해 주어야 한다. 이때 지도자는 어려운 상황에 봉착하기 전에 미리 이와 같은 사항들을 알리고 점검하도록 도와주는 것이 필요한 일이며 너무 개입하거나 지시함으로써 청소년 자신의 자발성을 꺾지 않도록 유념해야 한다.

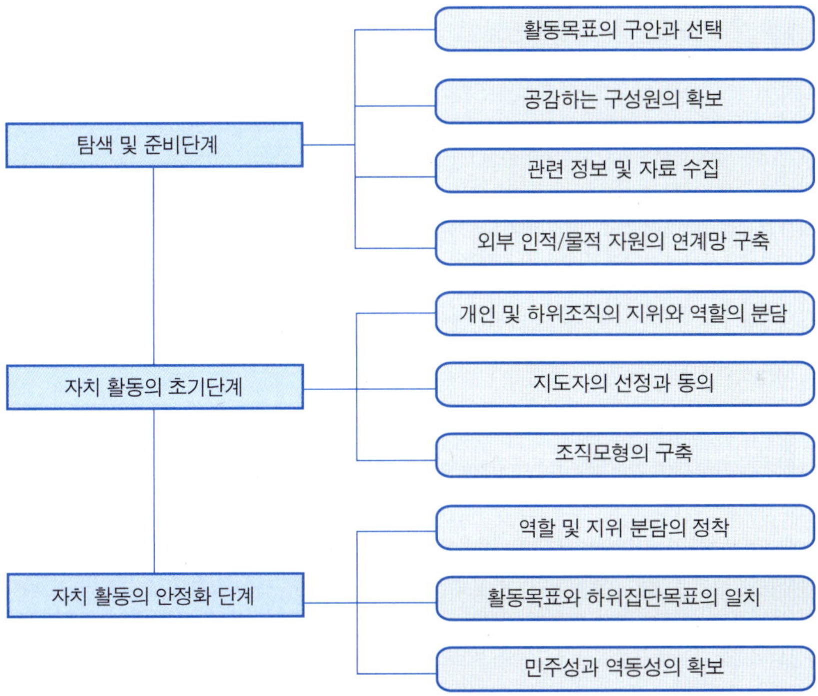

[그림 14-1] 청소년 자치 활동 구성 단계

(2) 자치 활동 초기 단계

이렇게 자치 활동이 가능한 내외부적 조건과 상황이 성숙되면, 둘째 단계인 자치 활동 초기 단계 즉 자치 활동의 실행 단계로 넘어간다. 준비 단계를 통해 구성원인 개인들의 고유한 성격과 능력, 태도가 드러나고 조직 구성에 필요한 하위 조직(소집단)들이 나타난다. 또 개인과 소집단의 적절한 지위와 역할이 분담되면서 지도력(leadership)을 갖고 있는 구성원이 점진적으로 구성원의 동의를 기반으로 나타나게 되는데, 이러한 일련의 절차가 조직적인 체계를 갖추게 되면서 공식적인 조직 구조의 초기모형을 세운다. 즉, 조직의 전체모형이 구안되면서 필요한 하위 조직을 두게 되고, 각각의 하위 조직에 적절한 개인 구성원들이 배치되면서 짜임새 있는 조직 모형을

TIP 1 친구들의 무관심과 냉담

자치 기구 구성에 있어 가장 큰 장애를 꼽으라면, 자치 기구 혹은 자치 활동에 대한 친구들의 무관심과 냉담이다. 청소년들이 자치 활동을 시작하고자 하는 준비 단계에서 가장 무기력한 경험을 갖는 경우는 구성원들의 지지를 얻지 못할 때다. 사실, 구성원들의 관심과 지지를 받지 못하는 자치 기구나 자치 활동은 무의미하다. 만약 자치 활동을 준비하는 데 있어 구성원들이 무관심하거나 냉담한 자세를 취할 때에는 다음의 질문들을 자문하도록 도와주자.

1) 나는 친구들의 요구를 어느 정도 안다고 생각하는가? 혹시 달리 알고 있지는 않는가?
2) 친구들의 요구와 자치 활동의 목표가 다른가?
3) 자치 활동 과정에 있어 친구들의 기대와 요구를 충분히 수렴하였는가?
4) 자치 기구의 활동 목표에 대해 얼마나 설득력 있게 그리고 성실하게 홍보하였는가?
5) 소외시킨 친구들은 없는가? 의견 수렴·결정 과정에서 독단적인 판단을 고집하거나 다른 의견들을 소홀히 한 적은 없는가?
6) 친구들 간에 편이 갈려 있는가? 그렇다면 의견 수렴 및 결정 과정에서 조화롭고 균형있는 태도를 견지했는가?

무엇보다 구성원들의 지지와 관심을 이끌어 내기 위해서는 또래친구들이 무엇을 요구하고 어떤 의견들을 갖고 있는지를 먼저 파악하도록 도와주는 것이 중요하다. 또 이러한 요구와 의견들은 자치 기구를 구성하고 자치 활동을 하는 과정에서 항상 수렴하고 결정의 기준으로 삼아야 한다는 신념이 필요함을 전달해주어야 한다. 그러기 위해서는 다음과 같은 항목들을 검토하고 확인하도록 지도할 필요가 있다.

1) 활동의 주체는 소수가 아닌 친구들 모두이다.
2) 항상 구성원들의 요구와 의견들을 수렴하자.
3) 활동 목표를 설정하거나 활동 과정에서 구성원들의 기대와 요구가 충분히 반영되었는지를 살펴보자.
4) 충분한 의사수렴 및 의사 결정 과정이 가능한 제도적인 장치가 갖춰져 있는지, 그리고 투명하게 기능이 수행되고 있는지를 살펴보자.
5) 가능한 모든 매체와 방법을 통해 활동의 목적과 구체적인 목표들을 널리 홍보하자.

만들 게 되는데 이를 체제이론(system theory)에서는 조직체계의 다섯 요소(개인/공식적 조직/소집단/지위와 역할/물리적 장면)라 부른다(Muchinski, 2000: 283).

이 단계에서는 지도력을 갖춘 지도자의 선출과 동의, 구성원 개인과 소집단에 대한 적절한 지위와 역할의 분담, 안정성과 추진력을 갖춘 조직 모형의 구축 등이 요구된다. 특히 조직 내부의 갈등을 조정하고 선정된 활동 목표를 조직적으로 추진하는 데 있어 합리적·민주적 의사수렴 절차를 거친 지도자 곧 리더의 선출은 매우 중요하다. 아울러 갈등의 사전 예방차원에서 적절한 집단 및 개인의 역할 분담 역시 중요하다.

이때 청소년지도자는 청소년들로 하여금 취지와 목적에 부합하고 개별 구성원들에게 적정한 역할이 부여될 수 있는 조직 모형의 사례를 제시하는 등 관련 정보의 수집과 자료 등을 전달할 수 있다. 특히 참여하는 청소년들 중 지도력을 갖춘 지도자가 자연스럽게 조직의 중심에 설 수 있는 과정을 아무런 개입이 없이 관찰하는 것은 중요하다. 자칫 지도력을 갖춘 청소년에게 힘을 행사하거나 편애하는 등의 오해를 사게 되면 자치 활동 지도자로서의 신뢰를 한순간에 잃을 수 있기 때문이다.

(3) 자치 활동 안정화 단계

자치 조직의 안정화 단계란, 자치 활동 목표가 구성원들에게 널리 인준되어진 상태를 말한다. 이 단계에 들어와 초기 단계가 갖는 여러 시행착오와 미숙한 초기 경험의 단계를 거듭하면서 청소년 자치 조직은 점차 안정화 단계로 접어들게 된다. 이때 청소년지도자는 청소년들이 실패를 두려워하지 않도록 배려해 줄 필요가 있다.

이 단계에는 활동 목표를 중심으로 개인과 집단의 역할 및 지위의 분담이 정착되고, 하위 조직(소집단)이 전체 조직의 활동 목표를 효과적으로 수행하기 위해 일치되어 있으며, 지도자(청소년 대표)의 승계 역시 이를 중심으로 안정화되어진다. 구조적으로는 안정적이며 기능적으로는 효율적인 상태이다.

이 단계에서 조직은 조직의 응집력을 기반으로 민주성과 역동성을 얼마나, 어떻게 유지하느냐가 관건이 된다. 자칫 안정화 단계에서 조직은 과도한 권력의 집중현상을 보이기 쉬우며, 또 이른바 매너리즘이라 불리는 관성적 모습(타성에 젖어 스스로의 계발을 게을리하고 안주하려고만 하는 모습)을 취하기 쉽다. 독단적 판단 등의 권력집중 현상을 예방하기 위해서는 구성원, 소집단 간의 자유로운 의사 소통체계 및 의견 수렴 및 결정 과정을 확고히 구축하여야 한다. 이를 다른 말로 민주적 대의장치라고 한다. 아울러, 역동성의 유지와 추구는 안정화 단계에서 조직 전체가 한 단계 더 진일보할 수 있는 기반이 된다는 점에서 중요하다. 조직의 문화와 분위기가 매너리즘적 요소를 보이게 된다면 그 동안 합의되고 추구하였던 활동 목표를 개선·보완·수정하거나, 한편으로는 활동 목표의 개선·보완이 필요하지 않을 때에는 조직의 구조와 기능을 변화시킴으로써 매너리즘으로부터 벗어날 수 있다. 이와 같은 점을 지도자는 적절하게 청소년 대표와 구성원들에게 알려주는 역할을 해 줄 필요가 있다.

3) 자치 조직의 활동 단계

자치 조직에 청소년 스스로의 자발적 참여가 가능하기 위해서는 자치 활동 자체가 개방적이고 능동적이어야 하며 동시에 자치 조직의 운영이 민주적이면서 전략적이어야 한다. 여기서 전략적 운영(strategic management)이란 조직이 나아가야 할 방향과 목표에 대해 거시적 수준에서 미시적 수준으로(넓게 보는 수준에서 점차 세밀하게 보는 수준으로) 단계적인 접근을 하는 것과 동시에 기획과 실행, 평가 등 각 영역에서의 유기적인 설정과 실천을 의미한다(Kaufman, 1998).

청소년 동아리 활동, 청소년 참여 위원회, 학생 자치 기구, 특별회의, 청소년 운영위원회 등 청소년 자치 조직이 어떤 활동을 하더라도 그 절차에는 다음 [그림 14-2]와 같이 크게 기획 단계, 실행 단계, 평가 단계가 있음을 지도자는 알려줄 필요가 있다. 또 각각의 단계 아래에는 구체적인 하위 활동 내용이 자리잡아 미시적인 단위에서 요구되는 수행 과제가 거시적인 수준에서 요구되는 단계별 전략과제를 충족시키는 기본요소로 작용하게 됨을 적절하게 알려줄 필요가 있다. 보다 쉽게 설명하자면, 부분은 전체와 유기적인 관계를 유지해야 하며, 활동의 절차는 단계별로 차근차근 밟아가야 한다는 이야기이다.

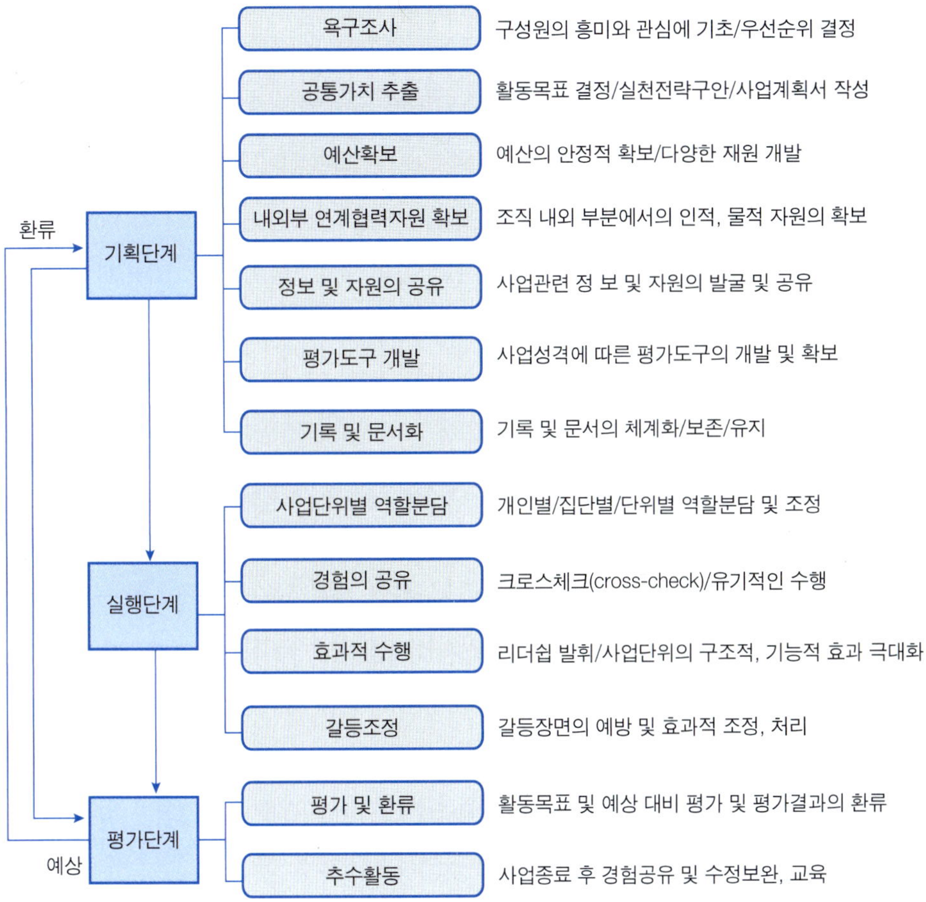

[그림 14-2] 청소년 자치 활동의 활동 단계

(1) 기획 단계

먼저 기획 단계는 어떤 사업을 하든지 간에 가장 기본적이며 또 가장 중요한 단계라 할 수 있다. 꼼꼼히 기획 단계에서 요구되는 수행 과제를 사전에 검토하고 또 달성한다면, 실행 및 평가 단계의 어려움은 효과적으로 극소화할 수 있다. 아울러 참여의 기회를 충분히 갖지 못해 시행착오의 두려움을 많이 갖고 있는 자치 기구일수록(경험이 없는 조직일수록) 기획 단계의 중요성은 더욱 커진다. 한 번의 실패 경험이 두 번째의 시도와 노력을 빼앗아 갈 수 있기 때문이다. 따라서 청소년 자치 활동에 있어 기획 단계의 중요성은 아무리 강조해도 지나침이 없다.

이 단계에서의 구체적인 활동 내용으로 먼저, 구성원의 흥미와 관심에 기초한 욕구 조사를 들 수 있다. 자치 활동을 하는 청소년들이 어떤 활동을 전개하고자 할 때 가장 큰 힘이 되는 것은 구성원의 이해와 동의, 그리고 협력이다. 이런 점을 인정한다면, 욕구 조사는 사업 활동에 있어 지혜로운 첫 출발임을 지도자는 청소년 자치 활동 구성원들에게 알려줄 필요가 있다. 욕구 조사를 통해 구성원들이 갖고 있는 희망과 욕구들을 파악함으로써 자연스럽게 이러한 욕구들을 우선순위화할 수 있고, 또 공통적인 가치들을 뽑아낼 수 있다. 또 이런 공통적인 가치들은 활동 목표를 결정하는 데 도움을 주며, 아울러 실천적인 전략을 마련하는 데 결정적인 도구가 된다. 이러한 실천적인 전략들이 사업 계획서를 통해 더욱 구체화되면서 활동의 목적과 목표, 배경과 기대 효과, 홍보 전략 등으로 구체화된다.

한편, 청소년들이 단위활동을 하려고 할 때, 사업 계획서를 만들어야 하는 경우가 많다. 청소년 시설 등에서 청소년 운영위원회를 반드시 두게 하였고, 그에 따라 청소년 자치 활동 기반이 확고히 마련되게 되었다. 청소년 운영위원회 등의 자치 기구는 단위 사업들을 연간 사업 계획에 따라 기획, 실행하거나 혹은 새로운 사업들을 기획, 실행할 수 있게 되었다. 이러한 단위 사업들은 당연히 매 경우마다 단위 사업 계획서를 작성하게 되어 있다. 이 때, 청소년지도자는 자치 활동을 하는 청소년들이 단위 사업 계획서를 잘 작성하도록 지도하고 안내해 주어야 한다.

사업 계획서를 작성하면서 중요한 구성요인으로는 얼마만큼 돈이 들어가는지, 그리고 도움을 줄 수 있는 사람과 물질적 자원은 무엇인지를 계획하고 확보하는 것이 중요하다. 이를 일러, '예산 계획 및 확보', 그리고 '연계·협력이 가능한 자원의 개발 및 확보'라 한다. 예산은 활동을 지지하는 물적 기반으로 예산이 궁할 수밖에 없는 청소년 자치 조직으로서는 항상 중요한 과제이다. 따라서 사업 활동을 하기에 앞서 기획 단계에서부터 예산의 안정적인 확보와 다양한 재원의 개발 가능성을 꼼꼼히 진단하고 타진하도록 도와주어야 한다(TIP 2 참조). 구체적으로 청소년지도자는 청소년들이 학교 장면에서 학생 자치 활동에 대한 예산편성권을 갖는 학교 운영위원회와의 협력을 통해 지혜롭게 풀 수 있도록 도와주고, 학교 외부적으로는 국가나 지방자치단체 등에서 예산을 보조 혹은 지원받을 수 있는지를 알려준다. 이때, 지방자치단체별로 지원 규모 및 지원 의지의 편차가 심하기 때문에 충분한 지원을 받지 못하거나 아예 받지 못할 경우도 있을 것이다. 아니면, 청소년들 스스로가 예산 지원을 선호하지 않는 경우도 있을 것이다. 이럴 경우엔 다양한 재원을 개발하여 확보하는 방법을 알아보자. 흔히 시민단체나 학생 자치 기구에서 바자회, 물물거래장터, 티셔츠 판매 등 수익사업을 병행하거나 기업체 등에서 스폰서를 받는 방법이 여기에 속한다. 그러나 수익사업을 병행하거나 스폰서를 받는 방법은 자칫 활동자체의 의미와 목적이 퇴색되거나 오해를 받을 수 있으므로 투명하고 합리적으로 수행하지 않으면 안 된다. 특히 예산과 관련하여 투명하고 깨끗하게 확보하고 운영될 수 있도록 청소년지도자는 세심한 배려와 지도를 해 주어야 한다.

조직 내외부문에서 연계·협력이 가능한 인적·물적 자원을 확보하는 것은 현재 확보해 둔 예산을 효율적으로 절감하면서 동시에 프로그램의 효과를 진작할 수 있는 방안이다. 따라서 지역사회의 풍부한 인적·물적 자원을 사전에 파악하고 단위 사업 내용과 성격에 따라 유용하게 연계·협력할 수 있도록 평상시에도 자원에 대한 정보를 확보할 수 있도록 하는 것이 좋다. 이렇게 자원들을 미리 확보하면 기획 단계에서 소요되는 시간도 절약할 수 있다. 예컨대, 장소 및 외부 강사 섭외, 외부에서 자원봉사자(볼런티어)를 확보하고자 하는 경우 이에 대한 최적의 정보와 자원들을 미리 갖고 있다면 이런 과제들은 어렵지 않게 해결할 수 있다. 특히 지역사회 연계협력의 경우가 많은 지도자는 미리 이러한 자원들의 리스트를 확보하거나 만들어 청소년 자치 활동 및 기구가 필요로 할 때 적절히 제공해 주는 것은 지도자의 전문성과 신뢰성을 얻는 방법 중 하나이다.

이렇게 예산 및 자원의 확보가 이루어지면 구체적으로 사업 활동과 관련된 정보·자원을 발굴·수집하고, 발굴·수집된 정보와 자원들은 청소년 자치 기구 구성원들끼리 공유하도록 한다. 일례로 청소년들이 학생회 활동의 활성화를 위한 포럼을 준비한다면 학생 자치 기구의 역사적 변천과 유래 등 관련 정보를 수집해야 할 것이다. 이

때 관련 정보의 수집은 기획 단계에서 요구되는 논리적 타당성을 입증시키는 기초 자료로 작용하므로 가급적 다양한 방법들을 통해 수집하는 것이 좋다. 예컨대 관련도서들을 참조하는 문헌조사, 통신, 인터넷 등을 통해 정보를 수집하거나 유사한 프로그램의 자료 및 참가자들의 자문을 통해 수집할 수도 있다. 이렇게 수집된 정보 역시 구체적으로 분석해야만 활동방향 설정 및 내용에 도움이 된다는 점을 참고하도록 일러주는 것도 청소년지도자의 몫이다.

한편, 기획 단계에서부터 청소년들이 활동에 대한 평가 도구를 개발하고 준비하도록 조력해 줄 필요가 있다. 흔히 기획 단계에서 간과하기 쉬운 평가 도구의 개발 및 준비는 당초 목표한 수준에 이르렀는지를 환류(feedback)할 수 있는 준거를 마련해주며, 아울러 동일하거나 유사한 다른 사업 활동을 기획, 실행할 때에도 도움을 준다는 사실을 알려야 한다. 따라서 평가는 청소년 자치 활동의 발전과 변화를 위한 기초적인 자료이자 원천이라 할 수 있다. 평가 방법으로는 주체에 따라 자원봉사자를 포함한 활동 수행자, 혹은 활동 참가자를 중심으로 평가하는 유형, 방법에 따라 5점 척도, 4지 선다형 등의 설문지기법(survey), 진술형 기록지, 현장 참여 관찰 등의 유형으로 구분하는 등 다양한 방법이 있음을 실례를 들어 제시하는 것은 효과적인 지도방법 중 하나이다. 또 절차에 따라 사전 평가, 과정 평가, 종결 평가로도 구분할 수 있다는 사실도 알려줄 필요가 있다.

그리고 기획 단계에서부터 이 활동이 어떤 효과를 가질 지에 대해 예상하는 것도 중요하다. 흔히 사업 계획서의 기대 효과라는 항목으로 기술되는 평가의 예상은 청소년들이 준비하는 자치 활동이 갖는 의미를 구성원 중심으로 확산시키고 활동의 타당성을 강화하는 요건이 된다.

아울러 이런 모든 기획 단계의 수행 과제들은 기록으로 남겨지고, 또 일정한 틀로 구성된 문서로 이루어져야 한다. 기록을 하고 이를 문서화하는 작업은 실행 단계 및 평가 단계 등 이후 단계를 점검할 수 있는 단서로 작용한다. 나아가 청소년들의 삶의 역사이자 동시에 다음 후배들에게도 활동이 계속 유지·발전될 수 있도록 하는 주요 자료로 활용될 수 있다는 사실을 꼭 알려주어야 한다.

TIP 2 예산이 없거나 부족한 경우

자치 활동에 있어 예산이 없거나 부족한 경우에는 활동자체가 위축된다. 이전부터 해왔던 행사나 일들을 못 하기도 하고, 부득이하게 활동 규모나 질을 전에 비해 축소해야 하는 경우도 있다. 따라서 예산의 안정적인 확보는 활동의 유지와 발전을 위해서 필수 불가결한 요소이다. 하지만 현실적으로 예산을 안정적으로 확보하기란 쉽지 않다.

예산을 확보하는 데 도움이 되는 다음과 같은 방법들을 청소년들 스스로가 생각해 보고 실천하도록 하자.

1) 예산 부족과 관련한 공개적인 논의의 장을 열자

예산이 없어서 의미있는 일들을 수행하지 못하거나 심하게는 청소년 자치 기구의 생존을 위협받고 있을 때 의외로 이러한 상황을 구성원 내부나 혹은 외부에서 잘 모르는 경우가 있다. 이때 공개적인 논의의 장을 통해 공론화한다면 나만의 걱정이 아닌 우리 모두의 걱정으로 확장되어 함께 극복하는 과제로 만들 수 있다. 즉, 다양한 여러 대안들을 제시하는 데 있어 친구들이나 혹은 외부의 협력자원들이 뜻하지 않은 아이디어를 제공할 수도 있다. 그러나 무엇보다도 공론화의 의미는, 모두의 의견으로 합의된 대안들을 강력하게 제시할 수 있는 힘을 모아준다는 데에 있다. 의견을 주장으로 치환시키는 절차가 바로 공개적인 논의의 장이다.

2) 학생 자치 활동에 대해서는 학교 운영위원회의 도움을 받도록 하자

학교의 경우에는 학교 운영위원회가 학교 운영예산 및 결산권을 갖고 있다. 그러나 현재 학교 운영위원회에는 학생대표가 합법적으로 참여할 수 있는 통로가 마련되어 있지 않다(물론 그렇지 않은 소수의 학교도 있다). 그렇다고 그냥 넘어가지는 말자. 학교 운영위원회에 참여하는 선생님이나 학부모님 혹은 지역사회 인사 등 청소년 활동에 관심있는 어른들에게 자치 기구의 중요성 및 활동에 대한 의미를 적극 알려드리고 도움을 받자. 이때 학교 운영예산에는 학생 자치 활동에 대한 예산도 편성되어 있다는 사실을 알려드리고 이러한 예산은 학생 자치 기구를 중심으로 활용되는 것임을 주지시키자. 만약 학교 운영위원회에서 청소년들의 주장과 의견을 충분히 반영한다면 예산과 관련하여 학생 자치 활동은 큰 걱정이 없다 해도 과언이 아니다. 다만, 예산집행에 있어 청소년들의 투명하고 민주적인 집행이 관건이란 점을 반드시 알려주어야 한다.

3) 학교 이외의 장면에서는 다양한 재원을 적극 개발하고 발굴하도록 하자

통상 청소년 자치 활동에 있어 예산이 부족한 경우 수익사업을 병행해 해결하려는 시도가 적지 않다. 그러나 수익사업을 병행하기란 쉽지 않거니와, 자칫하면 청소년들의 순수한 활동 목적과 동기가 의심받을 수 있다. 실제로 스폰서를 잡기 위해 뛰어 다니는 일은 괴로울 뿐만 아니라 바자회, 티셔츠 판매 등의 수익사업을 처음 준비하는 경우엔 준비 자체만 해도 벅차다. 차라리 그 정도의 시간을 기울일 만한 일이라면 청소년들이 잘 모르는 그리고 곳곳에 숨겨져 있는 예산 지원방법들을 발굴하고 개발하도록 하는 것이 나을 수 있다. 국가나 지방자치단체의 예산항목에 청소년 자치 활동에 대한 지원예산이 있을 수도 있다. 또 공익기관이나 일반 기업에서 청소년 활동에 관심을 갖고 있는 곳도 찾아보면 적지 않다. 이때 평소 도움을 주거나 잘 아는 학교 선생님, 청소년지도자가 있다면 적극 자문을 구하도록 하자. 청소년지도자 본인이 이런 전문가라면 더욱 좋다. 국가나 지방자치단체 혹은 공익시설에서 지원할 수 있는 예산항목들이 있는지, 있다면, 어떤 절차와 방법을 통해 지원을 받는지를 도움받을 수 있을 뿐만 아니라 이외의 재원개발에도 협력을 얻을 수 있기 때문이다. '돈'이 아니라 '활동'을 위한 노력임을 유념하도록 하면서.

(2) 실행 단계

실행 단계는 청소년들이 꼼꼼히 준비한 사업을 수행하는 단계로 애초 준비한 단위 사업 계획서를 기반으로 실행된다. 그리고 실행에는 일반적으로 사람들간의 협력적인 노력이 필요하다는 점을 알려야 한다. 통상 어떤 사업이나 행사이든지 개인들은 일정한 과업을 중심으로 형성된 집단의 구성원으로 기능하게 된다. 따라서 구성원 개인들이 효과적인 팀웍을 발휘하고 역량을 최대화할 수 있도록 격려해야 한다.

이때에는 먼저 구조적인 측면에서 사업단위별 역할 분담이 체계적으로 그리고 조직적으로 이루어져야 하고, 동시에 이러한 역할 분담이 잘 조정되어 있어야 한다는 사실을 알려주어야 한다. 여기서 구조적·조직적으로 이루어져야 한다 함은 활동에 따른 역할 분담이 체계를 갖춰 구성되어졌는지를 말함이며, 기능적인 조정이라 함은 분담된 역할들이 효율적으로 수행될 수 있도록 조정함을 말한다.

대체로 프로그램 리더가 조정자(coordinator)의 역할을 맡아 개인별, 집단별, 단위별 역할 분담을 조정한다. 이러한 조정은 사업 활동의 과정 내에서 면밀한 검토와 확인을 통해 지속적으로 유지되어야 한다. 흔히 크로스체크(cross-check)라 불리는 교차확인 작업은 각자의 역할 분담 내에 서로의 역할을 유기적으로 상호 확인케 함으로써 실행 단계에서 자칫 있을 수 있는 실패 경험을 사전에 예방하는 조정 기법이다. 이때 조정자는 프로그램의 리더로서 적절한 지도력과 조정력을 발휘하면서 동시에 사업단위별, 집단별, 개인별 기능을 극대화하고, 사업 활동 주체의 구조적 효과도 최대화하여 기획 단계에서 예상하는 최적의 결과를 만들어 낼 수 있도록 노력해야 한다.

한편, 조정자는 활동을 수행하는 데 있어 활동 주체들 간의 그리고 참여하는 대상자들 간의 갈등 상황을 미리 예견하고 이를 사전에 조정하는 역할도 수행해야 한다. 또 예기치 않은 상황이 전개될 때는 가급적 신속히 조정·처리해야 한다. 흔히 어떤 활동을 수행하게 되면 예기치 않은 상황이 전개되기도 하고, 갈등과 긴장의 상황이 연출되기도 한다. 이때 당황은 금물임을 미리 알려야 한다. 예견하였다면 이를 사전에 예방할 수 있는 방법과 조치를 생각하도록 해야 하며, 예기치 않은 상황이라면 갈등 상황을 가급적 빠르게 조정할 수 있도록 하여야 한다. 이런 상황에서는 경험이 중요하다. 갈등 조정 경험이 풍부한 조정자가 리더의 역할을 맡도록 하고, 가급적 숙련된 청소년지도자나 외부 인적 자원의 자문을 구하는 것도 좋은 방법임을 미리 알려주는 것도 좋은 지도방법 중 하나이다.

(3) 평가 단계

실행 단계가 끝났다고 활동은 종료되지 않는다. 활동종료의 시점은 평가라는 단계를 지나야 한다. 평가 단계에서 요구되는 수행 과제는 실행 이후의 결과가 애초 청소년들이 예상했던 활동 목표나 기대 효과와 대비하여 어떠한지를 비교·검토하는 것임을 알려야 한다. 만약 결과가 당초 기대한 활동 목표와 예상한 기대 효과에 크게 못 미치거나, 혹은 전혀 다른 결과로 나타났다면, 기획이나 실행 단계에서 무언가 잘못 수행된 것이 있다는 이야기이다. 이를 밝혀 수정하는 일련의 모든 절차가 바로 환류(feedback)이다. 만약 기획이나 실행 단계에서 잘못된 점이 발견되지 않을 수도 있다. 그렇다면 청소년들이 기획 단계에서 구안했던 평가 방법이나 도구, 혹은 평가 절차가 문제일 수도 있다. 따라서 평가 단계에서는 실행 이후의 결과를 중심으로 평가 단계 자체에 대한 평가도 포함한다는 사실을 알려야 한다.

한편, 사업 종료 후 경험들을 구성원 모두가 공유하고, 동일하거나 유사한 활동을 기획·실행할 때에 이를 기초로 하여 수정·보완하는 작업이 필요하다. 대체로 사업 종료 후 구성원들은 활동 과정이나 결과에 대하여 논의하고 이를 사업 보고서의 형식으로 문서화한다. 실행 과정이나 결과에 대한 평가 토론은 다양한 개인들의 의견들이 모두 수용될 수 있도록 개방적이고 민주적으로 진행되어야 하며 지적된 점들 중에서 구성원들에 대한 교육이 필요할 때는 적절한 추수 활동을 마련하는 것도 좋은 방안이다. 청소년 자치 기구의 추수 활동은 청소년들이 만들어 내는 경우도 있지만 대체로 지도자가 시설의 공식적 절차를 거쳐 하는 것이 일반적이다. 사업 보고서는 사업 계획서를 기반으로 하여 작성되는데 가급적 문서 형식만 고집할 게 아니라 시각적 효과를 줄 수 있는 사진과 그림, 동영상 등의 다양한 매체를 활용하는 것도 고려하도록 한다.

<제2절> 청소년 자치 조직의 운영 지도

최근의 사회변화를 살펴보면 기존의 전체주의적 질서가 무너지고 개인주의적 질서와 가치관이 중시되고 있음을 알 수 있다. 한편으로는 개인의 자유와 인권이 존중되는 만큼 타인과의 협력과 공존을 추구하는 공동체적 삶에 대한 관심과 운동도 고조되고 있다. 어떻게 보면 전혀 다른 두 가지의 흐름이 함께 중시되고 있는 것이다. 그러나 달리 생각하면, 개인의 가치와 공동체적 삶의 가치는 무관하지 않다. 개인의 다양성은 타인과 공동체로부터 존중받아야 하며 이러한 존중된 개인의 가치가 전체에서 수용될 때 참다운 공동체가 가능한 것이다.

청소년 자치 조직의 운영은 이런 점들을 배경으로 하여 청소년 자신의 삶에 대한 권리를 스스로 보장하고 그 책임을 물어가는 활동이다. 여기에는 외부의 지원이나 도움에 의존하지 않고 구성원 자신의 합의와 의사 결정에 의해 운영하려는 자세와 태도가 필요하다. 이러한 자세와 태도에는 기본적으로 모든 조직이 추구해야 하는 민주주의의 기본소양과 공동체적 삶의 양식을 기초로 한다. 그래서 청소년 자치 조직의 운영은 이러한 기초들, 즉 민주주의적 소양과 공동체적 삶의 양식들을 체득하는 경험의 과정이라고도 볼 수 있다.

따라서 청소년 자치 조직의 운영은 구성원의 자발적 참여를 기반으로 개인의 다양성과 가치를 존중해야 하며 이러한 과정과 절차는 민주적이고 합리적으로 수행되도록 도와주어야 한다. 청소년지도자는 청소년 개인들 간의 가치가 부딪칠 때는 이를 합리적으로 풀어낼 수 있도록 하여야 하며, 소수라 하더라도 다수로부터 일방적인 지배를 받게 해서는 안 된다는 사실을 알려야 한다. 그래서 공동체적 삶이란 차원에서 타인의 권리를 존중하고 공존을 추구하는 운영 원리도 필요하다. 만약 개인과 공동체의 가치가 부딪치게 될 때에는 개인간의 가치 충돌보다 더욱 민주적·합리적으로 풀어가는 지혜가 필요하다(TIP 3 참조).

소수를 소외시킬 권리를 다수는 갖고 있지 않다. 심지어 다수의 힘으로 공동체가 유지된다고 볼 수도 없다. 그러나 공동체는 소수의 가치가 존중될 수 있도록 하는

TIP 3 개인의 가치와 자치 공동체의 가치가 부딪칠 경우

다양한 개인들의 집합체인 조직의 활동 과정에 있어 중대한 장애 요인으로 부각되는 경우가 개인가치와 집단가치의 충돌이다. 특히 자치 조직일수록 이런 충돌 현상은 그 기반을 심각하게 위협할 수 있다. 이때 고려해야 할 점은 소수가치에 대한 존중이다. 어떻게 존중할 것인지, 그리고 어떤 방법을 통해 해결할 것인지에 대한 깊은 사고와 선택이 중요하다. 이에 따라 위기는 또 다른 기회로 다가올 수 있다.

1) 다수결은 민주적 방식인가?

우린 가치 충돌이란 장면에서 흔히 다수결이란 방법을 선택하곤 한다. 그런데 다수결은 절대적인 민주적 방식인가? 조직의 차원에서 민주적 방식이란, 일부 구성원에 의한 나머지 개인들에 대한 지배가 아니라 전체 구성원에 의한 지배를 뜻한다. 다시 말하면 민주주의의 특성은 모두가 동등하게 공유하는 의사 결정권의 확보이다.

반면에 다수결은 토론, 수정, 절충 등의 여러 방법을 다 사용하고 난 뒤에도 합의에 도달하지 못할 때, 문제를 해결하는 절차적 장치일 뿐이다. 물론 다수결은 소수가 결정권을 행사하거나 다수의 의지를 차단하는 것보다는 훨씬 민주적이다. 그러나 결과에 대해 아무런 영향을 끼치지 못하는 소수를 그대로 방치하는 한, 다수결은 완벽한 민주주의를 위한 대안이라기보다는 손쉬운 하나의 '방법'일 뿐이다. 마찬가지로 개인의 가치와 자치 공동체의 가치가 부딪치는 경우에도 손쉬운 방법으로 넘어갈 것인지, 아니면 본질적인 해결방안을 마련할 지는 바로 청소년에게 달려있음을 주지시키자.

2) 만남과 대화, 그리고 토론으로 풀어가자.

민주주의란 더불어 살아가는 방식이자 타인에 대한 존중의 표현이다. 인간집단의 민주적 운영에는 모든 구성원들 사이의 대화 가능성이 열려 있어야 한다. 참된 민주문화는 구성원간의 활발한 토론과 대화의 문화에 의해 형성된다. 개인 간의 가치 충돌, 집단 간의 가치 충돌, 그리고 개인과 집단 간의 가치 충돌은 오히려 만남과 대화 그리고 토론 문화의 부재로부터 비롯되는 경우가 많다. 결국 서로 간의 이해가 부족하기 때문이다. 자꾸자꾸 만나고, 대화를 나누고 또 토론을 하도록 지원하자. 그래도 해결되기 어려운 주제는 의외로 많지 않다.

3) 운영 원리를 명문화하자

대화와 토론 과정에서 어떤 기준이 모호하여 어려움을 겪는 경우가 있다. 혹은 예전에도 토론했던 주제가 거듭 또 나타나기도 한다. 이때 자치 조직 내에 일정한 운영 원리가 있다면 이런 갈등적 상황에 대해 효과적으로 대처할 수 있다. 따라서 자치 조직의 리더뿐만 아니라 구성원 모두는 이런 상황에 대비하는 운영 원리를 나름대로 준비해야 한다. 또 지도자는 이러한 사실을 일찍이 알려 명문화 할 수 있도록 다양한 조력과 적정한 개입을 해야 한다.

대체로 어느 조직이든지 갈등적 상황에 대비하기 위해 구성원들의 합의를 기초로 하여 운영 원리를 마련한다. 이런 운영 원리는 회칙, 규정, 혹은 지침서 등의 형식으로 명문화된다. 그래서 회칙이나 규정, 지침 등은 단순히 조직의 체계나 역할 분담만을 내용으로 삼지 않는다. 중요한 것은 운영 원리를 명문화하기 위해 갖는 구성원들 간의 합의절차이다. 원리나 원칙을 민주적으로 결정하기 위해서는 충분한 배려와 적지 않은 시간과 열정이 투자되어야 한다. 특히 서로 일치되지 않는 의견을 합의점에 이르도록 하는 데 있어서 구성원들 모두의 동의를 얻는 것은 중요하다. 원리 결정에 있어 모든 구성원들의 동의를 얻는 것은 결코 불가능한 일이 아니다.

책임과 의무를 간과할 수 없다. 문제는 방법과 절차이며 이때 필요한 것은 구성원·집단간의 끊임없는 만남과 대화, 토론의 문화이다. 또 이러한 일련의 절차를 거쳐 합의된 운영 원리는 갈등 상황에서 훌륭한 기준을 제공해 줄 수 있다. 그러나 운영 원리가 모든 것을 대변할 수는 없으므로 융통성 있는 발휘 역시 필요하다.

결국 청소년 자치 활동은 강한 소속감과 동질감을 바탕으로 공동체적 삶의 양식을 지향하되 개인과 소수집단의 가치도 존중되는 그 자체로 민주적 체험교육의 과정이다. 또 청소년 자치 활동과 그 운영은 청소년들의 자발성에 기초하는 점에서 생명력을 갖고 있으며 다양한 욕구와 저항의 에너지를 건강한 방향으로 승화시킬 수 있는 출구라는 점을 지도자는 잘 숙지하여야 한다.

<제3절> 청소년 자치 활동 지도의 사례

여기서는 청소년 자치 활동 지도의 다양한 사례 중 구체적으로 사업 계획서를 작성하도록 지도하는 것에 초점을 맞추었다. 많은 사례 중 사업 계획서를 작성하는 데 초점을 맞춘 이유는 사업 계획서 작성이 모든 청소년 자치 활동 단위 사업의 시작이기 때문이다.

1) 사업 계획서 작성의 의의

청소년 자치 활동에 있어 사업 계획서 작성은 중요하다. 다른 말로 프로포절(proposal)이라 하는 사업 계획서는 작게는 구체적인 활동 프로그램 계획에 대한 문서를 의미하지만, 크게는 사업 계획서를 통해 자치 조직이 지향하는 바를 선언하기도 한다. 특히 구체적인 단위 사업 계획서는 청소년 자치 조직의 성격과 방향성을 그대로 보여주는 것임을 알려주자. 그래서 사업 계획서는 청소년 자치 활동의 방향성을 압축적으로 보여주는 근거이자 단서이다. 그러므로 자치 기구의 성격·활동 내용과 무관한 단위 사업들을 구안하는 것은 가급적 피하도록 해야 한다. 그리고 사업 계획서를 작성하는 과정에 있어 어느 한 사람의 아이디어만을 고집할 것이 아니라 구성원 모두의 합의를 기초로 하여 많은 의견들이 최대한 반영되도록 알려주어야 한다.[2)]

사업 계획서의 작성 방법을 간단하고 명료하게 설명하기는 쉽지 않다. 다만 여기서는 사업 계획서의 작성 원리와 사업 계획서에 포함되는 내용을 중심으로 기술하였다. 좀 더 구체적인 사업 계획서 작성 방법은 청소년 지도 장면에서 탄력적인 응용력과 변용성을 갖고 지도할 필요가 있다.

2) 사업 계획서 작성 원리

사업 계획서가 자치 조직 성격과 방향성을 대변하든 혹은 단위 활동 프로그램에 대한 기획서이든 간에, 사업 계획서는 분명한 전달력과 세심한 배려, 그리고 창조성을 지녀야 한다. 내부적으로는 구성원에게 외부적으로는 관련 기관이나 단체, 다른 청소년들에게 사업 계획서 하나만을 갖고도 "여러분이 왜, 무엇을, 어떻게 하려는지"에 대한 메시지를 분명하게 전달하도록 작성해야 한다. 또 사업 계획서를 작성할 때는 모든 상황들을 꼼꼼하게 예상하고 검토하는 세심한 배려가 있어야 함을 주지시킨다. 즉, "꼼꼼하지 않으면 실패의 경험이 많다는 점을 명심하자."와 같은 언급은 청소년들에게 건강한 긴장을 줄 수 있다. 아울러 사업 계획서를 작성하는 것을 의례적인 일로 혹은 지겨운 일로 생각하지 않도록 해야 한다. 오히려 사업 계획서를 하나하나 작성할 때마다 청소년들이 창조적인 작업을 하는 것으로 생각하도록 해야 한다. 즉, 창조적인 작업이 적지 않은 사색과 노력을 요구하는 것처럼 사업 계획서를 작성하는 데에도 많은 노력과 열정이 필요하다. 그림을 그릴 때 밑그림부터 준비하는 것처럼 청소년들의 활동에 대한 밑그림이 바로 사업 계획서이다. 그림을 그리는 사람의 이야기가 세밀하게 녹아들어 있고 또 관객들에게 분명하게 전달되어야 하는 하나의 창조적인

2) 사업 계획서는 장기적인 사업 계획서와 단위행사를 중심으로 하는 행사단위별 사업 계획서로 구분한다. 장기적인 사업 계획서란, 대체로 일정 기간(분기별, 반년별, 연간)을 단위로 하여 자치 활동의 방향성, 활동 목표 등을 거시적인 수준에서 보여주는 계획서이다. 반면에 단위 사업별 사업 계획서는 자치 기구가 수행하고자 하는 행사중심의 구체적인 계획을 보여주는 계획서를 말한다.

작업으로 사업 계획서를 작성하도록 하자. 이러한 점들을 충분히 감안하고 나서 이외에 요구되는 사업 계획서 작성 원리들은 다음과 같다[3].

① 왜 하는지에 대한 물음에 먼저 답하자: 왜 자치 기구가 필요한지, 그리고 단위별 행사가 왜 요구되는지에 대한 물음에 찬찬히 답을 하게 한다. 무엇을 어떻게 하느냐보다 왜 하는지에 대한 논리적 타당성이 무엇보다 중요하다. 이런 논리적 타당성은 사업 계획서 상에서 활동 목적과 목표, 배경, 기대 효과 등에서 구체적으로 서술되어진다.

② 명료한 기술 능력: 구체적이고 분명한 문장으로 서술하자. 추상적일수록 모호하다.

③ 논리적 기술 능력: 전달력을 위해 요구되는 설득력을 갖추기 위해서는 기본적으로 논리적인 문장 기술 능력이 요구된다. 사업 계획서는 깨끗하게 그리고 문법적으로 완벽하게 작성되어 그것을 읽는 사람들의 관심과 동의를 얻어야 한다.

④ 시간을 지키자: 대체로 사업 계획서 작성에는 마감기간 내에 제출하는 것을 요구하는 경우가 많다. 마감기간을 맞추기 위해 필요한 인적 자원과 물적 자원을 충분히 갖추었는지를 검토하는 것도 필요하다.

⑤ 열정과 신념의 명시: 제안한 활동 목적과 접근방법에 대해 여러분이 갖고 있는 열정과 진정한 신념을 명시하자.

⑥ 형식을 맞추는 노력도 필요하다: 외부기관의 예산 지원을 받는 경우 그 기관이 요구하는 특별한 형식이 있는 경우가 많다. 이때는 요구하는 형식에 따라 꼼꼼히 따르도록 하는 것이 중요하다. 난이도가 높을 때에는 도움이 될 수 있는 자료를 제공하거나 혹은 부분적으로 지도자가 도와주는 것도 좋다. 다만, 이때 지도자가 주도권을 갖거나 모든 것을 계획하려는 것은 반드시 피해야 한다.

3) 여기서 나오는 사업 계획서 작성 원리 중에는 부분적으로 NASW(1998). *The Foundations of Social Work Practice*. 이필환 외 역(1999). 〈사회복지실천이론의 토대〉. 서울: 나눔의 집. p 347의 책을 참고하였다. 하지만 이 책은 사회복지사를 대상으로 하는 전문서적이므로 청소년 활동 및 청소년 대상자를 위해 필요한 사업 계획서 작성 원리를 구안하는 데에는 약간의 수정이 필요하였다.

3) 사업 계획서의 내용

사업 계획서 작성은 청소년들의 자치 활동 계획을 압축적으로 보여주는 문서이다. 따라서 사업 계획서에는 청소년들의 활동을 일목요연하게 설명할 수 있는 내용들이 포함되어야 한다. 내용은 크게 사업 개요와 세부 사업 계획서로 구분할 수 있는데, 때에 따라서는 개요와 세부 사업 계획서가 혼용된 사업 계획서를 작성할 수 있다. 사업 개요에는 구체적으로 사업(활동)목적과 목표, 단위 행사의 경우 주제와 일정·장소, 자치 기구 소개, 소요 예산액, 기대 효과 등이 포함된다. 또 세부 사업 계획서에는 대체로 주제, 일정, 장소, 사업(활동) 목적과 목표, 배경, 일정별 세부 활동 계획, 홍보 전략, 구체적 예산 및 재원 조달 계획, 조직 및 역할 분담 내역, 평가 계획, 지역사회 연계협력방안 제시, 추수 활동 계획 등이 포함된다.

(1) 사업 개요

먼저 사업 개요는 세부 사업 계획서의 내용을 기초로 하여 사업 전체를 개관하는 것이기 때문에 통상 세부 사업 계획서를 작성한 후에 작성한다. 반대로 세부 사업의 내용을 구체적으로 만들기 전에 전체적인 사업의 내용들을 구안하기 위해 사업 개요를 작성할 수도 있다.

사업 개요는 특별한 형식이 없는 한 청소년들의 사업 목적과 목표를 분명하게 전달할 수 있도록 구체적이고 명료하게 작성하도록 한다. 단위행사의 경우에는 주제를 설정하여 상징적으로 청소년의 활동을 묘사할 수 있도록 하는 게 좋다. 예를 들어 장애청소년과 일반 청소년과의 화합을 꾀하고자 하는 프로그램의 경우 "나의 오늘, 우리의 내일"이라는 주제를 설정하는 것이 그 예이다.

사업 개요에는 일정과 장소와 같은 기본적인 정보가 들어가야 한다. 행사를 주관하는 자치 기구를 소개하고 전체 행사진행 시 소요되는 예산의 총액을 기입하도록 한다. 구체적인 예산 계획은 세부 사업 계획서에서 제시하기 때문이다. 아울러 이 사업을 통해 기대하는 효과를 서술하면 사업 계획서를 읽는 사람으로 하여금 한 번 더 설득력을 갖게 한다는 점을 알린다.

(2) 세부 사업 계획서

세부 사업 계획서는 사업에 대한 작성자의 세밀한 검토와 배려가 깃들어 있음을 증명한다. 주제, 일정, 장소, 활동 목적과 목표와 같은 개요 사항을 한 번 더 기술하고 특히 활동 목적과 목표를 기술하기 전에 왜 이 사업을 실시해야 하는지에 대한 이유를 배경으로 삼아 구체적으로 기술하도록 한다. 또 일정에 따른 세부적인 활동 내용들을 서술하는데 가급적 시각적 효과가 높은 표와 그림, 그래픽 등을 통해 기술하는 것이 좋다.

여기서 청소년들로 하여금 심사숙고하게 해야 할 점은, 홍보 전략과 구체적인 예산 및 재원 조달 계획, 조직 구성 및 역할 분담 내역, 평가 계획, 지역사회 연계협력방안, 추수 활동 계획 등이다. 이것은 사업의 질적 측면을 읽는 이로 하여금 느끼게 하는 사안들로써 청소년들이 구상하는 활동과 사업에 대한 열정과 신념을 보여주는 근거임을 알려 주자.

홍보 전략: 홍보 전략에는 청소년들이 구안한 최대한 효과적이며 다양한 홍보방법들을 명료하게 기술하도록 한다. 여기에는 전통적으로 사용되는 면대면(face to face) 홍보 전략(사람들의 왕래가 많은 거리에 나가 직접 홍보하는 방법), 게시 홍보물(플래카드, 광고, 벽보, 포스터 등) 방법부터 최근 청소년들의 접근이 용이한 매체들(인터넷 배너광고, 웹진과 사이트 게시판 등)을 활용하는 방법에 이르기까지 여러 방법들을 조언할 수 있다. 또 관련 기관이나 단체에 서면으로 협조를 구하는 방법도 있음을 알려주자. 예를 들어 학교, 청소년 수련 시설이나 관련 단체에 협조 요청을 문서화하여 홍보 협조를 요청할 수도 있는데 이때에는 가급적 자치 기구를 상세하게 소개하고 정중하게 협조 요청을 할 수 있도록 한다. 또 가급적 공인 기관과 단체의 도움을 받아 객관적 신뢰도를 확보하는 것도 좋은 방법임을 알려주고 이를 도울 수 있는 방법을 찾는 것도 지도자의 몫이다. 분명한 것은 수행하고자 하는 사업의 성격과 내용에 따라 가장 적절한 홍보 전략이 무엇인지를 청소년 스스로 심사숙고하여 선정하여야 한다는 점이다. 또 최대한 열심히 홍보하고자 하는 청소년의 마음과 의지가 필요함을 알려주어야 한다.

예산 및 필요 재원의 조달: 예산 및 필요 재원의 조달 계획은 단위 사업을 현실성 있는 사업으로 보여주면서 동시에 청소년들이 얼마나 이 사업을 꼼꼼히 검토하였는지를 보여주는 항목임을 알려주자. 사업의 구체적인 부분에 이르기까지 어느 정도의 예산이 들어가는지를 예상하기란 그렇게 간단치만은 않다. 그러나 일정에 따른 세부적인 활동 계획을 미리 생각하고 이에 따르는 비용의 규모를 차근차근 생각하면 또 그렇게 어렵지 많은 않다. 오히려 여기서 청소년들에게 심각한 어려움을 주는 것은 앞서 이야기한 바와 같이 얼마나 안정적인 재원을 효과적으로 확보하느냐이다. 아울러 최대한 도움을 줄 수 있는 사람과 기관, 단체들을 찾아다니고 조언을 얻도록 하자.

조직 구성 및 역할 분담: 조직 구성 및 역할 분담 내역은 청소년들이 단위 사업의 기획정도를 보여주는 단면이다. 사업을 수행하면서 전체 조직이 어떻게 이루어지고 있으며, 각 개인이 과업집단에 어떻게 배치되어 있는지를 보여주는 구조적인 모형부터 각 개인과 과업집단 간의 유기적인 관계에 이르는 기능적 측면에 이르기까지 어떻게 사업을 수행할 것인지를 사전에 분명히 보여주는 것이 조직 구성 및 역할 분담이다. 여기에는 사전에 어떤 과업집단이 필요하며, 어떻게 전체 조직과 연결시킬 것인지, 그리고 각 개인의 특성과 성격에 맞춰 어떻게 배치할 것인지에 대한 고려가 절대적으로 필요함을 알려주자. 특히 이러한 결정 과정에는 어느 한 사람의 의견이 아닌 전체의 의견을 수렴할 수 있도록 해야 한다.

아울러 역할 분담이 구체적으로 이루어지고 있는지를 살펴볼 수 있는 방법과 양식도 먼저 생각해보자. 예를 들면 단위 사업 계획서의 경우에는 일정별 행사내용에 따라 역할과 책임을 누구에게 어떻게 주어야 하는지를 하나의 표 양식으로 개발하여 실행 단계에서 서로 교차확인(cross check)이 될 수 있도록 해야 한다.

평가 계획: 평가 계획은 활동 결과가 사업 목적에 얼마나 근접하는지 그리고 얼마나 타당한 평가 도구를 사용할 것인지에 대해 고민하는 청소년들의 모습을 보여주는 항목이다. 어떤 목적에 의해 평가를 하는 것이며, 이에 따르는 최적의 평가 도구가 무엇인지를 보여주는 것이 바람직하다는 사실을 주지시키자. 만약 청소년들이 평가설문지(혹은 평가지)와 같은 평가 도구를 만드는 데 어려움을 겪으면 적극 도와주는 것도 좋다. 하지만 주도권은 청소년들에게 있음을 반드시 유념해야 한다. 이렇게 만든 평가 도구는

부록의 형식 등으로 사업 계획서 끝에 부가하여 제출하는 것도 하나의 방법임을 알려주자. 청소년들의 준비성이 어느 정도임을 보여주는 상징적인 단서임을 고지하면서.

지역사회 연계협력방안: 지역사회 연계협력방안은 사업 내용이 얼마나 다양하고 풍부하며 지역사회에 지지할 만한 영향을 미치는지를 보여주는 항목이다. 사업 계획서를 작성할 때, 지역사회의 다양한 인적 자원과 물적 자원이 어떻게 결합되어야 하며, 또 사업결과가 지역사회에 어떤 영향을 미치는지에 대해 곰곰이 생각하도록 할 필요가 있다. 인적·물적 자원의 연계는 단순히 예산을 효율적으로 절감하는 데 끝나지 않는다. 청소년들의 사업 내용을 다양하고 풍요롭게 만든다. 청소년 권리에 관한 세미나를 준비한다고 하면, 인권 전문가나 소외 경험 청소년들을 섭외하여 보다 전문적인 의견과 다양한 의견을 경청할 수 있다. 또 딱딱한 책걸상이 있는 교실을 떠나 박물관의 야외강당을 빌려 행사를 치를 수 있다면 그 분위기는 매우 다를 것이다. 이렇게 다양한 자원들이 청소년들의 사업에 결합하게 되면, 단순히 예산을 절감하는 효과를 제외하더라도 프로그램의 질적 다양성과 풍요로움을 가능케 할 수 있음을 주지시킨다. 그러기 위해서는 사전에 지역사회로부터 활용 가능한 인적·물적 자원이 무엇이 있는지를 파악해 두어 적절히 제공하는 것도 훌륭한 지도방법 중 하나이다.

지역사회와 유기적으로 연계·협력을 유지하면 청소년들의 자치 활동에 미치는 효과도 커질 수 있음을 알려주자. 사업에 참여하거나 지원을 주는 사람과 기관의 도움은 단순히 참여에서 그치지 않기 때문이다. 연계·협력이 활성화될수록 청소년의 활동은 자연스럽게 널리 알려지게 되고, 또 그만큼의 지원이나 협력을 받을 수 있는 가능성도 커질 수 있기 때문이다. 중요한 것은 청소년들의 협력 기술이다. 청소년들이 어떻게 지역사회의 인적·물적 자원으로부터 지원을 받아야 하는지를 고민하는 게 일차적으로 중요하다면 이차적으로는 이와 같은 협력 기술을 효과적으로 습득할 수 있도록 지도해야 한다.

추수 활동(follow up): 추수 활동 계획은 단위 사업 계획에서 끝나지 않고 이후 동일하거나 유사한 사업을 계획할 때 한 단계 상승(upgrade)시키고자 하는 청소년들의 장기적 안목과 의지를 보여주는 항목임을 주지시킨다. 단지 하나의 사업에서 끝나는 것보다는 지속 가능한 사업을 선택하는 것이 모든 면에서 유리하다. 최근 청소년 기관이나 단체, 수련 시설 등에서 "청소년 행사는 있지만 활동은 없다."는 평가가 나오는 까닭은 대부분의 프로그램이 지속적이지 못한 일회적 행사에 그치기 때문이다. 청소년들이 이벤트를 기획하는 것이 아니라면 지속적으로 발전 가능한 사업 목적과 내용을 갖도록 하여야 한다. 그렇다면 추수 활동은 빠질 수 없는 또 빠져서는 안 되는 항목이다.

추수 활동에는 단위 행사가 끝난 후 그 결과를 어떻게 반영할 것인지에 대한 구체적인 내용들이 들어가야 한다. 구성원들의 평가 토론일정을 구체화시키고, 만약 특별한 교육일정이 요구되면 이것도 포함시키도록 한다.

<제4절> 청소년 자치 활동 운영계획 사례

청소년 수련 시설에는 청소년 운영위원회를 두도록 되어 있다. 여기서 사례로 든 청소년 운영위원회 운영계획서는 OO청소년 수련 시설에서 운영하는 청소년 운영위원회의 운영계획서이다. 세부적인 운영 규정 및 월별 운영계획서 등은 생략하고 운영 목적 및 개요 중심으로 인용하였다.

■ 청소년 운영위원회 '청·바·지' (청소년이 바라는 지역사회)의 운영 목적

청소년 운영위원회 청·바·지는 주인 의식과 자율적인 참여를 바탕으로 지역사회 청소년을 대표하여 청소년들의 욕구를 파악하고 청소년들의 문화 활동의 자율적 참여를 주도하여 청소년 전용공간으로써 청소년들의 시설참여 만족도를 높이는 데 있다.

■ 목표

가. 청소년 대표기구로서 시설 운영 및 프로그램 참여를 통한 센터운영에 대한 이해를 기반으로 청소년들을 위한 시설로서의 운영방안 및 방향에 대한 청소년들의 대변인 역할을 수행한다.

나. 지역사회의 문제 해결에 청소년들의 욕구와 의견을 반영할 수 있는 능력을 함양하여 사회적 참여와 성장을 도모한다.

다. 우수청소년 운영위원회로서 청소년 운영위원회 간 교류 활동을 통한 자체 역량 강화 및 청소년 운영위원회의 발전적 대안을 제시한다.

■ 개요

가. 기간: 2×××년 1월~12월

나. 장소: 센터 및 지역사회

다. 대상: 청소년 운영위원회 위원 및 청소년

라. 운영인력: OO팀 OOO

마. 예상인원: 연 2,000명

바. 참가비: 무료

사. 주요내용

프로그램	내용요약
교육연구활동	① 워크숍: 친목도모 및 활성화 ② 소양교육: 회의 진행법, 리더십 소양교육 ③ 책자발간: 이용만족도 조사 및 운영백서 발간 ④ 정기회의: 매달 센터활동 보고 및 건의함 관리, 활동회의
시설참여 활동	① 시설 모니터링: 모니터링 양식지 개발 ② 시설운영참여: 청소년 시설 운영과 프로그램에 대한 참여 및 설명회 개최 ③ 이용만족도 조사: 이용청소년대상 시설 욕구 및 이용만족도 조사 ④ 건의함 내용관리를 통한 이용청소년들의 의견반영, 개진
지역사회 개발활동	① 대학문화탐방활동: 고등학생 대상 대학문화탐방활동 ② Thanks day: 5월 감사의 달 프로그램 ③ 인권프로그램: 청소년대상 인권증진 프로그램 ④ 9. 24 day: 9세부터 24세까지 청소년참여 캠페인
홍보활동	① 청소년참여기구에 대한 홍보활동 ② 00청소년 수련 시설의 다양한 문화 활동 활성화 ③ 청소년 문화프로그램 홍보활동
교류 활동	① 타 기관 교류방문을 통한 자체 내 역량 강화 ② 지역 내 청소년 자치 활동의 네트워크 활동 ③ 전국청소년 운영위원회 및 참여기구 연대활동

요약

청소년 자치 활동은 동아리 활동을 포함해 최근 청소년 특별회의, 청소년 참여 위원회, 청소년 운영 위원회 등 활발하게 그 폭을 넓혀가는 청소년 활동 분야 중 하나이다. 청소년 자치 활동이란 개념은 청소년들이 공통의 목적과 관심사에 의해 스스로 조직하고 운영하는 활동이란 뜻이다. 따라서 청소년 자치 활동 지도방법에는 이러한 자치 활동들을 효율적이고 효과적으로 전개할 수 있도록 하기 위해 청소년지도자가 자치 활동 구성원들에게 적절하게 개입하는 전략이자 지도 기법, 기술 등을 의미한다.

이 글에서는 청소년 자치 활동의 개념과 함께, 청소년 자치 조직을 지도하는 청소년지도자로서 알고 있어야 할 청소년 자치 조직의 구성 단계와 활동 단계, 그리고 운영 지도 등에 대해 살펴보았다. 우선 자치 조직의 구성 단계는 탐색 및 준비 단계, 자치 활동의 초기 단계, 자치 활동 안정화 단계로 구분하였다. 구체적으로 탐색 및 준비 단계는 이른바 자치 활동 기반을 준비하는 단계로 활동의 목적과 목표를 설정하고 구성원을 확보하는 단계이다. 자치 활동의 초기 단계는 지도력을 갖춘 지도자의 선출과 동의, 구성원 개인과 소집단에 대한 적절한 지위와 역할의 분담, 안정성과 추진력을 갖춘 조직 모형의 구축 등이 이루어지는 단계이다. 자치 조직의 안정화 단계란, 자치 활동 목표가 구성원들에게 널리 인준되어진 상태를 말한다. 이 단계에 들어와 초기 단계가 갖는 여러 시행착오와 미숙한 초기 경험의 단계를 거듭하면서 청소년 자치 조직은 점차 안정화된다. 구조적으로는 안정적이며 기능적으로는 효율적인 상태이다.

청소년 자치 조직의 활동 단계는 기획 단계, 실행 단계, 평가 단계로 구분하여 살펴볼 수 있다. 먼저, 기획 단계는 어떤 사업을 하든지 간에 가장 기본적이며 또 가장 중요한 단계이다. 기획 단계에서 요구되는 수행 과제를 사전에 충분히 검토하고 또 달성한다면, 실행 및 평가 단계의 어려움은 효과적으로 극소화할 수 있다. 아울러 참여의 기회를 충분히 갖지 못해 시행착오의 두려움을 많이 갖고 있는 자치 기구일수록 기획 단계의 중요성은 더욱 커진다. 이 단계의 구체적인 활동 내용은 욕구 조사, 공통 가치 추출, 예산확보, 내·외부 연계협력자원 확보, 정보 및 자원의 공유, 평가 도구 개발, 기록 및 문서화 등이 있다.

실행 단계는 청소년들이 준비한 사업을 수행하는 단계로 단위 사업 계획서를 기반으로 실행된다. 이 단계의 구체적인 활동 내용은 사업단위별 역할 분담, 경험의 공유, 효과적인 수행, 갈등 조정 등이 있다.

평가 및 환류, 추수 활동이 주요 활동 내용인 평가 단계는 실행 이후의 결과가 애초 청소년들이 예상했던 활동 목표나 기대 효과와 대비하여 어떠한지를 비교·검토하는 단계이다. 청소년지도자는 만약 결과가 당초 기대한 활동 목표와 예상한 기대 효과에 크게 못 미치거나, 혹은 전혀 다른 결과로 나타났다면, 이를 밝혀 수정하는 평가와 환류를 청소년 자치 조직 구성원들이 진행할 수 있도록 도와야 한다.

청소년 자치 조직의 운영은 구성원의 자발적 참여를 기반으로 개인의 다양성과 가치를 존중해야 하며 이러한 과정과 절차는 민주적이고 합리적으로 수행되도록 도와주어야 한다. 따라서 청소년지도자는 청소년 자치 조직의 운영 원리와 자치 조직의 지도자로서 갖추어야 할 태도가 무엇인지에 대해 알아야 한다. 우선 청소년지도자는 청소년 개인들 간의 가치가 부딪칠 때는 이를 합리적으로 풀어낼 수 있도록 하여야 하며, 소수라 하더라도 다수로부터 일방적인 지배를 받게 해서는 안 된다는 사실을 알려야 한다. 그래서 공동체적 삶이란 차원에서 타인의 권리를 존중하고 공존을 추구하는 운영 원리가 필요하다. 만약 개인과 공동체의 가치가 부딪치게 될 때에는 개인간의 가치 충돌보다 더욱 민주적·합리적으로 풀어가는 지혜가 필요하다.

연습문제

1. 학생 자치 활동과 청소년 자치 활동에 대해 비교해 설명해 보자.
2. 청소년 자치 조직을 구성하는 단계를 제시해 보자.
3. 청소년 자치 조직 각 구성 단계에서 요구되는 지도 내용들을 탐구해 보자.
4. 청소년 자치 조직의 활동 단계를 제시해 보자.
5. 청소년 자치 조직의 각 활동 단계에서 요구되는 지도 내용들을 탐구해 보자.
6. 청소년 자치 조직을 운영·지도하는 데 청소년지도자로서 갖춰야 할 태도와 운영 원리는 무엇이 있는지 논의해 보자.
7. 내가 청소년 자치 조직 구성원들을 지도하는 청소년지도자라고 가상한 후, 이들에게 사업계획서가 갖는 의의를 설명해 보자.

참고문헌

강대근(1983). 바람직한 청소년활동지도자 상, 청소년연구, 4집. 서울: 유네스코 한국위원회.

강대근·전성민(1993), 야외활동지도 프로그램 사례. 한국청소년연구원 편, 청소년지도론. 서울: 서원.

강인애(1998). 왜 구성주의인가?. 서울: 문음사.

고소미(2007). 게임중심 공감 훈련 프로그램이 초등학생의 공감능력, 교우관계 및 갈등해결 전략에 미치는 영향. 한국교원대학교 교육대학원 석사학위논문.

구현정·전영옥(2007). 의사소통의 기법. 서울: 박이정.

국가청소년위원회, 한국청소년자원봉사센터(2005). 2005 청소년 봉사 활동백서.

권이종·김승호·소창영·심의보·안승열·양병찬·이관춘·임상록·조용하(2001). 평생교육방법론. 서울: 교육과학사.

김려옥(1993). 심성개발지도의 실제. 서울: 한국인성 개발.

김려옥·허판례(1993). 인간 관계 프로그램의 성격과 운영. 한국 청소년개발원 편, 인간 관계 수련 활동. 서울: 서원.

김명희(2004). 아동의 사회성교육. 서울: 교육아카데미.

김문환(1999). 문화 교육론. 서울대학교 출판부.

김미윤(2005). 청소년 문화예술활동 활성화 방안: 지역사회. (청소년 문화예술활동 활성화 방안 전문가 워크숍 자료집). 서울: 한국 청소년개발원.

김민(2003). 청소년 수련프로그램 개발과 운영. 청소년 수련 활동론. 서울: 교육과학사.

김민(2004). 지역사회와 함께 하는 청소년단체 프로그램 개발 연구. 서울: 한국스카우트중앙연맹.

김민(2005). 청소년과 청소년 활동의 이해: 청소년 교류 활동을 중심으로. 서울청소년 문화교류센터 미지 편, 문화간 교류워크숍: 청소년교류전문가 교재. 국가청소년위원회.

김민(2011). 청소년 국제협력활동의 의의와 과제: 헤브론시 코리아 팔레스타인 청소년 센터 건립사업 사례연구. 글로벌청소년연구, 1(1), 107-135.

김범준·구병두(2007). 교육학개론. 서울: 공동체.

김세훈(2005). 문화예술교육 중장기 발전방안. 서울: 한국문화관광정책연구원.

김언종(2001) 한자의 뿌리 1, 2. 서울: 문학동네.

김영인(2007). 청소년의 참여와 시민성 함양. 서울: 한국학술정보.

김영인(2007). 청소년지도방법. 한국청소년정책연구원 편(2007). 청소년학개론. 서울: 교육과학사.

김영인·노경주·정철영(2006). 청소년진로 및 학업지도. 서울: 한국방송통신대학교출판부.

김영지·전경숙·김민(2003). 선진국형 청소년 수련프로그램 개발 연구. 한국청소년개발원.

김영채(2002). 사고와 문제해결심리학. 서울: 박영사.

김정배·이경주·조미영(1999). 청소년 자원봉사 활동거리 개발(III). 서울: 문화관광부, 한국청소년개발원.

김종문 외(2000). 구성주의 교육학. 서울: 교육과학사.

김진호(2004). 심성 계발 원리. 한국 청소년개발원 편. 청소년지도방법론. 서울: 교육과학사.

김진화(2004). 청소년 지도방법론의 이해. 한국 청소년개발원 편(2004). 청소년지도방법론. 서울: 교육과학사.

김진화·정지웅(2000). 사회교육프로그램 개발의 이론과 실제. 서울: 교육과학사.

대니얼 골먼 저, 장석훈 옮김(2006). SQ 사회지능. 서울: 웅진 지식하우스.

대통령자문 지속가능발전위원회 편(2005). 공공갈등관리의 이론과 기법(하). 서울: 논형.

문용린(1997). 청소년지도의 의미와 중요성. 서울: 서원각.

문화관광부(2002). 세계시민의식함양활동. 문화관광부.

문화관광부(2004a), 창의한국 21세기 새로운 문화의 비전. 문화관광부.

문화관광부(2004b). 2004 문화 정책 백서. 문화관광부.

문화관광부(2006). 문화향수실태 조사. 문화관광부.

문화관광부·한국문화관광정책연구원(2003). 문화감수성실태. 서울: 문화관광부·한국문화관광정책연구원.

문화관광부·한국 청소년개발원 (1999). 청소년글로벌리더십 프로그램 모형개발.

문화체육관광부(2014). 문화향수 실태조사. 문화체육관광부.

박성희(1993). 청소년활동 프로그램 개발의 기초, 한국청소년연구원 편. 프로그램의 개발과 운영. 한국청소년연구원.

박성희(1994). 청소년활동 프로그램 개발의 기초. 프로그램의 개발과 운영. 서울: 한국청소년개발원.

박성희(2004). 공감학. 서울: 학지사.

배규한(2007). 청소년의 개념과 청소년학의 중요성. 청소년학개론. 한국청소년정책연구원 엮음(2007). 서울: 교육과학사.

배규한 외(2014). 청소년학개론. 교육과학사.

법무부(2016). 2015년도 출입국·외국인정책 통계. 법무부.

변영계(1999). 교수 학습이론의 이해. 서울: 학지사.

서울대학교 교육연구소 편(1998). 교육대백과사전. 서울: 하우동설.

서울청소년 문화 교류센터 미지 편(2005). 문화간 교류워크숍: 청소년 교류 전문가 교재. 국가청소년위원회.

손민영(2005). 청소년 교류 및 사업준비 일람. 서울청소년 문화 교류센터 미지 편, 문화간 교류워크숍: 청소년 교류 전문가 교재.

송영경(1999). 문활의 교육적 의미. 연세대 미간행 박사학위 청구논문.

신용태(2001). 재미있는 한자 이야기. 서울: 운주사

신응섭·이재윤·남기덕·문양호·김용주·고재원(2002). 리더십의 이론과 실제. 서울: 학지사.

심광현(2002). 문화교육위원회의 이념과 활동방향. (문화교육위원회 발족 준비 워크숍 자료집). 서울: 문화개혁을 위한 시민연대.

안귀덕·황정규·김의철·박영신(1997). 한국청소년문화: 심리사회적 형성요인. 성남: 한국정신문화연구원.
양현미(2004). 문화예술교육활성화를 위한 정책기반 조성방안 연구. 서울: 한국문화관광정책연구원.
여성가족부(2013). 2013 청소년백서. 여성가족부.
여성가족부(2014). 2014 청소년백서. 여성가족부.
여성가족부(2015). 청소년관계법령집. 여성가족부
오치선 외(2001). 청소년지도방법론. 서울: 학지사.
우영숙(2005). 청소년 문화간 교류 지도자의 자질과 역할. 서울청소년 문화 교류센터 미지 편, 문화간 교류워크숍: 청소년 교류 전문가 교재.
우재현(1997). 청소년인성 개발 프로그램. 서울: 정암서원.
유네스코한국위원회(1985). 청소년과 함께. 이천: 유네스코청년원.
유네스코한국위원회(1988). 야외 활동, 청소년과 함께. 유네스코청년원 청소년지도자 연수교재. 유네스코 한국위원회.
유네스코한국위원회(2004). 모두 다르게, 모두 소중하게: 청소년과 유네스코 문화다양성 선언. 서울: 유네스코 한국위원회.
유수현(2001). 심성 훈련. 청소년지도사 자격연수교재. 한국청소년개발원, 88-96.
이경자·송순재·김승규·권혁도(2007). 자연(생태)환경활동 영역의 학교교과를 연계한 청소년 활동. 국립평창청소년 수련원.
이광호 외(1997). 수련거리 운영지침서. 서울: 한국청소년개발원.
이미리·조성연·길은배·김민(2014). 청소년학개론. 학지사.
이민희(2004). 청소년 교류의 이해, 한국 청소년개발원 편. 청소년교류론. 서울: 교육과학사.
이상현(1997). 소년비행학. 서울: 박영사.
이석재(2006). 18가지 리더십 핵심역량을 개발하라. 서울: 김앤김북스.
이성록(2008). 사회적 인간의 본성. 서울: 미디어 숲.
이수원 외(2000). 심리학, 인간의 이해. 서울: 정민사.
이영돈(2006). 마음. 서울: 예담.
이재현(2001). 새로운 문화 예술 교육 모델을 위한 시론. (문화 예술 인프라 구축을 위한 정기문화 포럼 자료집). 서울: 문화개혁을위한시민연대.
이정근(1993). 인간 관계 수련의 기초. 한국청소년개발원 편(1993). 인간 관계수련 활동. 서울: 서원.
이종연 외(2005). 창의적 문제 해결력 증진을 위한 Creative Thinker 프로그램 연구. 서울: 한국교육학술정보원.
이준형(2002). 리더와 리더십. 서울: 인간사랑.
장휘숙(2004). 전생애 발달심리학-인간 발달. 서울: 박영사.
전성민(1993). 인간 관계수련 활동. 한국청소년개발원 편. 청소년 활동론. 서울: 한국청소년개발원.

전성민(2005). 문화간 소통 능력과 감수성 발달. 서울청소년 문화 교류센터 미지 편, 문화간 교류워크숍: 청소년 교류 전문가 교재.
조명한·김경동·강현두(1993). 청소년문화지표 조사연구. 서울: 한국문화 예술진흥원.
주은옥(2001). 논쟁수업을 위한 '찬반 협상모형' 개발에 관한 연구. 시민교육연구 제32집. pp. 325-51.
차경수(1998). 청소년학 연구의 현황과 과제. 청소년학연구, 5(2). 서울: 한국 청소년학회. pp. 1-16.
천정웅·김민·김진호·박선영(2011). 차세대 청소년학총론. 양서원.
체육청소년부(1993). 청소년기본법. 체육청소년부.
최원기·김창남·전경숙(2000). 청소년 문화 감수성 함양을 위한 정책적 대안연구. 서울: 한국 청소년개발원.
최충옥(1993). 청소년학 정립을 위한 시론, 청소년학연구, 1(1), 1-15.
한국리더십연구회 역(2000). 제임스 번즈의 리더십 강의. 서울: 생각의 나무.
한국청소년개발원 편(1993). 인간관계수련활동. 서울: 서원.
한국청소년개발원(2000). 청소년 봉사 활동 참여실태 조사연구.
한국청소년개발원 편(2004a). 청소년교류론. 서울: 교육과학사.
한국청소년개발원 편(2004b). 청소년지도방법론. 서울: 교육과학사.
한국청소년개발원 편(2004c). 청소년환경론. 서울: 교육과학사.
한국청소년개발원 편(2005). 청소년 프로그램개발 및 평가론. 서울: 교육과학사.
한국청소년연구원 편(1993). 청소년지도론. 서울: 서원.
한상철(1998). 청소년학개론. 서울: 중앙적성출판사.
한상철(2004). 청소년학. 서울: 학지사.
한상철(2006). 청소년학: 청소년이해와 지도. 서울: 학지사.
한상철·권두승·방희정·설인자·김혜원(2003). 청소년지도론. 서울: 학지사.
한승희(1997). 교육 과정 개발의 원리와 실제. 한국 청소년개발원 편. 청소년지도론. 서울: 서원.
한준상(1992). 청소년지도론의 학문적 성격과 과제. 한국 청소년 연구원 편. 청소년지도론. 서울: 한국청소년연구원. pp. 16-27.
한준상(1999a). 청소년학 연구. 서울: 연세대학교 출판부.
한준상(1999b). 청소년 연구의 세계적 동향과 청소년학의 과제. 1999년 한국청소년학회 학술대회 자료집.
함종한 (1992). 청소년학원론. 서울: 대한교과서주식회사.

Beebe, Steven A. and Masterson, John T. (2003). *Communicating in Small Groups: Principles and Practices*. Boston: Pearson Education, Inc.
Berliner, David C. and Calfee, Robert C. ed. (1996). *Handbook of Educational Psychology*. Singapore: Prentice Hall International.
Bronfenbrenner, U. & Crouter, A. C. (1983). The evolution of environmental models in

developmental research. In W. Kessen(Ed.), *Handbook of Child Psychology, History, theory, and methods*(4th ed.). New York: Wiley.

Bronfenbrenner, U. (1979). *The Ecology of Human Development*. Cambridge: Harvard University Press.

Buber, Martin 저, 김천배 옮김(2007). 나와 너. 서울: 대한기독교서회.

Carnegie, D. 지음, 최염순 옮김(2006). 카네기 인간 관계론. 서울: 씨앗을 뿌리는 사람.

CHRC(2004). *Building on Success: A Human Resources Development Strategy for the Cultural Sector*. Cultural Human Resources Council.

Claus, J. and Ogden, C. (1999). "Service learning for youth empowerment and social change: an introduction". in J. Claus and C. Ogden (ed.) *Service Learning for Youth Empowerment and Social Change*. New York: Peter Lang. pp. 1-7.

Claus, Jeff and Ogden, Curtis ed. (1999). S*ervice Learning for Youth Empowerment and Social Change*. New York: Peter Lang.

Cotterell, J. L. (1986). Work and community influences on the quality of child rearing. *Child Development, 57*, 362-374.

De Certeau, M. (1984). *The Practice of Everyday Life*. Univ. of California Press.

Dewey, J. (1916). *Democracy and Education: An Introduction to the Philosophy of Education*. 이홍우 역 (1991). 민주주의와 교육. 서울: 교육과학사.

Driscoll, Marcy P. (1994). *Psychology of Learning for Instruction*. Boston: Allyn and Bacon.

Gudykunst, W. and Hammer, M.(1983). Basic training design: approaches to intercultural training. In Ladis, Dan and Brislin, Richard. *Handbook of Intercultural Training*. Vol.1. NY: Pergamon.

EU(2001). *Job Creation Potential of Cultural Sector*. European Commission.

Eyler, Janet, Giles, Jr. Dwight E. and Schmiede, Angela(1996). *A Practitioner's Guide to Reflection in Service-Learning*. CA: Deborah Axt.

Fornäs, Johan(1989). *Youth culture & Juventology*. Stockholm University Press.

Fosnot, Catherine T. et al. (1996). *Constructivism: Theory, Perspectives, and Practice*. New York: Teachers College Press.

Gagné, R. M. & Briggs, L. J. (1979). *Principles of instructional design*. NY: Holt, Rinehart & Winston.

Gardner, H. (1999). *Intelligence reframed: Multiple intelligences for the 21st century*. New York, NY: Basic Books.

Golman, D., Boyatzis, R. and McKee, A. (2002). *Primal Leadership Realizing the Power of Emotional Intelligence*. 장석훈 역(2003). 감성의 리더십. 서울: 청림.

Goleman, D.(2006). *Social Intelligence*. 장석훈 옮김(2006). 사회지능. 서울 : 웅진지식하우스.

Hamilton, Stephen F., Hamilton, Mary A. and Pittman, Karen(2004). Principles for

Youth Development. Hamilton, Stephen F., Hamilton, Mary A. eds. *The Youth Development Handbook*. London: SAGE Publication.

Helve, H. and Holm, G.(ed.) (2005). *Contemporary youth research: Local expressions and global connections*. Burlington: Ashgate Publishing company.

Helve, Helena(2002). *New Trends in Nordic Youth Research*. Retrieved from http://www.alli.fi/nyri/nyrid/trends_2002.html.(2003. 2. 23. 검색)

Hills, P. J. (1986). *Teaching, Learning, and Communication*. London: Croom Helm. 장상호 역(1998). 교수, 학습, 그리고 의사 소통. 서울: 교육과학사.

Hirsch, Jr. E. D. (1988). *Cultural Literacy: What every American Needs to Know*. New York: Random House. pp. 110-133.

Hollis, S. A. (2002). "Capturing the experience: transforming community service into service learning". *Teaching Sociology, 30*, pp. 200-213.

Hughes, R. L., Ginnett, R. C., and Curphy, G. J. (1999). *Leadership*. Boston: McGraw-Hill.

Jeffs, Tony and Smitj, Mark K. (1999). *Informal Education-Conversation, Democracy, and Learning*. London: Education Now Books.

Kahn, R. L. (1979). Aging and social support. In M. W. Riley (Ed.), *Aging from Birth to Death: Interdisciplinary Perspectives*. Boulder, CO: Westwiew.

Kaufman, R. (1998). *Strategic Thinking: A Guide to Identifying and Solving Problems*. Arlington, VA: American Society for Training and Development(ASTD).

Kaye, Cathryn B. (2004). *The Complete Guide to Service Learning*. MN: Free Spirit Pub.

Kolb, David A. (1984). *Experiential Learning*. New Jersey: Prentice-Hall, Inc.

Kopp, C. B. & Krakow, J. B. (1982). *The Child: Development in a Social Context*. Reading, MA: Addison-Wesley

Lang, Hellmut R. and Evans, David N. (2006). *Models, Strategies, and Methods*. Boston: Pearson Education, Inc.

Lewin, K. (1942). Field theory and learning. *In The Psychology of Learning*. The Yearbook for the National Society for the Study of Education, 41, Part II.

Muchinski, P. M. (2000). *Psychology Applied to Work; An Introduction to Industrial and Organizational Psychology*. 유용태 역(2000). 산업 및 조직 심리학. 서울: 시그마프레스.

Murphy, H. and Shaw, M. ed. (1999). *Conceptualizing Youth Work Back to the Future*. Edinburgh: Sottish Youth Lobby.

NASW(1998). *The Foundations of Social Work Practice*. 이필환 외 역(1999). 사회복지실천이론의 토대. 서울: 나눔의 집.

Northouse, Peter G. (2001). *Leadership*. California: Sage.

Perlstein·Thrall 저. 정종진 외 역(2006). 중·고등학생용 갈등해결활동 프로그램. 서울: 시그마프레스.

Perry, James L. and Katula, Michael C. (2001). "Does service affect citizenship?". *Administration & Society, 33*(3), pp 330-365.

Perlstein·Thrall 저. 정종진 외 역(2006). 중·고등학생용 갈등해결활동 프로그램. 서울: 시그마프레스.

Priest, S. (1987). Developing leaders for camp adventure programs. *Camp Magazine January 60,* 24-27.

Scales, Peter C. and Leffert, Nancy(1999). *Developmental Assets*. Minneapolis: Search Institute.

Silbereisen, R. K., & Todt, E. (1994). *Adolescence in Context*. New York: Springer-Verlag New York Inc.

Singer, Peter(2002). *One World. The Ethics of Globalization*. 김희정 옮김(2003). 세계화의 윤리. 서울: 아카넷.

Small, S. & Memmo, M. (2004). Contemporqry models of youth development and problem prevention: toward an integration of terms, concepts, and models. *Family Relations, 53*(1), pp. 3~11.

Stipek, Deborah(1998). *Motivation to Learn: from Theory to Practice*. 전성연, 최병연 공역(1999). 학습동기. 서울: 학지사.

Sullivan, H. S. (1953). *The Interpersonal Theory of Psychiatry*. New York: Norton.

van Linden, J. A. and Fertman, C. I. (1998). *Youth Leadership: A Guide to Understanding Leadership Development in Adolescents*. San Francisco: Jossey-Bass Publishers.

Wade, Rahima C. and Saxe, David W. (1996). "Community service-learning in the social studies: historical roots, empirical evidence, critical issues". *Theory and Research in Social Education 24*(4), pp. 331-359.

Wade, Rahima C. (2001). "Social action in the social studies: from the ideal to the real". *Theory into Practice, 40*(1), pp. 23-28.

Winkley, L. (1996). *Emotional Problems in Children and Young People*. London: Cassell.

국가법령센터, http://www.law.go.kr

한국 청소년 활동 진흥원, https://www.kywa.or.kr.

http://www.etymonline.com

저자 소개

김영인

서울대학교 사범대학 사회교육과(문학사)

서울대학교 대학원 사회교육과(교육학박사)

한국시민청소년학회 회장, 미래를여는청소년학회 회장

한국방송통신대학교 대학원장, 학생처장, 프라임칼리지학장

현 한국방송통신대학교 청소년 교육과 교수

저서 : 청소년참여와 시민성함양, 시민교육론(공저), 청소년학습이론 및 지도(공저) 등

김 민

연세대학교 교육학과 졸, 동 대학원 석사, 박사

유엔교육과학문화기구(유네스코) 한국위원회 청년원 간사

주성대학 청소년 문화학과 부교수 역임

현 순천향대학교 청소년 교육상담학과 교수

한국청소년복지학회 부회장

미래를여는청소년학회 감사

한국청소년학회 이사

저서: 청소년문화론(공저), 청소년학개론(공저), 청소년활동론(공저), 청소년문제론(공저)

청소년지도방법론

초 판 1쇄 발행 2016년 6월 7일
초 판 7쇄 발행 2024년 7월 16일

지 은 이 | 김영인 · 김민
펴 낸 이 | 김기섭
편 집 인 | 구자성
펴 낸 곳 | 창지사 www.changjisa.com
08589 서울시 금천구 가산디지털 1로 83 파트너스타워 1차 9층
전화 (02)719-2211~3
팩스 (02)701-9386
등 록 | 1977년 4월 28일 · 제1-421호

ISBN 978-89-426-2330-3 (93330)

값 20,000원